乡村振兴背景下"三农"问题研究丛书

四川省社会科学高水平研究团队
——四川"农村教育的历史发展与当代改革研究团队"研究成果

当代农村
教育问题专题研究

DANGDAI NONGCUN
JIAOYU WENTI ZHUANTI YANJIU

杜学元　付先全　石丽君 ○ 编著

西南财经大学出版社
Southwestern University of Finance & Economics Press
中国·成都

图书在版编目(CIP)数据

当代农村教育问题专题研究/杜学元,付先全,石丽君编著. —成都:西南
财经大学出版社,2019.12
ISBN 978-7-5504-4305-1

Ⅰ.①当…　Ⅱ.①杜…②付…③石…　Ⅲ.①乡村教育—专题研究—中国
Ⅳ.①G725

中国版本图书馆 CIP 数据核字(2019)第 297553 号

当代农村教育问题专题研究

杜学元　付先全　石丽君　编著

责任编辑:王青杰
封面设计:何东琳设计工作室
责任印制:朱曼丽

出版发行	西南财经大学出版社(四川省成都市光华村街 55 号)
网　　址	http://www.bookcj.com
电子邮件	bookcj@foxmail.com
邮政编码	610074
电　　话	028-87353785
照　　排	四川胜翔数码印务设计有限公司
印　　刷	郫县犀浦印刷厂
成品尺寸	185mm×260mm
印　　张	20
字　　数	438 千字
版　　次	2019 年 12 月第 1 版
印　　次	2019 年 12 月第 1 次印刷
书　　号	ISBN 978-7-5504-4305-1
定　　价	88.00 元

序

　　随着改革开放的不断推进，我国经济获得迅猛发展，农村建设也得到了一定的发展。农村教育的发展状况与农村经济的发展、社会发展问题的解决息息相关，"科教兴国"，真正地搞好农村教育，对于"三农"问题的解决以及全面小康社会的建成大有裨益，因此农村教育也越来越受到政府的重视和社会的关注。但是一些农村地区的教育现状依然不容乐观，尤其是在中国不断推进城镇化和现代化的今天，农村教育问题反而越加凸显。农村的空心化甚至荒漠化带来的教育的衰败，必须引起我们的高度重视。农业的现代化必须建立在农村居民现代化的基础上，而农村居民的现代化又必须紧紧依靠农村教育的现代化。在城市教育现代化不断推进的大好形势下，高度重视并努力振兴日益衰败的农村教育，是我们教育工作者义不容辞的职责。为此，我们以当代农村教育问题作为专题加以研究，是本书的缘起。

　　党的十九大报告提出：实施乡村振兴战略，推动城乡义务教育一体化发展，高度重视农村义务教育，努力让每个孩子都能享有公平而有质量的教育。乡村振兴战略的实施，离不开乡村教育的振兴。乡村教育的振兴，关键在人，核心在乡村教师队伍建设。《国家中长期教育改革和发展规划纲要（2010—2020年）》明确提出，到2020年基本实现教育现代化，并强调要重点发展农村学前教育，巩固提高九年义务教育水平和推进义务教育均衡发展，其关键是提升教师素质，努力造就一支师德高尚、业务精湛、结构合理、充满活力的高素质专业化教师队伍。而在实现教育现代化的进程中，农村幼儿教师专业化不足、农村小学全科教师缺乏是当前的突出问题，因此，加快提高农村幼儿教师的现代化水平和加快培养高素质的农村小学全科教师势在必行。于是，我们将教育现代化背景下的农村幼儿教师专业化和农村小学全科教师的培养问题作为专题加以研究。

　　随着经济社会的持续发展，越来越多的农村儿童的母亲离开家乡，外出务工，这对于需要以熏陶方式来教育子女的家庭教育来说无疑是有害的。农村家庭教育中母亲角色的缺失较为严重，而母亲角色缺失对农村儿童的健康发展影响极大。为此，我们选取农村家庭教育中母亲角色缺失作为专题加以研究，希望探究产生农村家庭母亲角色缺失问题的原因，并寻找促使农村家庭教育中母亲角色回归的对策。

　　随着我国经济建设不断取得新成就，我国政府更加注重提高人民生活水平，更加重视履行政府公共服务职能并着力保障和改善民生。2011年，我国政府推出了农村义务教育学生营养餐计划。该政策颁布施行距今已经8年了，该营养餐计划的实施情况如何、成效怎样、有何问题，值得深入研究。为此，我们对农村义务教育学生营养改善计划实施情况做了专题研究。

2013年，国务院办公厅转发教育部等部门的《关于实施教育扶贫工程的意见》中，为我国的教育扶贫工程定下目标：到2020年我国贫困地区的教育服务水平接近全国的平均水平。由此可见国家对贫困地区教育扶贫工作的重视。大凉山作为国家扶贫开发重点地区，地处凉山彝族自治州境内，贫困面广、贫困人口多、贫困程度深，州内的16个县中有11个县被列为国家扶贫开发重点县，11个县里彝族人口占较高比例。近年来，在国家、四川省和凉山州各级政府、社会各界的共同努力下，大凉山地区的教育扶贫工作得到了较快的发展，教育水平得到提升，贫困人口对教育的看法有了较大转变，人口的综合素质得到了提高。为此，我们以四川省大凉山地区为例来探讨农村教育扶贫问题，既总结已有的经验，也力图发现存在的问题，并为完善该地区教育扶贫工作提出合理的建议。

任何农村教育的实践所取得的成绩都与农村教育的理论指导分不开。而对农村教育发展产生重要影响的理论尤其值得我们珍视。为此，我们选取中国近代史上对农村教育产生过巨大影响的晏阳初的乡村建设思想，以其人才素质观为专门研究点，并阐发其当代价值。同时，我们还选取当代著名的农村教育家赵家骥的农村教育思想作为专题研究，以阐发其农村教育思想及给我们的启示。

由上可见，《当代农村教育问题专题研究》一书是为促进我国农村教育更好发展，针对农村教育发展中出现的现实问题而进行的专门研究。尽管我们选取的问题仅仅是当前我国农村教育发展过程中所存在问题的很小一部分，但确实是值得高度关注和研究的问题。该书如能为我国农村教育问题的解决提供一定的借鉴，能够引起更多的人关注农村教育问题、积极想方设法地解决农村教育问题，让农村教育在乡村振兴和新农村建设中发挥更大的作用，真正担负起为乡村培养新人、传承与接续乡村文化的伟大使命，让农村教育真正走向现代化，是我们最大的期望。

杜学元

2019年5月

目　录

专题一 教育现代化背景下的农村幼儿教师专业化研究
——以河南省郑州市为例①

《国家中长期教育改革和发展规划纲要（2010—2020年）》明确提出，到2020年，基本实现教育现代化，并强调要重点发展农村学前教育，提升教师素质，努力造就一支师德高尚、业务精湛、结构合理、充满活力的高素质专业化教师队伍。可见，在实现教育现代化的进程中，促进农村幼儿教师专业化发展，提高农村幼儿教育的现代化水平势在必行。

本研究从教育现代化的视角出发，选取河南省郑州市市郊乡镇农村幼儿教师作为调查对象，通过问卷调查法和访谈法调查农村幼儿教师的专业化发展现状，深入剖析制约其专业化发展的主要因素，并就如何提升农村幼儿教师专业化水平提出了一些建议。

第一节 绪论

一、研究缘由

（一）教育现代化对农村幼儿教师专业化提出新的挑战

我国的教育现代化进程整体已经过半，教育现代化对教师的专业化发展提出了新的挑战，尤其是对农村幼儿教师。而我国长期以城市为中心的教育，导致广大农村地区的教育水平低下。所以，《国家中长期教育改革和发展规划纲要（2010—2020年）》（以下简称《纲要》）指出：要把发展学前教育纳入城镇、社会主义新农村建设规划，努力提高农村学前教育的普及程度，支持贫困地区发展学前教育②。另外，随着我国现代化进程的加快，网络技术、信息技术、多媒体技术广泛渗透到教育事业的各个领域。多种教育媒体，如远程教育、视频会议、电子邮件、虚拟课堂等的普遍应用，使教育的方式、方法以及内容都发生了革命性的变化，这些对农村幼儿教师专业化的发展都产生了深刻的影响。农村幼

---

① 该文完成于2013年5月，收入本书时编者略作改动。
② 国务院法制办公室.中华人民共和国教育法典［M］.北京：中国法制出版社，2012：55.

儿教师的专业化发展将在网络化、数字化、智能化的全新教育环境中进行，并将达到更高的要求。

（二）农村幼儿教师专业化关系着我国教育强国目标的实现

《纲要》提出我国的战略目标是到 2020 年基本实现教育现代化。《纲要》还把发展农村学前教育作为我国学前教育的重点任务。

2010 年 11 月 21 日国务院印发了《关于当前发展学前教育的若干意见》，文件指出，学前教育是终身学习的开端，是国民教育体系的重要组成部分，是重要的社会公益事业。办好学前教育，关系亿万儿童的健康成长，关系千家万户的切身利益，关系国家和民族的未来①。

2011 年 12 月 12 日，教育部正式公布的《幼儿园教师专业标准（试行）》（征求意见稿）对幼儿教师的专业理念与师德、专业知识和专业能力提出了许多具体的要求。幼儿教师的标准应该是：教师必须关爱幼儿，重视幼儿身心健康，将保护幼儿生命安全放在首位；尊重幼儿人格，维护幼儿合法权益，平等对待每一个幼儿；不讽刺、挖苦、歧视幼儿，不体罚或变相体罚幼儿；信任幼儿，尊重个体差异，主动了解和满足有益于幼儿身心发展的不同需求②。

众所周知，未来的国际竞争是人才的竞争，实现我国社会主义现代化建设的根本就是实现人的现代化。人才的培养和民族振兴的起点是学前教育，而学前教育师资队伍则是提高学前教育质量、保证教育现代化实现的关键。而农村学前教育是我国教育体系中的薄弱环节，因此，要加快建设一支师德高尚、热爱儿童、业务精湛、结构合理的农村幼儿教师队伍，从而推动科教兴国和教育强国战略目标的实现。

（三）农村幼儿教师专业化程度偏低，亟待提高

目前，我国农村幼儿教师专业化水平整体偏低，如一些农村幼儿教师的基本功不够扎实，未能很好地掌握各领域教学教法；农村幼儿教师的学历普遍较低，达不到国家规定的幼儿教师学历标准；部分教师未接受过系统的幼儿教育教学理论岗前培训和实践锻炼，其业务知识和专业能力不能完全满足我国当前学前教育发展的需要等。提高我国农村幼儿教师的专业化水平已刻不容缓。

二、文献综述

目前关于幼儿教师专业化研究的专著还比较少，从我们掌握的资料来看，主要有张燕教授编著的《幼儿教师专业发展》、顾荣芳教授主编的《从新手到专家——幼儿教师专业成长研究》、刘占兰教授主编的《促进幼儿教师专业成长的理论与实践策略》、刘占兰和廖贻主编的《聚焦幼儿园教育教学——反思与评价》、霍力岩教授主编的《幼儿园课程开发与教师专业发展——比较研究的视角》。笔

① 国务院法制办公室. 中华人民共和国教育法典［M］. 北京：中国法制出版社，2012：105-107.
② 韩传信. 教师职业道德［M］. 合肥：安徽大学出版社，2013：190.

者于 2012 年 3 月 22 日 15 点 14 分以"农村幼儿教师专业化"为"题名"检索到 1979—2011 年的相关文献仅有 3 篇,所以本研究对"幼儿教师专业化"进行综述。笔者以"幼儿教师专业化"为"题名"在中国知网中检索到 1979—2011 年的相关文献,一共有 61 条记录。

根据笔者所检索到的文献资料来分析,我国学者对幼儿教师专业化的研究主要集中在以下六个方面:幼儿教师专业化发展的影响因素研究、幼儿教师专业化存在问题的研究、促进幼儿教师专业化发展的对策研究、幼儿教师专业化的素质结构研究、幼儿教师专业化阶段的研究以及对幼儿教师专业化标准构建的研究。

(一)幼儿教师专业化发展的影响因素研究

幼儿教师专业化发展的影响因素一般分为两种,外在因素和教师自身内在的因素。刘育红认为影响农村幼儿教师专业化发展的因素分为外在因素和内在因素。外在因素主要有:教师待遇得不到保障,教师的工作负担重,缺乏良好的机制氛围,缺乏有效的指导;内在因素主要有:教师自身的专业水平低,教师的研究意识和研究能力不强,教师缺乏恒心毅力,部分教师没有成就感、缺少内在的动力[①]。《幼儿教师专业化的困境及出路》一文指出,我国现有的条件中制约幼儿教师专业化发展的因素主要有幼儿教师专业性质的不可替代性低、缺少相应的激励机制、幼儿园教师工作量过大、教师待遇不高、缺少竞争意识等[②]。有学者认为,在一名刚入职的农村幼儿教师逐渐成长为一名专业化教师的过程中,制约其专业化发展的主要因素有:工作负荷重、薪酬低、学历水平不高、社会舆论的误导等[③]。

(二)幼儿教师专业化存在问题的研究

目前学者的大多数研究主要集中于对教师专业化现状和存在问题的研究。如邓泽军在《我国幼儿教师专业化问题与建议》一文中,指出了我国幼儿教师专业化所面临的突出问题主要有三个:①幼儿教师的整体职业素养偏低,综合素质不高;②多数幼儿教师的科研能力亟待提高,教育理念比较缺乏;③一些幼儿教师的职业倦怠现象突出,敬业精神有待加强[④]。李霞在《幼儿园教师专业化发展现状调查与策略研究》中,通过对成县的幼儿教育机构和幼儿教师的调查提出幼儿教师专业化发展过程中普遍存在的问题有:①幼儿教师职业素养和综合素质偏低;②由于幼儿园教师工资待遇低,导致教师流动性较大;③对幼儿教师职业的从业资格、技能要求偏低;④幼儿教师的专业主体性不强;⑤幼儿教师的职业倦怠现象突出,敬业精神有待加强[⑤]。冯晓玲通过对天水市幼儿教师专业化的调查研究,总结出了天水市幼儿教师专业化中存在的一些问题:①幼儿教师现有的专

① 刘育红. 农村幼儿教师专业化发展的存在问题及其对策 [J]. 江苏教育研究, 2010 (22):56-58.
② 金李花. 幼儿教师专业化的困境及出路 [J]. 现代教育科学, 2009 (10):35-36.
③ 王立文. 在活动反思中促进农村幼儿教师的专业化发展 [J]. 当代教育论坛 (管理研究), 2010 (6):49-50.
④ 邓泽军. 我国幼儿教师专业化问题与建议 [J]. 学前教育研究, 2007 (11):51-52.
⑤ 李霞. 幼儿园教师专业化发展现状调查与策略研究 [J]. 甘肃教育, 2011 (5):23-24.

业素养与理想的幼儿教师专业化标准差距较大；②幼儿教师的专业知识、专业技能和组织幼儿游戏活动的能力不高；③社会文化和时代的发展对幼儿教师专业化的影响；④园长的专业化素质、管理水平对幼儿教师专业化的影响；⑤幼儿教师自我提高和自我发展的问题；⑥幼儿教师教育存在问题，总体教育质量不高；⑦幼儿教师培训存在问题；⑧幼儿教师生源的质量差，影响教师队伍专业化水平的提高；⑨以专业技能代替专业化，忽视师德建设及教师整体素质的提高等①。

（三）促进幼儿教师专业化发展的对策研究

目前，国内学者对幼儿教师专业化的研究除了集中在其存在的问题方面之外，另外一个关注焦点就是对幼儿教师专业化发展的对策或途径的研究。例如郑忠平从幼儿教师教育角度出发提出了促进幼儿教师专业化的措施：①国家应该加大对幼儿教师教育的投入；②制定幼儿教师专业化标准；③幼儿教师自我对专业发展的追求；④实施专业调整与课程改革、改革培养模式、完善培养制度，形成幼儿教师专业化发展机制②。冯晓玲在《幼儿教师专业化问题探讨》中针对天水市教师专业化出现的问题，提出了相应的十条对策：①幼儿教师要树立自身的专业形象，树立高远的教育理想以及科学的教育理念；②师范学校应该注重师范生职业道德的培养，加强在职幼儿教师职业道德建设；③改革幼儿教师教育，提高幼儿教师教育质量，规范幼儿教师职后培训；④提高园长的专业素质与管理水平，促进教师专业化发展；⑤幼儿园应该立足园本实际，努力提高幼儿教师的专业化水平；⑥确保师范生源的质量，提高师资培养的规格；⑦调动幼儿教师的职业活力；⑧为幼儿教师提供一定的继续学习时间，以保障幼儿教师专业化的发展；⑨全面提升幼儿教师的专业技能、专业知识与职业道德；⑩以终身学习促进幼儿教师专业化成长③。周忻的《幼儿教师专业发展：问题与对策》通过对农村与城市幼儿教师专业发展的对比研究，从宏观、中观、微观三个层面提出了促进教师专业化发展的对策。其中宏观层面包括建立健全政策法规、强化教育主管部门的责任、完善幼儿教师任职资格制度、改革学前专业课程体系、逐步推进幼儿教师教育的实验研究；中观层面包括以园为本的现场教研、师徒制教师教育模式、园本技能培训探索、构建家校联系的桥梁；微观层面包括教师应强化自身专业素质、不断完善教师自身的人格修养、培养教师反思性实践的习惯④。

（四）幼儿教师专业化的素质结构研究

幼儿教师专业化过程也就是其专业素质结构的形成过程。胡碧霞在《幼儿教师专业成长内涵的诠释》一文中提出：幼儿教师的专业素质结构即从事幼儿教育专业的人员应该具备的条件，它包括幼儿教师的专业精神、专业知识、专业能力三个子系统。幼儿教师的专业精神应具体包含专业态度、教育理念、专业道德等几方面的内容；作为专业人员，从教育实践的角度出发，幼儿教师必须具备的专

---

① 冯晓玲. 幼儿教师专业化问题探讨［D］. 兰州：西北师范大学，2005.
② 郑忠平. 幼儿教师专业化问题研究［D］. 桂林：广西师范大学，2004.
③ 冯晓玲. 幼儿教师专业化问题探讨［D］. 兰州：西北师范大学，2005.
④ 周忻. 幼儿教师专业发展：问题与对策［D］. 无锡：江南大学，2009.

业知识应该分为本体性知识、条件性知识和实践性知识三种；幼儿教师的专业能力从教育教学的过程的角度分析，依次分为教学活动的设计能力、教学活动的实施能力、教学活动的监控能力和教学活动的评价能力①。在黄人颂主编的《学前教育学》中有专门的章节来论述幼儿教师，探讨了幼儿教师素质的基本结构和内容，包括幼儿教师职业道德、知识结构、能力结构、个性品质等②。陈雅芳提出：成功的幼儿教师必须具备的专业素质应包括专业知识、专业技能、专业情意三方面。专业知识具体包括文化知识、所教科目的专门学科知识和教育科学知识；专业技能具体包括幼儿教育教学能力和幼儿教育技巧；专业情意具体包括专业情操、专业理想和专业自我感受③。张元在《试析幼儿教师专业化的特征及其实现途径》中，结合国内外的相关研究和我国2001年颁布的《幼儿园教育指导纲要（试行）》，将幼儿教师专业化素质结构归纳为学科知识、专业知识、实践智慧、合作和反思能力、人文素养和批判理性五个方面④。

（五）幼儿教师专业化阶段的研究

学术界还有一些学者侧重于对幼儿教师专业化阶段的研究。张瑜认为现代幼儿教师队伍建设的发展方向和趋势就是幼儿教师的专业化。幼儿教师的专业化过程应该包括职前教育、入职培训和在职教育三个阶段。职前教育主要是指各级各类师范教育，其实施主体一般是幼师职业中专和师范大学。在我国，入职培训通常是以师徒帮带的教学活动形式进行的。目前，又出现了一种新的微格培训模式，即对即将成为教师或已是教师的人，提供一个缩小了的、可控制的教学环境，对他们的教学基本功以及教学技能技巧加以培训的模式。幼儿教师的在职教育主要通过幼儿园在职进修和园本培训进行⑤。

（六）对幼儿教师专业化标准构建的研究

随着对幼儿教师专业化研究的逐渐深入，学者们开始从基本问题、对策研究转向对幼儿教师专业化标准构建的研究。幼儿教师专业化标准的构建是促进幼儿教师专业化的重要途径。例如有些学者认为，构建幼儿教师专业化的标准应包括四个方面：教师的专业知识、专业能力、专业精神与专业性向。我国幼儿教师专业标准的构建应做到"理念性"描述与"表现性"描述相结合、"合格标准"与"专家标准"相结合、"国际化"与"中国本土化"相结合，还要做到关注地区之间的差异，制定出合理的、能有效促进幼儿教师专业化发展的标准⑥。易凌云通过对美国全国教学专业标准委员会（NBPTS）制定的优秀幼儿教师专业标准内

① 胡碧霞. 幼儿教师专业成长内涵的诠释［J］. 连云港师范高等专科学校学报，2005，22（3）：31-34.
② 黄人颂. 学前教育学［M］. 北京：人民教育出版社，1989：396-405.
③ 陈雅芳. 幼儿教师"专业化"对幼师生"自主教育"的挑战［J］. 学前教育研究，2005（7-8）：76-77.
④ 张元. 试析幼儿教师专业化的特征及其实现途径［J］. 山东教育，2002（36）：8-10.
⑤ 张瑜. 幼儿教师专业化发展途径的探究［J］. 科教文汇，2008（26）：28.
⑥ 李云淑. 关于构建我国幼儿园教师专业标准的思考［J］. 教育探究，2008（4）：11-14.

容的介绍与探讨，为我国构建幼儿教师专业化标准提供了一定的参考①。

目前，我国关于幼儿教师专业化的研究已经取得了一些成果，学术界对幼儿教师专业化的研究内容已经很全面。这些已有研究为本研究提供了重要参考。

三、研究的意义

（一）理论意义

本研究试图将教育现代化的背景和农村幼儿教师的专业化联系在一起进行探讨，充实了教育现代化理论和教师专业化理论，为教师的专业化研究提供了新的视角，也在此视角下探讨了农村幼儿教师专业化的标准。

（二）现实意义

本研究在调查的基础上对教育现代化背景下的农村幼儿教师的专业化水平进行研究，并提出一些可行的对策，这些对策可为政府部门、幼儿园探索促进农村幼儿教师专业化的途径提供参考，也为幼儿教师自身专业化的提高提供了借鉴。

四、研究思路和方法

（一）研究思路

本研究首先探讨了教育现代化背景下农村幼儿教师专业化的标准，然后以河南省郑州市市郊的一些乡镇幼儿园教师作为研究对象，调查现阶段农村幼儿教师专业化发展的现状，从而提出一些可行的对策，以推动农村幼儿教师专业化水平的提高。

（二）研究方法

本研究以实证调查和理论分析研究为主，主要采用了以下两种方法：

1. 文献法

我们借助网络平台和校园图书馆搜集了大量文献资料。首先，通过中国知网、万方数据库、超星数字图书馆等对相关的资料进行搜集；其次，在学校图书馆查阅大量有关教育现代化和幼儿教师专业化方面的书籍，为研究奠定了理论基础。

2. 调查法

问卷调查法作为本研究的主要调查方法，个案访谈法作为研究的重要补充。本研究选取河南省郑州市市郊的乡镇幼儿园教师作为调查对象，通过自编的问卷进行调查，深入了解当地农村幼儿教师的专业化现状，进而提出相应的对策。

---

① 易凌云. 美国优秀幼儿教师专业标准及启示［J］. 教育杂志，2008（8）：62.

第二节　教育现代化背景下对农村幼儿教师专业化提出的要求

一、相关概念的界定

（一）农村幼儿教师

农村是一个地域的概念，是相对于城市地区而言的，农村不仅包括县及以下的城镇，还包括属于城市组成部分的郊区。本研究中的农村幼儿教师主要是指在属于城市组成部分的郊区乡镇政府机关所在地的各类幼儿园中从事幼儿教育工作的老师。

（二）教师专业化

1994 年开始实施的《中华人民共和国教师法》（以下简称《教师法》）规定，教师是履行教育教学职责的专业人员。这是第一次从法律的角度确认了我国教师的专业地位。2000 年，我国出版的第一部对职业进行科学分类的权威性文献《中华人民共和国职业分类大典》，首次将我国的职业分为八个大类，其中教师被划入"专业技术人员"类，被定义为"从事各级各类教育教学工作的专业人员"。

"专业化"通常被用来指"一种职业经过一段时间后成功地满足某一专业性职业标准的过程"[①]。教师专业化是指教师职业经过一段时间的不断发展后逐渐成为教师专业性职业标准的过程，不仅要具有自身独特的职业要求和职业条件，还要有专门的培养制度和管理制度。教师专业化是教师专业水平不断提高、专业结构不断更新的过程，它由教师个体专业化和教师群体职业专业化两个方面组成。这两个方面相互联系，共同促进教师专业化的发展。首先，教师个体专业化是教师专业化的根本方面，是教师群体职业专业化的基础；其次，教师群体职业专业化对教师个体专业化也有很大的影响，它是教师个体专业化的发展和社会承认形式。

教师的专业化不仅体现在教师专业化发展的时间范围上，还体现在教师专业化发展的空间维度上。从时间上来说，教师专业化的时间是无限的，是终身的，它没有终点，是一个不断提升的过程，即教师作为一个教育教学的专业人士，要经历一个由不成熟到相对成熟的专业人员的发展历程。也就是说，经过职前培训并获得合格教师资格证书的教师，并不意味着他就是一个成熟的教育专业化人员。从空间上说，教师的专业化涵盖了多个方面、多个领域，包括教学知识、教学技能、教学理念与师德、教师继续教育以及教师身心素质等各个方面的专

---

① 邓金. 培格曼最新国际教师百科全书［M］. 教育与科普研究所，编译. 北京：学苑出版社，1989：542.

业化。

目前，关于教师专业性的说法主要有教师专业发展、教师专业成长和教师专业化三个相互联系的概念。不同的学者、流派对这三个概念的理解也不尽相同。教师专业发展和教师专业成长主要是指教师内在的、个体的专业化提高，而教师专业化则不仅强调教师外在的、群体的专业性的提升，还强调教师自身专业化的提升。但从广义上讲，它们并没有本质上的区别，是相通的，都是指教师专业化不断加强的过程。所以本书中部分内容并未加以刻意区分。

（三）幼儿教师专业化

幼儿教师是教师群体的组成部分之一，在农村幼儿教师和教师专业化这两个定义的基础上，幼儿教师专业化是指幼儿教师从不成熟发展到具有自身独特的职业要求和职业条件，以及专门的培养制度和管理制度的成熟的过程。这一过程包括幼儿教师教学知识、教学技能、教学理念与师德、教师继续教育以及身心素质等各个方面的专业化。具体来讲，幼儿教师专业化应该体现在以下几个方面：教师要对儿童的身心发展有全面正确的了解；善于根据儿童的行为特点和兴趣表现来制订课程计划；善于为儿童的发展创设安全、健康的支持性环境；能有效选择并实施适宜儿童发展的教学内容和课程；具备与幼儿家庭建立积极良好联系的能力；幼儿教师有不断进行专业化学习的能力等。

（四）教育现代化

教育现代化是我国社会主义整体现代化的重要组成部分，也是我国实现建设中国特色的社会主义现代化进程中必然出现的一种变动过程。它不但具有现代化的一般特征，还具有其自身独特的属性。教育现代化是传统教育在现代社会中向着现代化教育转变的现实过程，这种转变不仅体现了一种时代精神，代表了时代发展的方向，更是一种动态的、具有现代化特征的变革过程。

对于教育现代化的界定，许多学者从不同的角度进行了积极的论证和探索，学术界的观点大致可以归纳为以下六种：

1. 阶段论

阶段论的观点是用文化的视野来诠释教育现代化，将教育现代化分为初级教育现代化和高级教育现代化两个组成部分①。其中，初级教育现代化又称单面的教育现代化，是指以工具理性为最高原则，使传统的教育发生全方位的变革，从而达到政治、经济以及科技等不断提出的新要求，实现以功利性和效率性为特征的现代教育。它的缺点是对社会现代化缺少超越和批判的向度。而高级的教育现代化又称全面的教育现代化，是指以包括工具理性和价值理论的全面理性为最高原则，使传统的教育发生全方位的变革，从而达到人的全面发展和社会全面持续进步的要求，实现以合理性与效率性相统一为特征的现代化教育。它克服了初级教育现代化的缺点，并实现了人文教育和科学教育、价值理论和工具理性的和谐统一，在人的全面发展和社会的全面发展之间找到了平衡点。

---

① 邬志辉. 中国教育现代化新视野［J］. 长春：东北师范大学出版社，2000：24-25.

2. 过程论

我国的许多学者从历史变迁的角度来界定教育现代化，认为教育现代化是传统教育向现代教育逐渐转变的动态过程。

顾明远教授认为，教育现代化是一个历史的动态发展过程，是社会现代化的重要组成部分，在不同的历史时期有着不同的特征。它的内容很广泛，包括教育思想、教育制度、教育内容、教育设备和手段、教育方法以及教育管理等的现代化[①]。

周川强调，教育现代化是教育传统的扬弃和广采博收各国教育先进经验的进程，是一个需要人们精心设计与规划，尤其是政府起主导作用的变革过程[②]。

褚宏启提出，教育现代化是教育现代性不断增长的历史过程，它与教育形态的变迁相伴。教育形态的变迁指教育各个层面的变化、演进的过程，主要是指教育结构分化和教育功能的增生、改变的过程，例如教育的世俗化、国家化、科技化等[③]。

李铁映认为，现代化不仅包括校舍和设备的现代化，还包括教育思想、教育观念、教育内容、教育方法、教育手段的现代化，实现教育现代化是一个改革和创新的过程[④]。

3. 层次论

层次论的观点一般分为两种：三层次论和四层次论。虽然学者们的观点不尽相同，但是都体现了教育现代化是一个全面的有其独特系统的工程。

三层次论认为教育的现代化包括教育物质层面的现代化、制度层面的现代化及精神层面的现代化。教育物质层面的现代化即教育在学校数量、规模上的发展，在办学条件、师资水平、教育经费、课堂教学设备、教育手段、校舍等方面的先进程度；制度层面的现代化包括教育体制、教育规范体系、教育结构以及教育模式等的现代化；精神层面的现代化即是教育观念的现代化、教育理论的现代化以及教育价值等意识形态的现代化。这三个层次之间相互制约，相互促进，缺一不可。

四层次论实际上是丰富了三层次论的观点，认为教育现代化除了应该包括上述三个层面之外，还单独提出了教育知识层面的现代化。知识层面的现代化具体包括学校的课程体系、专业设置、教材、教法、学法等方面的现代化[⑤]。

4. 因素论

因素论都是从教育内容的角度来界定教育现代化的，主要有两种，一种是六因素论，另一种是八因素论。

---

①　顾明远. 关于教育现代化的几个问题 [J]. 中国教育学刊, 1997 (3)：10-15.

②　周川. 教育现代化过程简析 [J]. 教育评论, 1998 (6)：7-9.

③　褚宏启. 教育现代化的路径 [M]. 北京：教育科学出版社, 2001：8.

④　李铁映. 社会主义现代化建设的奠基工程——认真学习、宣传和实施《中国教育改革和发展纲要》[N]. 人民日报, 1993-03-03.

⑤　白芸. 浅析贫困地区的教育现代化 [J]. 现代中小学教育, 2001, 17 (4)：1-3.

六因素论认为教育现代化一共分为六个因素，即教育观念的现代化是先导，师资队伍建设的现代化是关键，教育体系的现代化是核心，教育发展水平的现代化、教学条件准备的现代化以及教育管理的现代化是重要方面①。

八因素论则认为教育现代化应该是教育观念的现代化、教育内容的现代化、教育方法的现代化、培养方法的现代化、教育结构的现代化、教育装备的现代化、师资队伍的现代化、教育管理的现代化。只有满足这八大范畴的现代化才能实现真正的教育现代化。

5. 广义狭义论

持这种观点的学者把教育现代化界定为广义和狭义两种。广义上讲，教育现代化是指由工业化引发的并与工业化的发展相适应，由传统教育向现代教育的整体转换过程，教育现代化是社会现代化的重要组成部分。在国家的支持下，教育与经济、政治、文化、思想等领域紧密结合，从而走向世俗化、普及化、大众化②。冯增俊教授则认为"广义上，教育现代化是指从适应宗法社会的封建旧教育转向适应大工业民主社会的现代新教育的历史过程，是一切有关进行现代教育的改革和发展的总称。"③ 狭义上讲，冯增俊认为"在狭义上，教育现代化主要是指第二次世界大战后比较教育学家积极倡导的一种运动及理论。主要指新独立的落后国家如何学习发达国家，推动本国教育现代化，从而赶上发达国家实现现代化的运动。"④ 余中根也认为教育现代化是充分利用本国传统教育中的积极因素，通过主动吸收国外先进教育经验，赶超发达国家教育水平的过程⑤。

6. 功能论

有学者是从功能的角度出发，认为教育自身具备推进社会现代化的能动力量，教育现代化是以社会现代化的客观需要为动力的，是社会政治、经济结构的变革在教育领域上的反映，是整个社会教育现代化的重要组成部分。教育只有与经济、政治、文化、科技以及道德伦理等方面相互作用，教育增长与发展才能达到均衡，教育现代化才能得以实现⑥。

虽然学术界对教育现代化的概念和内涵有着不同的表述，但本书比较倾向于过程论的说法，即认为教育现代化是传统教育向现代化教育不断发展转换的一个动态过程，是教育发展的未来趋势和理想目标，是为了实现这一目标而进行的现实的历史奋斗过程。教育现代化是一个全体社会人员参与的、为了实现全社会人员现代化的最终目标，整个教育整体不断超越传统教育迈向较高教育水平的动态改革过程。

① 白芸. 浅析贫困地区的教育现代化 [J]. 现代中小学教育，2001，17 (4)：1-3.
② 朱旭东，蒋贞蕾. 国家发展与教育发展模式探讨：教育现代化视角 [J]. 比较教育研究，2001 (1)：13-19.
③ 冯增俊. 试论我国教育现代化的基本任务及主要特征 [J]. 中国教育学刊，1995 (4)：5-8.
④ 冯增俊. 试论我国教育现代化的基本任务及主要特征 [J]. 中国教育学刊，1995 (4)：5-8.
⑤ 余中根. 外国教育现代化研究之述评 [J]. 教育现代化，2001 (12)：26.
⑥ 李亚东，田凌晖. 关于教育现代化的教育学思考 [J]. 教育现代化，2001 (8)：3-6.

二、教育现代化背景下对农村幼儿教师专业化提出的要求

随着我国建设中国特色社会主义现代化国家进程的不断加快，教育的发展不仅极大地提高了全民族的素质，还有力地促进了经济的发展、文化的繁荣、社会的进步以及民生的改善。但是，与此同时，伴随着信息化、国际化、现代化步伐的加快，国家的经济、政治、文化、社会以及生态文明等各个方面建设的全面推进，使我国教育事业的发展面临诸多挑战。

百年大计，教育为本。教育是国家富强、民族振兴的基石，因此，强国必先强教。把教育置于优先发展的位置，提高教育的现代化水平，对于我国从教育大国、人力资源大国向教育强国、人力资源强国迈进具有决定性的意义。《国家中长期教育改革和发展规划纲要（2010—2020 年）》明确指出我国的战略目标是："到 2020 年，基本实现教育现代化，基本形成学习型社会，进入人力资源强国行列。"

我国在实现教育现代化进程的征途上已经取得了一些优异的成果和经验，总结起来，用温家宝总理的一句话就是"教育大计，教师为本"，有好的教师才会有好的教育。另外，幼儿是祖国的希望，是祖国的未来，幼儿教育不仅是我国国民教育体系的重要组成部分，也是我国学校教育和终身教育的重要奠基阶段。著名的儿童教育界泰斗陈鹤琴先生说过："幼稚教育，是一切教育的基础，因为它的对象早于学龄儿童。它的功用，正如培植苗木，实在关系于儿童终身的事业与幸福，推而广之，关系于国家社会。"[①] 因此，国家的美好未来与希望寄托在今天的儿童身上，更寄托在幼儿教师身上。再者，我国是一个农村人口占绝大多数的国家，在建设社会主义新农村和实现城乡教育一体化的进程中，农村教育的发展是关键，只有加快农村教育事业的发展才能实现真正意义上的教育强国。所以，在实现教育现代化的新时期，农村幼儿教师肩负着无法比拟的艰巨任务，他们不再是单纯的传统意义上的教师，而要承担起更多的角色和重担，不仅要成为儿童快乐成长的伙伴和朋友，还要成为儿童健康成长的引路人和启蒙者。

为了更好地贯彻实施《国家中长期教育改革和发展规划纲要（2010—2020 年）》和《国务院关于当前发展学前教育的若干意见》，2011 年 12 月 12 日，教育部正式公布了幼儿园教师专业标准征求意见稿，制定了《幼儿园教师专业标准（试行）》。这三个纲领性文件都强调了幼儿教师队伍建设和专业发展是极其重要的，高素质专业化的幼儿园教师队伍是儿童健康发展和高质量教育的重要保障，应该着力建设一支师德高尚、热爱儿童、业务精良、结构合理的幼儿园教师队伍。

（一）具备现代化的专业理念与师德

国际化和现代化是 21 世纪中国教育的必然趋势，要实现教育现代化的战略

---

① 陈鹤琴. 为什么要办幼稚园［M］//陈鹤琴全集（第二卷）. 南京：江苏教育出版社，2008：12.

目标，首先要做到观念的现代化，所以农村幼儿教师首先要具备现代化的专业理念与师德。

1. 献身幼教、爱岗敬业

献身幼教、爱岗敬业是幼儿教师做好幼教工作的动力。爱是幼儿教育的别名，教育者要先学会爱教育。

如果说教师是太阳底下最光辉的职业，那么幼儿教师就是那光辉职业中最耀眼的一类。我国自古以来，涌现出了许多献身教育事业的典型，从大教育家孔子开始，就有数不清的先辈们以"捧着一颗心来，不带半根草去"①的高尚情怀履行着人类文明的传播者和人类灵魂的工程师的神圣职责，尤其是广大的幼儿教师。假如幼儿教师没有感情，没有爱，那么就如同池塘里没有水一样。一个没有水的池塘不能称之为池塘，而如果没有爱，也就不能成为真正的教师。就像陈鹤琴先生在《怎样做人民的幼稚园教师》的文章中所言："热爱儿童，是做一个优良教师的起码条件。"②在21世纪的今天，随着我国教育事业的日益发展，这些优良的文化传统并没有随着时代的变迁而过时或落伍，相反，它凝聚了新时代的要求，依旧指引着千千万万的幼儿教师在教育现代化的大道上前行。尤其是在各种条件都较不完善的农村地区，要求农村幼儿教师要比其他同行业的教师更加热爱学前教育事业，更加关爱儿童，具有高度的责任感和使命感，富有爱心、耐心和细心，具有崇高的职业理想和敬业精神。

2. 幼儿为本、师德为先

幼儿为本、师德为先不仅仅是幼儿教师做好幼教工作的重中之重，还是幼儿教师职业道德的灵魂，也是幼儿教师教育理念的集中体现。

"幼儿为本、师德为先"就是要求幼儿教师以"一切为了儿童，为了一切儿童，为儿童的一切"为从事幼教工作的指导思想，做到以幼儿为主体，充分保护每一个幼儿的合法权益，积极调动并发挥幼儿的主观能动性，遵循幼儿在身心发展中的特点和幼儿保教活动的规律，为儿童快乐健康成长提供适合的教育。这就要求农村幼儿教师，首先，要体贴爱护儿童，重视儿童的身体健康，把保护儿童的生命安全放在工作的首位，积极创造条件，让每一个幼儿都拥有快乐的幼儿园生活。其次，尊重幼儿的人格，做到尊重、信任每一个儿童，尊重他们的人格和个体差异，言语上和行动上都要做到不讽刺、不挖苦、不歧视、不体罚或变相体罚任何一个儿童，并主动观察、了解、满足有益于儿童身心发展的不同需求，营造一种和谐的成长氛围。最后，注重保护儿童的好奇心，培养儿童丰富的想象力，发掘幼儿广泛的兴趣爱好，让幼儿在游戏活动中边学边成长。

3. 以身立教、为人师表

以身立教、为人师表是幼儿教师做好幼教工作的基本方法。幼儿时期是儿童

---

① 陶行知. 捧着一颗心来，不带半根草去——致李友梅等［M］//陶行知文集（上册）. 南京：江苏教育出版社，2008：384.

② 陈鹤琴. 怎样做人民的幼稚园教师［M］//陈鹤琴全集（第二卷）. 南京：江苏教育出版社，2008：443.

身心急剧发展变化的阶段，是儿童模仿性最强的时期，同时也是儿童心灵最敏感、可塑性最强的时期。因此，幼儿教师无论是在身体上，还是在心灵上，都要做好儿童的表率和榜样。

幼儿教师对于儿童的影响是全方位的。教师的言行举止对于好奇心强、好模仿的儿童来说具有很强的示范性，对学生的身体、思想、行为、品质等都会有潜移默化的影响。所以，幼儿教师尤其要严格要求自己，重视自身的日常态度和言行对幼儿发展的重要影响，从身体到心理，从外表到思想，从言行到举止，都要做到榜样带头作用。正如孔子说："其身正，不令而行，其身不正，虽令不行。"首先，农村幼儿教师要拥有健康的体魄，良好的身体素质不仅是投身幼教事业的基础，也是为儿童锻炼好身体树立榜样。幼儿教师的衣着打扮应该朴素大方得体，语言也要标准、规范，举止也应该文雅礼貌，符合幼儿的审美情趣。其次，农村幼儿教师还要具有健康的心理素质。一方面，现代社会激烈的竞争压力和生存压力，再加上农村幼儿保教工作的特殊性质，这些都要求农村幼儿教师要有坚强的意志和健全的人格，能及时调控好自己的心理状态，克服心理压力和负担，始终保持平和的、乐观向上的心态，热情开朗，精神饱满地投入工作，从而提高幼儿保育工作的效率和质量，促进儿童的心理向积极健康的方向发展；另一方面，农村幼儿教师要注重调节儿童的情绪，以自己良好的人格魅力来影响感染学生的个性，使每一个儿童在教师的教育和影响下成为活泼开朗、勇敢自信的接班人。

4. 民主平等、合作交流

民主平等、合作交流是幼儿教师做好幼教工作的基本方针。每一个儿童都是一个独立的、发展着的、完整的人，幼儿教师除了要奉献出一颗真诚的爱心之外，还要有一颗不泯的童心，放下身段，从儿童的角度去思考问题、理解问题，用心和幼儿进行交流与合作，建立民主平等的师幼互动关系。

首先，要求农村幼儿教师打破传统的"教师权威"，学会尊重每一个儿童，尊重他们的意愿和兴趣，保护他们的自尊心，在民主平等的氛围中，与儿童进行对话与交流。重视儿童的需要并善于倾听他们的意见，帮助儿童树立自信心，培养儿童的合作精神和民主意识。其次，要求农村幼儿教师要积极地与同事、同行进行交流，互相学习先进的教学方法，分享优异的教学成果，共同解决幼教活动中出现的难题，团结协作，取长补短。最后，要求农村幼儿教师注重同幼儿家长的密切合作和交流，共同关注儿童的身心发展变化，在幼儿园和家庭之间建立稳固的联系，家长、教师形成合力，使良好的家庭教育环境与和谐的幼儿园环境同步，促使教育的力量得以最大限度的发挥。

5. 学而不厌、终身学习

学而不厌、终身学习是幼儿教师做好幼教工作不可或缺的法宝。树立终身学习的观念和持续的专业成长意识，自主地进行学习，是幼儿教师实现自身发展的必由之路。这正如《学会生存》中所言："我们可以说，人永远不会变成一个完人，他的生存是一个永无止境的完善过程和学习过程""他必须从他的环境中不断地学习那些自然和本能所没有赋予他的生存技术。为了求生存和求发展，他不得不继续学习。"① 魏书生曾说："要想做教师的人把岗位站得太久，必须使他们有机会，一面教，一面学，教到老，学到老。当然，一位进步的教师，一定是越教越要学，越学越快乐。"②

农村幼儿教师也要做到"严谨笃学，与时俱进，活到老，学到老"，具有终身学习的意识和持续发展的能力，做幼儿终身学习的典范。给学生一杯水，教师仅有一桶水是不够的，还要成为永不枯竭并且时刻保持新鲜的小溪。农村幼儿教师面对的是一个随着时代的要求和国家教育改革发展的需要而不断变化的教育教学活动场景，应该打破一本教材用几年甚至几十年的做法，勤于学习，不断进取以适应教育现代化的需要。一方面，农村幼儿教师要有自主学习的意识，不但要及时发现专业知识结构中的不足，优化自身的知识结构，还要拓宽自身的知识面，提高文化素养，从而更加自如地应对儿童保教过程中出现的新问题。另一方面，还要具有自觉接受职业继续教育的意识，积极参加学校、政府以及国家组织的幼儿教师培训，学习国内外先进的学前教育理论、学前教育领域改革与发展的经验与做法，多渠道、全方位地提高自己的专业水平，实现自身专业成长，成长为现代化的幼儿教师。

（二）具备精深的专业知识

农村幼儿教师的专业知识是农村幼儿教师从事幼教职业的需要，它是在一定的范围和时期内相对稳定的、系统化的知识，是幼儿发展知识，幼儿保育、教育知识以及通识性知识等的动态组合。农村幼儿教师是实现农村教育现代化的主力军，是建设社会主义新农村必须依靠的力量，应该具有精湛的专业知识。农村幼儿教师精湛的专业知识就是要求教师具备的知识及其知识的组合要符合教育现代化的需求，具体来说应该包括广博的科学文化知识、扎实的专业学科知识、先进的教育学科知识和熟练的实践性知识。

1. 广博的科学文化知识

科学文化知识不仅包括深厚的文化基础知识，还应该包括广阔的文化视野。

首先，教育现代化要求农村幼儿教师需要有深厚的文化基础知识，即通识性知识。随着科学技术的日益发展，现在各方面的知识都存在着密切的内在联系，各学科间的知识也日益渗透，从事幼儿教育的教师，要想真正做好这一职业，必须有无数相关基础知识的支撑。另外，科学文化知识还可以陶冶教师的人文精神、提高教师的文化修养，使农村幼儿教师成为真正的具有深厚文化底蕴、高水平人文修养和艺术美感的知识传播者。所以，每一位农村幼儿教师应该把相关学科的基础知识作为自己知识结构整体的一个有机组成部分并内化到教师个体已有的知识结构中去。例如，作为一名农村幼儿教师需要熟悉农村、农业活动的相关

---

① 联合国教科文组织国际教育发展委员会. 学会生存：教育世界的今天和明天［M］. 华东师范大学比较教育研究所，译. 北京：教育科学出版社，1996：196，198.

② 赵国柱，陈旭光. 师德新说：中小学教师职业道德经典读本［M］. 北京：开明出版社，2009：165.

信息，具有一定的现代信息技术知识，了解国家教育的基本方针政策，掌握幼儿教育的先进理念，具备相应的艺术欣赏知识和能力等。

其次，教育现代化要求农村幼儿教师还应该有广阔的文化视野，注重传统文化与现代文化、本土文化与外域文化、物质文化与精神文化等多方面的结合。尤其是幼儿这一教育对象的特殊性，教师是他们获取知识的源泉，他们有着丰富的想象力，强烈的好奇心和求知欲，对大千世界的任何事物都感兴趣，把教师当作"样样懂、样样通"的"知识库"，从而会对教师提出各种各样的问题，这就要求教师要不断拓宽自己的知识面，以便能够得心应手地启发儿童的思想，使儿童对周围的世界有一个正确的、初步的认识。这就需要幼儿教师要了解包括社会科学、自然科学以及人文学科的有关知识和理论，把握所教学科和相关学科知识的纵横发展关系，以增强儿童教学工作的适应性。具体来说，幼儿教师要勤于学习与幼儿的教育内容相关的天文、地理、动物、植物、法律、生理、心理、文学、艺术、数学、社会、物理、化学等多领域的知识，才能全面启迪幼儿的智慧，才能满足幼儿学习和成长的需要。

2. 扎实的专业学科知识

幼儿教师的专业学科知识是指幼儿教师要具备所教学科的专业知识，这是教师的本体性知识，如语文知识、数学知识、音乐知识等，这是人们所普遍熟知的一种教师知识，是幼儿教师胜任幼儿教育教学工作的基础性知识，是教师知识的"主干"和"核心"部分。

教育现代化要求农村幼儿教师，不仅要对自己所教学科的基本内容有深入透彻的了解，还要了解该学科的理论起源、学科架构及发展脉络等内容。这就必然要求农村幼儿教师首先应对自己的专业学科知识有广泛而准确的理解，熟练掌握本学科相关的技能和技巧。"正确性"是对教师专业知识的第一要求，"熟练性"则是在正确的基础上才能实现的。幼儿教师只有熟练了之后才有可能竭尽心思去设计幼儿的游戏活动和教学课程内容，使教学内容和课程设计更加符合儿童的心理特征和兴趣，更能发挥幼儿的主体性。同时，在科学技术的发展日新月异的今天，农村幼儿教师必须及时吸收自身专业学科的新知识，学习和借鉴自身学科的新经验和新成果，保证幼儿接受的教育内容符合时代的发展与进步，帮助幼儿形成适应未来社会需要的知识结构。

3. 先进的教育科学知识

幼儿教师的教育科学知识是指导幼儿教师科学地进行教育教学的基础性知识，即条件性知识，是幼儿教师做好幼儿保育工作的基本前提，也是幼儿教师实际工作的行动指南。

幼儿教师所从事的幼儿保育活动是一件最复杂、最高超的创造性艺术活动。教育现代化要求农村幼儿教师除了必须具备基本的教书育人的本领之外，还必须掌握先进的教育理论知识，如幼儿卫生学、幼儿心理学、幼儿教育学、幼儿教育心理学以及幼儿教学法等各科教材教法，用以指导自己的幼教实践，提高幼儿保育工作的科学性。幼儿教师只有充分了解幼儿身心发展的特点以及影响其身心发

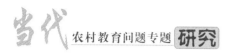

展的因素，掌握幼儿身心发展的规律和科学的教育规律，才能在幼儿保育实践活动中将理论与实践结合起来，综合灵活地运用所学的知识进行创造性的教育教学活动。幼儿虽然有强烈的好奇心但是他们集中注意力的时间很短，幼儿教师要结合幼儿的这一特点，适时恰当地激发他们的学习兴趣和动机，把学科知识顺利地转化为儿童易于接受的知识，使幼儿在愉悦的环境中获得发展。幼儿教师还可以根据幼儿不同的气质和性格因材施教，例如，多血质的孩子活泼开朗，兴趣广泛，但是情绪不稳定，好动顽皮，对其进行教育时，教师可以有意安排练字、画画等相对安静的游戏或者文体活动来弥补这类孩子气质中的不足之处。

4. 熟练的实践性知识

幼儿教师的"实践性知识"是教师们真正信奉的、隐性的、潜在的知识，是在真实的日常教育教学实践中实际使用并表现出来的对幼儿教育教学的认识，是幼儿教师在实际的教育工作中结合自身的知识结构和教育教学经验，通过个体的体悟主动建构而成的。它是幼儿教师所具有的情境知识的外在反映，它不像其他可以从现有的有关教育的书籍中获得知识那样，而是教师专业知识中最具个人特色的知识。

教育现代化要求农村幼儿教师的实践性知识应该包括坚定的幼儿教育信念、正确实际的自我知识、和谐的人际知识、敏感的游戏活动情境知识、灵活的课堂教学策略性知识以及理性的批判反思知识，等等。农村幼儿教师要不断地在教儿童唱歌、跳舞、画画、做游戏、讲故事等实践中进行学习和积累，使自身实践性知识变得丰富，从而成为引导教师实践的一种行为惯性。"纸上得来终觉浅，绝知此事要躬行。"幼儿教师要想学会灵活地运用这种"实践性知识"，就必须在自身的教学实践中不断地体验和积累。例如，幼儿教师转化和解决教育矛盾的教育机智就是一种情境知识，即"实践性知识"。幼儿教师在课堂教学中运用教育机智来处理突发事件，巧妙地化解问题，既保证了课堂教学的顺利实施，又保护了儿童的求知欲和信心。

（三）具备娴熟的专业能力

农村幼儿教师要想更好地完成儿童保育和教育工作，娴熟的专业能力是必不可少的条件。这些能力是多种多样的，主要包括幼儿教师观察和了解儿童的能力、创设幼儿教育活动的能力、组织管理和评价沟通能力、掌握和运用信息的能力、反思创新能力、幼儿教育科研能力等。

1. 观察和了解儿童的能力

观察和了解幼儿是农村幼儿教师进行幼儿教育活动的前提条件，敏锐的观察力有助于教师全面深入地了解幼儿，通过细致长期的观察，教师可以根据每一个儿童的特点来安排教学内容和教学形式，只有观察细致，才能知人善教。

由于幼儿教师面对的是3~6岁的幼儿，受年龄的限制，他们对自己复杂的内心活动或状态不能完全地表达出来，所以，幼儿教师要善于在教育活动中全方位地观察儿童，不仅要留心观察幼儿外部的行为表现，还要能把握儿童的内心活动。幼儿教师通过对儿童的语言、表情、动作、情绪等的长期细致的观察，了解每一位幼儿的兴趣爱好、个性特点，从而有针对性地进行教育活动，因势利导，长善救失，把教育工作做在前头，把教育效果发挥到最佳水平。

2. 创设幼儿教育活动的能力

创设幼儿教育活动的能力是农村幼儿教师专业技能的重要组成部分，包括幼儿教师的课堂教学与游戏活动的设计和组织能力、课程与游戏资源的开发和利用能力。

（1）课堂教学与游戏活动的设计能力

作为专业的幼儿教师，必须对幼儿有一个全面深入的观察和了解，掌握每一个孩子的生理、心理发展特征及认知特点，从有助于幼儿终身发展、全面发展的角度来考虑课堂教学和游戏活动的设计和组织。由于教育对象的特殊性，幼儿教师在教育活动的设计和实施中应体现"在游戏活动中快乐学习，在游戏活动中快乐成长，为幼儿的终身发展打基础"的宗旨，努力成为幼儿学习、游戏的支持者、合作者和引导者。首先，课堂教学和游戏活动的设计要具有趣味性，还要符合幼儿的想象力和认知能力，既能激发幼儿的兴趣，又能锻炼幼儿的身体，开发幼儿的智力。其次，课堂教学的设计要有适宜性和综合性，既要简单、适量、有趣，又要能够培养幼儿的自主意识和探索精神，帮助幼儿树立自信心。再次，课堂教学和游戏活动的设计要能灵活运用情景式教学、讨论式教学和实践活动式教学等多种教学方式，既能增进幼儿教师和幼儿的合作交流，又能照顾到每一个幼儿的身心差异，使幼儿感受到关爱、尊重和理解。最后，课堂教学和游戏活动的设计要体现"人格本位"，教学、游戏的环节要科学、严谨，尽量多地促进幼儿健康、语言、艺术、科学以及社会性等的成长，使幼儿的人格得到全方位的发展。

（2）课程与游戏资源的开发和利用能力

教育现代化要求农村幼儿教师应该具备良好的课程与游戏资源的开发和利用能力。这不仅对农村幼儿教师的工作提出了更高的要求，同时也增加了教师选择的机会，也是对新时代教师自身专业能力提高的一个挑战。

农村幼儿教师不仅要能够综合利用园内园外现有的课程、游戏资源，还要引进先进的信息化资源，充分挖掘各种资源的潜力和深层次的价值；另外，也要能够立足园本实际，开发利用新的课程、游戏资源。农村幼儿教师首先要利用好教材中、校园中的资源，充分利用与合理设计儿童游戏活动的空间，并提供丰富、适宜的游戏材料。比如设计合理的游戏活动室、手工绘画室、艺术体操室、多媒体教室等课程、游戏活动场所；其次，要开发利用好农村生活中的资源，不但要将儿童熟悉的、具有浓厚地方特色的民间传统游戏引进幼儿园，还要对这些游戏进行精心的整理和改编，因地制宜地构建具有自身特色的课程和游戏活动；最后，要善于开发、利用农村得天独厚的大自然资源，随着春夏秋冬四季的变换，田野里、池塘边、果园里、小山上都可以是儿童的游乐场和"课堂"，这是取之不尽、用之不竭的环境资源。这些来自儿童生活中、大自然中的课程游戏不仅能够促进幼儿对知识的理解，锻炼其动手、动脑和解决问题的能力，还能提高儿童

对活动的兴趣，最大限度地挖掘每一个儿童的潜能。

3. 组织管理和评价沟通能力

教育现代化不仅要求农村幼儿教师要成为一个好的引路人，还要成为一位优秀的管理者和评价者。

幼儿教师的组织管理能力，即合理安排和管理儿童一日生活各个环节的能力。专业化的农村幼儿教师要能够科学地照料幼儿的日常生活，做好班级常规教育保育和卫生工作，并能够将教育工作灵活地渗透到幼儿的一日生活中。幼儿教师具备良好的组织管理能力对于幼儿园教育工作、班集体的形成和幼儿的成长有着极其重要的影响。在实际的教育教学工作中，教师对幼儿的保教管理不能只停留在基本的"管学生"阶段，还要善于有计划、有目的、科学地组织调控幼儿的游戏活动，真正把幼儿作为一个发展中的人来看待，充分考虑幼儿的身心发展水平以及各项活动的时间和内容，组织协调师幼之间的关系，同时还要具备解决各种偶发事件以及有效保护幼儿的能力。

幼儿教师的评价沟通能力，即能够客观、多元、全面地判断、评价幼儿的能力以及能通过各种途径进行有效的、全方位的与幼儿沟通交流的能力。幼儿教师要积极关注幼儿的日常表现，及时发现并赏识每个幼儿的进步，并做好日常记录，综合运用观察、谈话、作品分析等多种方法，公正地评价每一个幼儿，并能运用评价结果，开展下一步教育活动。另外，幼儿教师要用平等的眼光看待幼儿，在课堂或者游戏活动中善于倾听幼儿的心声，用言语和非言语相结合的方式与幼儿进行沟通，建立融洽的友爱信任关系，激发和保护幼儿的积极性和自信心。

4. 掌握和运用信息的能力

掌握和运用信息的能力是教育现代化对农村幼儿教师提出的一个新的挑战。首先，幼儿教师要有善于发现、整合、处理新信息，不断更新自身知识的能力。善于发现信息源，汲取新信息，主动通过网络、电子读物、图书馆等多种途径获取信息，以顺应现代化和信息技术对人才的需求，做到与时俱进，为幼儿保教活动不断注入新的内容与活力。其次，教育现代化必然实现教育技术手段的现代化，掌握和运用现代信息技术是农村幼儿教师贯彻实施教育现代化的集中体现。《纲要》也提出，要大力推进信息技术在教育过程中的应用，"促进教育内容、教学手段和方法现代化。充分利用优质资源和先进技术，创新运行机制和管理模式，整合现有资源，构建先进、高效、实用的数字化教育基础设施。""重点加强农村学校信息基础建设，缩小城乡数字化差距。"农村幼儿教师要有熟练的计算机、多媒体操作能力，能够将教学软件、互联网络等信息技术运用在教学中，运用多种现代化的教学手段和方式来进行计算机辅助教学，并能指导幼儿运用互联网等科技手段来检索获取知识。

5. 反思创新能力

教育现代化要求农村幼儿教师不仅仅能够科学合理地安排幼儿的日常学习和游戏活动，还要求教师能够定期地对日常幼儿保教实践进行自我反思，具备改革创新能力，制定长远的专业发展规划，成长为一名不断自我完善的创新型农村幼儿教师。

幼儿教师的反思能力即是教师通过对其隐性的教学技能、方法和教学经验进行回忆、确认和评价，以使其显性化，并对它进行实践检验和修正的能力。农村幼儿教师要能够通过自主阅读幼儿教育专著、积极参加专业培训和幼儿教育案例研究等各种方式来对自身的不足和问题进行分析、批判，重新审视幼儿保教思路、方法、内容，并积极探索新策略来解决保教实践中面临的问题，从而改善自己的教学技能，形成自己的教学特色，获得专业能力的提高。

幼儿教师的创新能力是推动教师专业化的一个重要能力。一方面，幼儿保教实践本身就是一项富有创造性的活动，针对每个儿童不同的兴趣和特点，要采取不同的教育方法。另一方面，随着教育现代化的日益发展，教育系统中的各个要素和环节都在发生变化，需要幼儿教师能够创造性地改革教育内容和教育方法，灵活应用新知识做好保教工作，培养幼儿的开拓创新能力。

6. 幼儿教育科研能力

教育现代化还要求农村幼儿教师应该具有较强的教育科研能力，成为幼儿教育科研研究者。幼儿教师既是最有利的教育实践研究者，又是教育理论和教育方法最有力的实践者。

幼儿教育是一项最富创造性的工作，幼儿教师的教育科学研究能力不仅有利于提高教师自身的专业技能和农村幼儿保教活动的质量，还能促进幼儿保教改革与实践的发展以及学前教育理论的丰富。幼儿教师能够对幼儿进行有计划的、全面的、系统的观察，在现实的保教实践工作中提出研究课题，结合幼儿教育教学改革的任务和目标进行实验研究，通过对儿童身心实际情况的观察、记录和总结，积累整理第一手调研资料，在此基础上进行分析探索，掌握幼儿保教活动的规律，形成科学的幼儿教育理论和研究成果，努力成为一名学者型的农村幼儿教师。

第三节　农村幼儿教师专业化的现状及分析

一、问卷设计

(一) 问卷调查的目的

在问卷调查的基础上，搜集、整理、分析在教育现代化背景下郑州市市郊农村幼儿园教师的专业化发展现状，把握在实现教育现代化战略目标的进程中制约我国农村幼儿教师业化发展的因素，从而为促进农村幼儿教师专业化发展提供有效的措施和建议。

(二) 问卷调查的对象与方法

我们于 2012 年 6—7 月在河南省郑州市中原区、二七区、惠济区、管城区、金水区市郊及附近的 12 个乡镇中，每个乡镇随机抽取 2 所幼儿园，共计 24 所幼

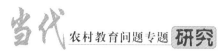

儿园，在这24所幼儿园中选取10名教师作为调查对象。我们采用实地问卷调查法作为主要方法、访谈法作为辅助方法进行调查。

本次问卷调查共发放自编问卷240份，回收229份，回收率为95.4%，其中有效问卷224份，有效率为97.8%。并对其中一个乡镇的4名幼儿教师（甲、乙、丙、丁）分别进行了深入的访谈。

二、农村幼儿教师专业化的现状

（一）农村幼儿教师的基本情况

此次问卷调查主要从农村幼儿教师的性别、年龄、教龄、职称、最后学历、所学专业以及是否具有教师资格证等方面进行，把握郑州市郊乡镇的幼儿园教师的基本情况。

1. 幼儿教师的性别年龄结构

在被调查的224位幼儿教师中，从性别来看，男教师的人数仅有8位。如表1-1所示，从年龄来看，农村幼儿教师年龄在25岁以下的有105人，占总人数的比例约为46.9%；年龄在26~35岁的有66人（其中有1名男教师），占总人数的比例约为29.5%；年龄在36~45岁的占总人数比例约18.3%，人数为41人（有男教师2名）；年龄在45岁以上的有12人（其中男性教师5名），占总人数比例约为5.3%。

调查结果表明，郑州市郊乡镇的农村幼儿园中，男女教师的比例严重不平衡；35岁以下的年轻女教师占总调查人数的76.4%，是幼儿保教活动的主要力量，教师队伍整体呈现年轻化的趋势。

表1-1　农村幼儿教师年龄结构

年龄	25岁以下	26~35岁	36~45岁	45岁以上
人数（人）	105	66	41	12
占总人数百分比（%）	46.9	29.5	18.3	5.3

2. 幼儿教师的专业结构

从幼儿教师所学专业方面来看，在接受调查的224人中，入职前仅有35位幼儿教师是接受过学前教育专业的全面培训的，而接受过音乐、舞蹈、美术、体育等专业培训的教师也仅占总人数的29.5%，其中入职前没有系统接受过正规的幼儿教育知识和技能培训的，不熟悉幼儿保育、教育活动实践的教师人数达到123人，占总人数比例高达54.9%（见表1-2）。

调查结果显示，农村幼儿教师的专业对口率较低，入职前大部分教师不具备幼儿教育的必备知识和技能，总体专业化程度不高，必须加大职后的自主学习和继续培训工作的力度。

表1-2　农村幼儿教师专业结构

专业	学前教育专业	音乐、舞蹈、美术等	其他专业
人数（人）	35	66	123
占比（%）	15.6	29.5	54.9

3. 幼儿教师的学历结构

幼儿教师的学历结构也是教师受教育程度的表现之一。被调查的24所农村幼儿园中，农村幼儿教师的最后学历以高中和中专学历为主，其中高中学历和中专学历的教师占总人数的70.5%，而获得大专以上学历的仅有42人，占总人数比例18.8%。另外，还有24位教师是初中以下的学历，比例为10.7%。

从调查结果可以看出，目前农村幼儿教师的学历层次普遍偏低，大专以上学历的教师比例偏少，尤其是具备本科以上学历的教师少之又少。

4. 幼儿教师教龄结构

从教龄结构来看，郑州市市郊乡镇幼儿教师的教龄主要是在2~5年，人数达到108人，占总人数的48.2%，在1年以内的占总人数的比重为25.0%，6~10年的比重为17.0%，11年以上的仅占9.8%（见表1-3）。

从调查结果可以看出，教龄在5年以下的幼儿教师占被调查人数的比重高达73.2%，而且都是年龄在35岁以下的年轻教师。这说明，郑州市市郊乡镇的幼儿教师专业水平还有很大的上升空间，多样化、合理的手段能够有效地促进教师的专业化发展。

表1-3　农村幼儿教师教龄结构

	教龄1年以内	2~5年	6~10年	11年以上
人数（人）	56	108	38	22
百分比（%）	25.0	48.2	17.0	9.8

5. 幼儿教师职称和从业资格状况

2012年教育部印发的《关于加强幼儿园教师队伍建设的意见》又一次明确强调，幼儿园教师上岗之前必须要取得相应的教师资格证书。另外，幼儿教师是否具有资格证书也是教师职称评定的条件之一。从调查结果来看，具备从业资格证书的幼儿教师共85人，比重约为37.9%，还有139人未获得幼儿教师资格证书。而从事农村幼儿保教事业的教师，有职称的只有17位，比例也只有约7.6%，远远低于无职称92.4%的比例（见表1-4）。其中仅有一位（访谈对象之一）没有幼儿教师资格证书的教师有职称，且职称等级也不高，但是教龄却在10年以上。"因为我从事幼儿教育事业比较早，到现在已经有16年了，那时候的评定条件不是很完善，所以自己有职称，但是没有教师资格证书。现在就不行了，要想评职称必须得有教师证，而且名额特别少，农村老师几乎没有什么机会。"（甲老师）

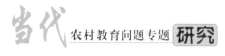

从调查数据我们可以看出：绝大部分农村幼儿教师虽然从事着幼儿保教工作，但是他们根本没有取得国家对幼儿园教师职业许可的认证资格，并且他们也无缘于职称评定等激励政策。因此，农村幼儿教师队伍的整体状况不是很理想，需要各方面力量共同努力来提高他们的基本素质。

表1-4　农村幼儿教师职称和从业资格状况　　　单位：人

	无证书	有证书
无职称	138	69
有职称	1	16

6. 幼儿教师的身心健康状况

受调查的224名乡镇农村幼儿教师中，经常有意识地锻炼身体的人很少，只占约6.7%。有些也只是偶尔锻炼一下，但是不会坚持下去。有25.4%的幼儿教师认为自身的身体素质很健康；处于亚健康状态的人数最多有98人；有慢性疾病的人数有39人；认为自己身体素质较差的也占总调查人数的13.4%。然而，农村幼儿教师中46.4%的人经常会出现不同程度的心理焦虑问题，几乎没有心理焦虑的比例也只有11.6%（见表1-5）。

调查结果表明，农村幼儿教师的身心健康状况不容乐观，尤其是心理健康情况。他们没有意识到幼儿保教工作的特殊性和艰巨性需要教师具备更为健康的体魄和心理素质。

表1-5　农村幼儿教师身心健康状况

身体状况	很健康	亚健康	有慢性疾病	较差
人数（人）	57	98	39	30
百分比（%）	25.4	43.8	17.4	13.4
是否存在心理焦虑	经常发生	偶尔有几次		几乎没有
人数（人）	104	94		26
百分比（%）	46.4	42.0		11.6

（二）农村幼儿教师的专业化现状

农村幼儿教师的专业化现状离国家新颁布的《幼儿园教师专业标准（试行）》还有很大的差距。调查发现，有13.2%的幼儿教师对自己的专业现状感到满意，基本满意的有28.6%的比例，还有43.7%和14.5%的比例选择"不太满意"和"不太清楚"。

1. 专业教育理念已远远落伍于教育发展的需要

从调查数据的统计结果来看，农村幼儿教师在日常工作中对待幼儿的态度仍旧以传统的管教为主，把自己当作幼儿成长的控制者，持有这种观念的人数约占了总调查人数的一半（比重为48.2%），有108人。还有41位教师（约占18.3%）认为幼儿教师就是帮助家长看护好儿童，只喜欢乖巧听话的孩子，对其他孩子不是很关注。仅有33.5%的教师认为新时代的幼儿教师应该要为幼儿创造一个能促进其主动学习并和谐发展的教育环境，带着一颗童心，设身处地地尊重幼儿的兴趣和需要，以幼为本（见表1-6）。

我们通过调查还发现，绝大部分农村幼儿教师对国家提出的教育现代化的战略目标知之甚少，有的甚至完全不了解，这一部分的比例就高达68.7%；对教育现代化战略目标略知一二的比例有22.8%；在接受调查的224人中，仅有19位（约占8.5%）对国家的教育现代化战略了解得比较到位（见表1-7）。

另外，从农村幼儿教师保教观念更新的速度来看，他们观念比较保守，更新速度几乎没有的占30.8%的比重；观念更新转变一般化的人数最多，有97人；更新速度相对比较快的占19.2%的比例；保教理念能够做到与时代的发展和社会的需要同步的幼儿教师仅有15名，所占比例为6.7%（见表1-8）。

从以上调查中，我们分析得出，在国家教育现代化快速发展的新时代里，农村幼儿教师的教育观念显得十分落后，幼儿保教理念的更新节奏已经远远落后于国家和时代发展的脚步。

表1-6　农村幼儿教师对幼儿的态度

对幼儿的态度	平等、尊重、以幼为本	教师主导，管教为主	不关注、偏爱
人数（人）	75	108	41
百分比（%）	33.5	48.2	18.3

表1-7　农村幼儿教师对教育现代化的理解

对教育现代化的理解	十分了解	有所了解	知之甚少	完全不了解
人数（人）	19	51	119	35
百分比（%）	8.5	22.8	53.1	15.6

表1-8　农村幼儿教师教育观念更新速度

教育观念	更新速度与时俱进	比较快	一般	比较慢，几乎没变
人数（人）	15	43	97	69
百分比（%）	6.7	19.2	43.3	30.8

2. 专业理想和职业道德不高

从专业理想角度来看，农村幼儿教师对本职业的热衷度很低，没有充分认识到幼儿保教职业的意义，更谈不上把幼儿保教事业当作自身的专业理想。他们选择幼师专业的动机中，投身幼儿教育事业仅仅是因为自身喜欢儿童，热爱学前教育的人数比例仅有8.0%；因为生活所迫，幼儿教师的收入稳定而选择幼教事业的老师人数超过了一半，比例为54.0%（见表1-9）。从对幼儿保教工作的感受出发来看，农村幼儿教师在日常的工作中，在与幼儿的实际接触中，内心感受到

十分愉悦，有幸福感的仅有 38 人，所占比例仅为 17.0%；而有职业倦怠感和无助感的幼儿教师总共比重达到了 63.8%；另外还有 43 人认为保教工作就是看孩子，他们就是负责孩子的饮食和安全，只要孩子在幼儿园不出事故就好，对工作已经没有追求，抱着无所谓的态度（见表 1-10）。

甲老师说："我当时选择来幼儿园工作是因为上高中时，家里人口比较多，条件很不好，刚好幼儿园招聘教师我就来了，还好自己当时成绩很好，能够完成教学工作。"

"我是大专毕业之后没有找到合适的工作，刚好自己爱唱爱跳，就来当了幼儿教师，还好教师收入比较稳定。"（丙教师）

表 1-9　选择幼教事业动机

	人数（人）	占比（%）
热爱幼教	18	8.0
受人尊重	32	14.3
生活所迫	121	54.0
其他原因	53	23.7
总计	224	100

表 1-10　幼儿保教工作感受

	人数（人）	占比（%）
幸福感	38	17.0
有无助感	65	29.0
有倦怠期	78	34.8
无所谓	43	19.2
总计	224	100

从农村幼儿教师的整体职业道德来看，幼儿教师队伍的职业道德素质现状离国家规定的幼儿园教师道德标准还有很大的差距，缺乏爱心、责任心和耐心。从数据分析来看，农村幼儿教师真正能够做到尊重、关爱幼儿，成为儿童学习活动的支持者、合作者和引导者的比例仅有 33.5%。

另一调查结果显示，农村幼儿教师的责任感普遍不强，不能很好地处理自己的负面情绪，容易把不良情绪带到幼儿园中。当出现心理焦虑问题时，有 52.7% 的幼儿教师承认自己不能及时调节自己的情绪，经常会将不良情绪带到幼儿保教活动中去。还有 32.1% 的幼儿教师承认自己需要一点时间调节自身的不良情绪，有时候会影响到幼儿的课堂和游戏活动。占 15.2% 的幼儿教师（34 人）能够控制好自己的情绪，一般不会使其影响到幼儿的教学和游戏活动（见表 1-11）。

表1-11 农村幼儿教师自我心理调节能力状况

项目	人数（人）	百分比（%）
能很快做出调节，一般不会	34	15.2
需要一点时间进行调节，有时会	72	32.1
需要较长的实践进行调节，经常会	118	52.7

3. 专业知识结构不完善

农村幼儿教师的专业知识结构很不完善，有超过一半的教师承认在入职前没有系统接受过正规的幼儿教育知识和技能培训，不熟悉幼儿保育、教育活动的知识和实践，有些幼儿教师甚至不了解什么是"实践性知识"。

当问及他们"在实际幼儿保教工作中，您认为一名合格的幼师应该具备什么知识"时，仅有不到三分之一的被调查者认为合格的幼儿教师应该具备科学文化知识、专业的学科知识、幼儿保教理论知识和实践性知识。而大部分的教师还是认为只要具备专业学科知识和幼儿卫生方面的知识即可。"幼儿园教学就是教孩子读拼音、写汉字、做算术，老师只要知道专业知识就能够应付日常的教学活动，我不太了解实践性知识是什么，在教学中有什么用"。（甲老师）

（1）科学文化知识

对于"儿童提出的各种问题，您有没有答不出来的时候"这一问题，回答"经常会有"的老师有97人，占43.3%，回答"基本没有"的幼儿教师仅占23.2%（见表1-12）。可见，农村幼儿教师的科学文化知识水平亟须提高，掌握全面且准确的一般文化知识，能够科学回答幼儿突发奇想提出的问题是保护幼儿好奇心和求知欲的基本途径之一。

访谈中，乙老师也认为科学文化知识很重要，而自己这方面的知识又比较欠缺，很多时候不能及时准确地回答孩子们提出的稀奇古怪的问题，弄得自己十分尴尬，哭笑不得。"一次活动中，一个小朋友突然问我天上为什么会下雨啊？天这么高，这水是怎么上去的呀？我当时就愣住了，半天也没有回答，孩子也就不问了。之后，我就想幼儿教师面对的是对世界充满求知欲望的幼儿，真是要做到上知天文，下知地理才行，不然连孩子都要笑话我们了。"

表1-12 农村幼儿教师未能回答幼儿问题情况

选项	经常会有	偶尔会有	基本没有
人数（人）	97	75	52
百分比（%）	43.3	33.5	23.2

（2）专业学科知识

调查显示，农村幼儿教师在语言、歌唱、舞蹈、绘画等专业学科知识方面有58位幼儿教师（占25.9%）认为自身的专业知识还可以，能够称得上是专业，还有34.4%的教师认为自己不够专业，39.7%的教师认为自己的知识谈不上什么专

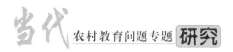

业。可见，农村幼儿教师的学科知识专业意识不强，需要不断加以引导和提高。

甲老师说："从教以来，我的日常工作就是简单地教孩子学写字、做算术，没有考虑过什么专业不专业的问题，反正是够用。但是现在的孩子可不像以前的孩子一样了，幼儿园规定教师要讲普通话，这可难为我了，年纪大了，不太会说，还是得尽量学吧。"

（3）幼儿保教理论知识

从农村幼儿教师的幼儿教育理论知识来看，农村仅有21.9%的幼儿教师认为自己对幼儿保教的教育相关理论掌握得还可以，学习过幼儿教育学、幼儿卫生学和幼儿心理学等课程。但是认为自身"有点欠缺"和"远远不够"的比重占了78.1%（见表1-13）。调查结果表明，农村幼儿教师幼儿教育理论知识的掌握是远远不够的，有的老师根本就没有了解过幼儿教育理论知识。

"我很早就从事幼儿教育工作，那时候也没有学过幼儿教育学和心理学，我教书都是凭借这么多年积累的实际经验，只注重讲授知识，忽视了授课的方法和技巧，也没有考虑过这些知识是否符合孩子的身心发展规律，有时候可能会忽略了孩子的兴趣和需要。"（甲老师）

表1-13　对幼儿保教的教育相关理论掌握程度

对幼儿保教的教育相关理论掌握程度	人数（人）	百分比（%）
还可以，够用	49	21.9
有点欠缺	73	32.6
远远不够	102	45.5

（4）实践性知识

对农村幼儿教师的实践性知识的调查结果显示，仅有12.1%的农村幼儿教师能够在保教活动中机智、妥善地处理突发状况，有113人承认自己在处理突发状况时觉得比较困难，还有39位教师认为自己完全不能独立地处理，要依靠其他老师的帮助才能完成（见表1-14）。

由此可见，农村幼儿教师的实践性知识极为不足，而又不能直接从书本里或者专家那里间接学到，这就需要教师在保教实践中不断地总结和积累，从而形成属于自己内化了的知识。

访谈中乙老师认为："我有时候觉得自己根本不能应付孩子们出现的突发状况，平时保教工作中认为自己还可以，但是一遇到突发事件我就懵了，生怕孩子出意外，不知道该怎么办。自己也很着急，但是又不知道该从何做起。"

表1-14　农村幼儿教师的实践性知识运用情况

项目	总能有效处理	有时候能	觉得比较困难	完全不能
人数（人）	27	45	113	39
百分比（%）	12.1	20.1	50.4	17.4

4. 专业能力严重不足

我们通过调查发现，农村幼儿教师的专业能力严重不足，亟待加以提高。对幼儿教师"在日常幼儿保教工作中，您认为幼师应该具备哪些能力？您认为自己哪方面的能力还有待完善？"的调查结果显示，认为幼儿教师应该具备观察和了解儿童的能力、创设幼儿教育活动的能力、组织管理和评价沟通能力等六种能力的教师仅有 8.7% 的比例；剩下的 91.3% 的教师都选择了其中的一项或者几项。另外，由表 1-15 可以看出，68.3% 的农村幼儿教师认为自己需要接受专业技能培训，有 52 人认为可有可无，还有 8.5% 的教师认为自己不需要接受技能培训，错误地认为凭他们的水平教育幼儿绰绰有余。

由此可以看出，不具备这些基本的技能，并且渴望通过接受专业培训来提高自身专业化水平的教师数量占绝对压倒性地位，农村幼儿教师的专业能力现状不容乐观。

"我也认为这些能力都是一个新时代的教师必备的技能，并且我自己也还有很多的不足，我也想通过多种途径的培训或者再教育来提高自己的课堂、游戏活动的设计能力、反思创造能力以及幼儿科研能力等。要想培养适应社会和国家发展的人才，我们老师首先得做到与时俱进，完善自己的专业技能。"（丙老师）

表 1-15 是否需要进行幼儿保教专业技能培训的需求状况

自己是否需要进行幼儿保教专业技能	培训人数（人）	百分比（%）
非常需要	153	68.3
无所谓，可有可无	52	23.2
一点不需要	19	8.5

（1）观察和了解儿童的能力

农村幼儿教师在日常的保教实践中，留心观察过幼儿言语行为、兴趣爱好等的教师比重仅有 18.3%，剩下的 81.7% 的教师都承认自己没有把观察和了解幼儿当作自己保教实践活动的一部分（见表 1-16）。调查结果表明，绝大部分的农村幼儿教师根本不具备观察幼儿、了解幼儿这一基本的能力。

表 1-16 农村幼儿教师观察了解儿童的能力

自己是否需要进行幼儿保教专业技能	人数（人）	百分比（%）
一直是仔细观察	41	18.3
观察过，没坚持	39	17.4
没有观察过	144	64.3
总计	224	100

（2）创设幼儿教育活动的能力

从农村幼儿教师课堂教学、游戏活动的设计状况来看，在日常的幼儿教学、游戏活动组织过程中，能够做到根据幼儿园的具体情况和结合幼儿的实际发展水平重新调整和创造新课程、新游戏活动内容与方法的幼儿教师仅有 37 人；为了应付教育部门的教学评估或者教师考核，偶尔会对课程、游戏活动和教学方法进行调整和改革的教师有 72 人；而其他 115 位幼儿教师（约 51.3%），平时都是严格按照幼儿课程活动的教材来安排儿童的学习和游戏活动，从来没有主动进行过调整和创新。

从课程、游戏资源的开发和利用状况来看农村幼儿教师的能力，在实际保教工作中，仅仅有 41 位教师能够因地制宜，利用农村接近大自然的优势，开发自然界中贴近幼儿生活的"活教材"来丰富课程、游戏资源，提高儿童的求知兴趣和主动意识；偶尔会主动利用和开发幼儿课程、游戏活动资源的有 36 人；还有 147 人（约 65.6%）承认自己只是很简单地利用了农村自然环境中课程、游戏活动资源，根本谈不上开发或者从来没有开发利用过。

调查表明，农村幼儿教师主动创设幼儿教育活动的意识不强，创设促进幼儿成长、学习、游戏的教育环境的能力不足。

（3）组织管理和评价沟通能力

从农村幼儿教师组织协调幼儿日常学习、游戏活动的情况来看，能够科学、合理、熟练地安排管理幼儿一日所有活动的人数有 32 人；认为自己有点力不从心，需要提高的有 146 人，占的比例最大，有 65.2%；还有约 20.5% 的比例认为自己不能独立照料幼儿的日常生活、学习和游戏（见表 1-17）。

表 1-17　农村幼儿教师组织协调幼儿活动情况

项目	很熟练	有点力不从心，需要提高	不能独立完成
人数（人）	32	146	46
百分比（%）	14.3	65.2	20.5

从农村幼儿教师与幼儿、家长沟通交流的情况来看，能够做到与幼儿及其家长经常交流沟通的仅有 23.2% 的教师；能够与幼儿及其家长偶尔交流和一般不交流的分别占 47.3%、29.5%。可见，农村幼儿教师与儿童、家长的交流不够密切，倾听幼儿心声，与幼儿进行有效沟通的能力以及与家长沟通合作的能力都不高。

农村幼儿教师在与幼儿家长交流沟通的过程中，采用家长会的形式进行沟通的人数最多，有 87 人；采用电子邮件或者 QQ 进行联系的占 13.8%，采用打电话联系的有 43 人，另外 28.1% 的幼儿教师是通过其他途径与幼儿家长进行联系的（见表 1-18）。可以看出，农村幼儿教师与家长交流沟通的途径还是传统的家长会方式，不仅制约了家长和教师的协同合作，也未能充分整合利用家庭的教育资源。

表1-18 农村幼儿教师与幼儿及其家长的交流沟通状况

与幼儿及其家长的交流沟通状况	人数（人）	百分比（%）
经常交流	52	23.2
偶尔交流	106	47.3
一般不交流	66	29.5
与学生家长交流的主要方式	人数（人）	百分比（%）
家长会	87	38.9
电子邮件或QQ	31	13.8
电话	43	19.2
其他	63	28.1

从农村幼儿教师科学合理评价幼儿的状况来看，在被问及"是否认为智力是多元的，不能用统一的标准来评价幼儿进步的大小?"时，有73.1%的老师都同意这种观点，认为不能用一成不变的硬性标准来评价幼儿成长中出现的优缺点，26.9%的幼儿教师则持相反的意见，认为硬性的标准才能衡量学生的优缺点，其他的标准都是不能量化的，也不是家长希望看到的。

概括来看，农村幼儿教师的独立组织、科学管理幼儿一日活动的能力，与幼儿及其家长进行有效交流沟通的能力，理性评价幼儿的能力都还需要很大的提高，才能满足教育现代化的需求。

（4）掌握和运用信息的能力

从农村幼儿教师自主更新知识的能力来看，有31.6%的农村幼儿教师承认自己几乎没有主动进行过学习，更新专业知识的能力比较低；有51.3%的农村幼儿教师承认自己有时候进行过专业知识的补充和更新；只有17.1%的农村幼儿教师经常进行专业知识的更新。可见，农村幼儿教师自主更新知识的能力也需要尽快加以提高。

从农村幼儿教师掌握和应用现代教育技术的水平来分析，在参与本次调研的224位农村教师中，对计算机、多媒体、教学软件等信息技术的运用达到熟练程度的只有32人，有89人掌握得有点生疏，还有103人（约占46.0%）承认自己基本不会使用这些先进教学技术。使用过现代信息技术进行辅助教学的教师们普遍认为：利用现代信息技术对自己日常保教活动的各种能力都有很大的影响，尤其是课程、游戏的设计能力以及课程、游戏资源的开发能力，不仅增强了教学效果，提高了教学效率，还能增加幼儿学习的兴趣和培养幼儿的信息意识，激发孩子自主学习的能力。

访谈中丁老师愉快地说："我是我们幼儿园中多媒体、计算机、教学软件等信息技术掌握得比较好的，我就经常利用计算机进行电子备课、课堂、游戏的演示等，不仅为儿童创设了信息环境，还提高了孩子的学习兴趣，增强了他们的学习效果。其他老师看到后也想学习，经常请教我，但是由于园内的多媒体教学设

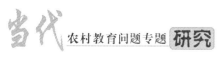

备不足，我也只能轮流教他们怎么使用。"

"以前的传统的教学方式和固化的教学内容已经不能满足现在孩子的求知需求了，我也想利用现代的教育技术来增加孩子们的兴趣，但是自己掌握的教育技术很欠缺，不过我还年轻，尽量多学习吧，不然以后课堂都难以驾驭了。"（丙老师）

调查发现，农村幼儿教师掌握和运用信息技术的能力远远低于国家实现教育现代化的需求，大部分幼儿教师根本不会使用计算机，更不用提利用信息技术辅助保教活动了。

（5）反思创新能力

调查发现，农村幼儿教师经常主动进行保教实践反思的比例仅有约 12.0%，有时反思、偶尔反思、几乎没有反思的比例分别为 25.9%、39.3%、22.8%（见表 1-19）。

"平时在幼儿园工作比较忙，也没有时间进行反思，回到家中脑子突然想到一些教学实践中的问题，但只是在头脑中思考，并没有及时记录下来，没有养成做记录的好习惯。"（甲老师）

"我有时候会对保教活动中出现的一些问题进行反思，实在困惑的我就和同事讨论讨论，有的通过交流找到了解决的办法，有的根本没办法解决，我也就不放在心上了。"（丙老师）

可见，农村幼儿教师的教学反思能力十分欠缺。大多数的教师还只是处于"突然想到"的阶段，并没有进行持续的、深刻的教学反思，更没有形成文字性的经验和理论。

表 1-19 农村幼儿教师教学反思情况

项目	人数（人）	百分比（%）
经常反思	27	12.0
有时进行反思	58	25.9
偶尔会反思	88	39.3
几乎没有反思过	51	22.8

从农村幼儿教师课程、游戏活动的改革创新能力来看，调查数据显示，在平时的工作中不断进行学习，经常充满创造激情的幼儿教师约占 13.4%；84 位教师反映自己在刚开始从事保教工作时很有创造激情，但久了之后就很平淡；有28.6% 的幼儿教师相对比较保守，工作比较机械；还有 47 人（约占 20.5%），承认自己从来没有进行过教学创新（见表 1-20）。

表 1-20 农村幼儿教师创新情况

	人数（人）	占比（%）
经常充满创造激情	30	13.40
刚开始工作时有	84	37.50

表1-20(续)

	人数（人）	占比（%）
相对保守，比较机械	63	28.60
从来没有	47	20.50
总结	224	100

"我刚开始接触幼儿教育工作的时候也是信心满满，希望能对传统的教育教学方法、内容进行改革和创新，从而适应时代、国家发展的需要，但是在这个传统氛围很浓厚的幼儿教育环境中，日复一日的重复工作已经磨灭了我的创造热情。"（乙老师）

可见，农村幼儿教师能一直保持创造激情的人数不多，有的刚入职时还是满腔热情地进行教学改革和创新，但是没能一直保持下去，大部分还是处于专业发展的停滞阶段。

（6）幼儿教育科研能力

农村幼儿教师中认为强调幼儿教师的科研能力很有必要，有利于教师成为专家型幼儿教师的比例有18.3%，认为无所谓的有37.5%，还有44.2%的教师认为没有必要，幼儿教师只要管好班级和孩子就行（见表1-21）。

表 1-21 农村幼儿教师对教育科研重要性的认知情况

项目	很有必要	没有必要，只要管好孩子就好	无所谓
人数（人）	41	99	84
百分比（%）	18.3	44.2	37.5

"我觉得幼儿教师只要教好儿童就行，至于幼儿教育科研那是幼儿专家的事情，况且我的文字功底不是很好，还不如多用点功夫在幼儿教学上。"（甲老师）

"现在国家强调教师的科研能力，我们幼儿园领导也要我们搞科研，我觉得无所谓，领导让搞咱就搞，年纪大的教师为了考核每学期得上交一篇科研论文，年轻的教师为了评职称也得要搞科研，但是说实话这对于我们真的很不容易。"（丙老师）

可见，农村幼儿教师对于教育科研的认识还不到位，有的把教学和科研彻底分割开来，认为不是幼儿教师的事；有的是为了考核、评职称而搞科研，自主意识不强，积极性不足。这不仅制约了幼儿教师专业能力的提升，更是影响了幼儿教育理论的发展。

三、制约农村幼儿教师专业化发展的因素分析

农村幼儿教师专业化的现状与国家规定的幼儿教师的专业标准还有很大的差距，制约其发展的因素包括法律、教育主管部门、幼儿园、社会、幼儿家长及幼

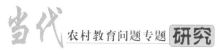

儿教师自身等多个方面。

（一）农村幼儿教师的法律地位和权益不明晰

我国现行的教育法律法规及相关政策的规定还不够清晰，还不能从法律的角度来明确农村幼教师资的身份和地位，不能很好地保障他们的合法权益，这是制约农村幼儿教师专业化发展的根本原因。

"我们作为幼儿园教师，肩负着十分沉重的担子，工作烦琐、辛苦、累。不论是精神需求还是物质需求都很难得到满足，我们的处境比较尴尬，工作都是一样的，但工资待遇、医疗、保险等远远落后于城市的幼儿教师。我们也想得到晋升的机会，也想有个正式编制，但是这些根本与农村幼儿教师无缘，如果有机会我还是想到市里的幼儿园工作。"（丁老师）

长期以来，农村幼儿教师的身份不明，社会地位偏低，经济待遇水平较差，缺乏必要的法律和政策的保障。即使《教师法》规定了幼儿教师应该和中小学教师享受同一待遇，处于同等的地位，但是由于人们观念和理解的差异导致幼儿教师从未真正享受到和中小学教师同等的法律地位和权益，尤其是农村幼儿教师。另外，国家还没有法律法规明确规定幼儿教师的编制问题，幼儿教师呈现"无编化"的状态。大多数的农村幼儿教师很少有机会取得教师编制，这直接造成了农村幼儿教师的工资收入水平偏低、保险得不到落实、职称评定苦无机会，从而使农村幼儿教师逐渐丧失了从事幼教职业的积极性和热情，对工作存在无助感和倦怠感，直接影响了幼儿教师队伍的稳定性和幼儿教师专业化的持续发展。

（二）教育主管部门对农村幼儿教师的准入机制和管理机制不严

随着我国幼儿教育事业的迅速发展，特别是近几年来，国家积极鼓励各种社会力量来开办不同体制、不同形式的幼儿园，造成了多种形式的幼儿园数量猛增，幼儿教师供应出现了严重的缺口。另外，由于我国的农村学前教育事业长期处于一种从业门槛较低、监督管理比较混乱的尴尬境地，导致很多农村幼儿教师没有接受过专业的训练，"无证上岗"现象普遍存在，即便是"证照齐全"，他们的整体学历水平也偏低。

由于各个地方教育主管部门对幼儿教育的重视度不够，对幼儿教师的准入资格审查、聘任制度、监督管理制度的执行不力，这是制约农村幼儿教师专业化发展的外部制度因素。农村地区的幼儿教师以高中和中专学历为主，其比例高达70.5%，而不具备幼教资格的比例也高达62.1%，这不仅制约了幼儿教师队伍整体文化素质和保教技能的提高，还影响了农村幼儿教育质量的改善。

（三）幼儿园对教师专业的考核和评价不合理

当前，农村幼儿园只注重对教师教学效果、幼儿的知识掌握程度、教师的教学任务完成情况等进行考核与鉴定，这种传统的考核评价制度导致幼儿教师的工作积极性低、专业动机和理想偏离国家教育方针、专业知识和专业技能落后。

幼儿园不合理的考核评价制度，造成农村幼儿教师的专业知识结构和技能结构的发展失衡。他们只重视自身保育知识的提高，忽视了引导儿童心理健康发展的教育知识的学习；只重视对幼儿知识的灌输，忽视了儿童的兴趣和需要；只重视机械的"读、写、算",忽视了幼儿接受知识的规律性和主体性。农村幼儿教师的工作严重背离了幼儿教育教学最原始的目标"使每个孩子都能健康快乐地成长",一味地追求不合理、不科学的硬性标准来迎合幼儿园和家长的需求。访谈对象丙老师说:"为了实现幼儿园规定的教学目标和任务,为了满足幼儿家长对儿童智力发展的期盼,我们也无从选择,只能还是按照传统的教学目的来教孩子识字、画画、做算术。尤其是家长,他们想要看到的结果是'今天我儿子学会了三个生字',而不是带领儿童做游戏,培养幼儿合作意识和动脑能力这样的隐性发展。""我也想充分利用农村的自然环境优势,把孩子带到大自然中让他们感受四季的变化,陶冶他们的情操,启发他们的智慧,但是这些会影响到园里对教师的考核,我也只能想想罢了。"

（四）社会和家长对幼儿教师职业的专业认同度不高

社会和家长对农村幼儿教师职业的专业认识比较模糊,这是制约农村幼儿教师专业化发展的一个很重要的外部因素。

首先,受传统教育观念的影响,社会和家长对幼儿教师的职业期望和专业认识偏低。他们认为幼儿教师只要会唱会跳,带好孩子就行,不需要什么太高深的知识,也就是传统的"保姆型"教师。学历、专业都无所谓,本科或者研究生毕业来幼儿园任教还会受到耻笑,这就无形地制约了高素质人才进入幼儿教师队伍中去。其次,社会公众以及幼儿家长还对幼儿教育的目标、内容等的认识存在偏差。大多重视孩子系统知识的学习,忽视了孩子学习兴趣、主动性、创造性的培养,重视儿童智力的发展,忽视了幼儿品德、人格的发展。最后,社会和家长还错误地认为把儿童送到幼儿园,教孩子就是老师的事情,与社会和家庭无关。这造成了幼儿园、社会大众、学生家长长期缺乏有效的沟通联系,致使幼儿园作为一支孤立的力量在发挥教育的作用。

（五）农村幼儿园办公经费短缺、硬件设施落后、教学设备紧缺

农村幼儿园的办公经费短缺、硬件设施比较落后,基本没有什么教学设备,这是制约农村实现教育现代化和农村幼儿教师专业化发展的外在环境因素。

与城市相比,农村幼儿园的教学设施简陋,大型游戏设备、书籍、教学仪器设备、保育设施都非常缺乏,尤其是计算机和多媒体教学设备更为不足,严重限制了教师的教学。还有些幼儿园,虽然配备了少量的多媒体教学仪器,但由于长期缺少必要的维护和使用率过低,这些现代化的教育设施也几乎成了摆设。另外一个重要的原因就是农村幼儿园的办公经费短缺,许多老师上岗之前没有接受过学前教育的专业培训,入职后学校也没有实力为他们提供进修和培训,致使农村幼儿教师的教育理论水平和教育能力较低。调查中也可以看出,大多数农村幼儿教师认为在教育现代化与幼儿课程整合过程中遇到的最大问题就是缺乏应用的环境和教学设备技术。可见,幼儿园缺乏现代化的教学环境和设备,而幼儿教师缺乏应有的现代教育技术,这些共同造成了农村幼儿教师专业化的发展缺少平台支撑,根本无法适应现代素质教育和教育现代化的需求。

（六）农村幼儿教师的专业主体意识不强

农村幼儿教师在自身专业成长的过程中,缺乏主体性和主动性,自我专业发

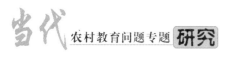

展意识不强，这是制约其专业化发展的内在关键因素。

在农村，很多幼儿教师只是把幼教工作当成是一种谋生的手段，每天都按照固有的模式机械地从事保教工作，根本没有意识到只有幼儿教师不断地更新自身的专业知识才能保证现在的幼儿教育符合新时代教育发展的需要。另外，很多教师也根本没有终身学习的观念，自主学习意识较差，认为自己现有的知识技能已经能够满足幼儿全面发展的要求，不需要参加任何培训，完全忽视了自我提高、自我成长的重要性。这不仅制约了幼儿教师的创造性和满足感，更是影响了农村幼儿教师专业化的自我发展和自主成长。

（七）农村幼儿教师的职后进修培训流于形式

由于绝大部分的幼儿教师在入职之前的文化知识和理论水平较低，使得职后的继续教育显得尤为重要，但是农村幼儿教师的职后进修培训仅仅是流于形式，根本没有起到切实提高教师教育教学水平的作用。"我们没什么机会参加培训，去培训都是有名额限制的，即使有机会去，也得坐一个多小时的车到市里参加培训，我们觉得培训没有多大的意义，只是一种形式而已，讲的都是空洞的理论，缺乏可操作性，也没有多少收获，还浪费时间。"（乙老师）

首先，农村幼儿园在观念上没有意识到教师培训的重要性，缺乏完善、科学的培训计划和内容，没有把教师的在职继续教育真正纳入教师的考核之中。教师也只是抱着走过场的心理去参加知识、技能的培训，并没有把继续教育作为自身专业发展的一部分。其次，农村幼儿教师接受的在职培训大多数只注重笼统的理论知识的传授，并没有针对性和可操作性，造成教师的教育理论和保教实践相脱节，继续教育的内容无法满足新时期教师专业成长的需求。最后，农村幼儿教师参与继续培训的机会较少，缺乏必要的规范和保障。这些都制约了教师专业化的持续发展。

第四节　促进农村幼儿教师专业化的建议

我们通过问卷调查发现，郑州市郊乡镇农村幼儿教师的专业化发展还存在很多的不足，而造成这些不足的原因也是多方面的。农村幼儿教师的专业化水平与国家教育部颁布实施的《幼儿教师专业标准（试行）》之间还有着很大的差距，也未能满足教育现代化战略目标的发展需要。因此，在教育现代化进程快速发展的今天，就需要我们全体社会成员共同参与，齐心合力提高农村幼儿教师专业化的水平。

一、宏观层面的建议

（一）建立健全幼教法律法规是促进农村幼儿教师专业化的法律保障

随着我国学前教育事业的飞速发展和实现教育现代化战略目标的提出，农村幼儿教育事业需要越来越多现代化、专业化的幼儿教师与现阶段农村幼儿教师知识技能普遍低下之间的矛盾越来越突出，迫切需要我们建立符合国情的幼儿教育及幼师专业化发展的法律法规，进一步以立法的形式来明确农村幼儿教师的法律地位和身份，以保障幼儿教师享有合法的权益。

法律地位的确定保证了幼儿教师作为一种专门职业的社会地位。建立健全明确的幼儿教育法律法规，有利于保障幼儿教师的社会地位和合法权益，提高幼儿教师的受尊重程度，尤其是农村幼儿教师的合法权益和受尊重程度。

近些年来，虽然国家对学前教育事业的重视度也越来越高，但是还没有制定专门的学前教育的法律法规及相关的配套政策，没有从根本上保证农村幼儿教师的合法地位和权益。只有从法律的意义上明确了农村幼儿教师的地位和权益，才能使农村幼儿教师的工资待遇、医疗、保险等得到有效的保证，从而使他们没有后顾之忧地从事保教工作，不断提高农村幼儿教育的质量。另外，法律法规要明确制定幼儿教师的入职资格制度，实现农村幼儿教师的聘任资格标准化，从入口处保证农村幼儿教师的质量；明确幼儿教师的编制标准，提高农村幼儿教师的幸福感和安全感，解决好农村幼儿教师缺编、少编的现象；还要明确规定并保证农村幼儿教师职前职后培训的一体化和参与在职进修培训的权利与义务，为农村幼儿教师队伍整体质量、素质以及专业化的持续发展提供动力。

（二）政府的大力支持和严格监管是农村幼儿教师专业化的制度保障

农村幼儿教育的发展是我国整体教育体系中最薄弱的一个环节，而政府在保证农村幼儿教育健康稳步发展中肩负着不可或缺的重要职责。政府的高度重视、大力支持、严格监管是农村幼儿教师专业化持续发展的制度环境。

首先，在制定幼教政策时，各级政府要根据各地的实际情况，适当向农村地区倾斜，尤其要加大对农村幼儿教育发展的经费投入，设立与当地经济状况相协调的"农村幼儿教师专项基金"，使农村幼儿教师具有较高的工资福利水平和较全面的医疗、养老保险制度，保证幼儿教师的权益。

其次，政府要严格按照国家法律的有关规定，健全农村幼儿教师的管理督导制度，严把乡镇幼儿园教师的入口关，制定合理的幼儿园教师聘用、职称评定标准和退出机制，形成科学有效的幼儿园教师队伍管理和督导机制。还可以根据实际情况，设立专门的幼儿教育管理和考核机构，既能避免政府的"撒手不管""多头管理"等不良现象的出现，又能充分考虑农村幼儿教育发展的特殊性和规律性。

再次，政府要将农村幼儿教师的在职继续培训纳入当地基础教育教师培训的规划之中，建立省级、市级、县级、镇级和幼儿园级五级培训网络，制定完善的、切实可行的培训计划和内容，保证农村幼儿教师接受继续教育的权利，特别是要为一些贫困农村的幼儿教师搭建一个免费充电的平台。这些不仅有利于农村幼儿教师队伍整体素质的提高，还能为他们知识技能的不断更新提供条件。

最后，政府还要进一步贯彻和实施《幼儿园教师专业标准（试行）》，将其作为幼儿教师队伍建设的根本准则，不断深化教师队伍改革，提高农村幼儿教师的素质和培训质量，建立切实可行的教师教育质量监督考核体制。

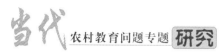

（三）构建符合农村实际的培训体系是幼儿教师专业化的有效途径

教师的在职培训是教师终身教育中备受推崇的一种形式，它有助于教师队伍中的所有成员提高其理论和实践方面的教学能力①。教师的职后继续再培训是其专业化发展的主要途径之一。

无论是教师的入门培训还是在职培训，其主要使命之一是在教师身上发展社会期待他们的伦理的、智力的和情感的品质，以使他们日后能在他们学生身上培养同样的品质②。农村幼儿教师在农村的特殊环境中，面对的教育对象是农村幼儿，因此，只有建立贴近农村现实的培训体系才能使幼儿教师的专业化水平得到真正有效的提升，才能真正促进农村幼儿的身心健康发展。

首先，要制定实际可行的、多层次培训目标。传统、单一的培训目标不仅不能满足教师的多样化的需求，甚至还限制了教师的专业化的发展，"一刀切"的做法并不能从根本上提高教师的专业知识和技能。特别是农村幼儿教师的学历层次参差不齐，普遍偏低，专业类别多种多样，因此，要根据幼儿教师原有的知识基础，制定切实可行的多层次培养目标，促使其不断向着更高层次的目标迈进。

其次，要尝试建立以园本培训为基础的、灵活多样的培训模式。在充分考虑农村实际情况的基础上，建立以幼儿园园本培训为主，采用网络远程培训和实地培训相结合、专家讲座和教师小组讨论相结合、长期培训和短期集中培训相结合、参加学术会议和现场观摩学习相结合为辅的培训模式，既要兼顾"走出去"，更要强调"引进来"。

最后，要不断探索实用的、有针对性的进修培训内容。调查农村教师的实际需求，做到培训的理论知识与实际工作实践相结合，既要符合国际先进的教育理念，又要利用好农村的实际教育资源，增强培训内容的可操作性，更好地指导农村幼儿教师的保教实践，保证农村幼儿教师的专业发展权益。尤其是教师培训的课程，要多关注农村幼儿保教实践中的具体问题，贴近农村幼儿教师自身的保教实际，从而调动他们参与培训的兴趣和动机。

（四）信息技术的推广和应用是促进农村幼儿教师专业化的技术支撑

教育要面向现代化、面向世界、面向未来。社会在飞速发展，教育事业也取得了很大进步，为了更好地满足教育现代化对农村幼儿教师专业化的要求，信息技术的推广和应用是有力的支撑。

国家教育现代化进程的加快，对农村幼儿教师的专业化成长提出了更高的挑战。农村幼儿教师不仅要掌握各项牢固的专业知识，同时还要掌握先进的教育教学技术，能够熟练地运用和操作现代化的教学设备，并将其与幼儿保教活动相整合，更好地应用到保教活动中。

首先，政府要建立本地幼儿教育信息互联网平台。为克服农村幼儿园分布分

---

① 国际21世纪教育委员会教育——财富蕴藏其中：国际21世纪教育委员会报告［M］．联合国教科文组织总部中文科，译．北京：教育科学出版社，1996：197.

② 国际21世纪教育委员会教育——财富蕴藏其中：国际21世纪教育委员会报告［M］．联合国教科文组织总部中文科，译．北京：教育科学出版社，1996：143.

散、信息闭塞的现状，改善农村幼儿教师单靠有限的教育理论书籍进行专业学习的方式，当地政府应加大力度建立幼儿教育信息互联网平台。互联网的优势已经日益凸显，教师可以不受时间和空间的限制，随时随地通过网络查询优秀的教学案例、方法和教学素材，不仅丰富了教育教学资源，开阔了农村幼儿教师的视野，还能提高教师自我学习和自我反思的能力。

其次，政府要制定统一的幼儿园硬件配置标准，为农村幼儿园配备先进的多媒体、计算机教学设备，建立多媒体幼儿活动室、电子阅览室，并实现与本区域教师教育网络资源服务中心的联通。这不仅为教师运用现代教育技术进行保教活动提供了良好的硬件条件，还可以借助信息技术的推广和应用，有效地进行教育方法和保教课程的全面改革。同时，将信息技术的交互性和感染力运用到幼儿园的教育活动之中，能够增加幼儿活动的趣味性，寓教育于幼儿的生活和游戏之中。

最后，还要加强对农村幼儿教师信息技术、教育技术的指导和培训，提高农村幼儿教师整合信息技术和幼儿活动课程的能力。针对农村幼儿教师掌握和应用信息技术水平不高的现状，注重提高教师计算机、多媒体等教学设备的基本操作水平，培养教师课件制作的能力、多媒体教学能力、利用计算机互联网上网学习和解决问题的能力。只有多种途径提高农村幼儿教师对信息技术掌握和应用，把现代教育技术密切渗透到日常的保教工作中，才能全面体现教育现代化的要求。

二、中观层面的建议

（一）幼儿园对幼儿教师的创新管理和评价是促进农村幼儿教师专业化的推动力

幼儿园是农村幼儿教师从事保教活动的主阵地，更是其保教专业知识和技能日益提高的现实土壤。幼儿园对幼儿教师的创新管理和科学评价是促进农村幼儿教师专业化发展的主要推动力。

幼儿园要改革传统的制约幼儿教师专业化发展的管理模式，树立以人为本的人文式管理理念，为教师的专业发展提供积极的情感氛围。首先，要尊重教师，为教师提供人文关怀。不仅要尊重幼儿教师的情感需求，以平等、信任的态度倾听幼儿教师的真实想法，还要坚持民主的原则，鼓励教师参与幼儿园管理政策的制定，这不仅有助于农村幼儿教师树立主人翁的自我管理意识，还有助于农村幼儿教师增强团队合作意识。其次，幼儿园要树立管理教师即服务教师的观念，为教师工作提供全面的支持和服务。理解农村幼儿教师工作的特殊性，缓解教师工作的压力和困扰，最大限度地满足农村幼儿教师的需求，为教师的专业化发展和教学研究提供充足的空间和坚实的保障。

幼儿园还要不断改革单一的、固化的考核评价标准，建立动态的、多元化的农村幼儿教师考核机制和促进农村幼儿教师不断专业化的发展性评价模式。首先，要确定灵活的、综合的考核评价标准。不仅仅要考核幼儿教师的教育教学工作、保教工作，还要将幼儿教师的师德修养、与同事及家长的沟通交流能力、园本课程资源的开发能力、创造性教学能力等纳入考核体系中。极大地调动农村幼儿教师工作的积极性，充分挖掘教师的潜在能力和创造力，推动农村幼儿教师专业化的快速发展。其次，要尊重农村幼儿教师的个体差别。现代化的教师要有自己独特的教学风格和保教素养，这样才能保证教学活动的丰富多彩。根据不同教师的个体差异制定个性化的评价标准和方法，为每个教师制定有针对性的专业发展目标，使每一位教师的特长得以全面的发挥。

（二）社区及幼儿家长的积极参与和支持是农村幼儿教师专业化的辅助力量

为了实现教育现代化的伟大战略目标，现今的幼儿教育已经不仅仅是幼儿园的事，单单依靠幼儿园及广大奉献在一线的农村幼儿教师是远远不够的。就像《教育——财富蕴藏其中》所说的那样，教育已成为所有人的事情。它涉及全体公民，公民们今后都是学校实行教育的积极参与者，而不再仅仅是被动的享受者[①]。社区、家庭都是幼儿园的重要合作伙伴，社区和幼儿家长积极参与幼儿园的管理，和幼儿教师保持良好沟通，只有三者协调一致，才能更好地促进农村幼儿教师的专业化。

首先，转变家庭和社会公众对农村幼儿教育的错误认识，改变以往的认为孩子的教育只是幼儿园的责任，与家庭、社区无关的这种落后观念，充分了解农村幼儿教育和农村幼儿教师专业化的重要性。家庭也要积极参与到幼儿教育中来，主动学习先进的育儿理念，提高自身的素质和教育能力。幼儿园的管理应该对幼儿家长公开，让所有的家长了解并参与幼儿园各种管理措施和制度的制定，使家长不仅要考虑自己孩子的利益，还要为幼儿园每一位孩子的未来做打算。

其次，社区大众的共同参与和支持是提高农村幼儿教育质量的重要条件，鼓励社会力量以多种形式投资开办幼儿园和捐资助园，为每一个幼儿提供接受优质教育的机会。幼儿教育是国民教育的基础，提高幼儿教育的质量和幼儿教师的专业化水平是每个公民的职责。现代化的教育就是要求全体社会大众作为辅助教师保教工作的力量参与到实现教育强国的伟大战略目标中来。

最后，幼儿园、社区、家庭要本着尊重、平等、合作的原则，加强三者之间的密切交流联系，建立和谐的互动关系，尤其是家长和教师的密切联系。通过信息技术建立家长和教师之间新的沟通平台，打破原有的受时间或者地域限制的传统沟通方式，在沟通中让家长们理解教师并产生信任感。家长和教师多途径、多形式的有效沟通联系是保持幼儿家园教育一致性的重要保证。所以，发挥全社区、家庭、幼儿园三者的合力作用，形成良好的教育环境，才能保证幼儿真正健康快乐地成长。

---

① 教育——财富蕴藏其中［M］. 联合国教科文组织总部中文科，译. 北京：教育科学出版社，1996：101.

三、微观层面的建议

（一）教师自主发展和终身完善是农村幼儿教师专业化的关键

面对教育现代化提出的各种挑战，农村幼儿教师除了要通过参加在职进修培训来提高自身的专业化水平之外，更重要的是教师自身的自我发展意识和终身学习理念，这是促进教师专业化发展的关键所在。

主动学习得来的知识才是真正属于自己的知识。农村幼儿教师自觉主动地寻求自身专业的发展比任何外在的进修培训都事半功倍。首先，农村幼儿教师要树立强烈的自我专业发展意识，增强自身专业发展的责任感，才能对自己知识和技能的发展保持一种自觉能动的状态。主动地、有意识地进行知识技能的学习和补充，特别是现代信息技术和教育技术的学习，不断超越自我，主动献身于农村幼儿保教活动的发展改革中，在实际工作中把自己锻炼成为园本课程资源的开发者和保教活动的设计者，使自己的专业发展达到国家规定的专业标准，更好地符合教育现代化对教师的素质要求。其次，农村幼儿教师要积极、自主地参与在职进修培训工作，不断更新已有的保教知识和理论，提高自身的学习研究能力、整合信息技术与幼儿活动课程的能力、开发课程资源和创新活动设计的能力等。内因是事物发展的关键，农村幼儿教师只有做自身专业发展的主人，才能从根本上提高保教水平，达到教育现代化的要求。

终身学习也是农村幼儿教师必须适应日益发展的保教职业的需要。教育现代化和教师专业化是一个奋斗目标，更是一个需要教师终身学习和发展的永无止境的过程。因此，农村幼儿教师要树立终身学习的意识，把终身学习作为自身职业发展的基本准则。面对瞬息万变的世界形势和日趋激烈的社会竞争，教育现代化要求农村幼儿教师要成为学习型、专家型的人，全程学习、终身学习，不断完善自身的品德、更新自己的幼儿教育理念、完善保教专业知识结构、拓展保教专业技能，做到与时俱进、寓教于学、寓学于教、教学相长，促进自身专业化水平的提高，在不断的学习、发展中永葆活力。

（二）在保教实践中反思和提高是农村幼儿教师专业化的重心

农村幼儿教育事业的探索和进步，是在现实的保教实践中开始，并在日常的保教实践活动中得以发展和完善的。要真正实现教育现代化，就离不开教育实践和反思。农村幼儿教师的专业化发展和提高只能在实践反思中得到巩固和升华。

幼儿教师的专业化发展贯穿于幼儿保教实践的所有环节之中，在这些实践环节之中，反思是促进幼儿教师获得实践智慧的一种十分重要的途径，也是促使教师自主发展和专业成长的重要因素。

首先，农村幼儿教师要善于在现实的保教实践工作中进行反思，经过反思的保教经验才是真正经得起检验的理念。先进的保教理念和保教方法，只有在组织安排幼儿的日常活动中才能得到检验，通过对实施效果和实现程度的剖析、反思、修正，进而形成新的保教理论，再反过来指导实践。在这种不断循环的过程

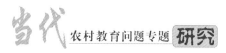

中，不仅可以使新知识、经验得以检验，还能通过实践反思发现自身保教工作的不足，修正原有的错误的保教方式方法，使先进教育技术与幼儿课程得以整合，创造出经得起实践考验的、内化了的实践性知识和技能，更为重要的是可以提高农村幼儿教师的教育科研技能和创新能力。

其次，农村幼儿教师要善于将自己的反思经验转化为研究成果。教师在日常的实践反思中要勤于积累，将自己创新的教学方法和策略记录下来，便于其他群体之间的学习和借鉴，从而提高农村幼儿教师的课题研究水平和幼儿教育教学进程的自我分析能力，增强教师的自我效能感和自信心。另外，还可以促使农村幼儿教师将保教理论和保教实践结合起来，将保教实践和教育科研结合起来，推动农村幼儿教师专业化的内在发展。因此，农村幼儿教师坚持在保教实践中进行反思是提高其自身的教育教学效能的重中之重。

结束语

本研究是在我国向教育现代化的目标迈进中的大背景下展开的。我们选择河南省郑州市市郊的乡镇农村幼儿园教师作为研究对象，调查总结了农村幼儿教师专业化的发展，发现农村幼儿教师专业化的发展现状与国家教育现代化要求的幼儿教师标准之间还有很大的差距。这就需要国家完善相应的法律法规，通过政府、全体社会成员、家庭、幼儿园及幼儿教师自身的共同努力，提高农村幼儿教师的专业化水平，从根本上实现幼儿教育向教育现代化的转变。但是，由于受时间和自身研究水平的限制，在促进郑州市市郊农村幼儿教师专业化发展水平的措施研究方面，分析得还不够透彻，笔者也会在以后的学习和工作实践中持续地加以关注，为进一步的研究做好准备。

专题二　农村小学全科教师培养研究

在我国城镇化进程中，农村人口大规模向城镇转移，农村小学日趋小规模化。中国农村教育发展研究院发布的《中国农村教育发展报告2017》指出"农村教学点数量持续增加，小规模学校占比稳定。其中，乡村小规模学校有10.83万个，占乡村小学与教学点总数的56.06%，占全国小规模学校总数的87.98%"。可见，乡村小规模学校的数量多，占比大①。

然而，农村偏远、闭塞、交通与生活不便利以及文化贫瘠等因素导致农村小学"留不下"新人，也"留不住"优秀教师；此外，现有教师人事编制不能灵活机动地根据各农村小学实际情况开展资源配置，导致大量农村小学师资在学校小规模化进程中短缺，资源配置不均衡。在"教育精准扶贫"和"卓越教师培养"宏观背景下以及在"教育提高人口质量"和"让儿童享有平等接受教育机会"的微观背景下，满足农村小学对教师数量的需求以及提高农村小学教师质量的要求，俨然已经成为一个时代的焦点。

第一节　绪论

一、研究缘起

（一）缘起：农村小学全科教师是应急，还是长远之计？

近年来，国家对农村小学全科教师的关注达到前所未有的高度，教育部等颁布的多个文件都提到了农村小学全科教师培养。与此同时，农村小学全科教师也引发了学术界的关注，从2007年至今，研究呈迅猛之势，质量也大有提高。在这样的情形下，我们必须得先思考这样一个问题：为什么强调农村小学教师应该是全科教师？众所周知，当前农村小学教师队伍结构性困境最为突出，有学者将其概括为"优秀人才难进与不合格教师难出并存；结构性缺编和总体上超编并存；学历达标率高和教师实际水平低共存"②。此外，伴随着近年来城镇化进程的加快，农村小学在读学生数量较少，按照现有教师队伍人事编制制度来看，以生师比来确定教师编制导致偏远农村地区出现"一班一师"甚至"一校一师"

---

① 邬志辉. 中国农村教育发展报告2017［EB/OL］.（2017-12-23）［2019-09-30］. http：//www.jyb.cn/zcg/xwy/wzxw/201712/t20171223_900288.html.

② 于伟，张力跃，李伯玲. 我国欠发达地区农村教师队伍建设中的结构性困境与破解［J］. 教育研究，2007，28（3）：30-36.

的问题。从长远来看，农村小学"小规模化"的局面必然会长期存在。为改变农村小学师资匮乏、学科结构失衡等现状，要求农村小学教师全科化。

接下来，我们得思考另外一个问题：在小学教师培养的进程中，全科教师是顺势而行还是逆流而为？小学教师全科化仅是农村小学的特殊要求，还是全国乃至国际视野下的共同趋势？"针对小学教育的实际需求，重点探索小学全科教师培养模式，培养一批热爱小学教育事业、知识广博、能力全面，能够胜任小学多学科教育教学需要的卓越小学教师。"这是 2014 年国家教育部《关于实施卓越教师培养计划的意见》的明确要求。放眼望世界，发达资本主义国家，如美国、英国、日本、德国、瑞士等国的小学教育都是由 1~2 名全科教师来负责一个小班所有学科的教学，他们普遍认为全科教师教学克服了班级授课制整齐划一、不能进行个性教学等缺点，是关注儿童身心发展整体特点而进行的教学组织形式的转变，全科教师可以借此来捕捉儿童的潜能，更能促进人的全面发展①。

（二）困境：农村小学全科教师培养遇瓶颈

当前，农村小学全科教师的主要来源有两个：其一，原有的农村小学分科教师被迫成为全科教师；其二，通过委托定向培养的方式向农村小学输送。

原有的农村小学分科教师被迫成为全科教师是一种"底线救急"的方式。当前我国教育发展水平不均衡，为了暂时缓解农村部分地区师资缺乏、编制紧张、小学课程中一些科目上不了、上不全的尴尬现状，某些小学教师不得不身兼数职，被动地成为"全科教师"（语数外被称为小综合的全科，语数外音体美被称为大综合的全科）。然而，现有农村小学缺乏学校小规模化情形下课程资源整合的有效途径，课程结构依然沿袭原有课程结构或者采用城市小学模式，导致农村小学大部分被迫全科的教师尤其在涉及音乐、体育、美术、科学以及信息技术等课程的时候，普遍认为自己缺乏"全科型"的教学能力。

通过委托定向培养方式向农村小学输送全科教师始于湖南省，2006 年该省启动免费定向培养农村教师计划，选拔优秀初中毕业生免费为乡镇以下小学培养五年制大专全科教师，力图从长远解决农村教师队伍中出现的问题②。农村小学全科教师委托定向培养序幕就此拉开。紧跟着，江西省、重庆市、广西壮族自治区、浙江省、河南省以及四川省等省市也开始开展农村小学全科教师委托定向培养。目前，有委托定向培养毕业生的省份只有湖南省、广西壮族自治区和重庆市三个，但对于这些毕业生的综合素养、毕业去向、农村适应性以及全科教学能力等方面的后续追踪与报道几乎没有。自然，对于这些毕业生在与当地政府签订的合同期满后的流动性以及离职率更无法预见。有的学者对委托定向培养问题进行了预见，提出了四个不等于："免费"不等于"好生源"，"定向"不等于"上保险"，"进得来"不等于"学得好"，"下得去"不等于"留得住"③。假定这些委托定向培养的全科教师都能留在农村，该群体是否具备较好的全科教学能力以及

---

① 刘树仁. 培养小学全科教师的必要性与策略［J］. 现代教育科学，2018（11）：111-115.
② 张莲. 农村全科型小学教师培养模式探究［J］. 教学与管理，2014（5）：8-10.
③ 张虹. 全科小学教师培养的地方经验及其反思［J］. 教育发展研究，2016（10）：46-52，68.

农村小学的教学质量是否得以提升还有待于在以后一个相对较长的时间内才能检验。

（三）兴趣：农村小学全科教师培养实践

2014 年教育部颁布的《关于实施卓越教师培养计划的意见》指出："针对小学教育的实际需求，重点探索小学全科教师培养模式，培养一批热爱小学教育事业、知识广博能力全面，能够胜任小学多学科教育教学需要的卓越小学教师。"这从国家政策层面对我国小学教师的培养指明方向，即培养小学全科教师。2015 年国务院颁发的《乡村教师支持计划（2015—2020）》提出"鼓励地方政府和师范院校根据当地乡村教育实际需求加强本土化培养，采取多种方式定向培养'一专多能'的乡村教师"。

笔者所在的地方院校，其前身有着培养农村小学师资上百年的历史。2015 年，地方政府为响应国家政策，提升贫困山区农村小学教育质量，实现教育公平，委托笔者所在学校定向培养农村小学全科教师，计划 2016—2018 年每年招生 300 人，3 年共培养 900 名小学全科教师服务贫困山区农村教育。为了培养的农村全科教师"能用、够用、适用"，培养的学生"下得去、留得住、教得好"。笔者带领所在团队教师深入各区县开展调研，与地方教育局、教科所、农村小学校长、骨干教师等进行反复研讨，构建人才培养方案，并聘请有关专家进行论证，进一步修订完善农村小学全科教师培养计划并付诸实践。目前，2016 届首批定向培养的全科师范生已到签约所在县进行教育实习，2017 届和 2018 届尚在校学习。针对农村小学全科教师开展研究，可以更全面地了解国内外培养动向，总结经验并发现问题，少走弯路和错路，为后续培养积累经验，为其他地方开展农村小学全科教师培养提供可推广和借鉴的经验。

二、核心概念的界定

（一）全科教师

"全科教师"是相对于"分科教师"而言的，这一概念于 2007 年被正式提出。"全科"指的是教师对知识的了解面相对比较广，知识体系相对比较完整[①]。通过对全科教师内涵的解读，何宗焕提出"全科型"教师是"通才"教师的观点，其特点是融会贯通各学科的知识体系，是一种学养，也是一种素养[②]。周德义等学者认为全科教师是由专门的、有相应教育资质的教育机构培养的，应该具有"知识博、基础实、素质高、能力强、适应广"等学科教师的特征[③]。邢喧子倾向于全科教师并不是像我们平常说的什么都懂、什么都会、什么都教的教师，

---

① 江净帆，袁丹. 走向综合：小学全科教师培养的现状和未来［M］. 重庆：重庆出版社，2015：98.

② 何宗焕. 用"通才"的眼光看教师［J］. 湖南教育（教育综合版），2007（16）：6-10.

③ 周德义，李纪武，邓士煌，等. 关于全科型小学教师培养的思考［J］. 当代教育论坛（学科教育研究），2007（9）：6-9.

也并不是所有的学科都能够平衡发展的教师，而是在知识广博的基础上，要有所侧重，博而专①。王莉等认为"全"体现的是一种价值判断而非数量判断，全科更重视学生中心地位②。黄俊官认为全科不代表通才和全才，不可能做到各科"通吃"，全科教师要有的是更高的综合能力③。邱芳婷认为，"全科"强调教师个体发展的完整性、教师知识的全面性和教师能力的综合性④。可见，很多研究者都将"全科"解释为综合能力的体现，认为全科教师不代表通才和全才，而是在培养类别上不分学科，掌握多学科知识、通识性知识和教育教学知识等，在广博性、综合性的知识体系下承担多门课程的教学并具有一定的课程开发能力，进而可以促进学生综合能力的发展⑤。

（二）农村小学全科教师

"农村小学全科教师"是"小学全科教师"中的一个群体，具有专门的地域指向性，区别于城市地区的全科教师。近年来农村小学全科教师的培养既是政府对农村教育的关注点，也是学者研究的热点。

由于全国各省市之间的农村教育具有差异性，各地政府根据当地的实际情况对农村小学全科教师提出了不同要求。重庆市教育委员会在《关于农村小学全科教师培养工作情况的报告》中指出，农村小学全科教师是指农村小学定向培养的热爱教育事业、基础知识宽厚、专业技能扎实、综合素质全面、能够胜任多门学科教学的教师⑥。广西则本着"全科培养、免费教育、定向就业"的精神，人才培养方案突出"全面培养，学有专长"的特点⑦。

目前，现有研究对于农村小学全科教师的内涵界定没有形成一个统一的定义，归纳概括起来，可以分为两个大的方向，一种是偏向于教师综合能力，另一种则强调教师的全学科教学。蔡其勇认为，农村小学全科教师应是具有扎实的教育理论知识，具备基本的科研能力、课程整合能力和班级管理能力，能胜任农村小学阶段各门课程教育教学工作，从事小学教育教学研究与管理工作的教师。此观点偏重于教师的综合能力⑧。黄云峰则理解为能全面理解小学阶段国家所开设的课程目标、价值和内容，并能担任语文、数学、科学等多门学科教学的教师。

① 邢喧子. 农村小学全科教师生存与发展的调查研究：以湖北省为例 [D]. 黄石：湖北师范大学，2018.

② 王莉，郑国珍. 论本科层次小学全科教师的培养 [J]. 当代教育科学，2016（11）：40-44.

③ 黄俊官. 论农村小学全科教师的培养 [J]. 教育评论，2014（7）：60-62.

④ 邱芳婷. 农村小学全科教师的素质结构探析 [J]. 当代教育与文化，2017，9（5）：61-65.

⑤ 潘超，徐建华. 农村小学全科教师培养的双元途径 [J]. 教育探索，2016（4）：110-112.

⑥ 张咏梅. 重庆市农村小学全科教师"3+1"培养模式实施现状研究 [D]. 重庆：重庆师范大学，2015.

⑦ 罗之勇，邓琴. 探索农村小学全科教师培养新路 [EB/OL].（2018-05-30）[2019-09-30]. http://www. jyb. cn/zgjsb/201805/t20180529_ 1091466. html.

⑧ 蔡其勇，卢梦丽. 小学全科教师培养课程设计 [J]. 课程·教材·教法，2017，37（9）：108-114.

该观点以所教科目为着眼点①。

正如有的研究所说，全科教师具备的是"综合性的知识结构，不是简单的文理交叉，也不只是对知识总量做简单的加法，而是要形成一种多学科的跨界诠释与重构能力"②。针对当前农村小学教学点分散、班级规模小等实际情况，笔者认为，目前要重点培养的农村小学全科教师应是能适应农村小学生活，承担三门（语文、数学必上，另加其他学科）或三门以上学科教学并兼任学校、班级管理等工作的综合素养较高的老师。

三、文献综述

（一）国内相关研究

1. 农村小学全科教师培养路径研究

国务院在《乡村教师支持计划（2015—2016年）》中提出，针对乡村教师定向培养问题，鼓励地方政府和师范院校根据当地乡村教育实际需求加强本土化培养。原中国教育部教育工作司司长许涛提出"教师培养城乡一体化，教师教育资源共享一体化"的观点③。谢慧盈指出要择优性培养、示范性引领、三科招生、分类培养④。李新国提出基于供给侧进行教育体系框架改革、职前职后一体化服务改革的途径去开展农村小学全科教师培养⑤。郭翠菊提出小学全科教师"全合实分多"的培养路径，分别指"一专多能"的全面培养目标和培养规格定位，"三合一体"的师资队伍建设，"突出实践"的课程模块构建，"理实统一"的分段教学方式改革，"多元发展"的评价体系创设⑥。刘桂影从微观的教学实施来看小学全科教师的培养路径，立足于课程、教学和评价三个方面⑦。

2. 农村小学全科教师培养模式研究

从时间轴来看，出现了以课程学时年限分段而命名的培养模式，如湖南针对初中生源实行专科层次"3+2"小学全科教师培养模式，即三年中专加上两年大专⑧。黄冈师范学院构建了"1+0.5+0.5+0.5+0.5"的全程教育临床培养专科层

① 黄云峰. 小学全科教师内涵意蕴、价值意义及培养路径［J］. 中小学教师培训, 2017（1）：75-78.

② 江净帆. 小学全科教师的价值诉求与能力特征［J］. 中国教育学刊, 2016（4）：80-84.

③ 许涛. 建立城乡教师队伍一体化发展机制［N］. 中国教育报, 2014-01-14（2）.

④ 谢慧盈. "全科型"优秀小学本科教师培养思考［J］. 海南师范大学学报（社会科学版）, 2012（5）：107-111.

⑤ 李新国. 基于供给侧改革的农村小学全科教师培养研究［J］. 昌吉学院学报, 2017（5）：91-97.

⑥ 郭翠菊. 小学全科教师培养的现状分析与路径设计［J］. 安阳师范学院学报, 2017（6）：116-121.

⑦ 刘桂影. 小学全科教师的培养价值及其实现路径［J］. 教师教育论坛理论研究, 2018（3）：26-30.

⑧ 黄俊官. 论农村小学全科教师的培养［J］. 教育评论, 2014（7）：60-62.

次乡村小学全科教师模式，实现"全程贯通、全面渗透、立体交叉"①。重庆市则构建了"3+1"模式培养本科层次农村小学全科教师。此外，从培养主体的多维性来看，教育部在《关于实施卓越教师培养计划的意见》中提出"U-G-S"协同培养模式，倡导三者资源共享，优势互补，三方协同合作②。重庆师范大学在"U-G-S"模式上提出了"U-G-I-S"模式，增加了研训机构（Institute）参与的联合培养机制③。

3. 农村小学全科教师课程体系的建构

孙颖提出全科教师培养课程系统设置和实践能力培训方法④。张莲指出全科小学教师的培养是综合培养，在培养过程中不分科目，既要学学科基础课程，又要学通识课程；既要学教师理论课程，又要学实践课程⑤。蔡其勇等认为地方高等师范院校应着力构建"理论+实践+特色"的小学全科教师培养课程及内容体系性，努力培养学生的通识能力、学科能力和专业技能⑥。

在具体实践中，湖南省构建了"培养全科型小学教师的课程体系，调整公共基础课、学科专业课程和教育专业课程等三类课程所占课时比例，拓宽基础课程，加大教育类课程比重，强化教育实习环节"⑦。江西省九江职业大学师范学院"构建了基础课程、专业课程、技能课程和实践课程的全科型小学教师培养课程体系"⑧。重庆市在课程体系的安排上，"第一年侧重于教育教学理论和各科基础知识设置合适的通识理论课程，第二年着重于多学科专业以扩大学生的知识储备量和提高学生的学科专业综合素质，第三年设置具体的教学技能课程如三字一画、教师教学技能训练、班级学生管理技能、多学科综合教学技能课，第四年给学生提供实地教学观摩、教学操作、担任代理班主任等一线教学顶岗工作的机会"⑨。

4. 农村小学全科教师生存与发展状况研究

王鉴等认为影响农村小学全科教师生存现状的原因是内外因交替作用的结果。内因包括个人的学习经历、家庭原因；外因则有社会和家长施加的压力、传

---

① 夏庆利，童三红，雷中怀，等. 全程教育临床培养乡村全科教师［N］. 中国教育报，2018-03-20（7）.

② 符智荣，李雪峰. "三位一体，订单式"协同培养卓越农村小学教师机制初探［J］. 湖南第一师范学院学报，2015（4）：30-32.

③ 杜芳芳. 我国卓越小学教师人才培养改革的创新实践［J］. 教育科学研究，2015（12）：10-13.

④ 孙颖. 城乡教师队伍建设一体化的路径探讨：兼论农村小学教师一专多能培训的可行性前提［J］. 教育理论与实践，2014（14）：24-26.

⑤ 张莲. 农村全科型小学教师培养模式探究［J］. 教学与管理，2014（5）：8-10.

⑥ 蔡其勇，卢梦丽. 小学全科教师培养课程设计［J］. 课程·教材·教法，2017，37（9）：108-114.

⑦ 周德义，李纪武，邓士煌，等. 关于全科型小学教师培养的思考［J］. 当代教育论坛（学科教育研究），2007（9）：6-9.

⑧ 朱朝霞，陈和龙，胡玉东. 农村全科型小学教师本土化定向培养模式探究：以江西省九江地区为例［J］. 南昌师范学院学报（社会科学），2014（4）：50-53.

⑨ 吴爽. 3+1模式下重庆农村小学全科教师培养体系探究［J］. 科教导刊（上旬刊），2014（8）：67，92.

统的教育思想等。这些都影响着教师的生存质量①。黄白在《农村教师专业发展：中国教师教育研究新动向》里提到农村地区"教师教育边缘化"问题，农村教师专业发展状况不佳②。苗培周认为教师的专业发展需要内部动力和外部支持相支撑。外部支持主要包括充分的有质量的进修或培训、校内外学科教研或交流活动、专题讲座等；内部动力主要包括自我专业学习、课题研究③。黎琼锋、吴丽清认为按照马斯洛的需要层次理论，生理需求是人最基本的需求，农村小学教师也不例外，提出要提高薪酬标准，确保安居乐业④。张道祥认为除了改善工作环境外，政府部门还要努力提高农村小学教师的社会地位和工资福利，学校要有良好的管理制度，教师自身要注重能力的提升⑤。

（二）国外相关研究

美国在"博雅教育"的传统下，十分注重小学教师通识能力的养成，明确提出初等教育教师以承担多学科教学为原则，并设置了通识课程、学科课程和教师教育课程⑥。法国认为小学教师应该是多才多艺的，小学教师进行资格认定时要考查其多科教学的能力⑦。德国要求师范生必须掌握执教学科与相邻学科的关系，能够从事小学综合理科或文科的教学工作。英国小学教师是不分科的，要求能胜任全国统一课程中任一学科的教学⑧。澳大利亚悉尼大学小学教师培养的课程设置比较宽泛，紧贴基础教育实际；并重视教学实践，教学实践与理论课程紧密联系、相互辅助，逐步提升学生的综合素质⑨。而迪肯大学小学教师培养的核心课程包含了学科基础课、小学教育课程和教师教育课程，强调课程设置要具有针对性，重视小学全科教师培养的选修模块⑩。日本的小学教师注重"多元培养"，设置丰富的课程和加强职前职后一体化，还要求小学教师擅长国语、数学、手工、体育和音乐等领域。

（三）已有研究述评

国内外许多学者围绕"小学全科教师"这个主题，从不同视角并运用多种方法做了深入的探讨，可成为本研究的基础。但当前研究有以下几点不足：首先，国内没有针对"农村小学全科教师研究"方面的专著，博士、硕士论文非

①　王鉴，徐立波. 实然与应然：农村教师生存状态研究 ［J］. 当代教师教育，2008（2）：15-20.

②　黄白. 农村教师专业发展：中国教师教育研究新动向 ［J］. 教育理论与实践，2008，28（1）：40-44.

③　苗培周，宗健梅. 农村小学教师专业发展现状调查研究 ［J］. 教育理论与实践，2017，37（5）：35-38.

④　黎琼锋，吴清丽. 农村小学特岗教师生存与发展状况调查 ［J］. 教学与管理（理论版），2016（2）：24-26.

⑤　张道祥. 农村小学教师生存状况与对策研究 ［D］. 济南：山东师范大学，2018.

⑥　廖庆生. 农村地区本科层次小学全科教师培养模式探究 ［J］. 湖南第一师范学院学报，2016，16（1）：12-14，82.

⑦　梁志斌. 论小学教师全科综合培养模式及建构 ［J］. 当代教师教育，2013（4）：26-30.

⑧　江净帆. 小学全科教师的价值诉求与能力特征 ［J］. 中国教育学刊，2016（4）：80-84.

⑨　肖甦. 比较教师教育 ［M］. 南京：江苏教育出版社，2010：255.

⑩　李玉峰. 澳大利亚迪肯大学小学教育专业课程设置对全科教师培养的启示 ［J］. 教师教育论坛，2015（1）：39-44.

常少，相关期刊是从某一方面或某个问题出发对农村小学全科教师展开研究。站在研究者的角度开展的研究较多，而以农村小学全科教师培养实践者的身份来开展系统的行动-反思研究极少。其次，农村小学全科教师培养实践在我国由来已久，但大量有关农村小学全科教师的文献集中在最近10年，很少有学者对民国时期、新中国成立后中师教育涉及农村小学全科教师培养的经验进行总结，为当前农村小学全科教师培养提供可借鉴的经验。再次，农村是农村小学全科教师成长的土壤，但现有研究集中在培养学校层面如何操作，较少从农村小学全科教师生存状况以及农村环境对教师发展的制约方面提出培养策略。最后，国外相关研究虽然也较为丰富，但针对"农村小学全科教师"这一主题的研究相对零散而不系统。

因此，作为农村小学全科教师的培养者，我们需要对现有的农村小学全科教师培养展开研究，从中发现问题并进行反思，跳出培养院校单一思维视角，立足农村小学教育实际，学习前人经验的同时借鉴其他院校培养成果，使培养的农村小学全科教师"下得去、教得好、留得住"。

四、研究方法

（一）文献法

本研究主要借助中国知网、超星、读秀等数据库展开文献检索，以各期刊和硕（博）士论文为主要文献。此外还通过查阅相关专著书籍，掌握国内外的相关研究成果，为开展农村小学全科教师研究提供理论依据和建议。

（二）调查法

1. 调查对象

围绕农村小学全科教师这一主题，在研究过程中，除借助其他文献资料收集一些二手材料外，研究主要围绕笔者三年多来承担农村小学全科委托定向培养所积累的资料来展开，主要涉及的调查对象包括教育部门有关负责人、有关小学负责人、农村小学教师以及委托定向培养的师范生。具体情况如表2-1所示。

表2-1 分布情况

政府部门、小学有关负责人					农村小学教师			委托定向培养师范生		
市	县	镇中心校		完小、村小	访谈（人）	问卷		访谈（人）	问卷	
访谈（人）	访谈（人）	问卷（份）	访谈（人）	访谈（人）		发放（份）	回收（份）		发放（份）	回收（份）
2	3	3	5	9	18	143	127	46	989	989

2. 问卷法的实施

从2016年3月起至今，笔者所在团队因为承担了泸州市政府委托定向培养贫困山区农村小学全科教师培养任务，通过《小学教育专业认知调查问卷》和《农村小学全科教师状况调查问卷》了解农村小学全科教师现状、农村小学对全科教师的需求状况以及委托定向培养师范生的情况，为改进人才培养，提出应对策略提供事实依据。

3. 访谈法的实施

我们利用访谈提纲（见书末专题二附件），在三年多时间里多次深入贫困县与当地教育部门、学校负责人、个别农村小学教师进行座谈；在校不定期与委托定向培养的师范生进行访谈。通过对三个贫困县教育行政部门相关负责人、20 余所农村小学的个别全科教师以及近 50 名学生进行访谈，获取有关信息，并结合文献分析、问卷调查所得到的信息，从而得出更有效、全面和科学的结论。

4. 资料的整理和分析

首先，将发放的调查问卷和访谈记录进行检查，确保问卷以及访谈记录的有效性、真实性。本次调研在农村小学全科教师中发放问卷 143 份，回收有效问卷 127 份，问卷有效率为 88.8%；在校委托定向培养师范生中发放问卷 989 份，回收有效问卷 989 份，问卷有效率为 100%。有关负责人访谈 19 份，小学全科教师访谈 11 份，在校委托定向培养师范生访谈 46 份。其次，将检查好的资料数据信息输入电脑，并编码进行分类。再次，将已有的资料进行汇总，为后面更好地分析问题奠定基础。最后，从获取的资料中分析相关问题，将研究内容进行细化，并得出研究结果。

第二节　农村小学全科教师培养的意义及必要性

一、世界的潮流——全科教师适应小学教育

世界发达国家在基础教育阶段普遍推行"小班教学"，这种教学方式既可以避开个别教学效率低下、学生社会化困难的弊端，又能弥补班级授课制不易照顾学生个体差异和分科教育造成的知识片面性等不足，体现以学生为主体的思想[1]。因此，国外较少讨论"全科教师"，因为就西方发达国家而言，小班化教学已成为常态，而针对小班中学生的个别差异提供针对性、高质量的教育是一种常态化要求，因为在他们看来"能够教授所有科目"是小学教师的基本要求。

可见，小学教育阶段需要全科教师，这符合教育的规律，也是当前世界各国教育达成的共识。当一个国家和社会的生产力高度发展时，"小班教学"必然是教学组织形式的一种常态，小学教师具备全科教学的素养是必然的要求。当前对农村小学全科教师的紧迫呼唤，不过是在城镇化进程中，比城市较早需要解决小班教学的问题。而这种被动培养全科教师的过程恰恰迎合了当今世界上教师培养的主流模式与规格。

---

① 陶青，卢俊勇. 免费定向农村小学全科教师培养的必要性分析［J］. 教师教育研究，2014（6）：11-15，21.

二、时代的呼唤——农村小学需要全科教师

（一）农村小学小规模化

人口分布的区域结构直接影响着学校的布局结构，由于城镇化加剧了人口流动，农村学龄儿童迅速减少，原先较大规模的农村小学生源萎缩，取而代之的是小规模学校和微型班级。农村生源减少，原有农村大规模学校也就自然减少，甚至以前的一些村小或者教学点由于学生人数太少被"撤点并校"，要求学生到镇中心校或者完小就读。但由于在山区或者偏僻地区人口较为分散，学生到中心校或者完小的路途太远，除了上学不便而给家长增添了接送麻烦之外，在交通安全方面还存在着较大风险。为了解决部分农村儿童"上学远"问题而新建的寄宿制学校，在运行的过程中也凸显出一些问题，如，乡镇寄宿制学校普遍缺乏基础性生活配套设施，在一些边远贫困地区，寄宿制学校的床位、厕所、食堂（伙房）、饮水等方面远远达不到国家规定的标准，难以满足学生的基本生活需要，寄宿生的身体与健康状况十分令人担忧。对于这些因离家较远而不得不选择寄宿在学校的学生，一下子缺少了父母的关照会感到很不适应，年龄较小的学生在身心尚未成熟的情况下，就独自一人远离父母在他乡寄宿，可能会产生孤独、不安、焦躁等负面情绪。有研究表明，小学低年级学生不适宜寄宿学校[①]。所以又保留了一部分教学点，这些教学点承担两个或者三个年级的教学工作。由此，因学生规模减小带来的一系列结果就是，原来的大规模学校变为小规模学校，原来的一个班人数也由多变少。自然，根据现有人事分配制度，教师的配置也少了，但农村小学的课程依然要求"开齐开足"，为适应现实需求，培养全科教师就势在必行。

此外，农村小规模学校在未来很长一段时间还会存在。从世界范围看，发达资本主义国家工业化进程较早，但农村小规模学校并没有在这个过程中完全消失，依然保存了一定数量。英国的乡村学校，有1/3都是小规模学校。法国和荷兰等国，也有20%以上的复式小规模学校。澳大利亚全国少于100人的小规模复式学校大约为34%，最低的地区也占到了25%，最高的达到50%左右。拉丁美洲的智利，国内有47%的学校均为"一师一校"的复式制。这些农村小规模学校在丰富多样的学校发展形态中，是一种富有生命力的存在物，往往被作为适应农村地区的最佳教育模式[②]。按照我国《国家新型城镇化规划（2014—2020年）》文件精神，2020年中国常住人口城镇化率将达到60%，那么仍然有至少40%的人口居住在农村，但很明显农村人口密度会持续降低。而我国义务教育政策明确要求小学阶段的学校布局要邻近学生家庭所在地，学校（尤其是小学）的布局就必须充分考虑临近学生家庭所在地。因此，诚如有的专家所指，"从未

① 崔东植，邬志辉. 韩国农村小规模学校合并政策评析 [J]. 教育发展研究，2010（10）：58-63.
② 余小红. 农村小学全科教师职前培养研究 [D]. 上海：华东师范大学，2018.

来发展趋势看，我国的小规模乡村学校必将长期存在"①。因此，农村小学需要综合素质高，管理能力强，能进行各学科教学的全科教师。

（二）农村小学超编缺岗

当前农村小学教师结构失衡，其表现为"超编"与"缺岗"并存。当前，我国教师的人事编制是按照师生比来计算的。依据 2014 年《关于统一城乡中小学教职工编制标准的通知》1∶19 的师生比标准来看，我国 31 个分地区的乡村专任教师与乡村在校生计算所得的师生比数据都显示农村小学教师已经超编②。现阶段，全校学生总数在 10 人以下的农村学校还大量存在，用师生比来核定教师编制就势必出现农村小学教师超编现象。即使 2014 年的文件在统一了城乡师生比的基础上，还提出了要求结合班师比，按班师比每个班级配备的教师数量为 1~2 个。那么"一师一校"和"一师一班"的农村学校，其教师配备两个以上就超编了。

明里"超编"，实则又"缺岗"，这是一种"结构性缺岗"现象，即有些学科已经饱和甚至过剩，而有的学科却严重紧缺。当前农村小学老师几乎都能承担语文、数学这两个学科的教学工作，但能承担音乐、美术和体育这种专业性极强的学科教学的老师奇缺。以笔者 2015—2016 年在四川部分农村小学调查的情况来看，许多农村小学不开展体育教学活动，体育课就是让学生学做广播体操，或者跑步、跳绳以及自由活动，或者不上课，或做语文或者数学作业。在一所国家级贫困县的镇中心校，笔者见到了一间面积有 70 多平方米的专业音乐教室，里面有钢琴、多媒体设备，甚至还有合唱时用的踩凳，据校长介绍，里面的硬件设备价值 3 万多元，是用贫困县教育专项经费购置的。但里面的钢琴无人会用，合唱肯定也没有，上音乐课的时候，老师就利用里面的多媒体设备，给学生播放歌曲，学生跟唱。镇中心校尚且如此，那些条件还要差的乡村学校，不仅没有能承担这些课程教学的老师，也没有相应的硬件设施，甚至在大部分农村小学老师的意识形态里根本就没有"体育-健康"和"艺术-音乐"等这些概念的存在。因此，农村小学全科教师培养的意义极大。

（三）农村小学教师流动性大

在对四川三个贫困县的农村小学教育的调查中，有关负责人介绍，每年县教育局都会同县人社局公开招聘考试引进新教师几百人，到第二年同一时期统计教师总人数，发现教师总人数没有增加，趋于平稳，甚至减少。所以年年都在通过招聘考试进人，然而师资依旧匮乏。究其根源，农村教师的职业认同感低，农村教师"离农"倾向严重。流失的老师中不乏许多农村骨干教师，这些教师经验丰富、资历较高，他们流向了镇学校或经济发达地区的学校。大部分教师会在服务期满后，通过调离或者考调的方式离开教师岗位或者进城；当然，流失率最高的是新进年轻教师，由于农村小规模学校生存环境恶劣、教师未来发展空间极其

---

① 邬志辉. 破解乡村教育发展症结的良药［N］. 中国教育报，2015-06-10.
② 陈鹏. 城镇化发展中的教育问题不可忽视［N］. 光明日报，2016-12-27.

有限，他们从一开始就没打算在农村长期扎根，而是把考取教师作为进入体制的"跳板"，然后想尽办法通过各种关系调离，或者把进入教师行业作为短暂停留或过渡，继续参加公务员或其他事业单位考试。"我国当前整个教师流动的方向都是从'村里'—'乡镇'—'县城'、由'普通城市'—'省会城市'—'发达地区'。在基层锻炼几年好不容易培养起来的优秀教师，通过教师择优选调政策层层向上调到县城和条件更好的学校；而农村小规模学校则没有任何留住教师的保护性措施，更缺少吸引外来优秀人才的优惠政策，外来教师难以在这里扎根。"① 可见，培养一批"留得住""下得去""教得好"的农村小学全科教师意义重大。

三、政策的诉求——农村小学要求教师全科

（一）国家层面要求培养小学全科教师

近年来，国家在政策层面上加强了农村小学全科教师培养的要求。2010年8月，教育部师范司管培俊司长根据《国家中长期教育改革和发展规划纲要（2010—2020年）》的精神，提出了"探索文化基础教育与教师养成教育相融合的农村小学全科教师和幼儿园教师培养模式"，并在同年9月教育部新闻发布会上再次提出了"加强幼儿园、农村小学全科教师的培养"。将全科型教师的培养上升到政策层面，显然已凸显出社会对全科型教师培养的重视，更加突出了全科型教师已逐渐成为我国教师教育发展的趋势②。2012年教育部发布的《关于大力推进农村义务教育教师队伍建设的意见》要求"采取定向委托培养等特殊招生方式，扩大小学全科教师培养规模"。与此同时，《关于深化教师教育改革的意见》提出，建立高等学校与地方政府、小学联合培养教师的新机制，完善小学教师全科培养模式。2014年，针对小学教育的实际需求，教育部《关于实施卓越教师培养计划的意见》针对小学教育的实际需求，重点探索小学全科教师培养模式，培养一批热爱小学教育事业、知识广博、能力全面，能够胜任小学多学科教育教学需要的卓越小学教师。2015年，《乡村教师支持计划（2015—2020年）》更是强调，发展乡村教育，教师是关键，必须把乡村教师队伍建设摆在优先发展的战略地位。到2020年，努力造就一支素质优良、甘于奉献、扎根乡村的教师队伍。具体举措是鼓励地方政府和师范院校根据当地乡村教育实际需求加强本土化培养，采取多种方式定向培养"一专多能"的乡村教师。从国家层面出台的这一系列政策文件与具体举措，进一步明确了我国农村小学教师要求全科培养。

（二）地方政府积极支持培养农村小学全科教师

在国家相关政策出台之前，部分省市就已经开始培养农村小学全科教师试点。2006年，湖南省教育行政部门在全国率先实施"农村小学教师定向培养专

① 余小红. 以全科教师培养突破农村小规模学校"超编缺岗"困境 [J]. 教育发展研究，2017，37（24）：72-78.

② 吴国珍. 综合课程革新与教师专业成长 [M]. 北京：北京师范大学出版社，2013：6.

科计划"，采取初中起点五年制专科层次"3+2"的培养模式①。从 2007 年开始，江西省利用 5 年时间定向招收培养 2.5 万名初中毕业生五年一贯制和高中毕业生三年制的全科型小学教师②。2007 年起湖南着手培养五年制大专"全科型小学教师"，又从 2010 年开始尝试培养初中起点六年制本科层次的农村小学全科教师。2011 年浙江省开启全科小学教师培养试点，要求做好小学全科教师定向培养工作，并指定省属的七所地方院校来承担具体的培养任务③。2013 年，重庆开始实施小学全科教师培养计划，探索出富有特色的农村小学全科教师"3+1"培养模式，即前 3 年在高校完成课程学习和最后 1 年在县级教师培训机构指导下在基地见习和研习，在定向县农村小学实习④。广西计划从 2013 年到 2017 年培养 5 000 名左右的农村小学全科教师，采取高中起点两年制专科层次和初中起点五年制专科层次培养模式，培养"语数外通吃，音体美全扛"的农村小学全科教师⑤。2016 年四川省泸州市也启动了免费定向培养专科层次农村小学全科教师的项目，计划 3 年时间定向培养 900 名⑥。各省、市政府鼓励培养农村全科小学教师，既可以有效解决农村小学教师编制严重不足、学科结构极为不合理等问题，又积极响应了国家要求小学教师全科培养的政策要求。

四、儿童的发展——呼唤卓越农村全科教师

（一）质量低下的农村教育不利于儿童发展

由于城乡小学教育教学资源的差距，农村小学与城市小学之间教学质量的差距越来越大，大部分家长看不到农村教育促进儿童发展的希望，只有将子女送入教学资源丰富的城市上学。为此，条件好的居民到省级或地市级城市买房或租房，将小孩安排在城市上学；条件一般的居民到县市级城市租房或买房，也带子女到县市上学。据有关学者的调查，"48% 的农村家长表示，如果农村学校具有和城里学校相同的教学质量，不会选择送孩子去城市上学。"⑦ "住在村里的家庭希望子女在村里学校读书的占 22.2%。"⑧ 那些依旧留在农村小规模学校就读的孩子，几乎都是沉淀在农村最底层的孩子，往往是社会的弱势群体，要么是家长虽然意识到农村教育质量低下，不利于儿童的发展，但缺少将孩子送到城镇学校或选择优质学校的实力和资本；或者是家长自己的成长轨迹无法意识到教育在促

---

① 黄俊官. 论农村小学全科教师的培养［J］. 教育评论，2014（7）：60-62.
② 徐光明. 江西定向培养农村教师［N］. 中国教育报，2007-06-08（1）.
③ 余小红. 农村小学全科教师职前培养研究，上海：华东师范大学，2018.
④ 肖其勇. 农村小学全科教师培养特质与发展模式［J］. 中国教育学刊，2014（3）：88-92.
⑤ 谢振华. 广西今年实施农村小学全科教师定向培养计划［J］. 江西教育，2013（26）：23.
⑥ 泸州为贫困县定向培养 900 名村小教师［EB/OL］.（2016-03-22）［2019-09-30］. http://www.sc.gov.cn/10462/10778/10876/2016/3/22/10373581.shtml.
⑦ 陈鹏. 城镇化发展中的教育问题不可忽视［N］. 光明日报，2016-12-27（1）.
⑧ 雷万鹏. 家庭教育需求的差异化与学校布局调整政策转型［J］. 华中师范大学学报（人文社会科学版），2012（6）：147-152.

进入发展中的重要作用。习近平总书记说过："教育是阻断贫困代际传递的根本途径。"而要改变农村教育，提升农村学校教育质量，除了必要的教学设施及条件改善外，高素质的农村小学全科教师是关键。

（二）全科教师是提高未来农村劳动力素养的关键

美国经济学家罗斯高在对中国长达 30 多年的研究中发现：制约中国未来发展的关键在于教育，尤其是中国农村的教育。他以数据图表指出中国乡村教育之匮乏容易让中国的经济发展陷入"中等收入陷阱"，即乡村教育的匮乏将制造大量认知低下的未来劳动力，中国将面临产业升级、低工资低技能工作迁出后，后备劳动力不足的问题。所以，关注今天中国的农村教育，就是在关注中国未来的发展。

教育的公平意味着"起点的公平、过程的公平以及结果的公平"。罗斯高的研究团队发现中国贫困农村有 27% 的孩子贫血、体质虚弱、认知能力下降，学习的时候无法集中注意；有 25% 的孩子近视却没有眼镜，上课看不清黑板，不知道老师在讲什么；还有 33% 的孩子肚子里有蛔虫影响身体发育；接近一半的孩子认知能力低下，而人的认知能力有 90% 是由 0～3 岁的发育决定的，但是在中国广大的农村地区，对 0 到 3 岁幼儿的教育投资少得可怜，导致农村幼儿在 0～3 岁严重缺乏早期抚育，这种因早期抚育匮乏导致的缺陷将伴随终生，农村孩子输在了起跑线上①。输在了起跑线上的农村孩子，要想与其他儿童在教育这场马拉松赛跑中获得好的结果，必须要有优质的基础教育，小学教育为基础教育之根基，农村小学教师则肩负着确保农村儿童享有教育过程公平的责任。但现有农村小学小规模化，班级规模缩小这个不争的事实，制约了农村小学教师人数。所以，要让农村儿童得到全面发展教育，实现教育促进农村儿童发展利益最大化，农村小学必须要建设高素质、高水平的全科教师队伍。

（三）全科教师更符合农村儿童身心发展的需要

教师是促进人的生命全面健康发展的特殊职业。儿童时期正是身心成长、人格形成、知识积累的关键时期，然而现有大量农村儿童父母因为外出打工，被迫与儿童分离，产生了大量留守儿童。由于长期和父母或其中一方分离，在不完整的家庭中难以获得足够的情感关爱，留守儿童更容易出现孤僻、自卑、冷漠等性格缺陷。2018 年度《中国留守儿童心灵状况白皮书》数据显示，三到八年级留守儿童的"愉悦状态"和"平和状态"水平低于同年级的非留守儿童，"烦乱状态"和"迷茫状态"的水平高于同年级的非留守儿童。离父缺母型和离母缺父型的留守儿童会表现出对父母缺失一方的怨恨，这两类儿童在烦乱与迷茫两种消极情绪中的得分也显著高于其他各类学生。另据白皮书数据，留守儿童总体上更为独立和逆反，从五年级开始，留守儿童对父亲的行为依附水平降至负值②。

① 斯坦福教授花 37 年死磕中国农村，揭贫苦教育的"残酷真相"[EB/OL].（2017-11-11）[2019-09-30]. http：//news. ifeng. com/a/20171111/53167548_ 0. shtml.

② 白宇洁，陈岩鹏. 2018 年度《中国留守儿童心灵状况白皮书》发布根治留守问题可先从"治标"做起［EB/OL］.［2019-09-30］. http：//www. chinatimes. net. cn/article/80791. html.

儿童的社会交往、语言发展、认知发展以及情感发展等各方面心理发展具有整体性。首先，世界本来就是一个整体，教育即生活，应为儿童构建对真实的生活世界的整体认知。从教学来看，全科教师打破学科限制，让各科知识融会贯通，更能帮助儿童构建一个整体的知识结构。其次，由于全科教师担任了多学科教学，能更充分了解每一个学生的能力倾向、个性特点以及兴趣爱好，能更加全面地看待学生，并为有的放矢地开展跨学科的个性化教学提供依据。此外，大部分农村小学全科教师还要负责班级管理，有充裕的时间和更多的机会与儿童相处，走进儿童内心世界。教师是儿童心中的重要他人，这是儿童的"向师性"特征决定的。相对于分科教师而言，全科教师更能全方位参与儿童（尤其是年龄越小的儿童）在校的学习、生活、劳动等一切教育活动，在缺乏父母关爱的留守儿童世界里，成为他们情感的依赖，健全儿童人格，引领儿童朝着"真、善、美"的世界发展。

第三节　农村小学全科教师的现状及存在的主要问题

一、农村小学全科教师职前培养现状及问题

（一）培养实际与价值新取向之间存在差距

教育部发布的《关于大力推进农村义务教育教师队伍建设的意见》明确提出，要采取定向委托培养等招生方式，扩大双语教学、音体美等薄弱学科和小学全科教师培养规模，旨在通过培养"全科教师"解决农村义务教育师资队伍短缺和结构失衡等问题。2014年教育部发布的《关于实施卓越教师培养计划的意见》强调，要分类推进卓越教师培养模式改革，在小学阶段重点探索全科教师培养模式，培养能胜任小学多学科教育教学需要的卓越教师。通过对比两个文件，前者突出农村小学全科教师"扶贫支教"的价值取向，目的在于通过培养全科教师以缓解偏远地区生源外流、师资短缺、开课不全的难题；后者则倾向于"引领卓越"的价值取向，是时代赋予农村小学全科教师的新要求。

近年来，农村小学师资队伍建设在城镇化进程中问题凸显。不少地方把培养全科教师作为"根治"农村（尤其是边远农村）小学教师队伍结构性缺编的"良方"，要求培养的教师是"全科全能型"教师，是样样精通的"万金油"式教师，现实需求使得对农村小学全科教师的培养沾染上了浓厚的工具色彩。当前，许多地区农村小学全科教师培养尚处于一个探索期，就委托定向培养的农村小学教师是否"下得去""教得好""留得住"还需要一定时间来检验。从"扶贫"走向"引领"，以"卓越"带动"公平"，培养定位拔高要求，如何在"全科全能"培养中兼顾"卓越"价值取向是当前农村小学全科教师职前培养的新问题。

（二）农村小学全科教师专业标准界定不清晰

小学教师不分学科培养发端于英国、美国、瑞士等西方发达国家，它是根据国家的经济社会发展和学生身心发展需要而提出来的，其目的是要在小学实施全科教育，培养小学教师的跨学科教学能力[1]。我国小学全科教师培养也是有先例可循的，前些年的中等师范教育就是按照"全能型"人才培养模式，后来，中小学教师学历标准要求提高，中等师范被专科、本科院校取而代之，培养多按分科培养模式进行。那么当前农村小学急需的小学全科教师是不是当年中师时代的"全能型"人才？承担农村小学全科教师培养的院校按照当年中师模式培养是否可行？事实上，答案非常明确。随着时代变迁，社会对教育提出了新的要求，我们不可能照搬原有中师模式。此外，中国农村（尤其是边远农村）的小学所需要的全科教师与当代发达国家所需的全科教师有着相当大的区别，前者更多是为了解决结构性缺编的困境，后者则更多是适应儿童身心发展整体性的特征。

近年来，国家发布的《小学教师专业标准》《教师教育课程标准》《小学教师专业资格考试标准》都要求小学教师应该具备全科型教师的特质。那么，全国现有大量分专业培养的小学教师（如小学语文、数学、音乐等）具不具备全科型教师的特质？如果不具备，那又为什么大量存在？如果具备，那么与全科教师有没有区别？具体的区别点又在哪里？此外，当前的小学教师专业资格是按分科来报考的，获得的教师资格证书也是某一学科的资格证。从逻辑上来说，当获得小学教师资格证书时，证明其已经达到小学教师专业标准，就应该具备全科型教师的特质，那就意味着没必要把全科教师单独提出来。然而，当前关于农村小学全科教师的素质结构以及不同于分科教师的培养策略的相关研究呈蓬勃之势，究其根源在于小学全科教师的专业标准界定不清晰。

（三）免费定向培养实践中问题凸显

当前，湖南、江西、江苏、福建、重庆、四川、浙江及广西等省份采用免费定向培养的方式培养农村全科教师。这种培养模式由政府落实编制和经费，委托相关高校按照农村小学教育的实际需求制定标准进行培养，与学生签订定向教育服务协议。核心是免费培养、定向服务、全科学习、多科工作[2]。采取免费定向培养的初衷在于短期内解决农村小学师资短缺、结构性缺编等问题，但在培养过程中问题也随之凸显。

1. 报考学生的功利思想严重

2012 年《关于大力推进农村义务教育教师队伍建设的意见》出台后，多地政府结合当地实际情况开展定向委托培养农村小学全科教师培养模式。但在急先恐后报考免费定向生的背后，部分学生其实并不真正了解和热爱农村小学全科教师这个职业。针对学生报考动机，笔者分别针对小学教育专业（免费定向委托培养）2016 级、2017 级和 2018 级三个年级学生共发放问卷 989 份，32.7%的学生

---

① 蔡其勇，卢梦丽. 小学全科教师培养课程设计［J］. 课程·教材·教法，2017，37（9）：108-114.

② 刘桂影. 小学全科教师的培养价值及其实现路径［J］. 教师教育论坛，2018（3）：26-30.

表示是家长的决定，23.6%的学生表示是老师的极力推荐，18.7%的学生本意不想读教育专业，为减轻家庭经济负担而选择就读。当问及"你对农村小学全科教师职业了解多少？"时，有9.7%的学生表示完全不了解；43.5%的学生不太了解；26.9%的学生有一些了解，19.9%的学生认为自己完全了解。在与学生的访谈中，大部分学生表示，政府提供的有利政策如：减免三年的学费、不缴住宿费、每个月还可以拿到的几百块钱的生活补贴费、毕业了还分配工作等，是吸引自己选择就读免费定向小学师资班的主要原因。可见，大部分学生报考免费定向生的功利思想较为严重，不是因为了解农村小学教育、喜欢从事教育事业、热爱农村并致力于改善农村的志向而报考，这一特点在其他学者的研究结论中也得到了印证。想要通过免费定向的途径获得一份有编制的稳定工作的预期固然美好，现实中大多数的农村小学分布在乡镇及以下地区，规模较小、办学条件简陋、生活比较艰苦。作为一名农村小学全科教师，除了要完成日常的教育教学与管理工作、承担起教育好农村儿童的责任外，有的还要照顾年幼儿童的生活起居或做些心理疏导工作。如果免费定向生对全科教师的职业特征缺乏深层次理解，对农村工作环境没有浓烈、深厚的情感，很难确定培养的学生是否"下得去"，下去了是否"教得好"，"教得好"未必"留得住"。

2. 承担培养院校课程体系欠完备

政府委托相关高校定向培养农村小学全科教师，其中不乏一些院校临命受托，暴露出"拼盘式"的课程架构"多而不精"，临时整合的师资队伍"良莠不齐"，课程设置的评估机制不健全等问题。又因为各地政府对农村小学全科教师的要求各不相同，"按需而供"背景下培养院校对教师素养培养的侧重点也就不相同，以同时都在实施农村小学全科教师培养的广西壮族自治区和重庆市为例进行比较，其课程结构差异凸显。重庆市全科教师培养采取的是统一的高中起点四年本科制学习，实施"3+1"培养模式，即全科师范生四年本科修业时间内，前3年在高校，注重课程学习，有计划安排见习；最后1年在教师进修学院研修和实践基地学校实习并完成毕业论文[①]。广西全科教师培养模式则较为复杂，目前有三种类型并存：一是高中起点四年制本科层次，二是高中起点三年制专科层次（这一模式于2017年才正式实行，取代了或者说优化了2013至2016年存在的高中起点两年制专科），三是初中起点五年制专科层次，后两种类型是主要渠道。重庆市坚持的是"本科定位"，注重学生多科教学综合能力培养，广西则主要是"专科培养"，强调的是各门课程的教学综合能力。通过比对重庆市四年本科层次和广西三年专科层次的课程体系，重庆市的专业核心课程（必修）的主要内容是教育知识和综合课程的教学法知识，选修的专业拓展课程才是围绕小学不同学科来设计，广西的学科专业教育课程围绕语文、数学、英语、体育、美术、音乐、科学这7个板块来构建，每个板块都是"学科知识+教学法"的组合。此外，同是专科层次，广西高中起点三年制专科层次和初中起点五年制专科层次的

---

① 施照晖. 乡村教师"全科化"的定位与保障策略研究［D］. 重庆：西南大学，2018.

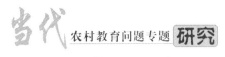

课程体系也不一样。可见，培养农村小学全科教师的课程体系欠完备。

3. 教育专业性被弱化

免费定向培养的农村小学全科教师多是针对边远农村或经济水平较差的农村。出于农村小学师资队伍建设长效机制的考虑，让免费定向培养的学生"留得住"，政府更倾向于鼓励当地考生报考，学生毕业后回到家乡，减少师资的流动或者流失。为此，当地县城升本无望而又渴求一份稳定工作的考生以及当地农村考生更倾向于报考。以笔者所在院校 2017 级免费定向培养师资班为例，该年级共有学生 350 人，签约 228 人，签约率 65.1%。其中，生源地为当地的学生214 名，叙永籍学生 68 人，签约 64 人；古蔺籍学生 104 人，签约 99 人；合江籍学生 42 人，签约 42 人。三个县平均签约率达 95.8%。非当地籍学生 136 人，签约 23 人，签约率为 16.9%。签约的本地籍学生中，90.7% 为农村考生，可见，免费定向师资班学生多为当地农村考生。

国际劳工组织和联合国教科文组织提出的《关于教师地位的建议》提出，应把教师工作视为专门的职业，这种职业要求教师经过严格、持续的学习，获得并保持专门的知识和特别的技术。教师专业既包括学科专业性，也包括教育专业性。培养中，我们不仅要关注学科专业性凸显"全科"属性，而且还应重视教育专业性。当下小学全科教师培养主要有三种方式：一种是初中起点五年制专科；另一种是高中起点三年制专科；第三种是高中起点四年制本科。委托免费定向培养的多为前两类。笔者所在学校培养的是高中起点三年制专科生，因为生源多为当地农村考生，绝大部分学生没有接受过音乐、体育、美术教育，自然也就没有艺术类、体育类专业基础，必须从零基础开始。学生得花大量的时间去弥补因基础教育阶段艺体类课程的缺失所欠的账，又因为年龄的原因，学习的进度十分缓慢，花了大量时间却看不到明显效果。相较于分科师范生来说，全科师范生得耗费大量的时间用于学习音乐、体育、美术专业基础知识和技能，同时还要进行多学科知识储备，教育专业性自然被弱化。

二、农村小学全科教师的现状及问题

为了解农村小学全科教师的现状，笔者所在研究团队深入三个贫困县的部分农村小学，采用访谈与问卷的方式进行调研，发放问卷 143 份，回收有效问卷127 份。调研对象全是小学一线承担全科教学的教师，调研覆盖面虽然不能达到100%，但结论在此群体中具有一定的代表性。

（一）主观认同度低

调研结果显示，仅有 31.5% 的乡村教师表示"非常愿意成为一名小学全科教师"，33.1% 的乡村教师表示"完全不愿意"。可见尽管领导、校长大力支持"全科教师"的培养以缓解师资难题，而一线的乡村教师却并不是特别看好。此外，被采访的乡村教师中有 44.1% 的人认为"一个教师承担一个班的教学，压力大，负荷重，不容易出成果"，其次是"学生在校只面对一个教师，不利于学生博采众长"，占 32.3%；最后是"可能导致教师对学生贴标签，产生评价固化"，占 22.8%。可见一线教师普遍认为"全科教师负荷重"，对"教学质量"以及"全科教师能否促进学生健康成长"表示出担忧。当问及"如果有机会调离现有小学，到镇中心校或者县城工作，你愿意吗？"有 68% 的老师表示非常愿意；19.6% 的老师表示比较愿意，有机会就努力争取；只有 12.4% 的老师表示不愿意。将该结论与年龄进行交叉分析，35 岁以下的农村小学教师选择"非常愿意"的人高达 92%，表示"不愿意"的教师年龄几乎都在 50 岁以上。可见，农村小学全科教师对身份的主观认同度偏低，认为走出乡村，去城里生活才是个人有价值生活的标尺，这在青年教师身上更为突显。采访中，很多一线农村小学全科教师认为，农村师资紧缺，全科是不得已的被动行为，并非出自本意。老师们普遍承认，基于农村教育实际情况，全科教师十分必要，但全科教师工作压力大，既要抓好全科教学还要管好班级十分不易，且学生在校学习只面对一个教师，长期下去对教师和学生的发展弊大于利。

（二）普遍缺乏全科教学能力

此次调查中，当问及"你认为自己能胜任小学全科教学吗？"10.2% 的教师选择"完全胜任"；认为自己"完全不能胜任"的教师占 6.3%。虽然两个极端选项的人数占比不是很大，但大部分受访教师认为自己缺乏全科教学能力。究其原因，85% 的教师表示没有接受过全科教学的相关教育与培训；77.2% 的教师认为自己知识储备不足；66.9% 的教师认为自己知识更新速度跟不上课改要求；而 61.4% 的教师认为农村学生基础差，自己各科都抓不现实。在"其他补充说明"开放项中，有教师认为"包班教多门学科，音体美课程专业性强，自己力不从心""所教学科与专业不符""教学科目多，压力大""每天要备、要上几门课，还要管理班级，很吃力""疲于应付，没有精力把自己擅长的学科教好"。通过对个别教师进行访谈，大部分教师认为多门学科教学不太现实，毕竟每个人学有所长，教不擅长的学科非常吃力而且效果不好；甚至有教师不想在农村继续当教师，认为以前学的专业和现在教的学科不一致，压力大且没有前途。

（三）包班教学任务繁重

调研的 127 名教师中，78 名教师为村小包班教师，占 61.4%，他们要承担一个班的全部学科教学和班级管理工作；29.1% 的教师要承担除音、体、美以外其他学科的教学工作和班级管理工作；只有 9.5% 的教师承担 3 门学科教学和班级管理工作。他们一般工作时间是从早上八点半到下午四点，在校一日常规工作包括四、五节课的教学以及管理学生进食午餐；此外还要应付班级管理事务，如收饭费、体质检测、统计各部门下发的表格以及上报数据等。包班教师在一天的工作时间里，很少能在办公室里坐着休息，基本上讲台的旁边便是教师办公的场所，上课时间在教室里，下课也经常要陪同在班级里解决孩子之间的各种纠纷。总的来说，包班教师从早上上班开始，除去开会时间、填写表格和上卫生间的时间，其他所有时间基本都在教室里，每天在放学后，还要进行班级卫生清理、作业批改、备课、与家长沟通孩子的在校情况、辅导后进生等工作，工作任务

繁重。

调研中发现，地方政府采用经济补贴方式稳定农村小学师资队伍，对农村小学教师提供 300 元到 500 元不等的经费补贴；另外还有边远山区经费补贴，补贴多少视该山区小学到镇中心校的距离来计算，从 300 元到 800 元不等。也就是说，农村小学包班教师可以拿到最多 1 300 元的经费补贴，但这些教师工作在距离县城最远、交通相当不便、信息极为闭塞的边远山村，在受访的人当中，也只有不到 10% 的全科教师才能拿到。县城教师虽然没有农村和边远山区经费补贴，但他们可以参与每天下午的"四点半"课堂，可以获得 1 000 到 2 000 元不等的收入。由此可见，农村小学全科教师的单位时间劳动报酬偏低，与繁重的工作任务形成鲜明对比的是经济收入不高。

（四）专业发展遇瓶颈

调研中发现，在影响教师专业发展的因素中，41.7% 的教师认为"工作负担过重，难有自我发展时间与精力"，25.2% 的教师是因为"缺乏自我专业知识和能力提高的机会"，还有 23.6% 的教师觉得"工作缺乏成就感，缺乏学习改进的动力"。农村小学全科教师工作繁重，每天忙于备课、上课、处理学生各种问题、收发材料等，根本没有充足的时间和精力去进行教学反思，日复一日的工作消耗着工作热情，缺少自身专业发展规划。

此外，教师专业发展离不开个体所处环境，当问及"遇到专业上的问题，你会向谁寻求解答？"44.1% 的教师选择"借助手机进行网络搜索"；28.3% 的教师选择"发布在同学、同行群"，15.8% 的教师"与身边同事交流"。在进一步的访谈中得知，以包班教学为主的村级小学，老师们各自忙于所包班级的一切教学与管理事务，没有精力成立教师学习共同体，也就谈不上相互交流、分享掌握的知识和信息，自然也就无法营造专业成长的合作氛围，因此在遇到专业上的问题时，较少向同事请教，更多从网络或外围渠道获得更有价值的专业帮助。专业成长合作氛围的欠缺阻碍着农村小学全科教师的专业发展。

（五）未来发展前景受限

调研中，86.6% 的教师认为"全科教师"任教班级的优生率低于分科教师；80.3% 的教师认为"全科教师"的发展前景没有专任的分科教师好。教师的教学成果会影响到职称评定和流动，进而影响一个人的发展前景。目前职称评定是按分科进行，要想晋升需要的是在一门课上下好功夫、教出成绩，"全科"虽好，却容易分散教师的注意力，在当前的评价制度下对个人职业成功没有太大帮助，反而会因缺乏学科归属而陷入劣势；此外，从各城区发布的教师考调要求看，也是有学科要求的，农村小学教师服务期满后要想向城市学校流动，则需要学科专长突出，在一门学科上教出好成绩，而农村小学全科教师事务繁杂，多学科教学不易凸显个人的学科优势。

三、农村小学全科教师职后培训的现状及问题

东北师范大学中国农村教育发展研究院发布的《中国农村教育发展报告

2016》公布的 2015 年统计数据显示，全国共有乡村小学 200 199 所，占全国小学和教学点总数的 70.6%。全国共有不足 100 人的小规模学校 126 751 所，占小学和教学点总数的 44.7%，不足 10 人的乡村校点达 3.39 万个①。而《中国农村教育发展报告 2017》的数据显示，2016 年农村教学点数量持续增加，乡村教学点有 8.68 万所，占教学点总数的 88.21%。全国不足百人的小规模学校共计 12.31 万个，占小学和教学点总数的 44.59%；1～10 人的乡村校点 2.58 万个。可见，乡村小规模学校依然普遍存在②。因此，当前活跃在农村小学一线的教师多为全科教师，然而，就目前他们职后"全科化"能力提升的培训来说，却不尽人意。

（一）培训内容针对性不强

在与农村小学全科教师的访谈中得知，当前像"国培""省培"这些高规格培训，也缺少关于"全科"方面的培训设计。"身为全科型教师，本来就不知道怎么当好全科教师，本想通过培训提高一下，但大多数是某个学科的培训，很少有全科教师的培训。""感觉培训都是有固定框架的，是培训机构依据自身资源来设置培训课程，并没有结合教师自身的情况及在教育实践中所存在的问题来展开。""很多培训大都采用人海战术，满堂灌的方式，培训内容也只是针对培训老师所教学科的理论知识和能力来展开，全科的针对性不强。""我还没有接受过严格意义上全科教学的培训会，参加的培训大都是分科来进行的。"

（二）受众群体少

调研发现，当问及"外出参加培训的机会"时，选择"平均每一年"的占 7%；"平均每三到五年"的占 82%，"平均五年以上"的占 11%。究其原因，是由于全科教师承担的工作任务多而繁杂，每次学期中出去培训听课，都要事先调好课，培训结束再回来换上，很多老师因为换课，甚至一天的课程都由他来上；包班老师就更不乐观，培训回来要加赶进度，老师和学生都感觉吃不消，效果也不好。这样的现状导致老师们主观上不想参加培训，认为参加培训反而会加重自身的工作量；客观上，学校也不可能同时让多名老师参加培训。

（三）培训资源匮乏

相对于教师的其他培训，全科化培训资源较为匮乏，体现在人力、时间和信息渠道等方面。就人力资源而言，培训方请来的大师级别的教师、特级教师往往来自大城市，他们的专业成长背景与农村（尤其是边远农村）教师相去甚远，他们那些高水平的教学既不符合农村教育实际，也无法较好地解决农村教师全科教学中的问题。可以说，乡村教师缺乏基于农村实际的高水平"全科化"专家的引导。此外，由于大部分农村小学中受过音乐、体育、美术、科学、信息技术专业训练的教师奇缺，再加上专业成长的合作氛围不浓厚，老师们在遇到困难时，更倾向于自己钻研，甚至在那些只有几个甚至一个教师的"微型学校"，就

① 李柯.《中国农村教育发展报告 2016》在京发布［EB/OL］.［2019-09-30］. http：//www. jyb. cn/china/gnxw/201612/t20161226_ 691183. html.

② 邬志辉.《中国农村教育发展报告 2017》发布［EB/OL］.［2019-09-30］. http：//www. jyb. cn/zcg/xwy/wzxw/201712/t20171223_ 900288. html.

只能靠自己下功夫，独自摸索，全科化的过程中更是步履维艰。

就时间资源来看，教师参加培训的时间往往不长，短短几天的"全科"培训只能教给乡村教师一些方法和技巧，不能提供乡村小学"全科化"实践的全过程，再加上由于教师本身工作繁重，也不可能让受训教师脱产进行长时间培训。

就信息资源而言，农村小学里面，相比于孩子们可借阅图书的丰富，乡村学校关于教师专业发展的图书、报刊资料极为有限且很少更新，村小、教学点的教师能用来专业学习的书籍更是几近于无；而由国家推进数字化的教学资源，往往是根据教师的个人信息登记账号，而一个人只有一个账号，只能申请一门学科，而且这门学科是根据教师所持有的教师资格证上所教学科登记的，很难改，无法得到全科化的培训，难以适应"全科化"的特点。

第四节　农村小学全科教师培养实践及经验

一、国外农村小学全科教师培养实践及经验

（一）制定优厚政策吸引人才

即使是城镇化进程较早，较为完善的发达国家，乡村依然存在，乡村教师队伍建设问题也是他们面临的较为棘手的问题。如美国也面临着严重的乡村教师短缺、质量不高的问题。据研究发现，美国乡村教师短缺的主要原因是大量乡村教师非正常离职，有一半新教师在其工作前5年内离开。为此，很多州出台优惠政策吸引优秀人才，并不断加强本土化培养。最常见的方式是通过制定优厚的政策，如提供学费援助，提供合适的住房等。马萨诸塞州政府为乡村学校新签约教师设立"签约奖"；弗吉尼亚州通过"为弗吉尼亚而教"本土化培养项目，从高中开始培养，有志从教的高中生通过申请该项目，在高中阶段就会修得一定学分，然后在社区学院学习2年后转入大学完成本科学历，最后回到所在地实习，学区为申请该项目学生提供一定的奖学金[1]。日本为了留住乡村教师，振兴乡村教育，在乡村教师工资待遇、师资管理和教师培训上下了很大功夫。政府通过立法，规定中央财政补助在乡村贫困地区办学的费用，包括教职工住房、教材教具、体育与音乐设施、教师生活福利等。还将乡村教师纳入公务员队伍管理，享受公务员待遇，乡村中小学教师不仅有额外的补贴领取，还可以免于职称评审[2]。

国外乡村小学全科教师培养实践可以给我们一些启示。相对于城市，乡村师资队伍建设更容易出现教师流失率高、留不住人才等问题。为此，师资队伍建设的重心在于吸引优质人才从教、保障乡村教师物质待遇，这一点对于我们农村小

① 施照晖. 乡村教师"全科化"的定位与保障策略研究［D］. 重庆：西南大学，2018.
② 韩烨. 日本乡村教师队伍建设的经验与启示［J］. 中小学校长，2016（5）：68-71.

学全科教师的定向培养是非常有借鉴意义的。

（二）课程设置重全科素质培养

许多发达国家较少提及全科教师，因为他们小学教师的培养本身就是按照全科的理念来开展的。法国小学教师培养的课程由高等教师教育学院统一设定，包括基础课程、通识教育课程和学科专业课程。基础课程关注小学生的多样性、多样的教学方法，问题学生的处理和解决方法，公共知识和技能，小学生评价方法，有关共和国的价值观教育，反对种族歧视，男女平等方面。此外，教育基础课程还增加了科学与技术以及文化艺术方面的内容。通识教育课程为外语。学科专业课程包含了多方面的内容，如法语、数学、科学与实验、体育、造型艺术、音乐、手工活动、历史地理、计算机等①。

澳大利亚小学教育专业课程不像法国那样由高等教师教育学院统一设定，以迪肯大学小学教育专业课程为例，课程设置注重小学教师全科素质的培养。核心课程架构由学科基础、小学教育课程和专业学习等几个模块组成，并且还有选修要求。学科基础课包括数学、科学、文学和人文四大基础学科；小学教育课程包含了小学教育领域的所有课程，这是全科教育的落脚点，所占比重最大，占比接近课程总学分的50%；专业学习主要是教师教育课程，从师生身份确认到师生关系、教育的社会环境、教学方法、教学评价以及课程探索等，实现了从理论到实践的统一②。

日本本科学历小学教师培养课程由三个部分组成，即一般教养科目、有关教科专门科目和有关教职专门科目。一般教养科目为普通教育课程，分人文、社会和自然三个部分。有关教科专门科目即执教学科课程，由于日本是个岛国，有许多小岛，岛上居民不多，所以小学教学多采用包班制，因此，执教学科课程不分科，强调教师具有指导小学全部学科的能力。有关教职专门科目即教育学科课程③。

（三）强调教育过程的实践性

教育实践是教师职前培养的关键一环。《小学教师专业标准（试行）》提出把学科知识、教育理论与教育实践相结合，坚持实践、反思、再实践、再反思，不断提高专业能力。

澳大利亚迪肯大学教育实践分散在4年，至少80天，学生在实践导师的指导下完成教学实践任务。实践导师通过职前教师实践日志、观察等方式来评价教学实践的效果；实践导师与大学教师一起对教学实践的效果进行评价④。日本将教育实习分散到大学四年中进行，第一年为"体验实习"；第二年为"基础实

---

① 李岩红. 法国小学全科教师培养制度及其对我国的启示 [D]. 烟台：鲁东大学，2017.

② 李玉峰. 澳大利亚迪肯大学小学教育专业课程设置对全科教师培养的启示 [J]. 教师教育论坛，2015（1）：39-44.

③ 汪慧敏. 日本现代小学教师培养经验及其借鉴 [D]. 长沙：湖南师范大学，2008.

④ 李玉峰. 澳大利亚迪肯大学小学教育专业课程设置对全科教师培养的启示 [J]. 教师教育论坛，2015（1）：39-44.

习"；第三年为"教育实习"；第四年为"研究实习"①。法国小学教师教育实习分为多种方式，包括观察实习、陪伴实习以及责任实习三部分。观察实习是师范生进入小学观察小学生的课堂上课情况、课下活动情况以及整个班级的日常管理情况，通过观察实习来了解小学生的特点、小学课堂的特点以及小学教师的工作内容。陪伴实习是在小学跟随指导教师进行实习，但无须负责整个班级的管理，它多为辅助指导教师进行管理，如批改作业、参与班级实践活动、辅助指导教师进行班级教学活动等。陪伴实习可以使学生切实地体会小学教师的工作，增强实践能力，陪伴实习比观察实习的内容更为深入、更为具体。责任实习是在小学实际担任一个班级的管理工作，包括教学工作、班级日常管理工作、学生评价工作、与学生家长进行交流与沟通。此外，责任实习期间学生还需要参加所在实习小学组织进行的小学教师的交流与合作以及培训工作。学生在责任实习期间需有两名教师进行指导，分别来自高等教师教育学院和所在实习小学。责任实习教师为通过教师招聘考试的学生，因此责任实习教师具备公务员身份，实习工作属于带薪实习工作②。

二、我国农村小学全科教师培养实践及经验

（一）近代乡村小学全科教师培养实践及经验

我国近代乡村小学全科教师培养作为一种制度是进入民国后才开始的。民国政府采取了一系列举措，促进了乡村全科教师的培养，进而促进了乡村教育事业的发展。

1. 政府关注农村义务教育

民国政府时期，行政院和教育部为乡村义务教育的普及和发展专门制定教育政策文件，为乡村义务教育发展所需的人力、物力和财力提供了政策性保证，并始终把发展乡村义务教育放在国民教育发展的首要战略地位。当时政府出台了多部文件直接或间接提出教育财政经费投入政策，确保发展乡村义务教育过程中所需的经费投入充足稳定永久。1928 年出台的《宽筹教育经费案》明确指出"现时地方，教育经费，田赋赋税为大宗；其他杂税杂捐，为数有限。农民负担过重，不能再事增加，非另筹收入，普及教育之政策，殊难实现"③。1935 年出台的《实施义务教育暂行办法大纲》也明确规定"义务教育经费以地方负担为原则，但对于边远贫穷省份及其他有特殊情形之省市，得由中央酌量补助之"④。除了要求财政经费上的充分支持外，当时还出台了《短期小学实验办法》（1935）、《巡回教学办法》（1937）等文件，要求在教育政策措施上也要大力支

① 汪慧敏. 日本现代小学教师培养经验及其借鉴［D］. 长沙：湖南师范大学，2008.
② 李岩红. 法国小学全科教师培养制度及其对我国的启示［D］. 烟台：鲁东大学，2017.
③ 熊贤君. 千秋基业：中国近代义务教育研究［M］. 武汉：华中师范大学出版社，1998：216.
④ 中国第二历史档案馆. 中华民国史档案资料汇编第五辑第一编教育［M］. 江苏凤凰出版出版社，1994：6.

持，提出有关乡村教育政策应具有灵活性和变通性，因为"中国近代推行义务教育的基础很薄弱，尤其是农村，条件很不成熟，这逼迫义务教育的推行者对其举措采取变通方法，从实际出发，因陋就简，实事求是，务求实效"。政府对农村义务教育的关注，并出台相关政策予以保障，这是农村义务教育得以兴起，农村小学全科教师得以生存和发展的前提。

2. 出台优厚政策吸引小学教师长期从教

根据《小学教员待遇规程》（1940）文件精神，可以得知当时政府对小学教师的重视：其一，小学教员薪给，每年均以 12 个月计算，按月十足以国币发给，不得折扣或拖欠，其最低薪额应以当地个人衣食住三者所需生活费之两倍为标准。其二，小学教员子女，除肄业小学者一律免学费外，肄业中等以上学校者，其标准为"肄业于本县（市）或其服务所在县（市）之县（市）立中等学校者，免其学费；服务在五足年以上者，其子女肄业于公立中等学校，均免其学费；服务在十足年以上者，其子女肄业于公立中等学校，免其学宿费，而肄业于国立专科学校或大学，免其学费；服务在二十足年以上者，其子女肄业于国立或省立专科学校或大学，免其学宿费"①。其三，小学教员在一校连续服务满五足年者或服务期曾受奖励或者有价值著作，志愿升学，经主管教育行政机关核准，得于其考入学校后补助或贷以半数之升学费用②。

3. 制定小学教师任用资格检定制度

民国伊始，《整理教育方案草案》（1914）强调"小学教员必曾受师范教育者充之，师范教育必授以普通科学及各科教授法者，即当师范生毕业后，其力足以担任小学各科教授为原则"③。小学级任教员之试验科目为公民（包括党义）、国语（包括文字口语及注音符号）、算术、自然、卫生、历史、地理、教育概论、小学各科课程标准，小学教材及教学法。担任小学教员期间，要接受民国政府及其教育部门的资格检定。《小学校令》（1912）明确指出："凡充小学校教员者，须受有许可状，受许可状者，必须在师范学校或教育总长指定之学校毕业，或经小学教员检定委员会检定合格者。"根据《小学教员检定规程》，无试验检定每学期开始前举行，由检定委员会审查被检定教员各项证明文件；试验检定至少每三年举行一次，除审查各项证明文件外加以试验。

4. 兴办乡村师范教育

民国时期，为改造社会，晏阳初的"教育改造乡村"运动，梁漱溟的"乡村建设"运动等轰轰烈烈地兴起了。许多著名教育家致力于乡村教育实践与研究，渴望寻求一条通过乡村教育改造乡村社会，进而完成对整个中国社会的改造。乡村教育要发展，培养合格农村小学教师是根本。教育家余家菊指出乡村教育不振的原因，认为"教育的发源地是师范学校，教育的根本是师范教育""师范教育不改良，乡村教育将无从改进"，主张乡村教育运动的方向是创设乡村师

---

① 教育部国民教育司. 国民教育法规汇编第一辑 [M]. 南京：正中书局，1941：105.
② 教育部国民教育司. 国民教育法规汇编第一辑 [M]. 南京：正中书局，1941：106.
③ 朱有瓛. 中国近代学制史料第三辑上册 [M]. 上海：华东师范大学出版社，1990：34.

范学校①。著名教育家陶行知也认为"师范教育可以兴邦，也可以促国之亡"，一手创办了晓庄师范，开启了通过乡村师范教育培养农村小学全科教师的探索之路。并在实践过程中提出师范以培养具有"康健的体魄""劳动的身手""科学的头脑""艺术的兴趣"以及"改造社会的精神"的人才为目标②。课程即乡村生活，其课程大纲依照乡村生活为中心的原则将学校本位课程改造为四类教学做：第一类，中心学校活动教学做。此类课程占全部时间的50%，训练师范生真正在做教师上学做教师。第二类，分任校务教学做，占15%，训练师范生处理工勤杂事务的能力。第三类，征服自然环境教学做，占20%，训练师范生农村生活和开展农业生产指导的能力。第四类，改造社会环境教学做，占15%，训练师范生改造乡村社会的能力。晓庄的实践，为农村小学造就了一批有"农夫身手、科学头脑、改造社会精神"的乡村教师。乡村师范教育家祝其乐认为师范应有专门的训练，包括三个方面：普通教育的训练、专门的学理训练以及专门技能的训练。他提出乡村师范的教材应适合农村社会的实况，应提供专门各科教材以培养乡村教师素养；通过对普通各科教材的学习使其养成胸襟宽大的公民，闲暇修养的知能，并能应用到将来的教学上；强调乡村师范应注重学生的自修和实习③。

5. 职前培养与职后培训结合

这一阶段，农村小学师资的培养，一是注重师范教育优先发展，创立国民师范学校，以解决乡村义务教育所需小学教师问题；二是注重小学教师培训，创立师范讲习所和模范示教师训模式，以解决乡村教育师资质量问题。

第一，职前培养目标明确，是为乡村学校培养小学教师。毕业生"限制在乡村做教员"，且"有五年义务"，很显然，其师资培养目标是为培养乡村小学师资而设的。此外，为了培养乡村小学教师，师范学校招收的学生大多为贫寒子弟，确保学生毕业或能回到农村任教。

第二，办好在职教员的培训，以解决已有师资水平不高的问题。通过部分优秀乡村教员指导和培训水平较低教员的方法保障从村教育质量，主要路径和办法是模范示教、联合校长、短期培训和有奖征文等。首先是培养模范示教员，分配到各县学区，每个学区设示教员若干人，每人负责10多所学校，为各校进行代授和示范各科，以影响和带动没有经过正规师范教育的农村教员。其次是联合校长制，即在乡村几所相隔较近的国民学校，设立一名联合校长，联合校长由较高教学水平和管理能力的国民学校校长担任，负责对所属各校有关教学管理进行统一指导，并督促各校一切教学活动的开展，同时每日授课不得少于2小时。联合校长制改变了过去各相邻学校间互不联系、闭门造车的封闭状态，加强了各相邻学校间的教学和管理信息交流，促进了区域乡村教师和乡村小学整体水平的提高④。

① 张雯雯，耿琰杰. 简述余家菊乡村教育思想［J］. 现代企业教育，2014（16）：289.
② 谢招兰. 陶行知乡村师范教育思想研究［D］. 南昌：江西师范大学，2007.
③ 曹彦杰. 师范为何下乡：民国时期乡村师范教育的兴起［D］. 上海：华东师范大学，2018.
④ 曹彦杰. 师范为何下乡：民国时期乡村师范教育的兴起［D］. 上海：华东师范大学，2018.

（二）现代中师小学全科教师培养实践及经验

新中国建立后，由于全面学习苏联，实行分科教学，中等师范学校承担培养小学教师的任务也大多采用分科制。直到"文革"结束后因小学师资严重不足，中师又才开始履行培养全科教师的任务，以适应当时的小学教育之需。

20世纪80年代初期，基础教育事业规模扩大的实际需要带动了小学师资的强劲需求，中师教育迅速升温，凝聚了百年历史的中师教育，培养了一批又一批"教学技能好，综合素质高，敬业精神强"的农村小学全科教师，成为一个时代农村小学全科教师的中流砥柱，赢得了社会对中师教育的普遍认可与良好称誉①。那么，是什么原因使得中师培养的小学教师如此受社会认可呢？

1. 实行定向培养，严把招生关

1986年，国家教委在《关于基础教育师资和师范教育规划的意见》中强调"基础教育师资来源地方化，实行定向培养。即立足于本省市、区，主要从需要教师地区择优招生入学考试标准因地而异，不追求一刀切的'水平'，也可招收小量其他地区志愿去所需地区的考生。"②当时的农村小学教师多是定向培养，以县为单位分配定向名额。培养坚持各市、区需要什么人才，就灵活调整，让培养的小学教师满足农村小学实际教学需求。如针对农村小学缺音乐、美术教师的实际，经学校请示地方教育局，针对性地开办音乐、美术专业班。在分配去向上，坚持从哪里来到哪里去，并在毕业分配中坚持"优生优分"原则。

中师招生，择优录取，从生源入口处控制质量。录取设有面试环节，通过面试，学生在"理想""农村教育"等方面有所准备和思考，对自己将来所从事的职业有一定的心理准备，产生良好的职业认知。经过严格的面试环节，除剔除不适合从事教师岗位的身高、长相、语言表达障碍等考生外，更加关注考生的志趣与心理品质，有些专业还要关注艺术特长，从而让最优秀、最适宜的初中生进入中师，这保证了中师教育生源质量的进一步提高，为小学特别是农村小学教师质量的稳步提高打下了良好基础③。

2. 课程设置兼顾全科能力与学有专长

中师教育十分重视教师全学科综合能力的培养，依据为1980年的《中等师范学校教学计划试行草案》和1989年的《三年制中等师范学校教学方案（试行）》文件精神。课程体系由必修课、选修课、课外活动和社会实践几个部分有机结合。必修课涵盖语、数、音体美、理化生等体现"全学科"课程以及小学教育学、心理学等体现"师范性"的教育类理论课程，理论课程以课堂教学为主。选修课分为"必选"和"自选"两大类。"必选"课程主要是为毕业后从事小学教育教学工作打基础；"自选"课程，是由学生根据自己的特长和爱好，

---

① 王建国，王丽，邵雪辉，等. 全科教师培养的历史经验与启示研究：基于中师教育的视角［J］. 张家口职业技术学院学报，2017，30（2）：33-35.

② 何东昌. 中华人民共和国重要教育文献（1976—1990）［M］. 海口：海南出版社，1998：2392.

③ 王建平. 20世纪80、90年代中师教育的成功要素［J］. 湖南第一师范学院学报，2013（1）：32-35.

选修一门，如学科深化类课程、体育艺术类课程、跨学科综合类课程等，为"一身多职"创造条件[1]。为强化中师毕业生读、写、说、做、弹、唱、画等综合能力，注重学生课外活动的开展，很多学校成立了课外读书、器乐、声乐、文学社、书法社、武术兴趣组、演讲小组等，利用每天早上和下午课外活动时间，培养学生多方面才能，提高其综合素养。此外，学校还有组织地让学生利用节假日进行农村教育调查，让学生深入农村开展社会实践，定期写"调查报告"和"实践体会"，增加对农村教育、经济以及文化习俗等的认识。

3. 强基本功训练，重教育实践

教育实践在中等师范学校十分重要，通过教育实践，可以使学生在毕业后更容易胜任农村小学多学科教学工作。其具体举措如下：其一，强化基本教学技能实践。不少学校将基本功列入课程考查项目，强调师范生的教学基本功（三字一画一话）、学科教学法、实验操作等教育教学实践。其二，利用附属小学为学生提供教育实践的阵地。新生入校后，有组织地安排学生参观小学、接触小学教育，明确努力的目标和方向。在三年中师教育过程中，学校有计划地安排学生到附小去见习和实习。其三，组织毕业班到农村小学进行实习锻炼。中师生虽学在城市，但毕业后是要到农村小学任教的，因此，为使他们更全面地了解农村，更多地了解农村小学教育，毕业班的实习设在农村小学。这一举措既满足了师范学校为农村小学培养教师的目的，又保证了师范生的实习需要，为师范生毕业后到农村小学任教做好了必要准备[2]。

4. 浸润式教育，注重教师职业情感的养成

中师时代的校园文化建设突显"师范性"特色，让学生时刻都沉浸在教师文化之下，潜移默化地增长教师专业自觉性。那时，中师校园随处可见"请写规范字，请讲普通话""今日之生，明日之师""学高为师，身正为范"等标语、标牌，创设良好校园环境浸润学生在校生活；注重"全面、务实、严格、精细"的班级管理制度，使"守纪律、懂规矩、有教养"融入师生的血脉之中，造就了大批自我道德要求严格、治学严谨、素质全面、适应多科教学繁重任务的优秀小学教师[3]。中师学生是初中毕业生，这个阶段的学生年龄较小，世界观、人生观和价值观没有完全成型，可塑性极强。学校通过经常组织讲座、社会实践、学生社团等活动，稳固学生的职业情感；通过开展农村教育调查、参加农村教育实践，增强服务农村、扎根农村教育的职业情感[4]。

---

① 钱大同，谢广田. 中等师范开设选修课的思考与实践 [J]. 课程·教材·教法，1992（2）：42-45.

② 杜立群. 面向农村，培养全格的小学教师：谈中师深化改革中的职业导向功能 [J]. 雁北师院学报，1994，10（1）：76-77.

③ 魏玉乐. 中师特色教育研究报告 [J]. 山东教育科研，1997（5）：48-50.

④ 孙刚成，宋紫月. 百年中师教育的办学经验和启示 [J]. 黑龙江高教研究，2016（10）：15-19.

（三）当代各省市免费师范生定向培养实践及经验

1. 免费定向培养

当前，农村小学全科教师多采用免费定向培养方式。免费定向政策由各地方政府根据当地实际情况出台，学生本着自愿原则与政府签订协议，毕业后到签约地所在小学任教，政府财政承担学生在校期间的学费、住宿费和生活补助费，毕业后有5~8年服务期限。湖南省率先在全国开启农村小学全科教师免费定向培养模式。从2006年起，招收初中毕业五年一贯制大专生，为乡镇以下小学培养全科教师，力图从长远解决农村教师队伍中出现的问题[1]。江西省从2007年开始开展免费定向农村小学教师培养工作，分为初中毕业生五年一贯制和高中毕业生三年制两种类型[2]。重庆市从2013年开始开展本科层次小学全科教师免费定向培养，采取"3+1学制"四年模式（即高校3年和教师进修学院1年)[3]；广西壮族自治区2013年首先面向高中毕业生定向招收500名两年制农村小学全科，并计划从2013到2017年培养5 000名全科教师。四川省泸州市针对古蔺、叙永和合江三个贫困县实际状况，从2016年开始到2018年，面向高中毕业生招收三年制专科小学教育专业学生，采用免费定向培养方式每年为这三个县培养300名农村小学全科教师。

2. 因地制宜多种模式培养

重庆市采取了农村小学全科教师"3+1"培养模式，所谓"3+1"模式即"市属高师院校3年、教师进修学院1年"的"3+1"衔接本科培养模式；湖南针对初中生源实行的专科层次"3+2"小学全科教师培养模式，即读三年中专，两年大专；另外，黄冈师范学院构建了"1+0.5+0.5+0.5+0.5"的全程教育临床培养乡村全科教师模式，实现全程贯通全面渗透立体交叉[4]。

上述培养模式以课程学时年限分段而命名。从培养主体的多维性出发，构建了农村小学全科教师"U-G-S"协同培养模式，"U-G-S"协同培养模式首次由教育部在2014年8月的《关于实施卓越教师培养计划的意见》中提出，其中"U"是指高等学校（University），"G"是指地方政府（Government），"S"是指小学（School）。该"三位一体"模式以一定的规则为基础，倡导三者资源共享，优势互补，三方协同合作致力于提高教师教育的质量，同时推动教师教育改革的进程[5]。此外，还有"U-G-I-S"合作模式，该模式的主体比"U-G-S"模式的主体多了一个研训机构（Institute），为农村小学全科教师培养的校外实践教学提

① 张莲. 农村全科型小学教师培养模式探究［J］. 教学与管理，2014（5）：8-10.
② 卢琦. 关于全科型小学教师培养及农村小学教师现状的思考［J］. 湖南第一师范学报，2009（6）：14-16.
③ 刘志强. 重庆为农村小学定向培养全科教师［N］. 人民日报，2013-05-29.
④ 焦炜，李慧丽. 近十年来我国小学全科教师研究的回顾与展望［J］. 当代教育科学，2018（10）：37-42.
⑤ 向覃. 云南省农村小学全科教师"U-G-S"协同培养模式理论构建研究［D］. 昆明：云南师范大学，2018.

供了便利，突出了职前培养的实践取向以及组建小学教育专业的师资培养共同体等①。

3. 政策规范课程设置

教育部于 2011 年和 2012 年分别出台了《教师教育课程标准（试行）》与《小学教师专业标准（试行）》，明确了小学教育专业的课程目标以及课程设置，并对教师教育课程最低总学分数（含选修课程）也做出了具体规定，要求"学习领域是每个学习者都必修的；建议模块供教师教育机构或学习者选择或组合，可以是必修也可以是选修"。

在具体培养过程中，以笔者所在学校的高中毕业三年制专科小学教育（免费定向培养）专业的课程为例，对比余小红对另外几所学校的研究②，有一些共通之处。第一学年主要是强化通识教育以提高全科师范生的综合素质。"通"指的是"贯通"，能够将不同学科知识相互融合。所开设的通识课程涉及各个领域，如思想政治、外语、信息技术、大学语文、军事、体育与健康、心理健康教育和职业规划等。同时，鼓励全科师范生选修校内公共选修课程，如自然科学类、人文社科类、艺术类以及实践活动类课程，目的在于拓宽学生的知识面，提升学生的多种能力。第二学年的课程设置以专业课程和学科课程教学法为主。专业课程包括教师教育专业课程和学科专业课程，教师教育专业基础课如教育学、教育心理学等相关课程；学科专业课程如现代汉语、阅读与写作、初等数学等，并适当增加音乐、美术类专业课程，目的是夯实全科教师的专业知识，提升综合素养。同时配以学科教学法，旨在让学生了解并掌握微格教学的实施过程，掌握学科内容体系中课程的目标与特点，熟悉教学过程的环节，选取适当的教学方法，为开展学科教学奠定基础。第三学年主要以教师教育类课程为主，既有必修课又有选修课，选修多为方向限制选修，如音乐、美术、体育任选一科，以促使师范生"多能一专"素养的形成，实现"专业定向"。同时，加大教育教学实践课程比重，注重实践能力的培养，以实践为导向将学科专业教育和教师专业教育有机结合。当然，具体到学校情况又会有所不同。

第五节　对农村小学全科教师培养的反思与展望

虽然我国开展农村小学全科教师培养由来已久，且当前多个省市也出台了有关政策、制度助推农村小学全科教师培养。但在不同历史时期，对全科教师的释义有不同的见解，培养目标也就不尽相同；且我国东部、中部、西部农村经济发展不平衡，不同地域范围对全科教师的要求也各具特色。此外，在培养农村小学全科教师的具体实施过程中，由于多方面的原因，还依然面临诸多挑战，值得关注。

① 杜芳芳. 我国卓越小学教师人才培养改革的创新实践［J］. 教育科学研究，2015（12）：10-13.
② 余小红. 农村小学全科教师职前培养研究［D］. 上海：华东师范大学，2018.

一、清晰认识，提高觉悟

（一）小学全科教师是教育发展的必然趋势

"全科教师"是针对"分科教师"而言的。现行的《小学教师专业标准（试行）》虽然在"学科知识"里面提及"适应小学综合性教学的要求，了解多学科知识"，但还是以"掌握所教学科知识体系、基本思想与方法"为主，并且这里的"所教学科"主要固定于单一学科。现在很多人认为小学全科教师培养是针对特定农村地域范围而采取的一种行为，且是一种暂时应急性行为，目的在于缓解农村结构性缺编问题。国际上没有明确提出小学全科教师这一概念，但西方发达国家对于小学师资的培养都采用多学科综合的培养模式，因为他们认为小学教师本身就应该具备多从事多学科教学的综合能力。当前我国一些地方院校的农村小学全科教师培养，是在地方政策的支持下，基于地方财政的倾斜或保障来开展的。但从地方政府、培养院校来看，其意识形态里没有认识到小学教师全科化是教育发展的必然趋势。从地方政府来看，当前采用免费定向培养的方式旨在解决农村小学小规模情境下师资结构化缺编的紧急问题，为此免费培养计划年限一般在3~5年，并没有把全科教师培养纳入长远规划；从全国大部分从事小学教师培养的院校专业设置来看，本科院校几乎都是按学科类别设置专业类别，如语文教育、数学教育、英语教育以及音乐教育等；即使是专科院校也是把小学教育（初等教育）和语文教育、音乐教育、美术教育等专业设置为平行专业。事实上，从发达国家小学全科教师的教育实践以及儿童心理发展规律来看，全科教师更有利于小学儿童的发展。例如，因在国际学生评估项目（PISA）中芬兰学生的突出表现，芬兰的教育备受世界关注，堪称世界一流，其在教育方面的成就离不开强大而高质量的教师队伍，芬兰小学教育由班级教师负责，班级教师的主要职责是教授一个班从一年级到六年级所有教学科目，并引导学生整体、全面的发展[①]。为此，应转变观念，以主动、积极、接纳的姿态把全科教师培养作为小学教师培养的标准，而不再仅仅局限于认为农村小学全科教师的培养是一种只存在当下的一种应急模式。

（二）农村小学全科教师肩负提高农村教育质量的使命

农村小学全科教师免费定向培养固然起因于应急，但其根本使命应是提高农村教育质量，实现教育公平。中国教育目前呈现的趋势是东部优于中部，中部优于西部；省会城市教育质量高于地级市，市区好于区、县，农村质量最差。所以，农村小学全科教师，不单是能教，关键还要会教且教得好。东北师范大学农村教育发展研究院研究人员按照省会城市、地级市、县城、乡镇和村屯五个地域层级对中部某小学阶段教师的知识水平进行测试，平均成绩依次是79.95分、

---

① 李婧玮. 小学全科教师素质研究［D］. 武汉：华中师范大学，2017.

67.46 分、60.84 分、45.87 分、38.54 分①。从这个结论中可以看出，农村教师与城市教师相比，总体质量不高。影响教育质量水平高低最关键的因素在于教师。多年来，受多种因素影响，农村教师质量问题迟迟得不到有效的解决，甚至在相当长的一个时期内乡村教师队伍以民办教师为主，一直到 20 世纪末才基本解决民办教师问题，当前农村教师队伍有相当一部分是"民转公"教师，这些教师无论是学历、学识以及专业素养等都要比科班出身的公办教师差。此外，伴随着城镇化进程的发展，农村推力与城市引力同时发生作用，大量优秀农村教师不断涌向城市，为缓解农村师资缺乏但又招不到新教师的局面，学校还要招聘大量代课教师，代课教师因为没有占编，所以外出培训及优质课或示范课观摩也就没有资格参加。本身农村小学代课教师的资质就有待考量，而后期又缺乏必要而规范的培训，导致农村小学教育质量极其低下。低下的教育质量又影响着农村人民对教育的期望，由于看不到教育对农村儿童未来发展的作用，很多家长放弃教育，让儿童辍学回家或者外出打工。曾有学者在研究中发现，对读书无用性的认同度中，家庭年收入处于 1 万元以下的村庄贫困阶层认同度最高（62.32%），其次为农村中产阶层（37.24%）②。教育本为阻断贫困代际的一种重要手段，但很显然，城乡教育质量之间的差距却在不断拉大。为此，清晰认识不仅要从数量上解决农村小学配齐、配足问题，更要深刻认识农村小学全科教师肩负提高农村教育质量的使命，唤起农村人民对农村教育的期望，这不仅是教育问题，更是一个事关中国未来发展的社会问题。

二、健全制度，完善保障

（一）增加岗位吸引力

大学生不愿意到农村小学任教，甚至土生土长的农村孩子在读完大学后愿意到农村任教的愿望也不强烈。究其根源，在于农村教师身份低微、可利用资源匮乏以及农村教师文化资本薄弱导致岗位吸引力低。农村教师虽然属于"体制内"的人，但无论是职业内还是职业间，农村小学教师都表现出明显的弱势地位。职业内人倾向于认为农村小学教师是公考筛选中的失败群体；职业间人则认为农村小学教师没有掌握任何实质性权利，不足以为敬。至于普遍大众群体，尤其是"教育无用论"唱响的某些农村区域，因为农村教育质量低下自然诱发人们对教师个体的轻视；此外，由于农村小学教师的社会关系大多局限在乡里邻里之间，可利用资源相当有限，相比较于城市教师而言，在择偶、职业流动等方面可选择的资源就有限得多。

为此，首先，教育部门应加大对农村学校硬件设施的投入，改善农村教育物

---

① 刘善槐，史宁中，张源源. 教师资源分布特征及其形成：基于我国中部某省小学阶段教师的调查分析［J］. 教育发展研究，2011（2）：1-5.

② "读书无用论"为何在农村流行？［EB/OL］.（2016-06-31）［2019-09-30］. https：//xw. qq. com/cul/20160731008191/CUL2016073100819100.

质环境；借助大众媒体加强舆论宣传，积极宣扬农村小学教师的正面形象；提高农村教育质量，形成尊师重教的良好农村社会氛围；切实采取有力举措，缩小城乡教师之间以及教师与体制内其他人员之间的待遇差异。其次，由于文化资本是教师立足于农村以及参与农村社会实践活动的重要社会资本，是教师立足于农村的身份象征。因此，要增加农村教师以乡村"文化人"的角色和身份参加乡村治理的机会，引导农村小学教师参与魅力乡村建设，对农村教师"赋权增能"，给予农村小学教师直接参与乡村事务的机会，给予充分的话语表达权，提高教师作为乡村"文化人"立足农村的社会地位。最后，组建以农村小学教师为核心的服务乡村建设、彰显文化张力和本土智慧的"乡间智囊团队"，发挥农村小学教师作为知识分子的文化灵魂作用，提高教师职业的认同感和职业成就感①。

（二）科学设置激励机制

当前我国为解决农村小学全科教师师资问题，多采用免费定向培养，该模式属于入学起始经济激励模式，学生入学便开始享受经济补助，但就读期间不能终止合同。但在实际培养中，笔者发现，此种模式的实际操作需要进行调整和完善。因为在培养过程中，有部分签约学生发现自己并不适合或不喜欢小学教师职业，甚至不想去农村工作，但因为选择了签约，违约要缴纳违约金，所以态度消极，滋生无奈而为的心态。所以，可以在他们经历了半年或者一年的学习之后，甚至经历了教育见习，对专业有了深入的认识，对自己也有了更清晰的认识的基础上，若无意于从事农村小学教育的则允许他们退出合约并退还政府所提供的费用。同时，拿出这些合约名额，给那些愿意从事农村小学全科教育的其他教育专业学生，允许他们转入小学教育专业并签订合约，并给予免费培养，发挥最大经济价值。此外，科学设定服务年限，优化目前免费定向小学全科教师统一服务年限政策，根据享受免费培养的年数、任教地的边远程度等，服务年限有区别。

除了考虑入学起始经济激励模式，政府还应从长远角度考虑，对入职后农村小学全科教师给予必要的激励。如，根据农村小学服务年限逐级发放补贴以及安排周转宿舍等，在评先、表彰、职称评聘和专业成长等方面优先给予支持，并在农村小学全科教师学历深造等方面提供一定的经济支持，让乡村教师有实实在在的获得感。

还可以借鉴我国民国一段时期的经验，可以针对长期在农村小学任教的教师和自愿到农村小学任教的城镇教师，设立子女学业奖学金等经济激励，根据其服务年限为其子女读书提供不同金额的奖学金。这样不仅能激发家庭成员的农村小学教师的荣誉和自豪感，又能为子女树立榜样，甚至可以在整个社会形成农村小学教师职业优越感，吸引更多的人到农村小学任教或主动延长农村小学任教期限。

（三）灵活编制

城乡教育的差异应让农村师资队伍有别于城市教师的编制配备标准，不同规

①　江涛，杨兆山. 我国农村教师发展的"教师阻力"问题及其破解［J］. 现代教育管理，2015（6）：98-102.

模学校教师的总工作量测算标准应该具有一致性。为此，建议要根据各个小学的实际情况以教师个体的总工作量作为平衡标准。当前教师编制是当地教育局人事部门以辖区内学生数为基础，通过计算师生比来确定学校教师的数量，这种核编方法忽视了城乡学校的差异，忽视了农村学校不同类型小学的特殊情况。因此，建议要在学校层面采用"基本编＋机动编＋特殊编"的方式配备教师，建立兼顾教育公平及教师资源利用效率的制度。

以课程设置、学生数量的年级和班级分布为基本参数作为教师编制标准测算模型，以校为单位科学核定基本编。在国家对农村教育重视的情况下教师外出学习和培训的机会不断增加，学校要确保每位农村小学全科教师能有充足的培训时间。近年来农村小学女教师人数持续增加，"二孩"政策下"产假式"假象缺编现象较为严重。然而农村小学的编制基本上是"一个萝卜一个坑"甚至"一个萝卜几个坑"，为此，要灵活依据学校教师的轮训周期和轮训时间、生育状况等设置机动编的比例。此外，针对留守儿童、寄宿儿童设置一定比例的生活编、心理辅导编等特殊编制，尽量使农村小学儿童能够享受到公平而有质量的教育。此外，为了使不同学校学生获得均等的教育机会，还可采用"教师共享编制"，即区域内几所农村小学共享一个音乐、美术、体育、科学、信息技术等专业性强的教师编制。

（四）建立农村小学联盟

对城市学校，农村小学"地贫校弱"，处于整个教育最弱势地位，学校的物质资源与人力资源都相当有限。为了进一步缓解农村地区师资不足的矛盾，可以学习借鉴发达国家充分利用现有资源，在课程开发、教学管理和教师发展等方面进行一系列有益的探索。例如，英国的乡村小学共同成立了一个管理机构，由一名校长同时管理几所学校，形成合作共管式的"集群"。凡是在5～16千米范围内的学校都可以加入"集群"，学生可以自由地在"集群"内进行跨校学习。正式的"集群"需要在学校间签订具有法律效力的协议才能进行合作，而非正式的"集群"是在3～8所学校的校长和教师自愿的情况下，共享资源及设施以完成课程计划。此外，美国于20世纪90年代初期开始，在许多地区建立起"校中校"、多重学校等形式的乡村小规模学校联盟。由一个单位负责管理协调一定数量的乡村小规模学校，在保持各自相对独立的基础上，联合起来共享校舍、教学设备、师资和课程等资源[1]。根据我国农村小学现有结构，可以采取"1＋X"模式，即乡镇中心校与下属教学点或村小学捆绑，进行规模不等的强弱学校之间的结对，转向"教师联校走教""教育发展协作区""学区共同体"等形式的农村小规模学校联盟。在打破了固有的"强带弱""强强联合"之后，采取"难兄难弟、抱团取暖"的办学模式[2]。通过联盟，盘活现有资源实施全科教学。同时，鼓励联校走教、跨乡镇"学区制"，发挥现有教师资源的最大效用，保障农村小

---

① 余小红. 农村小学全科教师职前培养研究 [D]. 上海：华东师范大学，2018.

② 杨小微. 探寻区域义务教育优质均衡发展的新机制：以集团化办学为例 [J]. 教育发展研究，2014，33（24）：1-9.

规模学校各项教育、教学活动的正常进行的同时，也能促进区域小学教师的合作、沟通和交流。通过"联盟""集群"建立起农村小学之间的互利共生关系，在一定程度上可以缓解现有小学"编制不足"或单一学校教师结构失衡的问题，最关键的是还能促进区域内教师之间的专业学习、交流，这是提升农村在职小学全科教师专业水平的可操作路径。

三、打破传统，整合课程

2001 年，教育部印发《基础教育课程改革纲要（试行）》，开启了我国的新一轮基础教育改革，要求小学教育阶段以综合课程为主。小学课程改革的综合性要求小学教师有很强的学科迁移能力，成为通晓自然、社会、人文等多学科知识以及在艺术、体育、计算机等方面有一定特长的综合性人才。同时，《小学教师专业标准（试行）》对小学教师的学科知识有着明确的规定，要求小学教师能够"适应小学综合性教学的要求，了解多学科知识"。

那么，农村小学全科教师的课堂教学是否还要继续沿用惯常的做法，进行"一节课"的规范设置？所谓"课"，指的是当我们把知识系统化之后，就会形成一个长长的知识链，为了便于学生学习与掌握，又把其切成一小块一小块的内容，每个内容配上具体的教学方法，固定在一个教学时间，这就叫"一节课"。当前，我国的城市与农村小学基本上都是严格遵照"一节课"的标准来进行课堂教学的。如果严格按照国家规定，农村小学必须开设包括语文、数学、英语、科学、音乐、美术、体育和信息技术在内的八门课程。这些课程会每天或每周重复出现在固定的课表里，每次都以一节课为单位，这在农村小学小规模学校"小班化""复式班"和"包班制"等教学形式下不太现实。为此，可以学习北京清华附小的"1+X 课程"，打破课程本身的界限，对不同课程、同一课程或课程内容的整合，不再分门别类开展学科教学，更注重课程的融合和创生，强调课程的综合性、实践性和针对性。此外一些发达国家的小学，普遍采用的也是包班制模式下的小班化教学方式。当 1~2 位老师包下一个班级的主干课程或全部课程时，课堂教学不管是时间还是内容，都会变得不再拘泥于形式，而是显得更为灵活多样。在什么时间段教什么内容，诸如此类，教师都有一定的自主决定权。为此，农村小学全科教师的培养过程中除了要注重他们的全科综合素养以及跨学科教学能力外，还应注重在实际教学中教师的课程整合和课程创生能力的培养。比如说，围绕主题活动进行多学科知识整合教学，在游戏中指导小学生开展多学科综合学习，不必受限于传统"一堂课"固定形式，也不拘泥于"一堂课"单一学科内容，而是因时、因地、因人多维度、灵活开展课堂教学。这既符合农村小学全科教师实际教学需求，又可达到基础教育课程改革对小学教育阶段提出以综合课程为主的要求。

结束语

至此，对农村小学全科教师的研究暂告一个段落，培养实践还在继续，后续的研究也还需不断跟进。围绕农村小学全科教师的研究已有几年，研究之初是因为工作之需加之培养实践探索中的兴趣，伴随研究的开展对农村小学全科教师有了深入的认识。此次研究分析了农村小学全科教师的现状与存在的问题，探讨了农村小学全科教师的意义及其必要性，总结了国内外农村小学全科教师培养实践及经验，并基于此进行反思并提出建议。但基于个人平时工作比较烦琐，理论知识浅薄、研究功力匮乏，导致本研究不够深入和全面，反思和建议还显得笼统、粗浅。通过此次研究，我自知自己的不足，然风已起，帆已扬，船已起航，"吾将上下而求索"，望能在后续的研究中实现突破、创新和成长。

专题三　农村家庭教育中母亲角色缺失研究[①]——角色冲突理论视角

随着经济社会的持续发展，越来越多的农村母亲离开家乡外出务工，这对于需要以熏陶的方式来教育子女的家庭教育来说无疑是有害的。本研究通过对农村家庭教育中母亲角色的缺失状况展开调查，从角色冲突的理论视角，深入分析农村母亲角色缺失的各种原因，并尝试提出促使农村家庭教育中母亲角色回归的对策，这是本研究最初的理论设计和基本框架。提升农村母亲的整体素质，提高我国农村家庭教育的质量，促进性别的平等和妇女的最终解放，这是本研究的基本价值观和最终理想。

第一节　绪论

一、研究缘起

母亲是孩子的第一任老师，家庭是孩子的第一所学校，母亲的教育关乎孩子的未来，关乎民族的兴盛。世界上任何一个有希望的民族都是重视母亲教育的民族。教育了母亲就是教育了家庭，教育了母亲就是教育了全人类。家庭教育中母亲的作用和母亲素质的提高早已得到了文明国家的普遍重视。而随着时代的进步和社会的发展以及妇女的持续解放，我国广大妇女获得了走向社会参加工作的权利，但在农村地区，由于地区经济发展不平衡和农村失地农民逐渐增多，很多农村妇女背井离乡，进城务工。农村妇女获得新的社会权利和责任使得她们在工作和家庭之间面临前所未有的角色冲突，很多妇女被迫选择进城务工，这必然带来她们在家庭教育中母亲角色的缺失，留守儿童的家教问题牵动着每一个教育学者的神经，问题突出的农村家庭教育强烈地呼唤母亲角色回归教育主体。透视农村家庭教育中母亲角色的缺失现状，分析背后的原因，探索促使母亲角色回归的策略和方法已经刻不容缓。

（一）母亲角色在家庭教育中起着重要的作用

人的一生要经历家庭、学校和社会三个层面的教育，三种教育相辅相成。从

---

① 本文完成于 2014 年 4 月，收入本书时主编略作改动。

占至今，家庭教育在孩子的一生中都起着举足轻重的作用。人类出生后第一个接触的地方就是家庭，家庭教育是家庭的基本职能之一，良好的家庭教育可为子女的发展奠定良好的基础，对家庭的美满幸福和社会的稳定进步都具有深远的意义。个人人格的养成、价值观的形成及社会角色的学习，无一不受家庭教育的影响。

在家庭中，父亲和母亲共同担负着教育子女的职责，但母亲与父亲所扮演的角色却有所不同。在传统社会中，养育子女是母亲的天职，但进入现代社会，母亲拥有更多的就业机会，传统社会母亲扮演"女主内"的角色正发生变化，但在教育和抚养子女的特殊角色上，母亲的作用不可替代。母亲是孩子的第一任老师，对孩子的教育作用至关重要。有学者认为，母亲与儿童之间关键性的"联系"过程，发生在婴儿出生后的第一个小时①。在孩子的成长上，母亲的作用要占到90%以上。德国著名教育家福禄培尔曾说过，国民的命运，与其说是握在掌权者手中，倒不如说是握在母亲的手中②。因此，我们必须努力启发母亲——人类的教育者。法国著名思想家卢梭在《爱弥尔》中也指出："最初的教育是最为重要的，而这最初的教育无可争辩地是属于妇女的事情。"③上善若水，厚德载物，母亲不仅孕育生命，还要以心血教化生命，以品性铸造生命。在家庭教育中，母亲的言传身教对孩子的生理、智力、意志、性格、品德等方面都起着难以估量的作用。母亲的爱、母亲的教育对孩子一生的影响，意义深远，如果缺失，就会产生非常严重的后果。

（二）农村家庭教育中母亲角色缺失现象严重

女性在社会生活中扮演着多重角色，尤其是一个女性成为母亲之后所扮演的角色更为复杂，不同的角色又对她们有着不同的期待，提出不同的要求，而一定时期内人的时间和精力又是有限的，这就使她们在时间和精力的分配上发生矛盾，从而出现角色的冲突。随着社会的发展，女性逐渐获得了应有的政治和经济权利，却也因此要承担更多的责任，外出工作已为广大农村女性所接受，越来越多的农村妇女开始外出务工，直接参与社会财富的创造，承担了挣钱养家的责任，扮演了职业女性的社会角色。而由于我国城乡之间、地区之间经济发展的不平衡性，以及农民失地现象的日益普遍，很多农村妇女不得不远离家乡进城务工，其中大多数女性所从事的工作不稳定，工作时间不固定，同时也受到诸多生活条件的限制，她们无法把子女带在身边，而只能留在家里交由其他亲属抚养，这就使得外出务工的女性在子女的家庭教育中角色的缺失。

越来越多的农村妇女选择外出打工，尽管有些母亲的务工地在当地的县市区域，但也只有极少的时间与子女同处。母亲外出务工导致大量留守儿童的出现，母亲和子女的异地生活必然导致母亲在家庭教育中角色的缺失。一份来自国家统

① 吴奇程，袁元. 家庭教育学 [M]. 广州：广东高等教育出版社，2009：110.
② 木村久一. 早期教育和天才 [M]. 河北大学日本研究所，译. 石家庄：河北人民出版社，1983：195.
③ 卢梭. 爱弥儿. 论教育 [M].李平沤，译. 北京：商务印书馆，1978：6.

计局的调查报告显示：我国 2011 年全年农民工人数达到 25 278 万人，比上年增长 4.4%，其中，外出农民工 15 863 万人，增加 528 万人，增长 3.4%①。另一项调查显示：在全部农村从业劳动力中，女性的比例为 46.8%；而在全部外出农民工中，女性的比例为 34.9%。而且，女性的比例与外出农民工的年龄高度相关。分年龄段看，随着外出农民工年龄的增加，女性的比例逐渐降低。总的来说，新生代农民工中女性的比例达到 40.8%，而上一代农民工中女性的比例仅为 26.9%②。而在边远地区的一些县域，女性外出农民工的比例更是占到所有女性农民工的半数以上，其中六成女性年龄在 36 到 45 岁之间。虽然新生代农民工目前有子女的不多，而且大多是学龄前儿童，但是从现实和前瞻性的角度看，由农民工外出造成母亲角色缺失所带来的留守儿童的家庭教育问题需要引起政府和相关部门的高度重视。

（三）农村留守儿童教育问题呼唤母亲角色的回归

大批农村家庭妇女外出工作，成为引人注目的社会现象。留守儿童呈现的许多社会问题引起社会上的广泛关注，其中家庭教育问题尤其让人担忧。鉴于母亲在家庭教育中不可替代的重要作用，农村社会不仅强烈呼唤母亲角色的回归，更期望通过母亲教育造就新一代合格的农村母亲。

日益突出的农村留守儿童的教育问题早已引起专家学者的注意，对于这一问题，学术界也有着较为一致的认识。首先，农村留守儿童与父母的沟通较少，大多仅仅是通过简短的电话交流，多数儿童缺乏情感宣泄的渠道，出现孤独感。其次，父母长期外出打工，其价值观必然发生相应的变化，有些父母产生了新的读书无用论，这种价值观严重影响了子女的求学动力和成就感，造成子女学业不良。再次，留守儿童的监护人大多是儿童的祖辈，他们的整体素质较低，在儿童的教育上缺乏足够的科学知识和先进的家庭教育理念，且教育方法落后，不能达到现代社会对家庭教育提出的较高要求，造成儿童性格偏差和学业不良。最后，留守儿童的父母与学校之间缺乏必要的联系，使得学校无法及时向父母传递儿童的一些学习和成长信息，造成父母对儿童的问题行为和学业状况了解不深，不能及时地进行必要的干预。众所周知，儿童健康心理的养成需要良好的家庭教育，而留守儿童缺乏父母这第一任"老师"应有的言传身教，导致部分儿童性格发生扭曲，心理失衡，有的任性，有的内向，有的脾气暴躁，有的由开朗变为内向等。

生育和教养子女是母亲的"天职"。我国大量农村留守儿童的出现和日渐突出的留守儿童教育问题，不但应该引起政府和社会的广泛关注，更应该引起广大农村女性的关注。留守儿童的家庭教育问题呼唤农村母亲的回归，消除在结构完整的家庭教育中母亲角色的缺失现象，而国家和社会也应该重视对农村母亲进行

①　中华人民共和国国家统计局. 2011 年我国农民工调查监测报告［M］//中国建筑业年鉴编委会. 2012 年中国建筑业年鉴. 北京：《中国建筑业年鉴》杂志有限公司，2013，616–620.
②　中华人民共和国国家统计局. 新生代农民工的数量、结构和特点［M］//单永娟，何琳. 统计学概论. 北京：中国铁道出版社，2012：202–203.

教育，创造条件消解农村妇女所面临的角色冲突，让农村妇女既能扮演好女性的职业角色，又能扮演好作为母亲的家庭教育角色。农村家庭教育主体中母亲角色的回归不仅是中国面临的一个教育问题，更是广大农村妇女实现自身解放的社会问题，这同时也是本研究的出发点和最终目的。

二、文献综述

改革开放以后，伴随着社会的发展和城市化进程的持续推进，以及农村剩余劳动力的增多，越来越多的农村劳动力涌入城市，形成了一个庞大的农民工群体。其中相当部分是农村妇女。农村妇女进城务工就使得部分母亲与子女分开，这就滋生了留守儿童群体，留守儿童日渐突出的教育问题也成为学术界关注的焦点，作为家庭教育主导者的母亲成为研究者研究的重心，母亲在家庭教育中的重要作用，母亲角色的重要性及缺失的危害逐渐成为教育研究者关注的问题所在，相关成果也逐渐丰富。本研究我们通过对家庭教育中母亲角色的相关研究尤其是新形势下农村母亲的角色冲突和角色扮演问题进行梳理，并分析当前研究的不足，从而为将来进一步的研究提供参考和借鉴。

（一）国外相关研究状况

我们通过对国外相关文献的查阅，发现其对妇女角色以及母亲教育有相关程度的研究。随着社会的发展，女性开始承担越来越多的社会角色，多重角色的扮演有时使她们力不从心，就会产生角色冲突等问题。母亲是女性众多身份中很重要的一种，在家庭教育中起着很重要的作用，母亲教育问题也同样是学者研究的重点。

1. 关于妇女角色的研究

关于妇女角色的研究多集中于角色冲突上面，由于女性从传统的家庭角色中走出来开始承担其他的社会角色，无法很好地协调而导致角色冲突。有学者指出，角色冲突发生在个体遵从于一个角色规范时就很难去完成另一个。职业女性所履行的双重社会角色是在照顾包括丈夫和孩子的家庭的同时去完成自己的工作，因此职业女性就存在了角色冲突[①]。作者以从事医生或护士的女性为例进行研究，因为她们需要不定时地去照顾病人，这种角色冲突使得本来从事健康职业的女性产生了焦虑、紧张，甚至因为缺少其他家庭成员的合作导致家庭解体。还有学者对奥地利10岁以上孩子的高薪母亲患抑郁症的状况进行分析，发现多角色的母亲患抑郁症的可能性要多于没有工作角色的母亲[②]。这在很大程度上是源于她们没有平衡好作为母亲和作为职业女性角色之间的关系。

如何缓解角色冲突成为当前研究的一个重要方面。有学者通过研究企业女性

① MONESH，PATIL N H. Women in Medical Profession：a Study on Role Conflict ［J］. Indian Streams Research Journal，2012（10）.

② HAGGAG M A，WILLI G，HERWIG O. Herwig Ostermann；et al. Depressive Symptoms in Mothers：The Role of Employment and Role Quality ［J］. Journal of Workplace Behavioral Health，2011，26（4）：313–333.

的媒体话语发现性别角色和性别期待随着时间发生了变化，由关注家庭的角色向妇女在工作中担任的角色转变。作者指出：需要承认角色不是一成不变的，不是单纯说让妇女扮演好母亲角色，而是在承担工作角色中也可以扮演好母亲角色，平衡好两者的关系；同时指出媒体对于角色的良好表达有助于女性角色的保护和创新①。有学者在研究了从事医疗职业的女性的角色冲突后提出她们需要与家庭成员进行良好的协商，同时建议她们可以通过诸如瑜伽、冥想等方法控制情绪，应对焦虑等问题②。

2. 关于母亲教育的研究

国外的研究认为家庭教育是教育的最初也是很重要的环节，而母亲的作用更是不容忽视的。福泽谕吉在《论家庭教育的习惯》中指出"人的贤与不肖完全取决于父母和家庭的教育"③。他在《女子教育的问题》中提到妇女不应满足于学习织布做衣、操持家务，而且要学习读书和教育孩子的方法。"女子教育以造就真正的国民的母亲的女子为目的。"④ 这也是从一个侧面指出了母亲教育的必要性。

小原国芳是世界著名教育家，在融合了东西方教育哲学思想下提出了"全人教育"的培养目标。他在《母亲教育学》中提出了系统详细的母教思想，在其著作首章开篇就把母亲的重要性提了出来："对人类来说，第一所学校是母体，第一位教师是母亲……并且，在教育的全过程中，真正拥有承担最重要角色的光荣和使命的人也是母亲。"⑤ 所以他非常重视胎教。他认为一个优秀的母亲应该从小就开始接受真的教育、善的教育、美的教育、健的教育和富的教育⑥。

现代社会中，许多外国学者将母亲的受教育程度与孩子的健康状况相联系，认为孩子的健康及营养等状况与母亲的受教育程度呈正相关关系，从这方面指出母亲教育的重要性。有学者指出孩子的发育及营养问题与母亲的教育程度有关，发育迟缓与营养不良对孩子的发展有很大的阻碍作用，从小对女童进行教育可以有助于打破城市贫民区中贫困的恶性循环⑦。这也是指出母亲应该从小就接受教育，为以后养育子女做准备。有学者在研究印度妇女受教育程度与孩子的关系中指出母亲教育程度的增加对孩子的健康状况有积极的影响，加大农村妇女教育的

①　CECILIA B, LISA B. Family business women in media discourse: the business role and the mother role [J]. Journal of Family Business Management, 2011 (2).

②　MONESH, PATIL N H. Women in Medical Profession: a Study on Role Conflict [J]. Indian Streams Research Journal, 2012 (10).

③　福泽谕吉. 福泽谕吉教育论著选 [M]. 王桂, 译. 2版. 北京: 人民教育出版社, 2005.

④　福泽谕吉. 福泽谕吉教育论著选 [M]. 王桂, 译. 2版. 北京: 人民教育出版社, 2005.

⑤　小原国芳. 小原国芳教育论著选 [M]. 由其民, 刘剑乔, 吴光威, 译. 北京: 人民教育出版社, 1993.

⑥　小原国芳. 小原国芳教育论著选 [M]. 由其民, 刘剑乔, 吴光威, 译. 北京: 人民教育出版社, 1993.

⑦　ABUYA BA; CIERA J; KIMANI-MURAGE E. Effect of mother's education on child's nutritional status in the slums of Nairobi [J]. BMC Pediatr, 2012 (12).

投资，将有助于改善尼泊尔产妇与儿童的健康状况①。还有学者从反面进行调查，指出母亲受教育程度与儿童的死亡率呈负相关关系②。这些研究都指出社会需要重视母亲教育。

（二）国内相关研究状况

通过中国知网学术文献网络出版总库，本研究于 2014 年 3 月 4 日晚 20 时 20 分，对农村妇女家庭教育中母亲角色缺失研究的相关文献进行查询，结果如下：①检索词组 "农村家庭教育中母亲角色缺失"，结果在 "总库" 以 "全文" 检索到 618 条；以 "主题" 检索到 34 条；以 "篇名" 检索到 15 条。②检索词 "妇女角色冲突"，结果在 "总库" 以 "全文" 检索到 3 184 条；以 "主题" 检索到 126 条；以 "篇名" 检索到 103 条。③检索词 "母亲角色"，结果在 "总库" 以 "全文" 检索到 25 741 条；以 "主题" 检索到 476 条；以 "篇名" 检索到 83 条。④检索词 "农村儿童家庭教育" 并含 "母亲"，结果在 "总库" 以 "全文" 检索到 3 175 条；以 "主题" 检索到 120 条；以 "篇名" 检索到 87 条。⑤检索词 "母亲教育" 结果在 "总库" 以 "全文" 检索到 79 795 条；以 "主题" 检索到 622 条；以 "篇名" 检索到 143 条。对搜集到的资料进行分析整理，文献综述如下：

1. 关于妇女角色的研究

国内关于女性角色方面的研究大多集中在现代职业女性在社会生活中的角色扮演，以及多重社会角色之间的冲突方面，而关于母亲角色方面的研究也有学者涉足，但总体来看成果尚不丰富。

（1）关于妇女角色冲突的研究

关于妇女角色冲突的研究，大多数学者承认女性角色冲突的存在，许多学者研究较多的是关于职业妇女的角色冲突。在当代妇女广泛就业的世界性潮流里，职业妇女面临社会角色和家庭角色的冲突，并影响其社会地位的发展。

在产生角色冲突原因的分析上，基本原因被归结为现代社会中妇女广泛就业所形成的男女关系的变化同几千年历史形成的男性文化体系中两性传统观念的强烈反差。毕丽君在《当代职业妇女角色紧张的原因及对策》中指出职业妇女角色紧张的深层次原因可以归结为新旧价值观念的冲突以及我们社会对于职业妇女的职业和家庭的双重期待③。王金玲在《女性的价值定位与双重角色冲突》中提出由于中国大陆女性的社会属性和家庭属性的双向强化，男性对女性双重角色要求的增强和各妇女团体中关于新时代理想女性的 "贤妻良母女强人" 的价值导向使得女性角色紧张问题加剧④。

在 1993 年 "当代职业妇女角色冲突研究" 国际学术会议交流与综述中学者

---

① GURUNG G. Investing in mother′s education for better maternal and child health outcomes ［J］. Rural Remote Health，2010（1）.

② BUOR D. Mothers education and childhood mortality in Ghana ［J］. Health Policy，2003（3）.

③ 毕丽君. 当代职业妇女角色紧张的原因及对策 ［J］. 中国人民大学学报，1995（3）：115-118.

④ 王金玲. 女性的价值定位与双重角色冲突 ［J］. 中华女子学院学报，1994，6（4）：36-38.31.

们就具体讨论了关于职业女性双重角色冲突的问题。徐敏在总结中提出一部分学者认为解决方法就是对于追求社会角色和承担家庭角色的妇女都予以尊重，无论选择哪一种都可以实现其社会价值与自身价值；多数代表则认为让女性在社会角色和家庭角色中选择一种的做法本身就是对两种性别角色价值体系进行划分，也是对女性家庭角色的一种强调，不利于妇女自身的完善，容易造成家庭中的角色分裂，提出解决方法不是放弃其中一个，而应该是缓解紧张与冲突①。

在有关农村妇女的社会角色阐述方面，蒋美华、李晓芳在《农村 80 后外出务工女性的角色变迁研究》中指出农村妇女由于长期受到城乡二元结构和社会分工模式的影响，在社会分层结构中位于底层，是被边缘化的弱势群体，传统女性角色的制约是她们自我发展的最大障碍。在市场经济的背景下，农村妇女走出农村，通过自己的劳动实现了自我价值，女性角色观念产生了深刻的变化。在社会角色与传统家庭角色的冲突之外，传统的农民角色和短暂的城市生活形成的新型角色之间的偏差也是她们角色冲突的一部分体现②。

以上研究者对于女性角色冲突问题的研究比较全面，但是对于农村妇女的角色扮演及冲突问题的研究略有薄弱，农村妇女是一个特殊的群体，再加上外出打工者越来越多，有关她们的社会角色及冲突问题的研究对于其自身发展及对社会都有很大的意义。

（2）关于母亲角色的研究

母亲角色是针对女性结婚后生育子女的一种社会角色。它作为社会角色的一种，受到了社会期望的影响和女性自身对母亲这个角色的影响，对整个家庭中孩子的成长、教育起着非常重要的作用。胡玉顺、王迎兰在《现代双职工家庭中母亲角色特征及教育对策》中从社会角色的角度指出母亲角色的特征是先赋角色、生物性参与的角色、长久角色、正支配角色。他们指出母亲与孩子从出生就形成紧密的依附关系，母亲承担起养育孩子和从事职业的双重角色，而工作的负担增加了母亲角色的负担，使得母亲出现顾此失彼的现象。他们还认为，母亲角色学习不足是现在母亲的普遍共性③。有学者认为，一方面，男性对当代妇女的"超贤妻良母"的角色期待加重了母亲的角色冲突，现代社会要求女性投身于社会生产领域，并期望她们事业有成，弱化对家庭的关注；另一方面，社会自觉不自觉地又希望女性继续承担起传统的家庭重任，充当"贤妻良母"④。

随着近年来生物科学技术的发展，人们可以通过无性生殖的方式获得小孩，使母亲这一角色不再拘泥于女性。再加上现代社会生活的压力变大，许多女性开始走出家庭，将孩子抚养的责任托付给别人，这一现象在农村最为普遍，导致母

① 童芍素. 角色的困惑与女人的出路 众学者谈当代职业妇女角色冲突与妇女发展 [M]. 杭州：浙江人民出版社，1995：2-3.

② 蒋美华，李晓芳. 农村 80 后外出务工女性的角色变迁研究 [J]. 山东女子学院学报，2011（3）：10-13，81.

③ 北京市妇女儿童工作委员会，北京市妇女联合会，北京市社会科学院. 平等 和谐 发展：继续 95 共谋发展妇女论坛论文集 [C]. 北京：中国社会科学出版社，2006.

④ 潘允康，柳明. 当代中国家庭大变动 [M]. 广州：广东人民出版社，1994：94.

亲这一角色走向泛化。李岚在《现代女性母亲角色的变化》中提出传统社会母亲角色由于社会文化的教化而深入每一个做母亲的心里，但随着社会经济的发展，母亲开始变成一种身份代号，母亲和孩子的距离慢慢拉开，具体原因就包括女性自我意识和价值观转变，开始专注于职场发展，而政府对女性的保护政策不够，使女性自我意识强化，在生育后积极回归社会，淡化了母亲角色的扮演①。

2. 关于农村儿童家庭教育的研究

李晓伟在《论我国社会转型期农村家庭教育的困境与突破》中提出农民一方面对于子女教育抱有极大期望，但是由于自身教育资本的匮乏和经济生活的压力，只能寄希望于学校，对于科学的家庭教育理念处于意识不强的状态；并指出现阶段最突出的问题是农民工随迁子女的家庭教育以及留守儿童的家庭援助和支持，需要政策的落实、全社会的广泛支持和农民个体的自觉意识与主动行为②。

陈欢在《对传统农村家庭教育功能变迁的思考》中谈到"民工潮"的出现，导致传统农村家庭教育的双系结构、乡土性、双系抚养主导性受到冲击，流动及留守儿童的出现使原本形式简单的农村教育功能变得复杂化。改变途径之一就是子女与父母共同生活，使家庭教育功能得以完整发挥③。

沈辉香、戚务念在《农村留守儿童的成长迫切需要父母的关心》中指出，随着市场经济的发展和人口流动的增加，农村留守儿童的现象必将越来越普遍。作者通过查阅相关资料和对其家乡留守儿童的走访并结合他人的调查，从父母对儿童成长的教育作用角度探讨农村留守儿童在学习、行为习惯方面、心理健康方面存在的问题，提出留守儿童的成长亟待父母的关注，希望父母改变生计观念④。

叶敬忠和美国学者詹姆斯·莫瑞合编的《关注留守儿童——中国西部地区外出务工对留守儿童的影响》一书从农村社区的视角对留守儿童现象进行了调查和分析，分析和探讨了父母外出务工给留守儿童带来的影响。该书通过这些呈现的问题，希望能够促进公众和政府更加关注中国农村地区那些承受着巨大心理和社会负担的留守儿童的成长⑤。

3. 关于母亲教育的研究

著名学者王东华在其著作《发现母亲》中提出完整的母亲教育包含三层含义，一是教育儿童，二是教育父母，三是教育社会⑥。我们主要讨论前两层含义。

（1）关于教育儿童的研究

史爱芬在《浅论家庭教育中母亲的教育职能》中提出由于妇女社会地位的提高和母亲子女间特殊的自然关系，家庭教育中母亲的教育职能就明显愈加重要

① 李岚. 现代女性母亲角色的变化 [J]. 湖北广播电视大学学报，2009（4）：61-62.

② 李晓伟. 论我国社会转型期农村家庭教育的困境与突破 [J]. 教育学报，2012（6）：96-102.

③ 陈欢. 对传统农村家庭教育功能变迁的思考 [J]. 教育发展研究，2007，27（5）：15-17，22.

④ 沈辉香，戚务念. 农村留守儿童的成长迫切需要父母的关心 [J]. 当代教育论坛，2005（10）：18-20.

⑤ 叶敬忠，詹姆斯·莫瑞. 关注留守儿童：中国中西部农村地区劳动力外出务工对留守儿童的影响 [M]. 北京：社会科学出版社，2005：325.

⑥ 王东华. 发现母亲 [M]. 成都：四川人民出版社，2014：88.

起来，母亲在家庭中对孩子的良好教育可以使家庭、学校、社会教育紧密结合起来，对孩子的成长更有利①。她还在《还原母亲教育——以历史的眼光看当今中国的母亲教育》中指出母亲教育越来越远离其本来面目，还原母亲教育到了刻不容缓的时候②。

李群在《城市母亲教育的现状与思考》中通过对 850 名中小学生及其母亲问卷调查数据的统计与分析揭示了当前我国城市母亲教育的状况：母亲的文化素质有了较大的提高，使其在科学教子方面有了知识和智力保证；母亲是家庭教育中的主角，承担着教养子女的重任；母亲教育方式较为合理；母亲明确家庭教育的作用，但是对母亲职责的认识略有欠缺；母亲对自己的家庭教育评价较低，认为其对儿童的教育效果不满意③。

母亲教育研究专家王东华先生在《发现母亲》一书中从母亲的角度对人类社会的一些核心问题进行了严肃而深入的思考，提出了一系列关于整个人类命运的重大命题。对母亲教育的研究具有体系化、前瞻性，并具有深刻内蕴等特点，他指出目前人类的显性教育已经陷入困境，提醒天下母亲关注母亲教育这样的"潜教育"④。

（2）关于教育母亲的研究

朱春红、杜学元在《母亲教育：现状成因分析及其对策研究》中指出母亲教育在我国并没有得到应有的重视，通过调查母亲教育的现状，发现存在母亲知识匮乏、意识不强、行为存在偏颇等问题；并提出重视倡导母亲教育，建立起我国母亲教育制度，通过提高母亲的素质进而提高民族的人口素质，这对于推进和谐社会的构建有非常重大的意义⑤。

袁伟平、冯文全在《关于母亲素质教育的几点思考》中探讨了母亲教育对孩子的重要作用之后，提出了构建母亲素质工程，提升母亲素质的建议。他提出要在全社会着手对母亲这一群体实施培训工作，并制定相应的法定培训制度；要想取得成功，需要首先促进母亲自我观念的转变；要求各级妇联以母亲素质工程为实践的平台，将母亲素质教育落实到行动中⑥。

（三）当前研究的不足与启示

1. 当前研究的不足

关于女性社会角色和家庭教育中母亲角色的研究受到了学术界较多的重视，很多学者致力于相关的研究，相应的学术成果也比较丰富，但总体来看仍然存在

① 史爱芬. 浅论家庭教育中母亲的教育职能 [J]. 河南教育学院学报（哲学社会科学版），2006，25 (1)：135-136.
② 史爱芬. 还原母亲教育：以历史的眼光看当今中国的母亲教育 [J]. 教育现代化，2005 (9)：35-36.
③ 李群. 城市母亲教育的现状与思考 [J]. 继续教育研究，2010 (6)：134.
④ 王东华. 发现母亲 [M]. 成都：四川人民出版社，2014：54.
⑤ 朱春红，杜学元. 母亲教育：现状成因分析及其对策研究 [J]. 青海社会科学，2008 (1)：197-201.
⑥ 袁伟平，冯文全. 关于母亲素质教育的几点思考 [J]. 时代人物，2008 (5)：209-211.

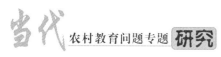

一些不足和缺陷。

（1）对农村妇女角色冲突的研究不多

对于女性角色冲突问题的研究成果较多，但当前对女性角色及角色冲突的研究对象主要是现代城市职业女性，专门对于农村妇女的角色扮演及角色冲突问题的研究略显不足。当前形势下，与城市职业女性相比，农村女性在践行自己的社会角色时面临着更多的角色冲突，问题更为突出，当前的研究力度与实际出现的问题之间尚不匹配。

（2）家庭教育主体中母亲角色缺失的研究成果不足

尽管很多学者对母亲角色以及留守儿童的教育问题有了比较多的关注，相关的研究成果也比较丰富。甚至有较多的学者关注父亲角色的缺失对子女个性养成方面的问题。传统意义上，养育子女是母亲的责任，而养家糊口更多的是父亲的责任，因此父亲角色的缺失对子女的个性影响引起较多学者的关注，而母亲角色较少被关注。随着更多的女性走出家门、走向职场，母亲角色在儿童的家庭教育中的缺失现象日渐突出，但尚未引起学者们足够的重视，目前来说，相关的研究成果较为少见。

（3）农村母亲教育方面的研究力度薄弱

尽管当前有学者致力于母亲教育的研究，但结合现阶段中国尤其是中国农村的母亲所面临的日益严重的教育问题和日渐突出的角色冲突，当前对母亲教育问题研究的重视程度还远远不够。

（4）研究视角有待拓展，缺乏实证研究

当前的研究大多是从历史学、文化冲突和经济发展的视角对母亲角色和留守儿童的家庭教育问题进行研究，尽管研究的视角相对宽泛，但仍有待进一步拓宽。并且当前研究大多集中在对相关领域的单纯思辨和理论研究，实证研究相对较少。

2. 对本研究的启示

（1）加强对农村妇女角色冲突方面的研究

在中国，农村妇女是一个庞大而特殊的群体，当前形势下，由于农村社会对妇女的角色期待变化较大，再加上外出打工的妇女越来越多，她们在社会生活中扮演着更多的角色，也面临更为激烈的角色冲突问题；同时由于农村妇女所受的教育相对较少，在角色认知和角色期待的处理上也面临着更多的角色冲突，对农村地区的妇女角色冲突进行研究对强化农村地区的家庭教育，推动农村妇女的持续解放方面具有重要的意义。

（2）加强家庭教育中母亲角色缺失的研究

一般来说，家庭教育中相对于母亲角色来说，父亲角色是一个更容易缺失的角色，父亲角色缺失方面的研究已经很多，而在当前形势下，农村广大妇女走出家门，进入城市打工，同时也由于教育匮乏及素质低下，农村的母亲面临职业与家庭角色冲突时会选择职业角色，农村家庭教育主体中母亲角色缺失问题变得日益突出，在城市化加速发展中，这一现象有可能会加剧，所以对于农村妇女母亲角色缺失的研究就更有实际意义。

（3）加强母亲教育研究，探索拓宽母亲教育的渠道

农村妇女受到教育条件的局限和客观条件的制约，其母亲教育自然就处于薄弱环节。加强母亲教育方面的研究，引起国家和政府对母亲教育的重视，积极探索扩宽母亲教育的渠道对于提高农村妇女的整体素质和农村家庭教育的质量，以及消解农村妇女的角色冲突，促进妇女的持续解放都有重要的现实意义。

（4）扩大研究视角，引入实证研究

在对农村家庭教育主体中母亲角色缺失问题进行研究时应该扩大研究视角，从多角度、全方位看待新时期农村的家教和母教问题，同时引入实证研究的方法，避免缺乏现实基础的理论研究。

三、研究目的和意义

（一）研究目的

本研究旨在通过对农村地区家庭教育主体中母亲角色缺失的状况进行调查，了解农村家庭教育主体中母亲角色缺失的现状，剖析导致母亲角色缺失的根源，探索促使农村家庭教育中母亲角色回归教育主体的对策和加强农村地区母亲教育的方法途径。

（二）研究意义

1. 理论意义

本研究具有两个方面的理论意义：第一，丰富了我国家庭教育的理论研究成果。我国当前家庭教育的研究重心在于探索具有普适意义的家庭教育，而针对农村地区家庭教育的专门研究相对薄弱，在新时期的社会条件下，我国家庭教育问题重点出现在农村，本研究正是针对新时期农村地区家庭教育中的突出问题而展开的，可以丰富我国在家庭教育领域中的研究成果。第二，明确了我国农村妇女在家庭教育中的角色定位，为进一步加强农村地区的母亲教育提供了理论依据。我国农村地区的妇女在家庭教育的角色认知上尚存在一定的偏差，存在角色定位不清、角色偏差的情况，加强对农村母亲的教育成为农村家庭教育的重要突破口。本研究形成的理论成果可为矫正农村母亲的角色认知，明确其在家庭教育中的角色定位，以及进一步加强农村母亲教育提供科学的理论依据。

2. 现实意义

在实践上，本研究对农村家庭教育主体中母亲角色缺失的现实状况进行调查，剖析并明确农村家庭教育的突出问题，可以引起国家、社会和专家学者的足够重视，有利于凝聚社会力量，增加研究农村家庭教育问题的积极性和推进母亲教育工作的紧迫性。

另外，本研究针对农村家庭教育主体中母亲角色缺失的现实问题，探索应对农村家庭教育问题的对策，探寻促进母亲角色回归到家庭教育中的途径和方法，从而为政府推行具体的农村家庭教育政策，强化农村地区的母亲教育，消解农村

妇女的角色冲突，进一步推进妇女的解放事业方面都具有较为重大的现实意义。

四、核心概念的界定

（一）家庭教育

家庭教育是一个常用概念，但作为学术性概念，学者们对之尚有着不同的理解。《中国大百科全书·教育》把家庭教育定义为："父母或者其他年长的人在家庭中自觉地、有意识地对子女进行的教育。"[①]《教育大辞典》则对家庭教育做出类似解释："家庭教育是家庭成员之间的相互教育，通常多指父母或其他年长者对儿女辈进行的教育。"[②]这是从狭义的角度对家庭教育做出的定义，有人对这一概念做出广义的定义，家庭教育是对家庭所有成员进行的教育，家庭所有成员之间相互影响、相互教育，家庭教育不仅仅指父母对子女的影响，同时也包括子女对父母以及子女之间的影响，是一种双向或多向的影响[③]。

根据研究的目的和范围，本研究采用较为狭义的家庭教育概念，即：家庭教育是指在家庭里，由家长按照一定的家庭现、子女观、教育观、价值观，通过自己的言传身教和家庭生活实践，对子女施加一定教育影响的活动。

（二）母亲角色

母亲角色（mother role）这一概念在学术界是个常用概念，但鲜有学者对这一概念进行科学的定义。学者车文博从心理学的角度对母亲角色进行了定义：母亲角色是指成年女性在有了子女之后而具有的相应身份或行为模式。母亲角色是最为重要的女性角色之一。在传统社会中，它成为大多数女性自我同一性的核心，也是其满足和自尊的重要来源。母亲角色的基本职能是养育后代，包括怀胎、分娩、喂养、照看、保护、训练。因此也有人将养育行为称之为母性行为[④]。

我们可以从社会学对角色这一概念的定义上去理解母亲角色，社会学上的角色是指与个人在某一群体或社会情境中所处的特殊地位联系在一起，并围绕着具体的权利和义务构成的行为模式，包括占有某一地位的人在各种不同情况下应有的行为和表现，例如他对某一事物应持的态度、应尽的义务和应享有的权利等[⑤]。由此我们可以给母亲角色做出如下定义：母亲角色是指女性在生育子女以后，拥有作为母亲的地位，具有包括权利和义务在内的行为模式，在家庭生活中做出的行为和表现，持有的态度、应尽的义务和享有的权利。

母亲的角色在整个家庭生活以及家庭中孩子的成长和教育过程中起着不可忽视的作用。

---

① 中国大百科全书出版社编辑部. 中国大百科全书·教育［M］. 北京：中国大百科全书出版社，1985：140.

② 顾明远. 教育大辞典第1卷［M］. 上海：上海教育出版社，1990：11.

③ 秀诚钧，李顺根，王国民. 家庭教育学［M］. 海口：南方出版社，1998：3-4.

④ 车文博. 心理咨询大百科全书［M］. 杭州：浙江科学技术出版社，2001：485.

⑤ 汝信. 社会科学新辞典［M］. 重庆：重庆出版社，1988：468-469.

（三）母亲教育

母亲教育，简称母教，是指对母亲进行的教育。母亲教育是培养女性使之完成母亲社会角色所必需的基本素质的教育，是母亲自主意识觉醒后对自己进行的自我教育和教育母亲如何履行母亲职责的教育的统一①。学者王东华在《发现母亲》一书中把母亲教育划分为三层不同的含义。第一是母亲对子女的教育，作为父母有教育孩子的责任，在这个层面上母亲教育类似于儿童的家庭教育；第二是对母亲的教育，教育子女首先要教育父母，只有高素质的母亲才能教育出高素质的孩子，在这一层面上母亲教育与父亲教育一起构成家长教育；第三是教育社会，全社会必须尊重儿童的第一任老师，尊重儿童人生的设计师——母亲，没有对母亲价值的尊重和母亲劳动的认可，就不会最终解决未成年人的教育问题②。

本研究根据王东华关于母亲教育含义的界定和自身研究的重心和范围，取母亲教育前两个层面的含义，其一是家庭教育中母亲对子女进行的教育，其二是以母亲为教育对象而开展的母亲教育。在教育目的上，前者的目的是促进儿童家庭教育的完善，后者则是在具有推进前者目的之外，更有促进母亲作为人类个体完善自我和作为妇女群体完成彻底的解放。

（四）母亲角色缺失

母亲角色缺失这一词语在社会生活中经常用到，但却没有作为一个学术性概念对之加以科学界定。本研究根据母亲角色的概念和本研究所关注的问题，对母亲角色缺失这一概念做出了一个较为合理的界定。母亲角色缺失是指作为母亲的女性在整个家庭生活或家庭生活的特定活动中脱离了她所扮演的母亲角色，没能做出社会对母亲这一角色所期待的行为和表现，未履行相应的权利和承担应尽的义务。

这一概念应从以下三个方面加以理解：

第一，母亲角色缺失既可以是被动的，也可以是主动的。随着现代社会的发展，女权运动的兴起，妇女在社会生活中扮演着诸多不同的角色，而不同的角色之间往往又发生着冲突，工作—家庭角色冲突是当代女性面临的最激烈的角色冲突，在这种角色冲突下，妇女可能会为扮演职业女性的角色而主动放弃母亲角色，此时母亲角色的缺失是主动的。而由于死亡、离异和角色认知失调等原因导致的母亲角色缺失则是被动的。

第二，母亲角色的缺失既可以发生在结构不完整的家庭当中，也可以发生在结构完整的家庭当中。结构不完整的家庭出现角色缺失较容易理解，但在结构完整的家庭中仍会出现母亲角色缺失的现象，由于母亲素质较低，认知失调或者不具有扮演母亲角色的能力而导致的母亲无法满足社会对母亲角色的期待，母亲角色缺失现象就会发生。

第三，母亲角色缺失可以是完全缺失，也可以是部分缺失。完全缺失是指母

① 朱春红，杜学元. 母亲教育：现状成因分析及其对策研究［J］. 青海社会科学，2008（1）：197-201.

② 王东华. 发现母亲［M］. 南昌：江西人民出版社，2010：289.

亲在整个家庭生活中失去扮演母亲角色的能力或纯粹的无母家庭。部分缺失是指妇女在家庭生活的部分活动中未能满足社会对母亲的角色期待或失去扮演母亲角色的能力。本研究就是针对家庭教育领域中的母亲角色缺失进行的研究。

五、研究思路和方法

(一) 研究思路

本研究针对当前农村地区大量女性劳动力外出务工的社会现实，假设农村家庭教育主体中母亲角色存在严重缺失的状况，而农村留守儿童的家庭教育问题与母亲角色缺失状况有着必然的联系。本研究对农村地区母亲角色缺失状况及其子女的家庭教育问题展开调查，从角色冲突的视角分析农村家庭教育中母亲角色缺失的根本原因，并提出相应的消解母亲角色冲突的对策和促进母亲教育与母亲角色回归的方法途径，这是本研究的总体思路。

本研究具体从如下四个方面开展：第一，查阅文献，厘清家庭教育主体中母亲角色对儿童的教育成就、心理健康、生理卫生和个性养成等方面的重要作用，确定本研究的基本价值观和科学可靠的理论基础。第二，选取 H 市的进城务工的母亲作为调查对象，通过访谈法和问卷调查法两种方法对农村进城务工的女性在家庭教育中母亲角色缺失的实际状况展开调查，并将其子女在家庭教育中出现的具体问题作为本研究的一手资料。第三，对获得的资料进行理论分析，从角色冲突的视角分析农村家庭母亲角色缺失的根本原因，为提出科学的应对策略提供可靠依据。第四，根据理论分析所获得的母亲角色缺失的原因提出相应的应对策略，并制定消解母亲角色冲突的可行方法，最终达到促进农村家庭教育发展和实现农村妇女持续解放的研究目的。

(二) 研究方法

1. 文献法

本研究采用了文献法，通过查阅西华师范大学图书馆馆藏图书、中国期刊网、超星数字图书馆、万方数据、读秀和购买相关书籍等方式对有关农村妇女角色冲突及母亲教育的研究资料进行梳理，并分类整理，对已有的研究成果进行分析与借鉴，为本研究提供有价值的参考和帮助。另外，厘清家庭教育主体中母亲角色缺失的危害和母亲角色缺失与儿童家庭教育之间的联系，对妇女角色冲突理论进行研究，作为本研究的视角和理论基础，进而通过文献整理形成本研究的分析框架。

2. 调查法

本研究采用调查法，以了解农村妇女家庭教育主体中角色缺失的状况及其对母亲角色的认知程度，以及农村妇女所面临的角色冲突的现状。

首先，本研究根据具体的理论假设和研究重点，制定可行的访谈提纲；在前人研究的基础上根据调查的对象和目的编制调查问卷，作为调查的基本工具。

其次，本研究在华东地区 H 市范围内随机选取进城务工的农村母亲 150 人，作为调查的样本，样本应是已生育子女且子女未成年的农村外出（生活范围大部分在城市）务工妇女，对其发放问卷，采用笔答或调查者口述问题，调查对象回答后由调查者标记答案的方式，然后回收调查问卷。对调查问卷中的典型案例采用访谈法，根据具体的访谈提纲调查其角色冲突和母亲角色缺失的实际状况。

最后，本研究采用一般的数理统计方法，对搜集到的问卷采用 SPSS 软件对问卷内容进行统计分析，对访谈的资料进行质性分析。

六、研究的重点、难点及拟创新点

（一）研究的重点

本研究的重点是通过对不同农村外出务工妇女的角色冲突情况，家庭教育主体中母亲角色的缺失情况，以及农村妇女对母亲角色的认知、角色扮演情况进行调查，并对搜集的一手资料进行统计分析，剖析农村妇女角色冲突及家庭教育主体中母亲角色缺失的根源，并对消解农村妇女角色冲突，促进母亲角色的回归以及做好农村地区的母亲教育提出建议、对策。

（二）研究的难点

本研究的难点之一在于选取符合条件的调查对象并获得其支持与合作。由于进城务工的农村妇女分散到城市的各个角落，选取适当规模且符合条件的调查对象并获得其支持合作，这需要花费较多的时间和精力。难点之二在于建立合理的理论分析框架对所获得的数据资料进行理论分析。因研究者资历不深，学科的理论修养不够，对资料进行理论分析获得科学的研究结果可能会遇到诸多困难。

（三）研究的拟创新点

1. 研究领域的创新

尽管当前的社会和教育领域对妇女的角色冲突和农村留守儿童的家庭教育问题有较多的关注，研究的成果也较为丰富，但对新形势下农村妇女家庭教育中出现的角色缺失问题进行的研究还不多见，分析农村妇女社会角色和心理角色两个层面的角色冲突问题并探索相应消解途径的研究还是个比较新的课题，本研究拟在这一研究领域上有所创新。

2. 研究视角的创新

本研究从角色冲突的视角研究新形势下农村家庭教育主体中母亲角色的缺失状况，相对于以往多数从经济视角和文化视角分析农村家庭教育，从角色冲突视角分析城市妇女所面临的社会和教育问题来说具有一定的创新性。

第二节　研究的理论基础

本研究主要涉及妇女教育研究和家庭教育研究两个领域，在妇女教育研究中，妇女是研究的主体，在家庭教育活动中，母亲是教育的主导，本研究也是妇女研究的重要课题之一。如何理解妇女教育中女性的地位，需要明确女性主义的哲学基础和对家庭女性的基本价值观；如何解释和消除妇女在社会领域和家庭领域中所面临的困境，需要合理的理论基础。本课题以马克思主义女性主义的哲学认识和妇女观作为研究的哲学基础和基本价值观，以角色冲突理论作为解释和消除妇女在社会领域和家庭领域所面临困境的理论基础。

一、马克思主义女性主义理论

自18世纪在欧美发达国家产生主张男女平等的女性主义思潮以来，几百年间产生了各种不同的女性主义理论，马克思主义女性主义理论是其中的一个重要支流，尽管受到来自其他理论针锋相对的批判，马克思主义女性主义理论在解释女性不平等的起源以及女性家庭劳动和社会劳动价值方面仍然获得较多认可。马克思主义女性主义理论的主要功绩是用异化理论和剩余价值理论分析女性受压迫的根源，并坚持用马克思主义的经济基础与上层建筑结构来解释妇女被压迫和女性解放。

（一）落后的生产关系和阶级压迫是男女不平等的根源

马克思主义女性主义理论倾向于认同妇女受压力的根本原因是阶级歧视，而不是性别歧视。该理论用异化理论和剩余价值理论解释女性受压迫的原因，其认为在资本主义生产关系里，工人的劳动被异化，而在父权制社会里，女性的生育养育子女的劳动同样也被异化；这种异化导致工人与资本家疏离，女性与男性疏离，在资本主义社会里，资本家剥削工人的剩余价值，在父权制社会里，男性剥削者女性的剩余价值[1]。

与经典马克思主义的观点不同，马克思主义女性主义理论的创新体现在两个方面：第一，物质生产活动并不是人类唯一的生产活动，人口生产与妇女生育生养的活动在两性分工上具有决定性的作用。第二，妇女受压迫不能简化为阶级经济剥削问题，而父权结构对妇女的压迫更为重要。因此，当代马克思主义女性主义理论提出，若要是妇女完全摆脱压迫，必须批判父权制的意识形态。因此，在对以两性分工为中心的性别社会关系经唯物主义的科学分析时，其把社会性别概念引入马克思主义的政治经济学中，认为妇女处于从属地位的物质基础、生产方式、与妇女地位之间的关系以及关于妇女阶级与家庭的理论对解放社会社会性别关系具有十分重要的意义[2]。

家务劳动概念的提出是马克思主义女性主义理论对女性主义的一大贡献。马克思主义女性主义理论认为：根本的社会改革就是使妇女所做的工作（如做饭、照顾孩子、保育等）包括在社会生产领域内，家务劳动同样也创造着剩余价值，即使她们不在工厂工作，她们仍然受到资本主义的阶级剥削。也只有在社会主义

---

① 郑新蓉. 性别与教育 [M]. 北京：教育科学出版社，2005：223.
② 郑新蓉. 性别与教育 [M]. 北京：教育科学出版社，2005：224.

制度下，才能彻底解决家庭内"丈夫是资产阶级，妻子是无产阶级"的困局。同时，马克思主义女性主义理论认为把男权体制定义为建立在资本主义物质基础之上，是男性用来维持其相同阶级的利益而压迫女性的一种社会关系，这是一种超越了阶级范畴的女性主义思想，是非马克思主义的①。

(二) 妇女参加社会生产是妇女彻底解放的先决条件

经典马克思主义者认为，解放妇女，必须推翻私有制，而代之以公有制，这是妇女解放的正确道路。妇女只有参加社会生产劳动，妇女的解放以及妇女与男子的真正平等才有望成为可能②。只要妇女仍然被排除在社会生产劳动之外，而仅仅限于从事家庭的私人劳动，那么妇女的解放，妇女与男子的平等，现在和将来都是不可能的③。资本主义社会的女性相比于奴隶社会、封建社会的女性拥有更多的自由，正是由于机器大生产使广大妇女大规模参加社会生产，而妇女参加社会生产的前提条件之一是家庭私人劳动的社会化。马克思指出，妇女的解放只有在妇女能够大量地、社会规模地参加生产，而家务劳动只占她们极少时间的时候，才成为可能④。妇女一旦实现了经济上的独立，社会对妇女传统的偏见就会失去其合理性，但由于社会主义社会是刚刚从资本主义社会中孕育出来的，因此，它在经济、道德和意识方面都还带着它脱胎出来的那个旧社会的印记，妇女问题的彻底解决是一个长期而又艰巨的课题⑤。

二、角色冲突理论

随着妇女逐渐走向社会，越来越多的女性参与社会生产，原来局限于家庭生活的中国女性也扮演了更多的角色，逐渐增多的女性角色之间也有了似乎不可调和的矛盾，其中最为突出的是家庭与职业之间的冲突。家庭与职业之间的冲突本质上是女性在扮演母亲角色和职业角色之间的矛盾，角色冲突理论能较好地解释和转化女性所面临的角色间和角色内的矛盾。

(一) 角色冲突的概念

"角色"一词最早是戏剧中的用语，是指演员所扮演剧中的人物，后来被引用到社会学和心理学领域，被心理学家和社会学家发展成为社会学研究中的一种理论和方法。社会角色是指与个体的某种社会身份、地位相一致的一整套权利、义务的规范与行为模式，是人们对具有特定身份的人的行为期望，它构成社会群体或组织的基础⑥。角色冲突是指个体同时处于两种或多种不同的地位时，不能

---

① 林志斌. 性别与发展教程 [M]. 北京：中国农业大学出版社，2001：5.

② 恩格斯. 家庭、私有制和国家的起源 [M]. 北京：人民出版社，1965：20.

③ 恩格斯. 家庭、私有制和国家的起源 [M]. 北京：人民出版社，1965：20.

④ 马克思，恩格斯. 马克思恩格斯全集 [M]. 中共中央马克思恩格斯列宁斯大林著作编译局，译. 北京：人民出版社，1972：158.

⑤ 马克思，恩格斯. 马克思恩格斯全集 [M]. 中共中央马克思恩格斯列宁斯大林著作编译局，译. 人民出版社，1972：10.

⑥ 钱宁. 中国社会工作教育协会. 工业社会工作 [M]. 北京：高等教育出版社，2009：170.

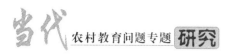

同时满足各个角色的期望，以及承担不同角色责任时所产生的矛盾状态①。

（二）角色冲突的形式

角色冲突有多种形式，学术界一般认为角色冲突主要有三种形式：角色内冲突，角色间冲突和角色外冲突。

1. 角色内冲突

角色内冲突是指个体在扮演某一角色时，对这一角色的期望与要求不一致而产生的内心的矛盾。比如母亲爱孩子，但在孩子犯错误时又不得不给予惩罚，这种爱与惩罚之间的矛盾就是母亲角色内部的冲突，这样产生的对母亲角色的相互矛盾的期望，必然会带来内心的焦虑和紧张，从而产生角色内冲突。但角色内冲突还有另外一种状况，即个体在扮演某一角色时面临着两种截然不同的规范和要求时，需要通过行为者做出激烈的思想斗争和内心的冲突较量，最终选择哪种标准，按照哪种规范和要求扮演相应的角色。

2. 角色间冲突

角色间冲突是指个体同时承担多种角色，因不同角色之间行为模式不同或存在矛盾而产生的困境。一个做母亲的女性参加工作后在完成自己的工作和承担家庭责任之间往往面临矛盾，这种矛盾即是角色间冲突的典型例子。

3. 角色外冲突

角色外冲突也被称作新旧角色冲突②。角色外冲突是指当个体的角色在不同的时期发生改变时，过去所扮演的角色与当前正在扮演的角色之间产生矛盾冲突。例如，当一个女性结婚生子之后，仍然对少女时代的生活状态念念不忘，对当下为人妻、为人母的角色迟迟不能适应，此时所出现的冲突就是角色外冲突③。

（三）角色冲突的因素

研究认为，决定是否存在角色冲突或者角色冲突严重程度的因素主要有六种。在此，本研究将其归结为五种。

第一，所扮演角色的多少。正常来说，一个人所占有的时间和精力是有限的，如果其在同一个时期扮演多个角色，而扮演者不能很好地处理各个角色的关系，则角色扮演者所面临的角色冲突就会越严重。

第二，不同角色的规范和要求不一致程度。如果一个个体所扮演的不同角色都对其提出较为严格的规范和要求，而规范和要求之间又存在很大差距时，个体所体会到的焦虑和紧张就会更加明显，角色冲突就会越严重。

第三，角色的变化程度。一般来说，一个人所扮演的角色在一定时期内相对固定，如果一个人所扮演的角色在较短的时期内发生较大变化，角色扮演者就会面临更严重的角色适应问题，造成的角色冲突就较为严重。

第四，外界角色的影响程度。个体在扮演某种角色时往往会受到外界的干

---

① 中华女子学院社会工作管理系《妇女工作概要》编写组. 妇女工作概要［M］. 北京：中国妇女出版社，1997：195.

② 时蓉华. 社会心理学［M］. 上海：上海人民出版社，1986：161.

③ 奚从清. 角色论：个人与社会的互动［M］. 杭州：浙江大学出版社，2010：130.

扰，当个体所扮演的角色受到来自外界的消极影响时，就可能面临角色冲突或使原有的角色冲突加重。

第五，个人的调节和适应程度。每个人对相同角色的调节和适应能力都不相同，有些个体对所面临的矛盾和冲突无法进行有效的调节，而又难以适应，他（她）所面临的角色冲突就会更为严重①。

以上五种影响角色冲突的因素并不是完全孤立的，而是相互影响、相互融合的。五种因素所占权重也不相同，其中第五种因素是角色冲突的内因，最为重要，其他四种外界因素要通过内因发挥作用，由于各个因素相互交融，在处理角色冲突的问题时应综合考虑，避免孤立、片面。

（四）角色冲突的解决途径

角色冲突既是社会学概念，又是心理学概念，两者所关注的焦点不同。社会学更为关注产生角色冲突者的外部条件，而心理学则更为关注角色冲突者的主观体验。在解决角色冲突时，应该综合考虑各种因素。由于角色的冲突是具体的而非抽象的，角色冲突必须与特定的个体相结合才具有意义，因此，谈论角色冲突的解决途径也仅仅是方向性的。在角色冲突的解决方面主要存在两个方面的途径，一种是客观方面，通过改变产生角色冲突的外部环境来减少或消除角色冲突；一种是主观方面，当外界因素无法控制时，通过改变自身的行为和认知的方式来减轻角色冲突。从主观方面解决角色冲突有两种方法，一种是提高角色扮演的技巧，以更好地应付多重角色；另一种是暂时完成一种角色任务，或者放弃一种角色，从而缓解角色冲突。从客观方面，对于普遍存在的角色冲突，尤其是角色内冲突，外界应该有更加理性的认知，合理改变角色期待，从而减少角色冲突出现的客观条件。有研究提出，当个体面临角色冲突时，可以采用的调适方式有：转移，即专心致志把较多的时间和精力集中于某一角色，忽视其他相矛盾的角色期望，从而减少角色紧张；顺应，即改变角色观念，以更加合理的认知和行为应对相矛盾的角色；自居，通过镇定和宣泄来缓解角色紧张，也就是努力使自己变得和他人相似，以此来缓解角色冲突②。

第三节　农村家庭教育中母亲角色缺失现状

为了解农村家庭教育中母亲角色的缺失状况，本研究设计了一份问卷和访谈提纲，目的是调查在城市务工的农村妇女的基本状况、与子女的相处方式、教育态度、教育方式以及对当前母亲教育的认识和期待等。我们通过调查获得农村妇女在家庭教育中母亲角色的缺失状况，并对调查的结果进行量化分析。

---

① 奚从清，俞国良. 角色理论研究 [M]. 杭州：杭州大学出版社，1991：189-191.
② 奚从清. 角色论：个人与社会的互动 [M]. 杭州：浙江大学出版社，2010：132.

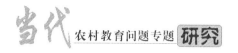

一、关于母亲角色缺失的现状调查

（一）关于母亲角色缺失状况的问卷调查

1. 调查对象的选择

近年来，选择外出务工的农村妇女依然呈增多的趋势，且年龄结构向两极扩展。因此，选择外出务工的农村妇女作为调查对象，其家庭教育状况应该具有很好的代表性。本研究选择在 H 市某电子工厂务工的外来农村妇女作为调查问卷的发放对象，对调查对象的原住地、年龄、子女个数和子女性别等不做限制，但严格限制其户口必须是农村，且必须已经婚育。

2. 调查问卷的发放与回收

这次调查于 2013 年 9 月 20 日至 2013 年 10 月 12 日在浙江省 H 市进行，以随机的方式抽取某电子加工厂已婚育农村进城务工妇女 150 名，发放问卷150 份，要求当场作答，当场回收。问卷共回收 126 份，回收率是 84%，其中有效问卷是119 份，有效率 94%，总有效率为 79%。在无效的问卷中，部分是由于作答不完整，小部分是由于问卷作答结果雷同，雷同的问卷全部算作无效。

3. 调查问卷的分析方法

我们将有效的调查问卷的结果全部录入 SPSS 18.0 统计分析软件，进行描述统计和推论统计。

4. 调查问卷的结果呈现

（1）调查对象的基本情况

在调查对象中，总体比较年轻。其年龄结构在 23~50 岁，峰值出现在 31 岁，是 10 人。其中，23~30 岁有 45 人，占所有调查人数的 37.8%；31~40 岁有58 人，占所有调查人数的 48.7%；41~50 岁有 16 人，所占比例是 13.5%。

调查对象的家庭结构绝大部分是完整的，仅有两例是离异家庭，由母亲独自带孩子打工。在这些家庭中，多子女家庭占较大比例。独生子女家庭是 43 个，只占所有调查对象家庭的 36.1%；两个以上子女的家庭占总数的 63.9%，其中三个及以上子女的家庭有 12 个，占总数的 10%。

在调查对象的学历层次方面，大部分集中在初中及以下学历，占总数的79%，大专及以上学历的只有 4 人，占到总数的 3.4%。具体学历层次见表 3-1。

表 3-1　调查对象的学历层次分布

	频率	百分比（%）	累积百分比（%）
文盲	7	5.9	5.9
小学	36	30.3	36.1
初中	51	42.9	79.0
高中或中专	21	17.6	96.6
大专及以上	4	3.4	100

（2）调查对象的外出打工状况

大部分调查对象是跟老公一起外出打工或者全家一起外出打工，分别占调查总数的55.5%和32.8%，独自一人在外打工的仅有5人，自己带孩子出来打工的有9人，其中包括离异家庭两例。说明大部分在外务工的母亲具有比较稳固的家庭支持。

在问到外出打工的原因时，选择了"增加家庭收入"的人数为108人，占被调查人数的90.8%，而选择"土地被征用，被动出来打工"的人仅有4人，选择"为了实现个人价值"的也只有5人，占总数的4.2%，有"其他原因"的是2人。

（3）与子女的相处状况

当被问及"您外出打工期间，孩子主要由谁照顾"时，76人选择了"爷爷奶奶或姥姥姥爷"，占总数的63.9%；25人选择由丈夫照顾，占总数的21.0%，选择由丈夫照顾孩子的妇女多数是全家一起出来打工的，基本是由夫妻双方共同照顾孩子；选择"其他亲戚或邻居""孩子自己"和"其他"的分别占总数的5.9%、5.0%、4.2%，人数分别是7人、6人和5人（见表3-2）。

表3-2　外出务工期间，孩子由谁照顾

	频率	百分比（%）	累积百分比（%）
爷爷奶奶或姥姥姥爷	76	63.9	63.9
丈夫	25	21.0	84.9
其他亲戚或邻居	7	5.9	90.8
孩子自己	6	5.0	95.8
其他	5	4.2	100

母亲角色在子女生活及教育活动中缺失严重，相当比例的母亲能够每天回家跟孩子相处，但是不能与孩子经常见面的仍占了较大的比例。有37.8%的被调查对象选择了每天能回家一次，选择一周和一个月左右回家一次的人分别占了被调查对象总数的8.4%和6.7%，一年及一年以上都不能回家一次的人分别为31人和24人，共占被调查总数的47.1%。多数母亲与孩子的交流只能通过电话，选择通过电话的方式与子女交流的有63人，占被调查总数的52.9%。

尽管多数母亲务工之后认为与子女的关系变化不大，但仍有相当比例的母亲认为自从打工之后子女与自己的关系变得疏远，这一比例占总数的32.8%，而选择"孩子更粘自己"的人仅有18人，对这一问题的调查结果见表3-3。

表3-3　孩子跟母亲的关系因母亲外出打工发生的变化

	频率	百分比（%）	累积百分比（%）
无变化	43	36.1	36.1
变得生疏	39	32.8	68.9

表3-3（续）

	频率	百分比（%）	累积百分比（%）
更粘自己	18	15.1	84.0
没注意	19	16.0	100

（4）母亲的教育态度

母亲在确保子女安全健康的前提下，最为关注的还是子女的学习成绩，但对于孩子性格及个性的养成、品德的培养以及孩子心情方面的关注度尚且不够。母亲在与子女电话沟通时更多的还是谈及他们的学习，认为子女学习方面的事情是他们聊天的主要内容的占被调查对象的53.8%，其次是关于日常生活方面的事情，占被调查总数的29.4%。在被问及"您最关注孩子的哪些方面"时，有42.9%的被调查对象认为是子女身体健康状况，其次是学习成绩，占总数的39.5%，选择性格及个性品质的占总数的9.2%，选择"品德养成"和"孩子心情"的分别只有8人和2人。

更多的被调查对象在子女教育的态度上总体比较理性，能给予子女最大的支持，但并不存在强烈的"唯教育论"和"教育无用论"倾向。然而，农村母亲在子女教育方面往往不能引导子女树立远大的理想，放任子女自由发展。在被明确问到"您对孩子上学的态度是什么？"时，有37.8%的被调查者选择了"顺其自然，孩子读到哪儿供到哪儿"；有30.3%的人选择了"读书是为了出人头地"；有21.8%的人选择了"现在打工种田都得有知识，不读书不行"；认为孩子"不是读书的料，中学毕业就行""大学生都找不到工作，还不如学好一门手艺"的人仅占到调查总数的1.7%和8.4%。

农村妇女对母亲在子女的教育中所处的地位方面认识不足，普遍低估了母亲角色在子女教育中的重要作用，认为母亲在子女教育上的作用不可替代的仅占被调查对象的21.8%，有37%的母亲认为自己的教育作用可以由丈夫或其他人替代。具体数据见表3-4。

表3-4　自己对子女的教育作用是否可以替代

	频率	百分比（%）	累积百分比（%）
不可替代	26	21.8	21.8
可以替代但是最好还是自己做	49	41.2	63.0
可由丈夫替代	20	16.8	79.8
其他人可以替代	24	20.2	100.0

（5）自身的教育能力状况

本研究把缺乏教育能力也看作角色缺失的一个方面，因此调查了农村妇女在自身教育能力上的主观认识。结果显示，更多的农村母亲对自身的教育能力缺乏自信，认为自己对如何教育孩子方面的能力还不够。认为自己在教育子女方面完全能胜任的仅仅有 3 人，占被调查总数的 2.5%。具体数据见表 3-5。

表 3-5 怎么看待自己教育子女的能力

	频率	百分比（%）	累积百分比（%）
完全能胜任	3	2.5	2.5
基本能胜任	38	31.9	34.5
经常感到力不从心	45	37.8	72.3
不知道如何教育孩子	33	27.7	100

极少数被调查者在生育前具备教育子女的知识结构，而教育子女的知识大都来自生育之后从书本刊物、父母长辈以及电视等媒体等渠道获得。调查显示：认为自己在生育前即具备教育子女的知识结构的人只有 11 人，仅占所有被调查对象的 9.2%，而其中真正具备相应知识结构的有几个还尚未可知。认为自己的教育知识来自书本刊物、父母长辈、电视媒体和周围朋友的分别占 37.8%、29.4%、16.0% 和 0.8%。结合被调查者高达 79% 的人只有初中及以下学历和她们繁重的劳动任务和读书习惯①，我们可以推断农村妇女教育子女的知识很难达到完整、科学的程度。

（6）对母亲教育现状的认识

农村妇女在社会针对母亲的教育期待方面总体较低，没有过高的要求。大多数农村外出务工的母亲对当前社会对母亲的教育比较满意，占被调查总数的 72.3%，认为社会对母亲的教育非常满意和不满意的分别占被调查总数的 10.1% 和 17.6%。

在涉及社会在母亲教育方面应该做出哪些改进这一问题时，农村妇女并没有做出明显的倾向性，选择"成立母亲教育学校""向大众发放科普教材"和"社会教育机构开设母亲教育培训班"的分别有 36.1%、29.4% 和 34.5%，数据显示农村妇女对社会母亲教育的发展方向并不具有明显的倾向性。而在被问及"如果有关于母亲教育的培训班，您是否会参加？"时，选择"会"和"看工作时间再定"的人数量相同，均为 52 人，占被调查总数的 43.7%，明显表示不会参加的占 12.6%。

（二）关于母亲角色缺失状况的访谈调查

1. 访谈的实施情况

调查法可以针对广泛的人群搜集大量的资料，但在获得事实的深度上明显不足，由于调查时间有限以及对问题的解释不足，很多被调查对象对调查问题的设置并不理解，造成一些信息的流失。为了更深入地了解农村妇女在家庭教育中的实际状况、存在的问题以及隐藏在问题背后的原因，个别访谈是一种更好的方式。

---

① 这一点在本章访谈资料中可以体现。

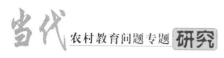

（1）访谈对象的确定

本研究采用滚雪球方式对被调查对象进行了解和筛选。我们通过个人关系邀请在 H 市务工的农村妇女作为本次访谈的对象，也根据问卷调查的结果随机选择较有代表性的被调查者作为访谈对象，访谈对象要同时具备研究的典型性和代表性，重点选取了与子女分居的、带子女出来工作的不同生活条件和不同学历的农村务工妇女作为访谈对象。

（2）访谈的具体实施

本研究通过个别访谈和集体访谈相结合的方式进行，一般是通过朋友介绍以朋友聚会的方式进行，访谈的结构为半结构式访谈，遵循着相对固定的访谈脉络，但并不向被访谈者说明正在进行访谈，而是在轻松愉快的环境下自然地进行。访谈之后根据对访谈的过程和结果的记忆加以整理，形成访谈资料。访谈结果的呈现隐去被访谈者的个人信息。

2. 访谈结果及经典个案

（1）"向往城市生活"藏在"增加家庭收入"之后

如果单纯问一个在城市打工的农村妇女外出打工的原因，她们往往会认为增加家庭收入，改善生活条件是她们外出打工的第一原因，这在前面的调查结果中就可以看出来。然而，在访谈中，研究者发现，城市生活的优越性，相对完善的基础设施和现代化的社会服务对她们有更大的吸引力，对城市生活的向往是她们选择抛开子女，进城务工的重要原因。

案例一，李晓 Y，30 岁，安徽 F 市人，育有两个女儿，分别是 10 岁和 7 岁，与丈夫在 H 市打工，丈夫拥有一辆货车，在 H 市做短程运输工作，本人在 H 市没有稳定的工作，大多时候跟朋友一起在建筑工地做装修工作，18 岁从老家来到 H 市打工，生育之后一直时断时续地做装修工作，家庭月收入七八千元左右。没有工作的时候接送孩子上学，有工作的时候经常会住在工地，孩子由丈夫照料，有时孩子自己照顾自己的生活。下面是关于外出打工原因方面的一段访谈节选。

王（访谈者，下同）：你带着两个孩子，又要管着家，为什么还要出去工作？

李（被访谈者，下同）：现在孩子大一点了，能照顾自己了，孩子去上学之后，我自己在家里也没什么事，不干活也闷得难受，找谁聊天人家都很忙，日子也没意思。再说了，不出去打工也不行，家里是一个人挣钱全家人花，每天挣的钱都要花完，房租这么贵，孩子上学还要交借读费，挣钱也不容易。我出去挣点，可以缓解家里的经济负担。

王：那你可以回到老家去，孩子上学可以不用花钱，自己家里有房子，也不用房租，还可以在附近工作啊。

李：唉！现在对老家的生活不适应了，十几岁就出来打工，一回去觉得家里环境太脏，冬天又冷，哪儿都不能去，老家在农村，村子里又不通车，出门都不方便，跟家里的人也说不上话，感觉没有共同话题，她们就想着种田、带孩子，没什么意思。孩子自己也不想回去，一说让她们回老家，两个孩子就哭，不愿意回去。再说了，家里那边工资太低，一个月死干活干才两千块钱，更剩不下什么了。在这边打工虽然剩下的钱不多，但是生活条件好啊，干什么都方便，买菜上街几分钟就到了，想去哪儿玩，坐公交车就行了，老家啥都没有。宁可在这边打工也不愿意回老家。我还好了，全家人都在这边，我有一些朋友，人家孩子都在老家，一年都见不了一面，人家还不回去呢，我更不用回去了。

（2）打工挣钱可以提升家庭地位

很多农村妇女通过打工挣钱的方式提升自己在家庭中的地位。在广大的农村地区，传统的家庭观念还比较严重，男主外女主内的家庭分工还很明显，妇女的家庭地位还比较低。很多农村妇女通过外出打工，可以挣到钱补贴家用，在家庭贡献上发挥了同男人一样的作用，在家庭出现矛盾时，妇女往往不再简单地听从于男人的支配，而是大胆提出自己的主张，以获得更高的家庭地位，实现自己在家庭中的价值。

案例二，张 C，33 岁，中专学历，从小生活在 H 市郊区的农村，结婚之后育有一子，在农村从事生产劳动，照顾子女和丈夫的日常生活，丈夫在外做农产品小生意，家庭月收入四五千元，但平时自己感觉在家里的地位很低，丈夫总是对其呼来喝去，在家庭决策上经常跟丈夫有不同的意见，但其意见往往不太被采用。在其子 6 岁时外出打工，在离家几十里外的电子软件工厂做手工，由于工作比较忙，大约每周能回家一次。但也由于她手脚麻利，干活快，每月工资能有三千左右，很大程度上改善了家庭生活条件。但父母和丈夫认为家里的农活抛给了老人，而且孩子也缺乏照料，几次要求她放弃在外工作，重新回到家庭，但都被其拒绝。用她自己的话说：以前在家里，就是个老黄牛，只知道干活，服务家庭，每天很辛苦，但是到花钱的时候还是要伸手跟丈夫要，家庭有什么决策自己从来没有发言权，完全没有什么地位，现在自己挣钱补贴家用，花钱也不用老向别人伸手，买什么东西做什么事自己也有了决策权，连吵架声势都大了。孩子又不是自己一个人的，全家人看一个孩子，也用不着非得自己天天跟着。打工可以实现自己的价值，能找到在家庭中的存在感，提高自己在家庭中的地位。

（3）关注子女学习却无能为力

在子女的教育上，农村妇女更多的是关注孩子的身体健康状况和学习成绩，她们能够清晰地评估教育对子女未来的重要性，但衡量教育成果的标准往往是孩子的学习成绩，只要孩子学习成绩好，听老师家长的话就是好孩子。农村妇女对子女的个性品质、品德养成以及人格的完善常常比较忽视，在子女教育和成长上出现问题时，又往往手足无措，缺乏引导和塑造的能力。

案例三，刘洪 C，36 岁，初中学历，在 H 市做快销品的销售工作，育有一女，11 岁。平时经常加班，孩子由丈夫和孩子的爷爷奶奶照顾，本人很疼爱孩子，经常是孩子有什么要求都会想办法满足，由于工作比较忙，一周左右才能回家一次。孩子学习成绩中等偏上，但孩子个性孤僻，易狂躁，经常发脾气。在子女的教育问题上，研究者对其进行访谈，以下是访谈的记录节选。

王：你觉得在子女的教育上，你做得怎么样？

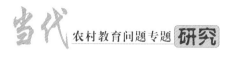

刘：我做得还可以，基本上她有什么要求我都会满足她，虽然生活条件不是特别好，但是别的孩子有的我也会给她买。在学习用品上花钱还是不在乎，只要用得着的，都会满足她。孩子在家比较听话，就是比较倔，轻易不能得罪她。

王：我是说在如何教育孩子上，你做了哪些工作？

刘：孩子的学习还可以，就是作业做得慢，在她的作业指导上，我基本上做不到什么，现在小学的题目都太难了，现在很多题目我自己都不会做，想帮都帮不上，遇到不会做的题，她自己都发脾气，但是有什么办法呢，学习还不是得靠她自己。

王：在她的个性培养和品德养成上你做得怎么样？

刘：孩子的性格随她爸，跟她爸一样的性格，这是天生的，没办法，以前在学校里跟同学打架，被老师叫家长，叫了也没用，就是把我们批评一下，孩子又能怎么样？这是遗传，她爸爸就是个性比较强，年轻的时候也经常跟人家打架，她这是遗传，天生的暴脾气，长大了就好了，最近很少跟同学有冲突了。这是性格问题，品德上没什么问题，又不干什么坏事，就是脾气不好。

王：你觉得在个性方面家长能不能改变什么？

刘：这怎么可能，个性的东西怎么好改变？这都是天生的，只要不让她干坏事，以后长大了就会好了。我们只能支持她的学习，只要她有能力，上到什么程度我都会支持，现在教育是个难题，孩子太难管，跟我们小时候可不一样，我是不行了，只能指望她自己了。

（4）教育是学校的责任，个人成就的决定因素是经济投入

在这次访谈中，多数被访者认为：教育是学校的事，教育的好坏主要取决于学校老师的水平和学校的办学质量，她们自身在教育上起到的作用相对较小。而针对教育子女失败的问题上，例如子女成绩不好，个性的不完善等问题，她们往往把原因归于自己经济水平较低，难以给孩子提供足够的经济支持，以及父母的遗传问题上。认为那些有很大成就的孩子都是由于家庭投入了大量的资金，给孩子报了各种各样的培训班，让孩子有了充分发挥个人能力的机会。如果自己也能有足够的经济投入，自己的孩子也可以达到更高的教育水平。

二、关于母亲角色缺失状况的调查结论

（一）农村妇女在家庭教育中的"离岗"问题严重

大量农村妇女外出打工，把子女留在家中，造成留守的子女普遍缺乏母亲的关爱，在子女的家庭教育中母亲角色缺失现象明显。无论是出于增加家庭收入、提高在家庭中的地位还是源于对城市生活的向往，农村妇女倾向于选择进城务工，其中近半数的母亲把孩子留在家中，与孩子的沟通方式大多只能是通过电话，这造成了农村家庭教育中母亲这一角色的普遍缺失，不管是在子女的学习方面，还是在他们的性格养成、人格的塑造以及品德培养方面形成了真空，很多农村母亲成为亲生的"继母"，相当数量的儿童与母亲的情感联结松散，亲子关系

变得疏远。

（二）农村妇女的家庭教育能力较低

母亲在教育子女方面的重要职责与农村母亲匮乏的教育能力之间存在突出矛盾。无论是远离家乡进城务工，还是把孩子带在身边的农村妇女普遍缺乏良好家庭教育的能力，多数农村母亲在教育子女方面感到力不从心，对子女在成长过程中出现的各种问题，如学习困难、性格极端以及情感淡漠等问题，很多母亲感到手足无措。由于农村母亲普遍学历较低，她们中大多数并不具有教育子女的完善、科学的知识结构，而仅仅是从父母长辈、电视媒体以及少量的书本刊物中获得教育子女的知识，她们对自己的教育能力普遍缺乏自信。

（三）农村妇女的教育态度和观念比较落后

农村母亲在子女的教育态度上尽管并不存在明显极端的"教育万能论"和"教育无用论"思想，大多都能给子女自由发展的空间，并能给予必要的支持，然而却缺乏必要的引导，很多母亲不能引导子女树立远大的理想，在教育前景上放任其自由发展。

母亲在子女的发展上更加关注他们的学习成绩，认为学习成绩好了就是好孩子，对子女的全面发展关注度不够，往往忽略子女性格及个性品质的养成、健全人格的塑造、品德的培养以及个人情感的充分发展。

（四）农村妇女家庭教育责任感淡薄

通过调查，研究者发现，农村妇女往往会低估自身在子女家庭教育中的作用，对母亲角色在子女成长过程中的作用没有清晰的认识，普遍认为母亲对子女的家庭教育可以由他人替代，而母亲则仅仅是需要在教育上提供足够的经济支持，这造成农村妇女的家庭教育责任感淡薄。农村妇女在自身遇到角色冲突时没有主动地寻求社会支持，而是把子女的教育责任直接转移到学校和社会上面，而不是主动寻求帮助和支持，加强母亲教育，完善自身的动力不足。

第四节　农村家庭教育中母亲角色缺失的原因分析

随着时代和社会的发展，当代中国的农村女性逐渐走向社会，开始追求自身的社会价值，比以往任何时候都承担着更多的社会责任。但作为家庭教育的最主要的主导者——母亲，她们在这一神圣的岗位上有了很大的偏离，总而论之，农村家庭教育中母亲角色的缺失现象表现在两方面，其一是母亲没能及时充分地出现在母亲角色这一岗位上；其二是母亲即使能够在时间和空间上出现在母亲角色的位置，但由于自身的知识和能力的限制，没能很好地扮演这一角色。造成母亲角色缺失的原因是多方面的，从角色冲突和教育的角度来看，主要是母亲走向社会，更多的母亲选择扮演社会角色而减少了母亲扮演家庭角色的时间；在母亲角色的内部，传统的母亲角色观已经发生变迁，追求高品质的现代生活与社会对母亲的认知之间产生极大矛盾；另外母亲教育的不足使得很多农村母亲无法从一个

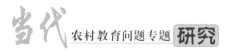

自然的母亲转变成一个合格的母亲。

一、社会经济发展与自我意识增强促使农村妇女从家庭走向职业

妇女走向社会这个命题早就得到国际社会的普遍认可，在中国也早已实现了较大范围的男女平等，而在经济较为落后的农村，越来越多的女性尤其是已婚女性走向社会、从事职业，很多农村妇女之所以选择离开自己的家园和抛开自己的孩子，勇敢地走向城市打工，主要由于社会经济发展的不平衡，而农村妇女的自我意识又得到了持续的觉醒，农村妇女在家庭和职业间无奈地做出艰难抉择。

（一）社会经济发展不平衡

城乡经济社会发展不平衡是农村妇女选择进城务工的最为重要的客观因素。在广大的农村地区，尤其是比较落后的农村地区，经济和社会的发展往往面临更多的困难和障碍，与城市经济社会快速发展形成了鲜明的对比。城市有更多的就业机会，有更高的劳动收入，有更为健全的劳动保障。也由于城市有更为强大的经济实力，保障了较为健全的基础设施建设，城市资源比较集中，社会服务更为优质。这在很大程度上吸引农村妇女选择离开农村，进城务工。

1. 城乡经济发展差距过大使农村女性劳动力向城市流动

由于较强的经济实力和投资环境，城市拥有更多的就业机会和更高的劳动收入，这是吸引农村妇女进城务工的首要因素。与城市相比，农村往往处于更加不利的地理位置，交通条件一般比较落后，投资环境和总体素质相对较差，这些不利条件影响了工业的发展和资金的流入，广大农村更多的是依靠耕种土地发展经济；与此对应，城市则具有更多的有利条件，有利的地理位置、发达的交通设施、较高的人文素养和良好的投资环境，这些使得城市的工业和服务业的发展水平远远高于农村，更多的工厂和商铺提供了大量的就业机会，较高的经济实力和消费水平也提升了劳动报酬。这对于急切希望实现自身社会价值和生活追求的农村女性来说无疑具有极大的吸引力，在这种明显的经济发展水平和显而易见的就业机会面前，农村妇女（也包括很多已婚妇女）进入城市选择职业可能是更为明智的选择，但也无形地减少了农村妇女扮演母亲角色的时间和空间。

2. 基础设施和社会服务不均衡使得农村妇女向往城市生活

城市中健全的基础设施和完善的社会服务对于新时期追求高品质生活的农村妇女来说，无疑是吸引她们进入城市的重要客观因素。与以往相比，当代的农村女性对生活有更高的要求，她们的消费观念和生活观念比较新潮，对高品质的生活往往有更高的要求。城市中的基础设施比较健全，诸如便利的公共交通、丰富的能源资源、优美的城市环境和健全的邮电通信设施等，这些与生活质量休戚相关的设施在城市中更为完善。城市往往还具有更为完善的公共服务，诸如密集的银行网点、丰富的商铺餐馆和种类繁多的娱乐方式等。与城市相比，广大农村无论是在基础设施还是在公共服务方面都远远落后于城市地区，生活品质与城市还保持着较大的差距。在基础设施和公共社会服务上，城乡之间存在着明显的差距，这对于追求较高品质的现代农村妇女，尤其是较为年轻的农村母亲来说，城市生活具有较大的吸引力，而离开家乡，进城务工则是她们享受城市生活最简单的办法，这也客观上加剧了农村母亲角色的缺失。

（二）农村妇女自我意识的持续觉醒

随着社会的发展和农村女性素质的整体提高，农村妇女自我意识的持续觉醒是她们更多选择社会职业，造成家庭中母亲角色缺失的重要主观因素。期望通过参加社会职业改变自己在家庭中的地位，以及普遍要求家庭成员（一般是丈夫）共同承担家庭责任，这是反映农村妇女自我意识觉醒的两个主要的表现。

1. 期望通过参加社会职业改变家庭地位

中国传统社会中"男主外，女主内"的传统家庭观念在当代的中国农村逐渐失去生存土壤，越来越多的农村女性期望获得与男子一样的家庭地位，且与男子一样承担起家庭的责任，而按照当前中国农村家庭的普遍状况，对家庭经济上的贡献水平很大程度上影响了家庭成员在家庭中的地位，为了提高家庭中的地位，与以往相比，个性上更加自强的农村女性往往会选择从事职业，增加自己对家庭的经济贡献，以此来提高自己在家庭中的地位。周围女性的成功案例更加强化了她们参加社会职业并以此改变家庭地位的观念。

2. 普遍要求与丈夫共同承担家庭责任

当代农村妇女的自我价值感逐步增强，她们对自己的生命价值往往有更加理性的思考，她们不再愿意像她们的父辈祖辈的时代一样，依靠男人生活，而是希望通过自己的劳动实现自身的生命价值。尽管她们仅有较少比例（仅有 4.2%）的人认为自己进城务工是出于实现自身价值，绝大多数（90.8%）的农村妇女认为自己进城务工的原因是增加家庭收入。这仅能说明农村妇女外出务工只是把劳动看作是谋生的手段，而没有上升到精神层面。按照马斯洛需要层次理论，我们更多的人是处在包括生存需要在内的较低层次的需要上，而农村妇女依靠自身的劳动来增加家庭收入则可以看作是她们实现自我价值需要的一种方式。农村家庭中对家务劳动没有给予足够的评价，造成农村妇女产生对包括照顾子女在内的家务劳动以较低的价值感。由此，农村妇女参加社会职业，要求与家庭成员共同承担家庭责任仍反映了她们逐渐增强的自我实现意识，而这种自我价值感以及在此支配下的农村妇女大量走向社会，参加社会职业的情况也带来了农村家庭教育中母亲角色的缺失。

二、自我认知与社会期待的差距使得农村妇女难以满足家庭责任的要求

在包括家庭教育的家庭生活中，一个母亲如何扮演自己的角色，不同的群体有不同的认识，尽管农村妇女对母亲这一角色有了比传统上更为理性的认识，但对如何做好一个母亲，如何在家庭范围内教育好自己的孩子方面的认识在很大程度上跟社会的整体期待还存在较大的差距。而在践行母亲角色时，其自身的期待

农村教育问题专题 **研究**

与自己所具有的角色扮演能力间也存在较大的差距，这些差距使得有些母亲不能很好地认识自己的角色，对一些角色的期待没能理性地内化，农村妇女从自身认识出发，忽略了社会对妇女的家庭责任期待，进而造成母亲角色在家庭教育中的缺失。

（一）母亲的角色认知与社会的角色期待之间存在矛盾

当前社会对女性的期待仍然更多地倾向于成为贤妻良母，即使是参加社会职业的女性，仍然期望其更多地顾及自己的家庭，家庭和社会都明确地肯定这一社会价值；然而对于当代女性来说，贤妻良母的价值认识甚至对家庭和子女的照顾是对其人生追求的一种束缚，她们往往追求更高的生活质量，更多地考虑自身生活的幸福，这就在母亲的角色认知和社会对母亲的角色期待之间形成了难以缓和的矛盾，当两者无法同时顾及时，很多女性往往会从自身认识出发，放弃或部分放弃自己的家庭责任，在家庭教育中造成母亲角色的缺失。

现代家庭制度对女性的母亲角色具有决定性的影响，要求女性在生育后由妻子的角色转变为母亲角色，传统家庭按照自身的期望，强调对女性的性行为、亲密关系、生育、母亲角色、男女分工以及性别角色的规划，并按这一划分来组织家庭生活，在过去，一个女性成功与否，通常以她是否很好地履行她在家庭中角色的优劣作为衡量标准，即是否为一个优秀的家庭主妇和好母亲。[①] 尽管随着社会和时代的发展，社会对女性的评价标准发生了改变，但对女性在家庭和做母亲方面的赋重仍然很大。然而，新时期的女性无形中受到女性主义和女权运动的影响，在生活中更多地考虑自身的存在价值和幸福感，她们认为传统的母亲角色要求她们从事更多的家务劳动并照料小孩，而这会影响她们参与自己的休闲活动，享受生活的乐趣，追求更高的生活品质。在这种认知和期待的冲突之下，有些母亲在可能的情况下，选择更为自由地去追求自己的人生理想和高品质的生活品质，家庭中母亲角色的缺失在所难免。

（二）母亲的整体素质与实际的角色能力之间存在差距

一个母亲即使愿意并且有时间和精力来扮演自己的母亲角色，她也并不一定能够做到这一角色的要求，可能其整体素质与在扮演母亲角色的能力上存在差距。农村家庭中，仍然存在着一些家庭主妇，她们把所有的时间用在家务劳动和照料自己的孩子上；有些农村妇女尽管拥有自己的社会职业，但仅仅作为家庭生活的辅佐，家庭、丈夫和孩子仍然是她生活的重心，她们甘心做家庭主妇，愿意承担相夫教子的责任，但由于自身缺乏相应的能力和知识，在实践自己的家庭责任上不能做到最好，尤其是在子女的家庭教育上，她们往往有教育好子女的意愿，但在如何做上却经常束手无策，家庭教育的目的、方式、方法和指导原则等对家庭教育至关重要的知识严重缺乏，无法及时发现孩子在个性和性格上出现的问题，当孩子出现心理或者个性上的问题时无法进行合理的评价，也不能及时地进行处理，甚至由于自身教育方式的不当直接导致子女个性出现各种问题。这样

---

① 楚丽霞. 当代女性母亲角色的变迁［J］. 贵州社会科学，2005（2）：45-48，44.

的母亲往往面临知道做但不知道如何做的矛盾，在遇到困难时，她们经常寄希望于学校和社会，推脱自己的教育责任，从而导致母亲角色在家庭教育中的缺失。

三、教育的不足阻碍农村妇女从自然母亲变为合格母亲

造成农村家庭教育中母亲角色缺失的原因是多方面的，除了社会、家庭和心理认知方面的因素之外，更为重要的是教育方面的原因。农村妇女往往存在受教育程度及学历层次较低的情况，在母亲教育方面也缺乏系统、全面的专门教育，这使得农村母亲无论在整体素质还是在专门的知识和能力上都处在比较低的层次上，这直接导致了农村母亲在家庭教育上表现出来的窘境。因此，无论是正规学历教育的不足还是专门的母亲教育缺失，都是造成农村母亲在家庭教育中是自然的母亲但不是合格母亲的重要原因。

（一）较低层次的学历教育使得农村妇女整体素质较低

从本研究的调查（79%的被调查者是初中及以下学历）中可以看出，农村母亲普遍受到较低层次的学历教育，而较低层次的学历无法满足一个母亲在家庭中作为教育者的学历要求，低教育层次的母亲往往缺乏教育他人（通常是自己的子女）所必需的知识，在后来的生活中，农村女性又没有受到完善的专门教育，使她们严重缺乏做母亲的知识，但她们又在教育活动中无法回避，只能成为家庭教育的主导者，这就不可避免地出现农村家庭教育中母亲教育失当的情况，使得自然母亲无法成为合格母亲。

1. 自身教育不足造成教育观念落后

较低层次的学历教育使得农村妇女的整体素质相对较低，而父母较低的素质则会影响子女的成长和对子女的教育质量。通常来讲，父母的整体素质较低，其家庭环境和家庭氛围存在不利于子女成长的因素。在实际的家庭教育中，整体素质较低的母亲没有较为合理的教育观念，即使从心理上重视教育，但大多也仅仅只是重视孩子的学习成绩，认为只要成绩优秀其他的方面自然就都是优秀的，或者对孩子其他各方面的发展，诸如性格和个性的塑造、道德的培养、习惯的养成等对子女未来发展至关重要的方面并不在意。这种只重视智力发展忽视道德、个性和审美等全面发展的教育方式，以及没有较好的家庭生活方式和父母的榜样作用，使得孩子无法树立远大的人生理想和教育目标。有些孩子在一段时期内学习成绩优秀，但由于个性的问题，这种好的势头难以延续，进而出现失学、辍学等教育中常见的问题。母亲较低的学历层次，严重影响了家庭教育的质量，造成低学历的恶性循环。

2. 课程设置不科学造成教育知识匮乏

在新一代的农村母亲所受到的正规教育中，由于课程设置和教师水平的局限，她们所接受的教育往往存在知识范围狭窄、知识陈旧、实用性差的情况，这种由于课程设置以及在实际的教学过程中出现的问题，使得当代的农村母亲在学校教育中接受的知识相对匮乏，缺少在生活和家庭教育中的实用性。知识的匮乏

和陈旧严重影响她们对子女进行科学、全面的教育，造成家庭教育的失范和效果的偏差。

尽管当代的课程改革运动在一定范围内改善了义务教育中的知识结构，使得义务教育层次的知识更加全面、科学和实用，但对于已经成为母亲的农村女性来说，她们以往所接受的知识却是狭窄、落后和陈旧的。当地的农村母亲一般没有接受较为科学、系统的营养学、教育学和心理学知识，有些母亲甚至对此一无所知，而这些知识正是她们在教育子女中必然会用到的，对子女的教育至关重要。所接受知识的匮乏与陈旧使得母亲在教育子女时仅仅依靠自身的感觉和习惯，自己的家庭教育行为完全失去科学的指导，当子女的成长出现问题时，她们也无法及时地发现并给予正确的修正，进而造成对子女家庭教育的失败。

农村母亲较低的学历层次，以及由此产生的落后的教育观念、匮乏而片面的教育知识是使她们在子女的家庭教育中无法成功扮演母亲角色的重要因素。

（二）母亲教育缺失造成农村母亲家庭教育能力不强，责任感降低

1. 母教缺失造成农村妇女扮演母亲角色的能力不强

农村母亲的家庭教育能力相对较弱，这是造成母亲角色缺失的重要因素之一，而母亲教育的不足甚至缺失是造成农村母亲家庭教育能力不足的主要原因。农村母亲家庭教育知识的来源虽然比较多元，但大都没能传达科学、系统、全面的知识，而国家和社会专门针对母亲的教育方式又没能普及，支持力度过小，这是造成母教缺失的原因之一。

在农村进城务工的母亲当中，她们的家庭教育知识主要来自父辈祖辈的影响、电视等主流媒体、报纸杂志和朋友的交流等，在家庭教育知识的来源上很难做到科学、系统，父辈祖辈的教育知识大多是口耳相传的，虽然具有一定的经验，但对于现代育儿的科学要求来说还远远不够，而电视和报纸杂志等流媒体和平面媒体所承载的家教知识尽管是科学的，但往往由于信息传递方式和信息量的限制，这些教育知识难以系统，同时限于农村母亲较低的文化素养，她们很难正确地获得较为科学的家教知识，只能知其然不知其所以然，这些知识无法让农村母亲形成包括教育理想、教育目的、教育方式、教育态度、教育知识在内的全面而系统的家庭教育理论，在教育实践中往往也只能应用一定的教育形式，对于教育的本质来说难以透彻地理解和应用。

尽管在城市中，很多女性能根据一定的需要选择相应的母教课程，如社会力量创办的月子学校、育儿学校等，然而这种教育方式却尚未在农村普及，由于时间和财力的限制，绝大多数农村母亲没有机会参加这些培训，即使有相应的培训班，在本次调查中也仅有不到半数（43.7%）的母亲认为自己会参加这样的培训班。而由官方举办的母亲教育学校或培训机构，以及对母亲教育知识的宣传仍然极为少见，在对母亲教育方面国家和社会给予的支持力度都明显太小。正规的母亲教育和相应母亲教育培训机构的缺失和未普及是造成母亲教育缺失的主要原因。

2. 母亲教育缺失造成农村妇女对家庭教育中母亲角色的责任感降低

当代的农村妇女普遍认为自己在家庭教育中的作用可以由丈夫或其他家庭成员来替代，家庭教育的责任可以由良好的学校教育来替代，这种错误的认知降低了母亲角色的责任感，不利于农村母亲对自己在家庭教育中的角色缺失状况进行合理化评价。这种错误认知正反映了母亲教育的不足。

农村妇女从家庭走向社会不仅使其面临更多的角色选择，也让她们承担了更多的角色压力。当代女性从传统的"贤妻良母"和"男主外，女主内"的传统女性观的束缚中解脱出来，女性走向社会，参加社会职业，与男子共同承担同样的社会职责，相应地，在家庭范围内，女性也要求同男性共同承担家庭责任，比如家务劳动和照顾、教育子女。然而，除了可以共同承担的家庭责任之外，女性在家庭中拥有诸多不可替代的责任，怀孕、生育、哺乳、教育子女等，大多数妇女可以正视怀孕、生育和哺乳，但在子女的教育上认识不足，很多农村妇女认为照顾子女的工作可以由家庭成员共同承担，其他家庭成员的照料能起到与母亲的照料相同的效果，甚至认为夫妻双方照顾和教育子女的责任可以相互替代，母亲角色的缺失可以由父亲或其他家庭成员的角色来替代，忽视了母亲在家庭教育中不可替代的作用，母亲对自身在子女教育上责任感的认知偏差，使其从主观上认可了母亲角色缺失的合理性。农村妇女对子女教育的重视大多集中在对其学校教育上，而对家庭教育的重要性往往认识不足，她们认为子女的教育工作更多的是学校的责任，好的学校教育可以代替家庭教育，从而忽视了父母（尤其是母亲）在子女成长过程中的教育作用。

农村妇女对家庭教育认知上的偏差，以及对母亲角色责任感的降低正是由于其教育知识的缺乏，对家庭责任和家庭教育对子女的影响不甚了解，而仅仅依靠个人感觉行事，对此，母亲教育工作的缺失是导致这一状况出现的重要原因。由于当代的农村母亲受到的正规教育时间较短，接受的知识相对匮乏、片面和陈旧，在婚后又没有进行必要的母亲教育，对自己如何做好一个合格的母亲，成为家庭教育的真正主导者方面认识不足，在家庭教育的实践上逃避母亲应有的责任，是农村妇女在子女教育上未能从自然母亲向合格母亲转变的关键。

第五节　促进农村家庭教育中母亲角色回归的对策

当前农村家庭教育中母亲角色缺失的现象比较严重，家庭教育中母亲角色的缺失不仅不利于社会和家庭的稳定、和谐，对下一代的教育来说还有着巨大的负面影响。家庭教育中母亲角色的缺失对子女良好情感的建立十分不利，在一定程度上影响了儿童健全人格的塑造和良好道德品质的养成，家庭教育的成败很大程度上决定了母亲角色发挥的重要作用。从角色冲突和教育的角度来看，现阶段农村家庭教育中母亲角色缺失的原因包括：农村妇女在家庭和职业间面临着尖锐的矛盾冲突，在两难的境遇下很多母亲选择离开家庭，走向城市参加社会职业；她

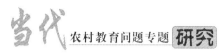

们在母亲角色内同样面临着自身认知和社会期待之间的矛盾，对如何做好母亲角色存在着诸多冲突，认知上的偏差导致她们无法满足社会对母亲的期待。在各种原因中，教育的作用至关重要，无论学历教育还是社会上专门的母亲教育都没能给农村妇女做合格母亲提供有力支持。对原因进行分析，找到解决问题的对策和途径是本研究的最终落脚点。创造条件，消解母亲角色的冲突；加强教育，提高农村妇女践行母亲角色的能力是促使母亲角色回归的突破点和有效途径。

一、创造条件，消解母亲角色冲突

农村妇女在母亲角色与社会角色间以及在母亲角色内部所面临的矛盾，是包括家庭、社会、学校以及政府在内的多种力量之间各种矛盾的集中体现，因而，消解母亲角色的冲突需要各个方面相互配合，相互协调，相互包容，只有这样才能为消解农村妇女母亲角色的冲突创造最为有利的条件。

（一）家庭：尊重母亲地位，重估家庭劳动价值

与以往的传统农村家庭相比，局限于家庭范围内的劳动仍然没有给予合理的评价。没有参加社会职业，做全职家庭主妇的农村妇女，其地位仍然完全低于参加社会职业、为家庭提供主要经济来源的男性，因此，在家庭中，转变传统的家庭观念，尊重母亲的地位，给包括教育子女在内的家务劳动以合理的价值，转变仅以提供家庭经济来源的多少来评价家庭地位的主要方式；通过对家务劳动的高赋值，改变农村妇女单纯追求对家庭的经济价值来提高自身家庭地位的观念，提高她们从事家务劳动、相夫教子、践行母亲角色的积极性，从而促使农村妇女愿意花更多的时间和精力回到母亲角色。

受传统的父权主义的影响，农村妇女的家务劳动往往被认为是没有价值的，一直没有受到足够的尊重，即使她们为此劳苦一生，也大多被认为对家庭没有很大的功劳。在男女地位逐渐平等的当代社会，随着女性自我意识的逐渐增强，农村妇女强烈要求自身的地位有所提高，但限于旧的家庭观念的影响，提高家庭地位的主要途径就是为家庭经济收入贡献自己足够的力量。因此，很多农村妇女在可能的情况下，选择外出打工，这不仅是出于增加家庭收入、改善家庭生活条件的考虑，她们还把外出务工作为提高自己家庭地位，争取家庭话语权的一种方法。但这样就使得在家庭范围内，夫妻双方都不愿意单纯从事低价值的家务劳动，而纷纷选择走向社会为家庭创收，从而造成在子女的家庭教育上父母角色的缺失，而母亲角色的缺失对子女的成长来说会产生更为严重的后果，成为家庭教育上的重要问题之一。如果农村家庭观念能随着人们整体素质的逐步提高而发生必要的改变，对男女性别有理性的认识，不再仅仅从男权中心的观念去看待妇女问题，对家务劳动的重要性给予正确的认识，重新评估家务劳动的价值，如此，无论农村妇女选择走向社会职业还是留在家中做家庭主妇，她们都能够得到足够的尊重，在生活上都能产生足够的价值感和存在感。这样从事单纯的家务劳动，留在家里相夫教子，做好子女的家庭教育工作对她们会产生更大的吸引力，增加

其践行母亲角色的积极性，从而促使母亲角色的回归。

（二）国家和社会：加快农村建设，吸引外出妇女回流

城乡经济社会发展的不平衡，农村基础设施建设的落后和社会公共服务的缺失是导致农村妇女离开家庭，选择外出务工的重要原因。因此，要促使农村母亲更多地照顾家庭，回到其母亲角色的位置上，改善家庭教育的质量，就要更加重视农村社会经济的发展，加快新农村建设，改善农村生活环境，提高在农村的生活水平和经济收入，缩小城乡之间的发展差距，当农村的生活质量和经济收入能够在一定水平上满足农村妇女的生活要求时，她们会更愿意回到离自己家庭更近的农村发展，这样，她们有更多的时间留在家庭，对子女的家庭教育能够赋予更多的时间和精力，从而减少她们既想外出务工，追求高品质生活，又不想离开家庭、离开子女的矛盾心理，促使她们的母亲角色的回归。

没有哪个母亲愿意抛开自己的子女，离开自己的家乡到一个陌生的城市去闯荡。当前的情况下，农村地区之所以有如此多的人离开故乡去到遥远的城市打工，那就是城市能够提供更优厚的就业岗位，有更舒适的生活环境，更优美的城市环境和更健全的公共服务，相比之下，农村地区的发展则相对落后，在广大农村，生活的基础仍然是依靠耕种土地，繁重的劳动和较低的经济收入对追求高品质生活的年轻人来说完全没有吸引力，落后的基础设施和公共服务的缺失严重地影响了他们的生活质量。未来追求更高的经济收入，享受更高品质的生活，追求更高质量的幸福感，很多农村妇女无奈地选择离开子女外出打工。城乡经济发展的巨大差距以及由此带来的经济收入和社会生活问题是导致农村家庭教育中母亲角色缺失的根本原因。本研究认为，如果加大农村的社会发展力度，致力于缩小城乡之间的发展差距，加快农村的基础设施建设，扩大农村公共服务的范围，农村地区的社会经济就会得到很大程度的发展，对农民来说，农村社会经济的发展就会带来更多的就业机会和更高的经济收入，更便利的基础设施和更为舒适的农村生活环境。农村经济发展了，社会条件改善了，能够满足新一代农民对高品质生活的基本追求了，外出务工的农村妇女则更愿意回到自己的家乡，回到家庭，回到自己的子女身边，这对子女的家庭教育来说，无疑是有利的。因此，加快农村经济社会的发展，提高农民收入，改善农村的生活条件是消解农村妇女的就业冲突，促使农村母亲回归农村、回到家庭的根本举措，这对于母亲角色的回归也有重要意义。

（三）学校：解决农民工随迁子女的教育问题

如果农村妇女离开家庭外出务工的现象不可避免，那么解决好农民工子女的随迁问题及其入学问题，则是从学校层面减少农村家庭教育中母亲角色缺失的有利方法。当前状况下，大批的农民工涌向城市，由于其子女的教育问题无法解决，很多务工人员不得不把子女留在家里，造成很多留守儿童的出现，加重了母亲角色缺失的现象。

尊重母亲的地位，重估家务劳动的社会价值；加快农村的建设，吸引外出务工的妇女回流，这些举措是为了创造更为有利的条件，促使外出务工的妇女向农

村回流，以减少母亲角色缺失的可能。然而，城乡之间绝对平衡现象不可能发生，也由于很多个人因素，进城务工的状况不可能也没必要完全改变，当有农村母亲不可避免地需要进入城市时，如何解决好其子女的教育问题，则是此时需要面对的问题。当前的状况是，一些进城务工的人员由于其子女无法在流入地入学，或者没有机会进入教学质量较高的学校，或者没有条件缴纳足够的借读费用，他们往往无奈地把子女留在故乡，交给祖辈或其他亲属照料，造成母亲角色缺失状况的出现。对此，解决好农民工子女在流入地的入学问题，则可以促使农村务工人员把子女带在身边，从而减少母亲角色缺失出现的概率。本研究大胆提出一些建议：一是转变观念，适当放开户籍管理制度，给具有一定稳定性的进城务工人员提供合法的市民身份，为其子女进入普通市民学校提供公平的机会；二是集中力量，创办一定数量的农民工子女学校，提高办学条件和教学质量，让农民工随迁子女获得良好的受教育机会。对于一些流动性较大务工人员，为他们的子女专门创办学校，利用国家力量和社会资源，着力提高农民工子女学校的办学条件和教学质量，保证农民工子女共享国家的教育资源。只有这样，进城务工的人员在务工期间才愿意把子女带在身边，共同生活在一起，这样必然会减少留守儿童的出现，对于进城务工的农村妇女来说，与子女的共同生活则会使她们有更多的机会做好家庭教育，缓解母亲角色缺失的状况。

二、加强教育，提高妇女践行母亲角色的能力

母亲角色内外的冲突是农村家庭教育中母亲角色缺失出现的主要原因，而农村母亲整体素质以及作为合格母亲所需要的专门素质不高是造成母亲角色冲突的主观原因。因此，为了促使农村家庭教育中母亲角色的回归，缓解母亲所面临的角色冲突，从主观上提高农村妇女扮演母亲角色的合理认识，使之具备合格母亲所必需的能力和素质，就应该从根本上加强教育，强化农村母亲对自身教育重要性的认知；推进课程改革，让其在正规教育中接受更加科学、全面、实用的知识；同时，推进终身教育体系下的母亲教育。让每一个自然母亲成为名副其实的合格母亲，这是教育的责任，也只能通过加强教育来实现。

（一）主动接受教育，提高母亲自我角色调试能力

当前农村家庭教育中，之所以出现母亲角色内的冲突，造成母亲角色缺失的状况，主要是由于农村母亲在面临角色内部的冲突时，无法很好地权衡矛盾双方应有的价值，无法正确对待母亲角色的重要性，往往采取非此即彼的认知方式和处理办法，当她们选择从自身的认知对待母亲角色时，往往不能满足家庭和社会的期待，无形中导致母亲角色的缺失。如果一个母亲有较高的素质，对自己在母亲角色方面的认知有较为理性的把握，能够很好地权衡自身认知和社会期待之间的关系，在面临母亲角色的冲突时则能选择更为理性的处理方式，能够在自己的认知指导下更好地满足社会和家庭的期待。而接受好的教育则是提高母亲整体素质的根本方式。广大农村妇女从自身的角度，积极寻求好的教育，提高接受教育

的意愿，充分认识到教育给生活带来的影响。只有从主观上认识教育的重要性，积极接受良好的教育，才能提高自身的素质，并提高对母亲角色的自我调适能力，在面临角色的冲突时，有更为理性的认知，调节矛盾双方的差距，找到好的契合点，使角色冲突得到理想的处理，降低角色缺失的可能性。

（二）加强正规教育，提高潜母亲的整体素质

当前农村妇女面临的正规教育问题有两个：一个是正规教育的年限较低，学历层次不高；另一个是正规教育所传授的知识死板、范围过窄，实用性差。知识的匮乏和能力的不足是造成农村母亲无法从自然母亲成为"合格"母亲的重要障碍。相应地，从正规教育方面，解决渠道也有两种：其一，加强农村义务教育的力度，严防农村女童教育的失学、辍学现象，延长农村女童的受教育年限；其二，持续推进课程改革，让课本的知识与生活相结合，赋予课本的知识以"生命"。近年来，学校中的课程改革取得了卓有成效的进展，但由于应试教育的模式仍然具有很强的生命力，素质教育无法在整个教育体系内付诸实施，而课程改革的目标也不是一成不变的，课程改革需要持续推进，在从小学到大学的课程里，将教育学、心理学、社会学以及营养学等学科的知识融会到课程当中，让学生学习的知识更加全面，并注意与具体的生活相结合，赋予课本知识在现实生活中的生命力，使之真正发挥知识的实用性。随着正规教育年限的不断延长和课程知识的合理、科学的编排，在未来的一段时间内，农村女性的整体素质一定能够得到提高，而在做母亲的过程中，也能够将所学知识得到很好的利用，为自身成为合格母亲打下较为坚实的基础。

（三）推进终身教育体系下的母亲教育工程

"母亲教育工程"是以"母亲教育"为切入点，以"教育母亲"为核心，以"弘扬母亲精神，提高母亲素质，提高家庭教育水平，优化未成年人健康快乐成长环境"为宗旨，力求实现学校教育、家庭教育和社会教育的有机结合。"母亲教育工程"是构建和谐家庭、和谐社会的基础性工程①。母亲教育是一项规模很大的系统工程，在终身教育的体系下，母亲教育应该贯穿于女性的一生。母亲教育的意义十分明确，首先，母亲教育针对提高女性自身的整体素质，包括女性的思想道德素质、科学文化素质、个人的知识水平和生活的能力等，通过实施母亲教育提高女性自身的生活质量和生活幸福感。其次，母亲教育旨在把母亲培养成为真正的教育者。由于一个民族的母亲对一个民族的生存和发展具有十分重要的作用，母亲的教育能力和水平决定了这个民族家庭教育的质量，通过母亲教育使母亲不仅自身具备较高的素质，还能使其成为好的教育者，懂得家庭教育的重要性，清楚应该把孩子培养成什么样的人，在教育观念、教育方式方法、教育理论和实践上都具有较高的素养。良好的母亲教育能够让一个母亲从自然母亲成为"合格"母亲。正是因为母亲教育对提高整个国民素质，促进青少年未来的良好

---

① 杨君丽. 母亲教育工程"研究与实践：以克拉玛依市为例［J］. 克拉玛依学刊，2011（3）：66-71.

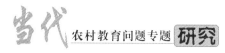

发展，提高人民的生活水平，实现社会和谐等方面具有重要的意义，对农村母亲来说更能够让自己理解母亲角色的责任，提高家庭教育的能力，扮演好母亲角色，因此，国家理应充分利用国家力量，整合社会资源，做好宣传工作，依托现有的学校设施，以成立母亲教育学校和开设母亲教育培训班的方式，吸纳包括潜母亲、准母亲和真母亲等各种层次在内的女性，在一定教育纲领的指导下持续推进终身教育体系下的母亲教育工程，只有将母亲教育变成社会教育的常态，让每一个女性真正成为母亲教育的对象，母亲尤其是农村母亲的整体素质才能得到总体提高，当前状况下农村家庭教育中母亲角色缺失的现象才能得到较好的解决。

结束语

伴随着中国经济的持续快速发展和中国女性自我意识的持续觉醒，大量的农村劳动力涌入城市，参加社会生产活动，必然造成农村妇女在行使母亲职责时面临矛盾，农村妇女更多地参与社会职业，其在家庭中母亲角色的扮演上必然存在缺失，农村儿童的家庭教育会受到不可避免的影响。在这一问题假设之下，本研究形成了具体研究思路，即通过问卷和访谈的方式实地调查农村妇女在家教中的实际状况，获得其家庭教育中母亲角色的扮演情况，并从角色冲突的视角分析农村妇女家庭教育中母亲角色缺失的各种原因，以既能实现农村妇女母亲角色回归为目的，又不损害现代女性平等、自由、民主的权利为导向，尝试给出具体的实现对策。一年的研究即将结束，结束之际，期望已经取得的结果和达到的目的，能为其他研究者提供参考；研究的不足和缺陷之处，能够在将来的研究中成为研究的重点及克服的难点。如果本研究的成果能够引起专家学者的重视，能够让行政决策者听到一种声音，让广大的农村妇女看到自身的不足，找到改进的方向，那么，本课题研究者一年多的辛勤和汗水可谓值得。

专题四　农村义务教育学生营养改善计划实施评估研究——以河南省 S 县为例

第一节　绪 论

一、研究缘起

（一）营养餐计划仍有不足之处，需要加强研究

农村义务教育学生营养餐计划政策自 2011 年颁布施行以来距今已经 8 年了，2018 年全国人大和政协"两会"期间，人大代表和政协委员们就农村义务教育问题提出了很多看法，说明党和国家高度重视农村义务教育。随着我国经济建设不断取得新成就，我国政府更加注重提高人民生活水平，更加重视履行政府公共服务职能并着力保障和改善民生。反观营养餐计划的实施情况，虽然取得了部分成效，可是仍存在很多不足之处。本研究将对这些不足进行讨论研究，提出改进意见。

（二）营养餐实施过程中所存问题需要理论研究

营养餐计划实施以来，不仅国家关注营养餐政策的实施，民间公益组织和社会媒体机构也加入了营养餐计划。因为有了国家和社会的资金投入，680 个县的义务教育学校大多设立了营养餐厨房和相关的配套设施，根据当地情况因地制宜地为学生提供营养餐，让 2 600 多万名在校中小学生受益。但在取得效果的同时，我们也看到了营养餐计划实施过程中出现的偏差现象，如部分投入资金没有落到实处，部分营养餐计划未能让农村学生吃到有营养的食物，一些地方政府和学校的领导没有正确实施这项政策，部分教师、学生及学生家长有较高的期望，等等。因此，为了解决这些问题，笔者以此问题展开研究。

（三）选取 S 县为例作为样本进行分析具有典型性

我国学生营养餐计划的实施都以县域为准，一个地方的政治、经济、文化、地域特征都影响着营养餐计划的制订和实施。河南省 S 县处于中原腹地，是一个农业大县，也是劳务输出大县，主要经济收入来源于农业生产和外出劳务所得，

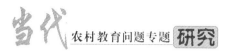

该县农村义务教育学生营养餐计划的实施，可以代表同类型的平原地区中人口密度大而劳务输出多的农业类大县的实施情况。因此，选取 S 县的农村义务教育学生营养餐计划实施情况进行研究具有典型性。

加之 S 县是笔者的家乡，对该县的基本县情和农村义务教育情况有很多了解，对该县农村义务教育学生营养餐计划的实施可做深入研究。同时也可为家乡教育的发展做出贡献。因此，笔者选取 S 县为例进行样本研究，拿来详细研究农村营养餐计划实施的状况，找到营养餐推行过程中存在的问题，剖析这些问题产生的原因，进而提出改进的建议，希望能为中国农村义务教育学生营养改善政策的推行提供经验。

二、研究目的和意义

（一）研究目的

1. 解决营养餐计划实施中存在的问题

农村学生的教育问题不仅仅体现在知识和技能的学习方面，还体现在身体健康的发展方面。为贫困地区的学生提供一份热乎乎、营养丰富的午餐，将有助于改善学生的营养状况，并增强其在校生活的安全感；"学生营养餐改善计划"将有助于提高儿童的入学率、降低缺勤率，提高他们的认知能力，并最终改善学习效果[1]。但是在营养餐计划的实施过程中，并未产生理想的效果，这需要从学理上进行探讨，以使营养餐计划更好地服务更多的农村学生。为了解决农村义务教育营养餐实施中存在的问题，我们选取该问题加以研究。

2. 为完善营养餐政策提供参考

若是以牺牲学生的身体素质为代价，一味地强调提高农村义务教育质量，这样的强调都是纸上谈兵。我们知道，一些地区已经实施营养餐计划，国家和社会资金已经投入，至于所产生的效果如何，这方面的系统研究还比较少。我们期望通过对 S 县农村学生营养餐计划施行的状况进行探究，记录营养餐实施的情形和产出效果，发现存在的问题，结合当地的政治、经济、农业发展情况深入分析问题产生的原因，并总结一些成功的经验，提出一些改善建议以供政策制定者参考。

（二）研究意义

1. 理论意义

本研究将以全新的理论视角指导实践，从多理论视角研究营养餐问题，尤其从教育政策实施评估的角度并结合有关的心理学理论、公共政策、法律法规、经济学、营养学等理论，深入研究农村地区学生营养餐问题，以便丰富和发展农村学生营养餐理论。

---

① 唐纳德·邦迪，卡门·布尔巴诺，玛格丽特·格罗什，等. 重新思考学校供餐计划：社会保障网、儿童发展和教育［M］. 杨艳艳，王乐，译. 北京：人民出版社，2010：20-21.

通过本研究，我们可以了解营养餐计划在推行过程中取得的效果，发现该政策在实施过程中存在的问题和政策本身可能存在的不完善之处，在分析原因的基础上提出适宜的改进建议，有助于我国农村义务教育学生营养餐政策的完善。

2. 实践意义

农村义务教育营养餐问题的研究对我国农村义务教育阶段学校食堂的规范建设及食堂的规范管理具有重要的借鉴意义。

本研究有助于改善我国农村地区学生的营养状况，使学生养成良好的饮食习惯和卫生习惯，进而提高其身体素质。

三、文献综述

（一）国内研究

农村少年、儿童的营养健康问题一直备受社会的普遍关注，但是我国对于这项政策的关注度不高，系统的研究也不多。关于这方面的文献研究多体现在健康、医学、卫生方面，有关农村义务教育学生营养餐的研究更少。笔者以"农村义务教育营养改善计划"为主题在中国知网上进行检索，2011—2019 年的文献记录共有 162 条。对知网上已有的文献进行汇总、分析，有的学者从行政管理角度研究农村学生营养餐的政策；有的学者从供给机制的角度研究农村学生营养餐的实施；有的学者从教育管理角度研究农村学生营养餐的投入方式。他们的研究成果对本研究具有重要的启发和借鉴作用。

1. 国内学者对国内营养餐计划的研究

（1）对我国义务教育学生营养餐政策的研究

天津财经大学周闪闪在他的硕士毕业论文《我国农村义务教育学生营养餐政策研究》中详细研究了我国农村义务教育学生的营养餐政策。他从公共政策制定与执行的角度入手，以公共政策理论等作为理论基础，在整合了大量文献资料的基础上，对我国现行的农村地区义务教育学生营养餐政策进行了研究与分析，结合国外的一些营养餐政策，对我国目前营养餐政策存在的问题提出了改进建议[①]。

贵州省学生资助办罗忠勇在《深化实施农村义务教育学生营养改善计划对策研究—以贵州为例》中通过对自己工作经历的总结，研究了贵州省 2011—2014 年的政策。贵州省从 2012 年春季学期起，首先在集中连片特困地区的 65 个试点县实施了农村义务教育学生营养改善计划。至 2013 年年底，营养改善计划已经覆盖全省 87 个县 1.42 万所农村学校，中央政府和省政府共计投入专项资金约 45 亿元，目前已惠及近 400 万农村学生。贵州从本省实际出发，逐步形成了以全面实行学校食堂供应午餐为基本特征的"贵州模式"营养改善计划。这些政策明确提出，实现农村学校"校校有食堂、人人吃午餐"的目标；明确做好"三个活"，确保"三个安全"的基本工作思路；围绕"七化"，全面推行"贵州模

---

① 周闪闪. 我国农村义务教育学生营养餐政策研究［D］. 天津：天津财经大学，2017.

式"的农村学生营养餐[①]。

王梦奎在他的《为了国家的未来：改善贫困地区儿童营养状况试点报告》一书中提出国家对于儿童营养的干预有以下意义：营养餐计划是缩小城乡、地区差异的战略性手段，它是具有价值的人力资本投资，它是政府民心工程的主要投资项目，可以在农村产出多种效益。我国目前已经有了一些儿童营养方面的做法，但仍很不完善。现在，应当对儿童营养政策进行完善，把对儿童的营养干预作为国家的一项基本职责，由党和政府对儿童营养做出政治承诺[②]。

（2）我国义务教育学生营养餐的供给方式研究

华中师范大学的郑泱在《我国农村义务教育学生营养餐供给机制研究：以湖北省 D 县问卷调查和访谈调查结果为依据》中以历时态的视角全面梳理了我国农村义务教育学生营养餐供给机制的演进历程；用规范研究和实证研究有机结合的方法对农村义务教育营养餐的供给机制进行了研究[③]。

华中师范大学的任燕在《当前农村学生营养餐供餐模式研究》中把着力点定位于营养餐的供餐模式，在文中第三部分具体介绍三种供餐模式，分别是学校模式、企业模式和家庭模式。作者总结得出的启示是：要坚持以学校模式为主体，以公益为核心，以效率为目标，对于三种供餐模式的弊端必须重视，要通过健全法律法规体系、加大保障资金投入力度、加强领导完善监管等多方面努力，使得三种供餐模式都能积极发挥作用[④]。

海南医学院公共卫生学院的张帆带领中国疾病预防控制中心营养与食品安全所的同仁们以健康管理的角度在《全国农村义务教育学生营养改善计划供餐和运作模式》中提到了三种供餐模式、供餐实施过程中存在的问题以及改进这些问题的具体措施。作者通过研究几种供餐方式的好处和坏处，提出自己的思考建议：围绕学生食堂供餐，因地制宜确定供餐模式；积极推广"政府主导，多方合力"的项目运作模式以加强农村学校的建设[⑤]。

以上都是从宏观角度研究农村义务教育营养餐的供给机制和营养餐的供餐模式，汤啸天主编的《学生健康权的实现研究》一书以学生营养餐的微观供给情况讨论了学生营养餐的供给量以及供给质量。营养餐供给量必须符合学生的生理需要，合格的供给量要求每顿学生午餐中所提供的各种营养素含量必须符合不同年龄阶段中小学生的生理需要。具体来讲，关于学生午餐食谱的供给量，要求任

---

① 罗忠勇. 深化实施农村义务教育学生营养改善计划对策研究：以贵州为例 [J]. 贵州教育·教育论坛，2014 (2)：5-9.

② 王梦奎. 为了国家的未来：改善贫困地区儿童营养状况试点报告 [M]. 北京：中国发展出版社，2009：3.

③ 郑泱. 我国农村义务教育学生营养餐供给机制研究以湖北省 D 县问卷调查和洽谈调查结果为依据 [D]. 武汉：华中师范大学，2016.

④ 任燕. 当前农村学生营养餐供餐模式研究以湖北省 D 县问卷调查和洽谈调查结果为依据 [D]. 武汉：华中师范大学，2014.

⑤ 张帆，张倩，徐海泉，等. 全国农村义务教育学生营养改善计划供餐和运作模式 [J]. 中国学校卫生，2014，35 (3)：418-420.

何一种营养素供给量都应该达到参考摄入量标准的 100% 左右，这也是营养餐的核心所在，如果一种或几种营养素的供给量没有达到参考摄入量标准的 60%，或是超过其 150%，就不算供给平衡，也不能称为真正意义上的营养餐①。

（3）我国义务教育学生营养餐的投入方式研究

周闪闪在其论文中对 2011—2017 年的国家和地方的投入做了详细的表述。不仅国家投入了大量的资金用于营养餐计划的实施，而且民间组织和企业也发起了公益项目，包括捐钱、设立爱心厨房等项目②。

海南医学院公共卫生学院的张帆《全国农村义务教育学生营养改善计划供餐和运作模式》中提出了农村学生营养餐的运作模式，包括资金投入、组织方式和工作模式。筹资途径有中央政府财政投入及地方政府投入配套资金。我国农村学生营养改善项目大多采取的是政府为主导，教育部门牵头，各相关单位和部门、社会团体及广大群众多方参与的联合工作模式③。

广西河池市环江毛南族自治县教育局的罗秀芳在他的《农村义务教育学生营养改善计划资金的管理》中对 2011—2015 年的农村义务教育学生营养餐计划资金的投入情况做了表述，包括我国总共花费在营养餐计划的资金量，落实到地方多少资金流，每个学生有多少钱的补助和营养餐费，我们都可以从文章中清晰地看到，通过作者的介绍，我们可以初步了解这几年有关学生营养餐计划的资金投入数量、投入方式、投入效果等情况④。

（4）我国农村义务教育学生营养餐的实施效果研究

福建农林大学的郑永红在《长汀县农村义务教育学生营养改善计划实施效果评价》中以福建省长汀县为缩影集中反映了我国义务教育营养餐的实施效果。该研究以长汀课间营养餐计划受益学生为研究对象，基于 2017 年受益学生体检数据，运用层次分析法构建农村义务教育营养改善计划实施评价指标体系，对长汀课间营养餐计划实施情况进行评价，并从横向上将长汀各年龄段受益学生基本体质平均状况与全国各年龄段学生进行对比，纵向上将该计划实施 3 年以来受益学生 5 次体检营养不良率进行对比，以此得到营养餐计划实施的效果，得出长汀营养改善计划对学生的营养不良状况有较大改善的结论⑤。

教育部原副部长刘利民在营养餐计划实施效果的汇报讲话中提到，营养改善计划的实施取得了阶段性的胜利，学生吃了营养餐，身体更健康了，学习成绩也有所提升。数据表明，一是更多孩子顿顿都会吃饭，不再饥饿；二是孩子们的营

①　汤啸天. 学生健康权的实现研究 [M]. 上海：上海人民出版社，2011：147.
②　周闪闪. 我国农村义务教育学生营养餐政策研究 [D]. 天津：天津财经大学，2017.
③　张帆，张倩，徐海泉，等. 全国农村义务教育学生营养改善计划供餐和运作模式 [J]. 中国学校卫生，2014，35（3）：418-420.
④　罗秀芳. 农村义务教育学生营养改善计划资金的管理 [J]. 当代经济，2015（6）：82-83.
⑤　郑永红. 长汀县农村义务教育学生营养改善计划实施效果评价 [D]. 福州：福建农林大学，2017.

养摄入量在逐渐增加；三是在校生上课积极性提高，满课率上升①。

通过对知网上文献的检索，我们可以看到有一部分关于农村义务教育营养餐的新闻报道和通讯文章，这些文章具有时效性和事实性，充分反映了当时营养餐计划实施的效果。

王浩于 2011 年报道了张家口市县财政每年投入 6 300 万元，为全市 11.7 万名义务教育阶段学校寄宿生每人每天免费供应一个鸡蛋、一盒牛奶。这就是该市特有的"蛋奶工程"。按照学生每天一个鸡蛋一盒牛奶 2.15 元，每年在校 250 天，每年生均 537.5 元的标准预算，全市实施"蛋奶工程"共需资金 6 307.51 万元。所需资金按照学校属关系和现行财政体制，由同级财政负担，对于财力水平较低的地方按照 20%~40% 不等的比例进行补助②。

（5）我国农村义务教育学生营养餐存在问题的研究

陈端春、杨冬在《我国农村义务教育阶段学生营养餐问题研究》中通过走访调查发现大多数地区都能够按照《农村义务教育学生营养改善计划实施细则》等文件要求开展工作，并积累了丰富的经验，但问题也比较突出。问题主要体现在以下几个方面：在领导组织方面，营养餐计划没有做到专事有专人、专人有专责。在供餐形式上没有制订行之有效的、切合本地实际的实施方案。在实施监管方面，一是营养餐的供餐模式、供餐质量都缺乏实施标准；二是供餐内容、供餐质量、投入资金等方面监管流于形式。农村基础条件差，相关配套投入不足，营养餐覆盖面不足。比如受益对象的粗放划分，过低的营养餐补助标准，缺乏必要的法律保障和监督③。

杨铭铎、华庆在《中国学生营养餐现状分析及对未来发展的思考》中分析了农村学生营养改善计划所存在的问题。在技术方面，我国学校营养餐的生产设施及设备总体情况较差，生产技术与国际先进技术相比还比较落后。在市场方面，中国的营养餐兴起较晚，体制还未完全形成，没有良好的纪律。在企业管理方面，从事学校营养餐的企业规模较小，管理上存在漏洞，企业里从业人员的营养知识培训率都较低。在相关政策法规方面，政府为保障和支持学校营养餐计划的实施出台了很多相关的政策法规，这些政策法规起到了很多积极的作用，但相关政策法规还不够完善，学校营养餐计划的法制化需要不断加强④。

西南大学教育学部基础教育研究中心的宋乃庆和邵忠祥从 2013 年 1 月起，在滇、川、渝、甘、陕、桂、黔 7 个西部省份国家营养改善计划试点中，对 25 个县 48 所学校的教师及学校领导进行了问卷调研，同时对部分校长、县营养

---

① 刘利民. 在全国农村义务教育学生营养改善计划 2014 年春季视频调度会上的讲话 [EB/OL]. (2014-04-10) [2019-09-30]. http://www. moe. gov. cn/publicfiles/bus-mess / html — files/moe/moe 176/201404/167079. Html.

② 王浩. 张家口"蛋奶工程"普惠 11 万义教寄宿生 [N]. 张家口日报，2011-11-30.

③ 陈端春，杨冬. 我国农村义务教育阶段学生营养餐问题研究 [J]. 轻工科技，2015，31（5）：110-111.

④ 杨铭铎，华庆. 中国学生营养餐现状分析及对未来发展的思考 [J]. 食品与发酵工业，2004（5）：106-110.

办工作人员进行了深度访谈。通过调研，他们发现营养改善计划主要存在以下问题：缺少营养专业指导人员；食堂招聘工人有难度；食堂设施不足，村小尤为严重；挤占公用经费；学生满意度不高；存在安全隐患；部分地区进餐时间不合理①。

2. 国内的学者对国外的营养餐计划介绍性研究

据不完全统计，现在有近 90 个国家先后实施了学校营养餐计划。因为每个国家的情况不一样，每个国家营养餐计划的特点和政策执行过程也不一样。但这些国家为本国人民提供的各种供餐服务，不仅明显地增强了国民的身体素质，而且加快了本国教育的发展速度，保障了国家的经济发展，其中以美国和日本的实施效果最好，其经验值得我国借鉴。

（1）有关国外的学校营养餐计划政策研究

1946 年美国国会通过了《全国学校午餐法案》，将学生午餐纳入法制管理，从二战结束到现在，美国的学生营养餐项目已经走过了半个多世纪的发展历程，美国政府先后出台了 10 多部法律及技术规章制度，并对学生午餐法进行了适当的补充与修订②。

日本学校供餐计划取得成功的关键是立法，日本是最早为学生营养工作立法的国家。从 1947 年开始，日本政府先后制定的与学校供餐有关的法律有《学校供餐法》《营养改善法》《营养师法》《食品卫生法》《学校教育法》等。这些法律相互配合、补充，形成了完整的体系，充分保证了学校供餐计划的顺利实施③。

早在 1906 年，随着教师教育法案的颁布，英国校园里就开始出现了营养餐，1944 年英国出台了一些法律，这些法律要求教育部门需要为学生准备营养餐，至 2006 年，新的强制性校园营养餐标准推出，英国百年校园餐制度才得以重现生机④。

（2）有关国外的学校营养餐计划供餐模式研究

美国的学生营养餐有早餐、午餐、少量的课间加餐，由各州的学生营养餐协会组织会员具体实施。学校向供餐公司订购学生营养餐，质量和价格是选择的主要因素，要求午餐必须达到日需量标准的三分之一，具有一定量的营养元素⑤。

日本的教育部门负责学校营养午餐的组织实施，供餐机构由企业配餐中心和学校配餐室组成；学生的就餐场没有统一的规定，可以安排学生在教室用餐，也可以在餐厅就餐；大多数中小学都配有 1 名营养师，少数学校是 2 所学校配 1 名

① 宋乃庆，邵忠祥. 义务教育学生营养改善计划实施的问题与对策［J］. 中国教育学刊，2014（10）：1-4.
② 谢菲. 美国中小学营养午餐计划对我国的启示［J］. 管理工程师，2012（2）：58-60.
③《上海学生营养工作立法前期准备》课题组. 国内外学生营养工作立法情况综述［J］. 教育发展研究，2007，27（2）：49-55.
④ 王莹. 西北地区农村学校"学生营养改善计划"实施情况调查研究［D］. 兰州：西北师范大学，2013.
⑤ 郭栉懿. 美国学生营养餐［J］. 中国食物与营养，1998（1）：29-32.

营养师①。

瑞典、芬兰等北欧国家，实行全部免费的福利型供餐计划，其费用由纳税人提供，采用中央食堂配送、学校安排自助午餐的做法。在确保校园餐卫生与营养的基本要求条件下，适当简化供餐的程序和菜肴种类；在学校食堂中设有牛奶、纯净水、果汁等自动装备，学生可根据需要自取，十分方便，同时还可节省包装费用②。

（3）有关国外的学校营养餐计划投入方式研究

美国营养餐计划的费用来自联邦政府及州政府的经费，均通过州政府支付。学校可从三级政府中得到补偿。学生付费有三种情况：全免、减免、全费。需要减、免费的学生要向学校提出申请，包括提供父母收入情况，每月提供一次，学校膳食部验证申请，之后农业部、州及当地教育部门检查各校申请，决定谁享受什么待遇。各州供餐做法不一样，有的州强制规定学校对所有学生都提供营养配餐，不能靠此赚钱；有的州是自愿，通过宣传教育，使学生家长重视营养餐③。

日本的中央财政为学校提供营养餐的经费补贴，并为学校建设配餐中心及硬件与设备，地方政府（县、市、町、村）为相关工作人员提供工资及运输费用，学生家长只需要支付营养配餐的原材料费。特别困难的学生可以免费吃营养餐，免费午餐的费用由国家和地方财政一起承担④。

根据不同地区的经济状况，泰国的学生午餐供应形式分为以下三类：一是在城市、市郊或者中等经济水平地区，午餐只免费提供给贫困学生，其他学生需要自费购买；二是在农村偏远地区，家庭贫困或者体重太轻的学生可以免费享受营养午餐，自己准备主食的学生可以免费享受副食，家庭条件好的学生需要自己购买午餐；三是在偏远地区的学生，所有学生可以免费获得营养午餐。以上学生营养餐的资金主要由国家财政拨款，地方财政补充一部分。

（4）有关国外的学校营养餐计划实施效果研究

美国实施了营养餐计划后，学生吃上了营养餐，身体状况得到了极大的改善。在吃午餐的时候，老师和学生一起吃饭，讲解营养、健康方面的知识，同学们之间相互讨论，增加了学生的知识。与此同时，学校食堂还培训了很多专业的营养餐工作人员，完善了烹饪技术与服务流程。在半个多世纪的发展过程中，美国政府还先后实施了早餐（SPB）、牛奶（SMP）、夏季供餐（SFSP）、妇女儿童补充食品（WTC）及课余加餐等计划，通过统筹规划使这些计划相互配合，加以完善，从而形成了相互补充、各具特点、以中小学生为重点的庞大供餐系统⑤。

日本实施学校营养餐计划后，日本儿童青少年生长发育指标增长幅度之大、速度之快是举世公认的，尤其是身高等具有代表性的指标。另外，通过调查，日

① 廖文科. 日本学校营养午餐的沿革与现状［J］. 中国学校卫生，2001，22（1）：5-6.
② 蒋建平. 国外学校供餐现状与典型管理经验（二）［J］. 中国食品，2004（5）：34-35.
③ 郭栉懿. 美国学生营养餐［J］. 中国食物与营养，1998（1）：24-32.
④ 廖文科. 日本学校营养午餐的沿革与现状［J］. 中国学校卫生，2001，22（1）：5-6.
⑤ 韩晴. 美国学校午餐计划对我国实施学校供餐的启示［J］. 中国城市经济，2010（5）：183-184.

本营养学界发现，日本的很多人都存在缺钙的现象，吃过营养餐的学生不存在缺钙的现象，从而证明了学生吃营养配餐的益处。因此，日本政府认为营养餐的摄入对学生的健康成长非常有利，营养餐计划将会一直在学校里推行下去①。

（二）国外的研究

一些西方发达国家的营养餐计划实施的时间要比我国早，而且这些西方国家的营养餐计划已经具有了相对完备的政策和实施方法。通过梳理其中的一些文献，我们可以发现这些文献的内容主要是营养餐计划的政策和实施情况，将其与我国营养餐计划的相关问题做对比，这些文献能为我国学生营养餐计划的实施提供经验。

1. 国外有关学生营养餐政策的文献研究

Tanaka 等在《日本学校午餐对学生健康的促进》中，介绍了 1954 年颁布的《学校午餐法》的地位、作用和意义，总结了该法律颁布以来，日本学校午餐计划的实施状况。Park 和 Hye-Kyung 在《韩国营养政策》中研究了 1970 年后的韩国学生营养政策的制定、颁布及实施情况。在《美国学校营养餐政策的监测与评价》中，J. Hirschman 和 J. F. Chriqui 等回顾了 1980 年到 2010 年的营养餐法案和美国学校营养餐供应的数据，介绍了美国营养餐政策，梳理了美国营养餐政策的历史，最后评价了美国营养餐政策②。

2. 国外有关学生营养餐计划实施的文献研究

T. Inayama 和 H. Kashiwazaki、M. Sakamoto 等利用开放性问卷的方法调查了日本的营养餐计划。结果显示：学生从这项计划里得到了营养、可口的食物，还从老师那里得到了关于食物方面的教育知识。营养餐计划不仅帮助了学生的健康成长，而且有利于学生学习更多营养均衡膳食方面的知识③。

J. Stang 和 C. T. Bayerl 等指出，美国的营养餐计划为儿童和青少年提供了足够的健康和安全食品，营养餐计划促进了学生的身体健康，使学生拥有正确的社会认知，让每个学生都能得到良好的发展。联邦政府和民间公益组织监督、评价营养餐计划，以确保实施的过程中食物安全，保证每个学生都吃到营养餐④。

E. Sidaner、D. Balaban 和 L. Burlandy 等通过分析巴西学校营养餐计划的实施状况和面临的挑战，得出巴西的营养餐计划是一项关于学校食品和营养发展的重大决策。文中探讨了巴西在实施营养餐计划时，政府做的相关决策及地方采取的监管措施；营养餐计划让学生们吃到了健康、安全、美味的食物，身体素质和

---

① 廖文科. 日本学校营养午餐的沿革与现状［J］. 中国学校卫生，2001，22（1）：5-6.

② HIRSCHMAN J, CHRIQUI J F. School food and nutrition policy, monitoring and evaluation in the USA［J］. Public Health Nutrition, 2013, 16（6）：982-988.

③ INAYAMA T, KASHIWAZAKI H, SAKAMOTO M. Role of school lunch in primary school education: a trial analysis of school teachers' views an open-ended questionnaire［J］. Ni-Hon Koshu -Eisei Zasshi, 1998, 45（12）：115-126.

④ STANG J, BAYERL C T. American Dietetic Association: Position of the American Dietetic: Association: child and adolescent nutrition assistance programs［J］. JAm Diet Association, 2010, 110（5）：791-799.

学习成绩都得到了相应的提高①。

(三) 研究评价

国内关于农村义务教育营养餐计划的研究不多，综合以上文献综述，可以看出大多数营养餐计划的研究集中在最近几年的硕士学位论文。部分学者从行政管理学、农村管理学、卫生健康学、营养学、教育学和政策学的视角研究营养餐计划。在宏观上，一些研究者从政策制定、供给侧改革等方面研究；在微观上，一些研究者从学校管理、财务管理、学生营养改善和食品安全等方面研究。通过不同的角度研究农村义务教育营养餐计划，这些文献可以让我们更加了解农村义务教育营养餐计划的实施状况，让我们掌握农村义务教育营养餐问题产生的原因，让我们得到相关的总结经验。

通过对网上文献的检索，我们可以看到很多新闻通讯报道，这些报道具有事实性、时效性。因此它们可以帮助我们了解当时农村义务教育营养餐计划的基本情况，结合当时的社会发展，为现在农村义务教育营养餐的发展提供经验。

通过以上文献的梳理，我们可以看出，大部分营养餐计划的研究视角比较单一，缺乏系统化研究。大多数文章都是以营养健康、卫生的角度研究学生营养餐计划，营养餐计划的影响因素具有多样化的特点，因此我们应该多角度地研究营养餐计划，将农村义务教育营养餐计划与当地的社会、经济、政治、文化密切结合，因地制宜地研究营养餐计划。

国外农村义务教育营养餐计划的制订时间比中国早，尤其是发达国家。这些国家已经将此计划付诸实践，并且制定了详细的政策法规。这些政策法规详细地规定了农村义务教育营养餐计划的对象，设置了营养餐计划的实施方法，提出了营养餐计划的保障机制。国外学者对农村义务教育营养餐计划的研究多集中在以下方面：一是这项计划的内容；二是该项计划的实施现状；三是营养餐计划实施的效果；四是营养餐计划实施过程中出现的问题；五是营养餐计划出现问题的原因；六是提出解决营养餐相关问题的建议。

四、核心概念的界定

(一) 农村义务教育学生

义务教育是国家为了提高国民素质，采取强制性的方式使适龄学生入学的一种教育手段，是国家资助的一种教育，它是一项公益性事业，具有强制性、免费性、普及性和世俗性。我们现在所说的义务教育通常包括小学教育、初中教育，一共有九年的教育年限。获得义务教育的农村学生我们称为农村义务教育学生。

(二) 营养餐计划

农村义务教育学生营养改善计划简称"营养餐计划""营养餐"，专门指

---

① SIDANER, BALABAN D, BURLANDY. The Brazilian school feeding programme: an example of an integrated programme in support of food and nutrition security [J]. Public Health Nutrition, 2013, 16 (6): 989-994.

2011年10月6日颁布的《国务院办公厅关于实施农村义务教育学生营养改善计划的意见》。国务院决定启动营养改善计划试点工作，中央财政为农村义务教育阶段的贫困学生提供财政支持，以提高贫困地区学生的营养健康，进一步促进农村义务教育的发展。

五、研究思路与研究方法

（一）研究思路

本研究紧扣教育学、营养学、管理学等相关理论研究农村义务教育营养餐计划，以问卷调查法和访谈法为主要研究方法，观察法和实物分析法为辅助研究方法。其作用是全面地了解样本校关于营养餐的实施现状，收集真实可靠的数据信息，为本研究的撰写提供量化的分析资料。

笔者登录了西华师范大学、乐山师范学院图书馆的官方网站，查阅了知网、读秀、国研网、万方的一些期刊文献和学位论文；收集、整理、分析了一些出版的杂志、书籍、政府相关文件，了解到当前农村义务教育营养餐计划实施的现状和不足。在此基础上，编制了《农村义务教育营养餐计划问题调查·学生卷》和《农村义务教育营养餐计划问题调查·教师卷》等调查问卷，设计了《农村义务教育学生营养改善计划实施情况（校长访谈提纲）》《农村义务教育学生营养改善计划实施情况（家长访谈提纲）》《农村义务教育学生营养改善计划实施情况（食堂工作人员访谈提纲）》。本研究选取河南省S县农村义务教育的教师、学生为调查对象，以家长、校长、食堂工作人员为访谈对象，通过分析调查问卷和访谈记录，了解S县农村义务教育营养餐计划的实施状况，探讨农村义务教育营养餐计划实施过程中出现的问题，分析营养餐出现问题的原因，提出解决营养餐问题的建议，科学合理地引导农村义务教育学生营养餐计划。

（二）研究方法

1. 文献法

本研究主要通过知网、读秀、万方等文献类网站和中华人民共和国教育部、河南省省政府、S县县政府相关政府官网等渠道获取研究所需要的文献资料，通过仔细研读、梳理、归纳、总结前人的研究成果，整理出有关农村义务教育营养餐计划研究的相关信息。本研究利用教育学和统计学研究的方法，基于教育学、营养学、管理学等角度研究农村义务教育学生营养餐计划的实施。

2. 调查法

调查法是研究者通过采访、派发调查问卷、数据统计、制作图表等科学方式，搜集相关数据，从而科学地分析问题的现状，并提出具体工作建议。调查采用问卷法、访谈法、亲身体验相结合的形式，具体的调查情况请见本专题第四节。

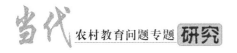

第二节 实施农村义务教育学生
营养餐计划的理论基础

一、多维视角中的农村义务教育学生营养餐计划

（一）教育学视角下的"营养餐计划"

1. 营养餐计划可促进教育公平化发展

教育公平是古今中外重要的教育理论，卢梭提出"各种等级、各种身份视为一致"的基本发展理论；孔子提出"因材施教，有教无类"，主张人人都享受平等而有质量的受教育权利。瑞典学者托尔斯顿·胡森提出"教育公平即教育机会均等，应该体现为起点均等、过程均等和结果均等。其中，起点均等是指入学机会均等，人人都有享受教育的权利；过程均等是指教育条件均等，主张每个儿童都应该享受相同条件的教育；结果均等，是指学业成功机会均等，能让每个学生的天赋得到充分的发挥"[①]。

提到我国的教育公平，应该结合我国的基本国情。在我国，教育公平既是教育管理的原则，又是教育发展的目标，所以教育公平理论不是一成不变的，随着社会的发展，它在不断地改进、发展。教育公平化发展的理论应该包括以下三个基本内涵：

首先，教育公平化发展并不意味着无论拥有怎样的背景和生活条件的人都能平等地享受各种条件待遇和权利。而是每个国家依据不一样的国情，不一样的实施准则，不同的人群特征，给予特殊人群以特殊照顾，做出相对公平的决策。

其次，谈到教育公平的时候，我们应该认识到教育差异的存在，只有意识到人具有先天和后天的差异，才能保证受教育群体中个体权利的公平性。

最后，教育公平不仅要体现在初分配时的公平，而且要有一套相应的救助和保障弱势群体的机制。西方的观点认为，教育公平是不可以完全达到的，只能通过人类的不断努力，达到无限接近。在资源分配时，我国强调资源再分配的作用，对贫困、偏远、少数民族、特殊残疾、家庭特殊的人群给予更多的政策优惠。

相对于城市而言，农村地区物资匮乏、知识欠缺，这种现象导致部分儿童营养不良，跟不上学习的进度，严重影响了农村义务教育的发展。营养餐计划的实施让贫困地区的农村孩子能够享受到国家的优惠政策，吃到健康营养的食物，不再饿着肚子上课，学习到正确的营养知识，不再挑食、厌食，学生的身体素质和学习质量都得到了提高。因此营养餐计划的实施促进了农村教育质量的发展，有

---

① 托尔斯顿·胡森. 平等：学校和社会政策的目标［M］//张人杰. 国外教育社会学基本文选. 上海：华东师范大学出版社，1989：193—217.

126

助于我们实现教育公平的目标。

2. 教育均衡化发展促进营养餐计划的实施

（1）教育均衡化发展的基本理论

教育均衡，实际上是在教育公平支配下，在教育活动中，教育机构、受教育者能够拥有教育平等的理念，执行相应的教育政策和法律制度。其最基本的要求是平等地分配教育资源，保持教育需求与教育供给的相对均衡。《教育规划纲要》将推进义务教育均衡发展，将其提升到义务教育战略性任务的高度，要求建立健全义务教育均衡发展的保障机制，均衡配置教师、设备、图书、校舍等各项资源，切实缩小校际差距，加快缩小城乡差距，努力缩小区域差距①。

（2）营养餐计划为了学生自身均衡化发展

宏观上，教育均衡化发展意味着通过教育资源的合理分配以缩小城乡及其地区间的差异。微观上，意味着学生自身营养均衡化发展。随着现代社会生活水平的提高，各种食物来源丰富，很多家庭的青少年儿童都存在挑食、偏食、过度肥胖等问题，部分家长也缺乏营养学知识，做不到营养均衡膳食。在农村，大部分孩子都是留守儿童，隔代抚养使这种情况更加严峻。营养餐的实施不仅给学生提供营养午餐或者课间加餐，而且教会了学生相关的营养学知识，也让家长有了膳食营养的意识。

3. 教育人本化发展保障营养餐计划有效地实施

（1）营养餐计划的实施体现了以人为本的教育发展观

以人为本的教育发展观要求学校把学生放到第一位，重视学生的个体差异，因材施教，鼓励学生表达自己，不能因为分数和学习任务失去了自我。教师要改变以往以教师为中心的教学方法，课程教学要丰富多彩，适应孩子们的发展天性，以学生为中心。

在营养餐计划的实施过程中，为了让没吃早饭的学生能够专心上课，有的试点学校为学生提供课间加餐；有的试点学校提供完整午餐，学生节省了午餐时间，中午可以好好休息，提高了下午的学习效率。营养餐计划的实施体现了以人为本的教育发展观。

（2）营养餐计划的实施促进了学生的全面发展

素质教育时代强调德智体美劳全面发展的学生观，德智体美劳的全面发展是社会教育的需求，是每个学生的追求。学生的全面发展要做到遵守基本的社会主义道德；有良好的学习和生活习惯；学好各科知识，掌握基本的社会生存技能；积极参加体育活动，强身健体；仪表整洁，善于发现美、创造美、传播美；参与社会劳动，培养吃苦耐劳的精神。

在营养餐计划的实施过程中，在没有家长的陪同下，学生自己用餐、自己洗碗，这些行为培养了孩子们互相谦让、独立生活、爱护粮食的好习惯。学生吃了

---

① 范先佐，郭清扬，赵丹. 义务教育均衡发展与农村教学点的建设［J］. 教育研究，2011（9）：34-40.

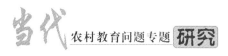

营养餐以后，身体素质提高了，智力发育也提高了，能够学习到更多的科学文化知识，因此营养餐计划的实施有益于学生的多方面发展。

（3）营养餐计划的实施有利于农村留守儿童的心理健康

农村留守儿童的教育问题是现今农村义务教育发展过程中一个不可避免的大问题。没有父母关爱和教导的留守儿童更容易出现一些心理问题，养成不良的生活和学习习惯。家庭教育的缺失让学校教育显得更加重要，没有父母爱护的孩子更渴望来自老师们的关心，班集体的温暖。

营养餐计划让农村留守儿童可以和老师、同学有更多的接触，一起吃饭让留守儿童体会到家一般的温暖，有利于留守儿童健康心理的发展。

（二）政策法规视角下的"营养餐计划"

1. 政府政策促进营养餐计划的提出

《国务院办公厅关于实施农村义务教育学生营养改善计划的意见》（国办发〔2011〕54号）要求从2011年秋季开始，在《中国农村扶贫开发纲要（2011—2020年）》和有关文件规定中所确定的680个集中连片特殊困难地区，启动农村义务教育学生营养改善计划试点工作。营养改善计划要按照"政府主导、试点先行、因地制宜、突出重点"的原则，稳步推进，不断提高农村学生的营养健康水平。2012年，教育部、财政部等十五个部门印发了与营养餐政策实施细则相匹配的五个文件，这标志着我国农村地区学生营养餐政策的正式实施。

2. 法律法规保障营养餐计划的实施

营养餐计划实施以来，取得了卓越的成效。学生、家长以及教育工作者普遍认为营养改善计划是农村教育进步的一个标志，是义务教育发展到一定程度的产物。营养餐不仅向大众推广了营养学的知识，也成了学校素质教育的重要内容。近年来，为规范营养餐在生产过程中的环节和技术问题，确保农村义务教育学生能吃到健康、营养又安全的食物，一些城市制定了很多营养餐技术操作规范和营养餐安全管理法规。

为此，国家有关部门以一些地方性学生营养午餐操作规范为前提，借鉴近年来全国各地成功的经验，认真分析存在的问题，结合部分《学生营养午餐生产企业卫生规范》以及现有食品卫生有关规范标准，参考目前国际通用的《食品良好生产规范（GMP）》《食品危害分析关键控制点（HACCP）》等质量管理体系，制定适合现有国情且易于推广应用的《全国学生营养午餐生产加工技术规范》，以提高学生营养午餐的综合质量，确保学生集体用餐的食品卫生与安全，促进我国学生营养餐事业的稳步发展①。

3. 社会组织支持营养餐计划的运行

营养餐政策设立初期，一些媒体记者发起了营养改善计划，由邓飞等报社记者的报道让大众关注到农村学生需要营养餐的现象。农村义务教育学生是一个庞

---

① 胡承康，许敏，俞之梁. 试论我国学生营养餐政府与社会联袂推进策略［J］. 中国学校卫生，2003，24（2）：193-195.

大的群体，营养餐计划的实施也是一个需要耗费大量人力、物力、财力的系统工程。因此光靠政府的力量是不够的，于是一些企业和公益组织也加入农村义务教育学生营养餐计划中。邓飞及其他记者连同国内几家专业新闻机构推出了"贫困地区儿童免费午餐的公益项目"。

在企业和基金会方面，九阳集团和卡夫集团一起创建了希望厨房，安利基金会创建了春苗厨房，并提供了所需的厨房设备。另外安利基金会还为三至五岁的孩子推出了"为 5 加油"公益项目，向这些孩子免费发放营养咀嚼片，以减少这些孩子因隐形饥饿而产生的各类健康问题①。

（三）管理学视角下的"营养餐计划"

1. 营养餐计划财务经费的管理

从 2012 年春季开学起，国家为支持营养餐计划的实施，国家财政部门出资帮助农村义务教育学校实施营养餐，一年中学生大约有 200 天的时间在学校度过，国家给予每个学生每天 3 元的资助经费，实施的主体为试点地区贫困的农村义务教育学校学生。营养餐计划的经费只能用于学生在校期间的用餐，不能直接以钱的方式发放给学生和家长，不能用于学校经费。

具体的资金管理方式有：将中央财政奖补资金纳入专户，将营养改善计划资金全额用于学生营养改善，专款专用，教育局实行动态监控，每学期开学初，各学校核实确定营养改善计划学生名单，不定期将学生增减情况报教育局，防止套取和虚报领补助的行为发生②。

2. 营养餐计划物流运输的管理

营养餐计划的供餐模式有三种，家庭托餐、企业供餐、学校供餐。虽说供餐模式不同，但是有关营养餐计划实施过程中所需要的食材采购都是至关重要的。首先食材的选购方面，要选择有相关证件、出售的食物都是新鲜绿色的商家，而且尽量控制一定量的预算，真正做到物美价廉。在运输过程中，要做到食材的保鲜，损耗降到最小。在食物保存过程中，要保证食材的新鲜和安全，要有专门的人来管理这些食材，食材和食品都要留样，如果出现食物中毒等类似问题，可以及时查找，找到问题源头，及时解决。

3. 营养餐计划硬件设施的管理

营养餐计划的硬件设施，主要指的是厨房及厨房里的设备管理。营养餐是2011 年提出的，2012 年春季开始实施，条件好一点的学校已经配备了供学生吃饭的食堂，部分条件差的学校原来没有厨房，后来建设了能够供学生吃营养午餐的学生食堂。这些学生食堂由政府出资，根据各个地区各个学校的不同情况，由当地的政府建设。教育部根据试点学校学生人数，按相关标准拨款，县政府通过招标选择合适的餐饮公司，餐饮公司自行购买符合标准的厨房设备，经过培训的专业人员负责厨房设备的基本运行，每天做好保洁、维护、维修的工作，并有相

①　周闪闪. 我国农村义务教育学生营养餐政策研究［D］. 天津：天津财经大学，2017.
②　赵姝. 对农村义务教育学生营养改善计划资金使用情况的调研［J］. 山西财税，2016（8）：48-51.

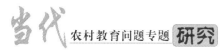

关人员定期检查验收。

4. 营养餐计划人力资源的管理

营养餐计划的食堂工作管理人员有企业人员、学校老师和学生家长。无论是哪种形式的工作人员，都要选择有相关专业技能和专业营养知识的人员。企业供餐是完全外包型的供餐模式，试点学校要选择有相关资历、经验、诚信的企业。员工要接受一些有关营养知识、膳食均衡、实际操作的职前培训，各项技能考核达标了方可入职。有的学校是学校供餐的模式，负责营养餐的工作人员有的是专业的生活老师，有的是学校老师。专业的生活老师在平时的工作中要注意食材的搭配、烹饪的规范。作为兼职工作人员的老师可以教授学生一些营养学方面的知识，教师可以让学生参与配发营养餐的义务劳动，这样的实际参与可以让学生懂得生活，明白食物的来之不易。

二、评估学视角下的"营养餐计划"

（一）营养餐计划评估的基本内容

国内外的学者对农村义务教育学生营养餐的研究内容多集中在营养餐计划实施现状和食物均衡营养结构上，问卷调查法和实地访谈法是最主要的研究方法。只有少数研究者对营养餐计划评估的主要内容进行了系统性的理论研究，但是现今并没有真正运用到实际的评价中，因此对于农村义务教育学生营养餐计划实施评价指标内容学术上没有统一标准，各地区在评估营养餐计划实施情况时要根据当地的实际情况，因地制宜地制定评估指标内容。

本研究通过调研 S 县农村义务教育学生营养餐计划的实施情况，根据营养餐实施计划过程中最直接和最突出的问题出发，确定农村义务教育营养改善计划评估内容。

（二）营养餐计划评估的学科体系

1. 教育评估具有自身的专业知识体系

教育学界曾认为教育评估是教育科学领域的分支学科[①]。自教育作为一项公共事业纳入公共管理的范畴后，教育评估的对象越来越复杂，政府、受评对象以及社会公众对教育评估科学性的要求也越来越高，教育评估日益呈现出作为一门综合学科的特性，包含着丰富的理论与技术。而且，教育评估的深入发展必定会不断遇到有待研究和突破的新问题，因此，教育评估专业知识体系也具有不断发展的开放性。

2. 评估营养餐计划实施状况的学科知识

评估营养餐计划实施情况需要教育学、营养学、管理学学科体系作为依托。营养餐计划实施情况的评估对象有学校的食堂设施、营养餐的具体内容、营养餐的实施过程、营养餐的实施效果；营养餐的受众有学生、老师、校长、家长，我

---

① 陈玉琨. 教育评价学 ［M］. 北京：人民教育出版社，1999：12.

们可以看出营养餐计划评估的对象是多元的、复杂的。营养餐促进了学校、社会、国家教育的发展，因此，我们在评估营养餐计划时要做到因地制宜、实事求是地反映当地的实施状况。

（三）营养餐计划实施状况的评估目的

评估农村义务教育学生营养餐的目的是提高农村义务教育质量，使农村地区尤其是偏远贫困地区的学生营养均衡、身体健康，增加老师和家长对食物均衡搭配和膳食营养的意识，教给孩子更多营养学方面的知识，拉动当地农产品的需求，发展当地绿色农业经济。

对农村义务教育学生营养餐实施情况的评估，我们采用调查问卷和实地访谈的研究方式，通过对实施营养餐的主客体研究及营养餐实施的内容和过程的了解，发现农村义务教育学生营养餐实施过程中的问题，结合相关的工作原则和实施标准，提出改进意见。

第三节　农村义务教育学生营养餐计划实施历程

在营养餐计划实施的过程中，营养餐经历了很多的变化，笔者在这里梳理了营养餐计划的发展历程，以帮助更多人深入了解营养餐计划。在我国农村义务教育营养餐计划实施过程中，民间公益组织、国家政府部门、社会普通大众对营养计划的成立、实施做出了不同程度的贡献。我们可以把农村学生营养餐计划的实施划分为三个阶段，第一个阶段是农村学生营养餐计划的初始阶段，社会公益组织发起的"免费午餐计划"；第二个阶段是农村学生营养餐计划的发展阶段，政府出台的"营养改善计划"；第三个阶段是农村学生营养餐计划现在的发展阶段，社会和政府共同组织阶段。

一、我国农村义务教育学生营养餐计划的政策回顾

（一）实施农村义务教育学生营养餐计划的背景

党中央、国务院高度重视青少年的健康成长，为了发展农村义务教育，保证农村义务教育学生拥有良好的学习和生活条件，国家推出了"两免一补"政策，这项政策造福了很多学生，贫困的学生可以走进校园，接受正规的教育。随着社会的发展，城乡经济发展不均衡，农村义务教育的学生不断减少，农村义务教育学校布局不断调整，农村义务教育问题不断增多，如学生营养不良的问题。

在 2011 年 4 月，因为邓飞和一些媒体人报道了"献爱心，为贫困学生提供免费午餐"的新闻，免费午餐活动就如火如荼地进行了，这项活动免费为农村义务教育阶段学生提供营养餐，帮助他们摄入营养成分[①]。随后一些公益组织发起

---

① 朱建刚. 中国公益慈善发展报告 2013 ［M］. 北京：北京大学出版社，2014：20-22.

了"爱心厨房"的活动，这些活动推进了政府营养餐计划的实施。

（二）实施农村义务教育学生营养餐的相关政策

为了解决学生营养不良的问题，让每个农村孩子都有一个健康的身体，让每个孩子都拥有一个良好的学习、生活环境，让农村教育的发展驶入快车道，国务院颁发了《国家中长期教育改革和发展规划纲要（2010—2020年）》《国务院办公厅关于实施农村义务教育学生营养改善计划的意见》（国办发〔2011〕54号）等文件；教育部等十五部门也印发了《农村义务教育学生营养改善计划实施细则》等五个配套文件的通知（教财〔2012〕2号），从中央到地方都颁发了一系列的营养改善计划的政策文件和工作部署。

（三）农村义务教育学生营养餐计划的基本内容

政策内容主要包括：自2011年秋季学期起，由中央财政全额出资，为农村义务教育阶段学生，按照每生每天3元、每年在校时间200天的标准计算，提供膳食营养补助。补助资金全额用于提供学生营养膳食，供餐形式可由各地各校根据具体实际情况确定。具体可分为学校供餐、企业供餐、家庭供餐三种情况。2014年11月，中央财政安排资金将补助标准提高到每生每天4元，并于当月起执行。国家的政策保障营养餐计划的顺利实施，民间组织也发起公益活动为营养餐计划提供资金支持和舆论关注。

二、营养餐计划初始阶段——社会公益志愿组织阶段

（一）农村学生营养餐计划的萌芽——爱心公益成就"免费午餐计划"

邓飞，一个普通的记者，却做了一件不平凡的事。作为免费午餐计划的核心发起人，邓飞不仅是一名用事实说话的记者，而且是一位接济贫困人民的慈善者，他胸怀国家，实事求是，富有同情心，关心底层贫困人民，让更多的人关注弱势群体并帮助他们。他曾经组织过"微博打拐"活动，通过微博网络新媒体的传播，让更多的热心网友参与到被拐儿童的搜救中，最终成功解救被拐儿童，使拐卖儿童问题越来越受到政府及公众的关注。这样的一件事让大家看到了一位记者为公益奉献的英雄形象。

2011年2月，在晚会上，邓飞偶遇了一位乡村支教教师，通过与支教教师的交谈，他了解到中国的很多贫困地区都有学生身体营养不良的情况发生。经过他的考查与亲身体验，他发现这种现象并不是个案，在我国的大部分贫困地区都存在这种现象。出于同情心以及之前"微博打拐"的成功经历，他决定用微博网络新媒体的方式发起一次关注农村贫困学生吃不上营养午餐的活动，让更多人献出爱心，为贫困地区学生提供一份免费午餐。基于邓飞的公众号召力和民众对弱势群体的关心和同情，免费午餐计划一经推出便得到了公众的强烈响应。

（2）社会公益组织"免费午餐"的运行情况

"免费午餐"项目是一项社会公益项目，主要参与者有媒体记者、社区工作人员、现实生活中的普通大众和微博网络的广大用户。大家通过邓飞了解到贫困

地区的孩子在上学期间无法吃到午饭，基于同情心、爱心和一份社会责任感，以自己独特的方式为"免费午餐"奉献着自己的一分力量。为了保障项目的顺利展开，"免费午餐"项目团队应运而生，该团队制定了组织章程并成立了挂靠于中国社会福利基金会下的"免费午餐"专项基金①。

"免费午餐"项目团队一开始由 16 名专职工作人员和 10 名兼职志愿者构成的项目管理委员会负责"免费午餐"计划的运行，大部分工作人员都在各地执行一线工作，只有少数管理人员。这样灵活的工作制度节约了工作成本，提高了办事效率。

网络和新媒体在"免费午餐"项目的运行中发挥了很大的作用。

由于邓飞和各新闻媒体的同行们用新闻和网络宣传"免费午餐"项目以及实施这个项目的意义，使得网络等新媒体在"免费午餐"项目的运行中发挥了很大的作用。这样的宣传方式不仅提高了免费午餐项目的知名度，而且扩大了营养午餐的影响力。他们召集网友通过网络的方式筹集善款，比如，在电子商务平台开设义卖网店，网店里的商品大都是大家自愿捐献或者共同在一起制作的小商品，通过拍卖的方式售卖，所得善款全部用于免费午餐计划的基本运作。一些企业从网上得知"免费午餐"项目的活动，自发与媒体合作，向贫困地区的学校捐助设备和食物。邓飞等人将项目各环节的运行情况和资金使用情况及资助者的基本情况和受资助者的基本情况呈现在网络，让"免费午餐"项目运行状况公开透明，项目得以良性发展。网络微博具有传播迅速、覆盖广、信息量大的优点，使这种电子化的网络捐赠简便易行，扩大了项目的规模，让更多的人参与其中。

营养不均衡的问题在农村义务教育学校存在了很长时间，正是由于邓飞等人的报道才让更多人了解到这一情况。经过各地爱心志愿者深入的考查与调研，"免费午餐"项目的服务对象是我国中西部部分贫困地区的学龄儿童，这些儿童年龄较小，身体处在快速发育阶段，急需营养补充。项目服务的内容是为每人每天提供价值三元的免费午餐以及为学校捐赠餐厨设备等。截至 2014 年 5 月底，"免费午餐"项目累计筹得善款超过 9 000 万元，受资助学校数量超过 360 个，超过 8 万名儿童能够每天享用免费午餐②。

三、农村学生营养餐计划的发展阶段——政府主导阶段

（一）国家为营养餐计划提供制度保障——政策法规

免费午餐计划让很多贫困地区的孩子吃上了营养午餐，但是个人的力量还是有限的，免费午餐计划的受益学生覆盖面狭窄，全国还有很多贫困的农村学生无法吃到营养午餐。虽然公益组织在运行免费午餐计划时采取灵活的工作制度，大

---

① 王虹，毛羽. "免费午餐"项目的发展研究 [J]. 中国社会组织，2013 (5)：44-46.
② 何可人，邓飞. 用社会赋予的权利做慈善 [EB/OL]. (2014-08-21) [2019-09-30]. http：//book. ifeng. com/yeneizixun/detail_ 2014 08/21/38442339_ 0. shtm.

家合理分工，有效地执行计划，但是由于缺乏政策法规支持，在实际工作中会遇到很多坎坷，比如资金使用的问题及社会舆论的质疑等。

为了规范免费午餐计划，也为了让更多的贫困地区的农村学生吃上营养午餐，2011年11月，国务院颁发《关于实施农村义务教育学生营养改善计划的意见》（国办发〔2011〕54号）文件，在全国22个省份的699个县进行国家试点工作。营养改善计划主要面向农村集中连片的特殊困难地区，惠及2 600万名学生，针对农村义务教育学生的营养餐计划就正式成立了。

学校营养餐计划最早起源于1790年伦福德伯爵在德国慕尼黑发起的解决乞讨问题的计划。为了解决乞讨问题，伦福德伯爵将一些乞讨的、饥饿的孩子组织起来，教授读写和数学等课程，并向他们免费提供食物。随着时间的流逝，越来越多的国家、社会组织和国际组织加入了该计划。学校营养餐计划之所以能够在大范围内被推广，除了它对国家未来有决定性意义，它还保障了儿童人权的实现，这些权利包括儿童食物权、儿童健康权、儿童受教育权[1]。

同时，学校营养餐计划对农村义务教育学生的权利保障具有重要意义，我国处在社会主义国家发展的初级阶段，农村人口占我们总人口的大多数，如何做好三农工作一直是我国政府的责任和义务，因此农村义务教育学生营养餐计划是我国的一项重要基本国策，是每个社会公民都应该积极响应的一件利国利民的大事。

（二）政府主导的农村学生营养餐计划的运行情况

有关法律政策规定，农村义务教育学生营养餐由国务院统一领导，成立全国营养办，根据下属有关部门的反馈，制定相关的政策。根据国务院和全国营养办下发的政策，省级政府负责统筹组织，市级政府负责协调指导，县级政府负责具体实施，县级政府的财政、审计、卫生部门支持监督实施情况，学校方面实行校长负责制。各级政府都设有营养办，有专门工作人员负责营养餐的具体实施。这种一级级的分层管理制度，条理清晰，实际高效，为农村义务教育学生营养餐计划的实施提供了强有力的组织保障[2]。

由于我国人口基数大，贫困学生多，地区经济存在差异，每个地方的学生营养餐计划的资金补助来源各有不同。江浙沪等东部地区地方财政出钱让学生吃营养餐；重庆、四川鼓励学生家长承担一部分资金，让营养餐标准实现"4+X"，膳食结构得到优化；湖北团省委、青基会建设近1 700个"希望厨房"，改善学生就餐条件；云南建设7万多亩的勤工俭学基地，6 600多所学校的学生开展勤工俭学[3]。

"营养改善计划"的供餐模式有三种，即学校食堂供餐、企业供餐、家庭或个人托餐。根据三种模式中安排者、提供者和生产者的不同组合可以将这三种模式归为两类供给方式。学校食堂供餐模式由中央和地方政府出资，由公立学校自营的食堂采购并加工营养餐，是一种政府间接提供服务的供给方式；在企业供餐

① 宁立标. 学校营养餐计划的人权价值及其法律保障［J］. 人口·社会·法制研究，2012（0）：274-283.

② 全国学生营养办. 学生营养改善计划通俗读本［M］. 2版. 北京：人民教育出版社，2014：2.

③ 柴葳. 农村义务教育学生营养改善计划启动五年惠及3 352万学生［N］. 中国教育报，2016-04-26.

和家庭或个人托餐模式中，由政府出资并经招标程序确定合格的企业、家庭或个人作为生产者，将生产营养餐的职能以合同的形式承包给中标者①。

四、营养餐计划现今的发展——社会政府共同组织阶段

时光荏苒，8 年过去了，营养餐计划现在已经是一个具有一定规模的系统工程。现在的农村义务教育学生营养餐计划采取政府主导、社会参与的发展模式，政府根据宏观的政治、经济、人口的发展情况结合微观的教育发展，制订详细的营养餐计划。社会群众根据自己的能力参与营养餐计划，比如，援助厨房的建设、提供食物、现金支持；支教偏远贫困地区，带去更多的营养学知识。社会、政府共同发展营养餐计划，才能让更多农村贫困地区的学生吃上营养餐。

在过去的 8 年中，营养餐相关政策的颁布、各个阶段的运行方式和实施特点都可以给我们一些启示和经验。社会在不断发展，人民的生活越来越好，精准扶贫让农村开始富起来。过去的营养餐计划虽然有不足的地方，但是也有值得我们学习的地方，我们要将那份对农村孩子的爱一直传承下去。

第四节　对农村义务教育学生
营养餐计划实施情况的调查

一、调研概述

（一）调查问卷的设计

为研究 S 县农村义务教育学生营养餐计划实施情况，本研究通过翻阅各种资料和实际探访，设计了《农村义务教育学生营养改善计划基本情况调查表（教师卷）》《农村义务教育学生营养改善计划基本情况调查表（学生卷）》两份调查问卷，主要是封闭式问卷，包括单项、多项选择题两种题型。结合当地的实际情况，结合师生的亲身经历，对教师设计了有关农村学校营养组织机构和管理制度、营养餐实施情况和营养餐安全管理的调查题项（参见专题四附录（一））；对学生设计了有关饮食、饮食行为的调查题项（参见专题四附录（二）），以了解学校实施营养餐的具体情况和师生对营养餐的具体看法。

为了了解更多的情况，本研究还设计了《农村义务教育学生营养改善计划实施情况（校长访谈提纲）》（见附录专题四附录（三）），该访谈提纲涉及学校的学生情况、营养餐的经费和营养餐的评估等，对所调查学校的校长进行了访谈。此外，还设计了《农村义务教育学生营养改善计划实施情况（食堂工作人员访谈提纲）》（参见专题四附录（五）），对有关营养餐的工作人员做了深入

---

① 郑泱. 我国农村义务教育学生营养餐供给机制研究［D］. 武汉：华中师范大学，2016.

的了解。最后，本研究还设计了《农村义务教育学生营养改善计划实施情况（家长访谈提纲）》（参见专题四附录（四）），对部分农村义务教育的学生家长进行了访谈，了解了他们对营养餐的看法和评价，以及营养餐给家里的孩子带来了哪些好处。

（二）调查样本情况说明

本研究是对河南省S县的农村义务教育学生营养餐计划实施情况的研究，故对S县的义务教育学校进行了实地调研。S县辖10个镇，10个乡，根据第五次人口普查数据，全县总人口1 079 278人，有人口密度大、经济较落后的特点，选取了S县的L镇、C乡、H镇三个乡镇作为调查样本，其中L镇距离县城有30千米，C乡距离县城有15千米，H镇地处县城中心，这三个乡镇分别代表了农村义务教育学生营养餐计划的实施在不同的经济发展状况、不同学校类别以及不同级别的试点情况。

本研究采用分层抽样的方法，以三个乡镇的初中、小学为抽样样本，以每个学生为抽样单位，每个乡镇选取一所初中、一所小学，采用随机抽样的方式发放问卷。随机抽样得到的学校分别是L镇的L第一初级中学、E庄小学；C乡的C第一初级中学、C小学；S县第一初级中学，H回族镇西关小学。下面对样本学校略做介绍。

L镇第一初级中学位于L镇西关，历史悠久，几年前生源挺好，最近两年生源较少，学生多来源于方圆5千米的适龄学生，现有在校生152人，教师15人。

E庄小学位于E庄村，距离L镇中心1.5千米，小学生来自附近三个村庄，现有在校生195人，教师12人。

C第一初级中学，位于C镇中心，学生来源于C乡的适龄学生，现有在校学生186人，教师18人。

C小学位于C乡，学生多来源于该乡，现有在校学生185人，教师12人。

S第一初级中学位于S县H镇西关，现有在校学生1 050人，教师98人。

H回族镇西关小学位于H镇西关，西关是回民聚居区，该校学生大都是西关及其附近的回族学生，现有在校学生256人，教师28人。

本研究在三个乡镇的中小学发放问卷情况如表4-1所示。

表4-1　不同学校里营养餐问卷的发放情况

学校	被调查县城学校学生数（人）	被调查距离县城15千米学校的学生数（人）	被调查距离县城30千米学校的学生数（人）
小学	29（西关小学）	32（C小学）	38（E庄小学）
初中	26（S县第一初中）	33（C初中）	35（L镇第一初中）

（三）调查的实施

调查访谈的对象为学生、教师、校长、家长、食堂工作人员。本研究采用《农村义务教育营养餐计划问题调查·学生卷》和《农村义务教育营养餐计划问题调查·教师卷》等调查问卷，以及《农村义务教育营养餐计划实施状况访谈提纲（校长访谈）》《农村义务教育营养餐计划实施状况访谈提纲（家长访谈）》《农村义务教育营养餐计划实施状况访谈提纲（食堂工作人员访谈）》等访谈提纲进行调查。我们选取河南省 S 县农村义务教育学校的学生和老师进行分层随机抽样调查，在 2018 年 12 月到 2019 年 3 月，以三个乡镇的初中、小学为抽样样本，以每个学生为抽样单位，每个乡镇选取一所初中，一所小学（见表 4-1），在学校里采用随机抽样的方式发放问卷，共发放 200 份问卷，收回有效问卷 193 份，有效率为 96.50%。通过调研数据进行统计分析，以便对我国农村义务教育营养餐计划实施状况进行深层次的把握。

由于 S 县的农村义务教育发展情况不佳，造成大量农村优秀教师流失，再加上营养餐计划问题是一个比较敏感的话题，当笔者去学校发纸质问卷的时候，出现了一些教师不配合填写问卷的情况。为了获得真实的调查资料，对教师的调查采用的是电子问卷发放的方式，委托一款名为《问卷星》的专业在线问卷调查网站，通过对全县教师进行宣传，共收回 32 份问卷。尽管问卷量不够大，且不一定都是上述分层随机抽取的 6 所学校，但收回的这 32 份问卷基本反映了 S 县农村教师对营养餐计划的态度。

对校长进行的访谈限定在上述分层随机抽取的 6 所学校，每个学校的校长均接受了访谈。

对学生家长的随机访谈，是在学生放学时，在学校门口对前来接学生的家长随机进行的，每所学校访谈了 5 位家长，共有 30 位家长接受了访谈，以了解家长对于营养餐计划的看法和评价。

对食堂工作人员的访谈是在午餐结束后，笔者在食堂里对他们进行的访谈，主要了解供餐食堂的情况和他们的工作内容。一所学校访谈 2 名工作人员，一共访谈了 12 名工作人员。

本研究使用的调查问卷和访谈提纲见附录。

另外，本研究采用 SPSS 统计软件对调查数据进行统计处理，并做了相关分析。

二、调查所获结果

（一）营养餐的供餐方式

在一个县域里，城镇和农村的营养餐供餐方式有所不同，在本研究的调查中，S 县县城学校和乡村学校营养餐计划的实施情况存在很大不同，具体情况如下：

1. 县城的营养餐以课间加餐为主

经过笔者的走访和实地调研，县城学校主要是以课间加餐的方式提供营养餐，学生自愿订购课间加餐的牛奶，每生每学期 240 元的营养奶费，由学生自己出钱，一共 80 盒牛奶，每天一盒。学生的调查问卷显示只有一小部分会订营养奶。

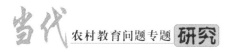

2. 乡村学校的营养餐是完整午餐

通过对教师和校长的调查和访谈我们了解到，营养餐计划是2011年开始实施的，实施初期是以课间加餐的方式提供营养餐的，主要有面包、牛奶、火腿肠等方便加工成品。经过近五年的实践，发现这种供餐方式存在很大的不足，营养餐计划的实施效果不显著。主要问题有：学生一开始比较爱吃，可是吃多了便不爱吃，有的学生会把食物带回家，由其他人吃掉，一些低年级的学生还会把营养餐存放过期，最后把过期的营养餐吃掉，严重影响了孩子们的身体健康。学校里的一些工作人员会克扣一部分课间加餐食品，一些营养资金的使用无法做到公开透明。

2016年，S县政府经过调研考察决定对营养餐计划的供餐方式进行改革，农村义务阶段教育薄弱学校改造计划食堂建设项目的食堂开始投入使用。2017年，营养餐计划的供餐模式由原来的课间加餐改为提供完整的营养午餐。供餐方式为企业供餐，县营养办将招标书公开到省政府网站，适合条件的餐饮公司参与竞标，一家餐饮公司负责一个乡或镇的义务教育阶段乡村学校的营养餐。食谱的种类以及午餐里菜、肉、主食的含量也是由县营养办统一规定的，各个餐饮公司也可以根据学生的口味适当调整。不同学校里营养餐的供餐情况见表4-2。

表4-2　不同学校里营养餐的供餐方式

			供餐方式					总计
			午饭	课件加餐	晚自习加餐	定期一次性发营养餐物品	将营养餐的钱冲入饭卡、自己打饭吃	
按距离划分学校	县域学校	计数（个）	1	38	0	7	9	55
		占按距离划分学校的百分比（%）	1.82	69.09	0	12.73	16.36	100
	距离县城15千米学校	计数（个）	65	0	0	0	0	65
		占按距离划分学校的百分比（%）	100	0	0	0	0	100
	距离县城30千米学校	计数	71	1	1	0	0	73
		占按距离划分学校的百分比（%）	97.26	1.37	1.37	0	0	100

表4-2（续）

		供餐方式					总计
		午饭	课件加餐	晚自习加餐	定期一次性发营养餐物品	将营养餐的钱冲入饭卡、自己打饭吃	
总计	计数（个）	137	39	1	7	9	193
	占按距离划分学校的百分比（％）	70.98	20.21	0.52	3.63	4.66	100

表4-2 数据显示，除县城以外的农村学校地区的供餐方式基本上是完整午餐方式，县城学校则是课间加餐方式。经过校长访谈和教师问卷的调查，出现这种差异的原因是县城的一些学生对调查问卷里的"营养餐"存在误解所致，有的学生认为营养餐就是吃的午餐。为此，笔者做了地域与营养餐计划的供餐方式的相关性分析，相关性检验见表4-3 和表4-4，结论为营养餐计划的供餐方式与地域是相关的。

表 4-3　学校的类型与营养餐的供餐方式的卡方检验

	值	自由度	渐进显著性（双侧）
皮尔逊卡方	184.660[a]	8	.000
似然比	212.109	8	.000
线性关联	68.415	1	.000
有效个案数	193		

注：9 个单元格（60.0%）的期望计数小于 5。最小期望计数为.28。

表 4-4　学校的类型与营养餐的供餐方式的相关性对称测量

		值	渐进显著性
名义到名义	Phi	.978	.000
	克莱姆 V	.692	.000
有效个案数		193	

（二）营养餐所供应的食物及其反映情况

1. 学生对营养餐味道的反映情况

学生对营养餐味道的反映情况，见表4-5。

表 4-5 不同学校学生对营养餐味道的反映情况

| | | | 好吃程度 | | | | | 总计 |
			好吃	比较好吃	不好吃	不是很好吃	十分难吃	
按距离划分学校	县域学校	计数（人）	22	20	3	5	5	55
		占按距离划分学校的百分比（%）	40	36.36	5.45	9.09	9.09	100
	距离县城15千米学校	计数（人）	7	15	7	23	13	65
		占按距离划分学校的百分比（%）	10.77	23.08	10.77	35.38	20.00	100
	距离县城30千米学校	计数（人）	11	12	10	29	11	73
		占按距离划分学校的百分比（%）	15.07	16.44	13.70	39.73	15.07	100
总计		计数（人）	40	47	20	57	29	193
		占按距离划分学校的百分比（%）	20.73	24.35	10.36	29.53	15.03	100

从表 4-5 可以看出，县城学校的学生对营养餐的评价是"好吃"和"比较好吃"的比例是 76.36%，而距离县城 15 千米的学校"好吃"和"比较好吃"的比例是 33.85%，距离县城 30 千米学校的"好吃"和"比较好吃"的比例是 31.51%。

2. 营养餐的数量能否满足学生需求的反映情况

不同学校的学生对营养餐的数量能否满足自己需求的情况反馈，如表 4-6 所示。

由表 4-6 可见，学生问卷表明，距离县城 15 千米"吃不饱"的学生比例有 18.46%，距离县城 30 千米的学生"吃不饱"的学生比例有 9.59%，县城学生"吃不饱"的比例有 25.45%。乡村学校的营养午餐是免费提供的，一般学生吃多少，分餐的工作人员就会给学生盛多少饭，都会满足学生的需求，也不会造成过度的浪费。对于县城的一些学校，营养餐是课间加餐的方式，营养奶的量只能在课间提供营养，不能让学生吃饱。

表 4-6　不同学校的学生对营养餐数量能否满足自己需求的情况反馈

			能吃饱吗?				总计
			吃不完	能吃饱	有时能吃饱有时不能吃饱	吃不饱	
按距离划分学校	县域学校	计数（人）	2	30	9	14	55
		占按距离划分学校的百分比（%）	3.64	54.55	16.36	25.45	100
	距离县城15千米学校	计数（人）	5	20	28	12	65
		占按距离划分学校的百分比（%）	7.69	30.77	43.08	18.46	100
	距离县城30千米学校	计数（人）	7	30	29	7	73
		占按距离划分学校的百分比（%）	9.59	41.10	39.73	9.59	100
总计		计数（人）	14	80	66	33	193
		占按距离划分学校的百分比（%）	7.25	41.45	34.20	17.10	100

3. 学校提供营养餐的种类情况

（1）县城学校提供的营养餐食物种类情况

随着县城的发展，更多乡村里的人涌向县城生活，农村教育发展的滞后使更多的孩子就读县城里的学校和包吃包住的封闭式管理的私立中小学。县城里的公立小学有学区限制，因此很多学生的家都在学校附近居住，小学生放学后都有家长接回家吃饭，上学时再由家长送回学校学习。初中生的情况，我们以 S 县第一初中为例。随着更多的学生前往县城上学，该校的学校规模、师资力量、学生数量都在增加，有部分乡镇的学生也可以通过名额分配进这所初中上学。大部分学生都会选择在学校的食堂就餐，有一小部分学生会回家或者去学校门口的个体餐馆吃饭。学校食堂的饭菜一般由两部分构成，一部分是隶属于学校食堂的，另一部分属于个体经营户。在学校食堂，学生以刷饭卡的方式自行购买自己喜欢的饭菜。学校食堂有教育部的补助资金，因此饭菜价格一般会相对低一些，但是味道和花样不如个体经营户，个体经营户因为存在着同行竞争，所以味道和花样会丰富些，但价格会稍贵，至于如何选择，由学生自己决定。

（2）乡村学校提供的营养餐食物种类情况

我们通过对乡村学校校长和食堂工作人员的访谈，了解到营养餐的食谱由县营养办制定，统一确定蔬菜、肉、面食、米饭的含量和比例。实际的问卷调查见图 4-1 和表 4-7。

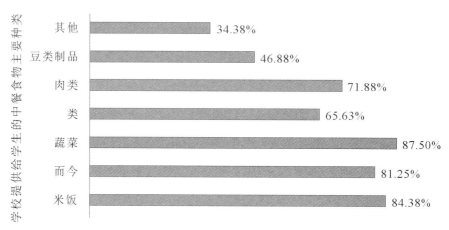

图 4-1　乡村学校营养餐中食物的种类占比

表 4-7　乡村学校营养餐提供的菜的个数比例

		频率	百分比（%）	有效百分比（%）	累计百分比（%）
有效	3 个以下	140	72.54	72.54	72.54
	3 个	35	18.13	18.13	90.67
	4	10	5.18	5.18	95.85
	5	4	2.07	2.07	97.93
	5 个以上	4	2.07	2.07	100
	总计	193	100	100	

　　由此我们可以看出：营养餐里面所包含的食材丰富。学生营养餐的供应应该主食多样化，米、面及各种杂粮适当调配，不长期食用一种主食菜品，肉、鱼、禽、蛋、豆制品、蔬菜应适当搭配，每周豆制品应不少于 3 次，每餐绿色蔬菜不少于 50%[①]。

　　笔者访谈的 E 庄小学校长说："营养午餐跟咱们的家常便饭一样，有蒸面条、胡辣汤、馒头、米饭、菜，不过今天做的蒸面条有点咸了，下次做饭让师傅少放点盐。"不过由于资金的问题，营养餐除了主食之外，每顿蔬菜种类较少。通过调查，学生希望多换几种菜，多换些花样；少放点肥肉，多放点蔬菜，偶尔做一些烩面。在访谈 L 一中的食堂某工作人员时，她这样说道："我们的食物都是按照县里的标准做的，多少菜、多少肉会有规定，有时候学生不爱吃肉，尤其是肥一点的肉，爱吃一些土豆、红薯之类的东西，希望县营养办在制定食谱时要考虑到学生的喜好问题，要不学生不爱吃，不仅无法补充营养，而且还造成了食物的浪费。"

　　在学生吃饭时，笔者恰好去学校调查，亲自观察了孩子们吃的午餐，那天做

---

① 巨会. 学生营养餐供应应体现"五性"［J］. 学周刊（下旬），2014（10）：116.

的是蒸面条和胡辣汤，饭由专门的供餐工作人员分发，每个学生分发的量足够学生吃饱，就是菜太少了，肉也不多，没有做到色香味俱全。学校的一位老师说："咱们县里营养午餐是企业外包式的，企业毕竟是商业机构，再加上现在是冬天，菜比较贵，所以有些地方还是需要改进和努力的。"

4. 学生营养餐的温度情况

通过分析调查数据，不同学校里学生吃的学校营养餐的温度情况见表4-8。

表4-8　不同学校里学生营养餐温度的情况

			营养餐的热否			总计
			是，每天都是热的	不是时冷时热	不是，基本都是凉的	
按距离划分学校	县域学校	计数（人）	31	22	2	55
		占按距离划分学校的百分比（%）	56.36	40.00	3.64	100
	距离县城15千米学校	计数（人）	39	25	1	65
		占按距离划分学校的百分比（%）	60.00	38.46	1.54	100
	距离县城30千米学校	计数（人）	46	24	3	73
		占按距离划分学校的百分比（%）	63.01	32.88	4.11	100
总计		计数（人）	116	71	6	193
		占按距离划分学校的百分比（%）	60.10	36.79	3.11	100

由表4-8所知，县城学校"每天都是热的"这个选项所占的比例是56.36%。县城的学生多，很多学生都反映学校食堂小而且拥挤，打饭时要排很长的队，而且打饭阿姨的速度会有些慢，S县位于东经115.06度，北纬33.41度，属于暖温带大陆性季风气候，年平均气温14.5℃，冬天温度经常低于零下。所以天冷的时候，营养餐会出现时冷时热的情况。

S县地处中原地带，以农业经济为主，因为没有加工产业。随着社会的发展，很多人选择进城务工，在生活条件允许的情况下，很多家长将自己孩子带到城市，让孩子接受相对较好的城市教育。近几年农村义务教育阶段的学生生源逐渐减少，很多学校师资力量薄弱，生源很少的学校都面临着被合并的命运。在笔者对乡村小学的调查访谈中，了解到小学分为正式小学和教学点两种，正式小学学生较多，开设班级从学前班到六年级都有；教学点的学生较少，开设班级只有学前班到小学四年级。每个行政村都会有一所学校，有些行政村里，小学的生源较少，只设置教学点，高年级的学生要去邻村的小学去上学。

根据国家对农村薄弱学校的建设，每个学校都建设了自己的食堂，但是有些学校的食堂却没有投入使用。从经济角度分析，餐饮公司为了节省更多的资源、设施、人力，会在临近几个小学中选择一个食堂加工点，将做好的饭菜放在保温桶里，食堂的工作人员负责将其配送至相应的学校。根据一些校长和学生的反映，配送到校的营养餐在天冷的时候会凉，食物会出现时冷时热的情况，希望学校的食堂可以投入使用，无论什么季节都能让学生吃上热乎乎的营养餐。

（三）营养餐实施中学生的就餐环境情况

1. 已建好的食堂部分未投入使用

S 县作为河南省 26 个国家营养餐试点县之一，据已公布的 2015 年本县食堂建设情况如下：规划总数 255 所，已建成 29 所，完成率 11.37%，在建 226 所，未建成的占计划总数的 88.63%，未开工数为 0。分析结果表明，S 县在食堂建设方面速度慢，成效低，与兰考县和固始县的完工数 100% 相比，还需要加快速度，不断提高建设效率。近三年，S 县教育局不断进乡考查，已经翻新了破旧的教学楼和校舍，没有食堂的义务教育学校也已经加盖了新的食堂。现在的义务教育学生营养改善计划的食堂已经覆盖，按照国家要求购置了供餐设施设备，正式交付给学校使用。

但是我们在实际调查访谈中了解到，学生的就餐环境和就餐条件并不理想，具体情况见表 4-9。

表 4-9　学生吃营养餐的场所分布

		频率	百分比（%）	有效百分比（%）	累计百分比（%）
有效	食堂	149	77.20	77.20	77.20
	教室	39	20.21	20.21	97.41
	没有固定的地方	5	2.59	2.59	100
	总计	193	100	100	

从表 4-9 可以看出，学生在食堂吃营养餐的比率是 77.20%，在教室吃营养餐的比例为 20.21%，没有固定的地方的比例为 2.59%，不在食堂吃营养餐的比例为 22.80%。笔者在实际调查中发现，有些学校虽然有食堂，但是未投入使用，比如 L 镇的 E 庄小学和孙营小学，一个是完整小学，一个是教学点，分别有学生 192 人、135 人。因为分别距离崔老庄小学大约 1 千米的距离，这两所小学的食堂未投入使用，由崔老庄小学的食堂加工好营养餐，然后再配送至 L 镇的 E 庄小学和孙营小学。

每天中午，供餐公司设立在崔老庄小学的食堂会提前把饭做好，再由专门的工作人员把装在保温桶里的饭送往附近食堂没有投入使用的学校。等到放学铃声响起，校长便召集大家按年级排队打饭，孩子们拿着自己的餐具在教室外边的走廊里等待打饭，校长维持秩序。打完饭后，大部分孩子都会到教室去吃饭，一小部分孩子在教室前面的树底下吃饭。吃完饭以后，学生在仅有的一个水管处接水洗碗，没有洗洁精，只有冷水，不管是高年级的孩子，还是低年级的孩子都是自己洗碗，高年级的孩子洗得还比较认真，低年级的孩子只拿水刷一下碗筷。当提到这个问题时，校长也很无奈地表示："咱们农村的孩子，没有办法的，从小就应该学会自立，学会照顾好自己，我们学校是有食堂的，但是没有启用，希望我们学校的食堂投入使用，学生能有一个好的就餐环境。"

2. 营养餐食堂的情况问题

一些学校即便有营养餐食堂，但环境和条件并不乐观。有关就餐环境的问题具体情况见表4-10。

表4-10　学生就餐时存在的一些问题情况

		频率	百分比（％）	有效百分比（％）	累计百分比（％）
有效	食堂卫生条件比较差	34	17.62	17.62	17.62
	餐厅太小，有拥挤感觉	55	28.50	28.50	46.11
	在食堂以外的其他地方用餐，环境不好	37	19.17	19.17	65.28
	食堂地方油滑	12	6.22	6.22	71.50
	餐具不卫生	8	4.15	4.15	75.65
	其他，请注明	47	24.35	24.35	100
	总计	193	100	100	

由表4-10可见，在就餐条件中，存在餐具不卫生、餐厅太小和食堂地面油滑等问题，这些问题中最突出的是食堂太小。根据笔者的亲身体验，此问题在该县城的学校均存在，县城学校食堂不小，但是学生人多很拥挤，比如S县第一初级中学。在乡村学校的小学和初中，学生不多，数量集中在150～200人，但是政府当初建的食堂有点小，也会给人一种拥挤的感觉。

除了上述标明的问题外，其他就餐条件出现的问题所占比例为24.4%：学生排队打饭要花较长时间；在吃饭时，学生未能专心用餐，常有说话和打闹现象，但没有人管；排队打饭时，有学生插队现象；学校食堂座位不够，不能满足学生就餐需要；学校食堂设计不合理，楼梯和地面常有些积水；做饭时，没能把菜洗干净。

（四）营养餐食品安全管理情况

1. 营养餐陪餐和食品留样情况

（1）营养餐陪餐情况

根据对学生的问卷调查，学生就餐时，老师陪餐的情况见表4-11。

表 4-11　学生就餐时老师陪餐的情况

		频率	百分比（%）	有效百分比（%）	累计百分比（%）
有效	非常差	10	5.18	5.18	5.18
	比较差	45	23.32	23.32	28.50
	比较好	108	55.96	55.96	84.46
	非常好	30	15.54	15.54	100
	总计	193	100	100	

由表 4-11 可知，学生认为自己学校营养餐的陪餐制度比较好和非常好的比例为 71.5%。

在老师陪餐方面，县城和乡村学校存在一些差异，具体情况见表 4-12。

表 4-12　不同学校里学生就餐时老师陪餐的情况

			陪餐情况		总计
			陪餐的	不陪餐	
按距离划分学校	县域学校	计数（人）	15	40	55
		占按距离划分学校的百分比（%）	27.27	72.73	100
	距离县城15千米学校	计数（人）	56	9	65
		占按距离划分学校的百分比（%）	86.15	13.85	100
	距离县城30千米学校	计数（人）	54	19	73
		占按距离划分学校的百分比（%）	73.97	26.03	100
总计		计数（人）	125	68	193
		占按距离划分学校的百分比（%）	64.77	35.23	100

由表 4-12 可知，县城学校不陪餐的比例为 72.73%，陪餐的比例为 27.27%，不陪餐的比例大于陪餐的比例。县城学校的营养餐是课间加餐，有些课间加餐是老师负责给学生送到班级，并向学生发放，有的是老师让学生代表负责发放，老师不在现场。

在距离县城 15 千米的乡村学校和距离县城 30 千米的学校中，老师陪餐的比例分别为 86.15% 和 73.97%。这说明提供完整午餐的学校在认真执行陪餐制度。为了保证学生的安全和营造良好的学习环境，现在的乡村学校平时在上课时都是紧锁大门。由于学生在学校吃营养午餐，饭后便回教室，老师需坐班管理学生纪律，因此学校教师一般也选择在学校吃午餐。学校对陪餐教师有较为严格的管理，按周排班，并在布告栏公示，教师遵照排班表进行陪餐，并接受监督委员会的监督。

（2）食品留样情况

根据调查，营养餐食品留样制度情况见表4-13。

表4-13　食堂工作人员对营养餐的留样情况

		频率	百分比（%）	有效百分比（%）	累计百分比（%）
有效	非常差	4	2.07	2.07	2.07
	比较差	34	17.62	17.62	19.69
	比较好	121	62.69	62.69	82.38
	非常好	34	17.62	17.62	100
	总计	193	100	100	

由表4-13可知，学生认为自己学校营养餐留样制度比较好和非常好的比例为80.31%。

在笔者对食堂工作人员访谈时，工作人员这样回答道："每顿饭做好以后，我们首先就会把饭菜装到专用的留样盒里，并放到留样柜里，并定期接受营养餐监督委员会的检查，所以这项工作一直都在认真做。"

2. 食品安全的监督与管理情况

通过教师问卷的分析，笔者了解到有87.51%的教师认为学校与教育行政部门签订了营养餐计划的食品安全责任书。每个学校根据县里的文件要求成立属于自己学校的工作领导机构，由校长牵头，部分任课教师组成；还成立了专门的监督委员会，由家长代表、学生代表、教师代表和村委会代表共同组成；并有指定的四员：食品检验员、卫生监督员、安全监督员和营养指导员。

我们通过对营养餐供餐企业管理人员的访谈了解到，所有的中标供餐企业都持有餐饮服务许可证。学校食堂从业人员具有相关的健康和体检证明，并经过专门知识的培训才能上岗，学校食堂将会培训一些政策法规、法律文书、食品安全与工作标准等内容，培训完以后会有专门的人负责记录具体什么人接受了什么样的培训、培训效果如何。

营养餐计划要求县营养办和教育局等有关部门定期检查食堂卫生和食品安全，并且要有相应的检查记录。教师调查问卷显示，81.25%的教师认为上级部门会定期检查学校营养餐的食堂卫生和食品安全。通过调查我们了解到，只有58.60%的教师认为自己学校制定了学生营养餐计划食品安全事故应急预案，并进行了学习和演练。

（五）资金安全和管理工作透明度的情况

当被问道"学校是否公示食堂的饭菜价格、带量食谱、财务收支情况"时，只有53.13%的教师给予了肯定的回答，另外46.88%的教师认为学校没有公布上述的项目情况。S县采取的是外包企业供餐的方式，当笔者问及供餐公司这方面的一些情况时，他们只说"这是县里的规定"，他们是按照上面大老板的指示做

147

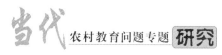

事，不了解具体情况。笔者还亲自访问了县教育局，教育局专门设置了一个营养办，有一定的营养档案，只是营养办的工作人员竟然是闭门办公。当笔者问到一些营养餐的实施情况，尤其是关于资金、收支情况时，工作人员避而不谈，并不理会笔者的调查，他们表示营养餐计划是一个敏感性的问题，有些问题他们不做回答。

在教师问卷中，有 65.63% 的教师认为学校营养餐的食材采购的进出详情是被清晰地记录的，并且进出食堂的原材料记录情况是相对应的。有 68.75% 的教师认为自己学校的营养餐项目设有专项台账，并实行过专账核算，高达 90.63% 的教师认为自己学校的营养餐项目不存在非法使用营养改善计划专款行为。对于最后一项数据，本研究对此持怀疑态度，希望从事该项工作的人严以律己，多为贫困学生考虑。

（六）营养餐拉动了当地经济的发展

通过回收的教师问卷，我们了解到 90.63% 的教师反映学校食堂常去当地的集贸市场购买食材。通过对食堂工作人员的访谈，笔者了解到学校的营养餐食材都是来自当地的集贸市场，食堂与农户达成了协议，农户会定期将食材拿到集贸市场去卖，以方便学校食堂购买。

S 县教育局通过公开招标的方式确定学校营养餐的供应商。供应商中标后即成为学校供餐企业，学校营养餐由学校委托中标的固定企业办理。被委托的企业必须具备专业化的供餐模式、专业化的管理和专业工作人员。这样的供餐促进了餐饮企业的发展，增加了当地专业营养师的就业。加之当地的农业加工区为学校的食堂提供食材，供餐企业与农户确定种植和养殖物，然后由供餐企业收购其产品，做成干净的食材，直接供给学校食堂，这样就实现了蔬菜和肉类由田间地头到学生餐桌的转变。这种没有中间商赚取差价的供餐模式，让学生们吃到了新鲜、健康和实惠的营养餐。供餐企业还配备了当地的食堂工勤人员，实现了企业与农业发展的精准对接，增加了当地群众的就业。农村义务教育营养改善计划促进了地方经济的发展，为教育脱贫和乡村振兴战略目标的实现起了积极的推动作用。

第五节　对 S 县实施营养改善计划的评估

一、实施营养餐计划取得的成效

（一）营养餐保证了学生营养，增强了学生体质

据调查问卷，学生对营养餐计划提供的食物营养情况的看法，如表 4-14 所示。

表4-14　不同学校营养餐的营养评价情况

			营养状况的改善程度				总计
			能，作用明显	能，作用不大	不能	不清楚	
按距离划分学校	县域学校	计数（个）	23	20	9	3	55
		占按距离划分学校的百分比（%）	41.82	36.36	16.36	5.45	100
	距离县城15千米学校	计数（个）	12	23	13	17	65
		占按距离划分学校的百分比（%）	18.46	35.38	20.00	26.15	100
	距离县城30千米学校	计数（个）	14	18	16	25	73
		占按距离划分学校的百分比（%）	19.18	24.66	21.92	34.25	100
总计		计数（个）	49	61	38	45	193
		占按距离划分学校的百分比（%）	25.39	31.61	19.69	23.32	100

由表4-14可知，县城学校有78.18%的学生认为自己所吃的营养餐是有营养的，认为"没有营养"和回答"不清楚"的比例分别只占16.36%和5.45%。总的来说，据学生反映，农村学校的营养餐还是有营养的。

（二）营养餐使学生精力更加充沛，促进学生认真上课

在没有吃营养午餐时，学生感到饥饿的情况，见表4-15所示；营养午餐推行后，学生感到饥饿的情况见表4-16。

表4-15　营养午餐实施之前学生饥饿的情况

		频率	百分比（%）	有效百分比（%）	累计百分比（%）
有效	经常会	50	25.91	25.91	25.91
	偶尔会	103	53.37	53.37	79.27
	不会	40	20.73	20.73	100
	总计	193	100	100	

表4-16　营养午餐实施之后学生饥饿的情况

		频率	百分比（%）	有效百分比（%）	累计百分比（%）
有效	经常会	16	8.29	8.29	8.29
	偶尔会	91	47.15	47.15	55.44
	不会	86	44.56	44.56	100
	总计	193	100	100	

由以上统计情况可知，在实施营养午餐之前，学生上课经常感到饿肚子的比例为 25.91%，不会饿肚子的比例为 20.73%。营养午餐实施后，学生经常饿肚子的比例下降到 8.29%，不会饿肚子的比例提高到 44.56%。可见，实施营养午餐之后，学生饥饿的情况大大减少了。

自从 2011 年国家实施了农村义务教育营养改善计划以来，全国有 300 万名贫困学生吃到了可口的营养餐。2019 年，农村义务教育营养改善计划已实现国家级贫困县的全面覆盖。从一开始的课间加餐：牛奶、面包和鸡蛋，到后来的营养午餐：馒头、面条、米饭……越来越多的营养改善计划让更多偏远贫困县的孩子、离家远的孩子吃到了营养美味的食物，从根本上解决了一些农村孩子的吃饭问题。河南 S 县的情况与全国情况大致相同，通过营养餐计划的推行，改善了该县农村孩子的营养状况，提高了他们的学习成绩，促进了农村义务教育的发展。

（三）营养餐让学生接受了更多的食育

饮食教育简称食育，主要包括生命与营养健康知识的普及教育，良好饮食习惯的灌输和培养，人与自然、人与环境和谐的教育，传统饮食文化的弘扬与发展，正确消费观念乃至人生观的培养等。中小学是饮食习惯和消费观念以及人生观塑造的关键阶段①。很多农村家长的文化素养不高，尤其是隔代抚养的爷爷奶奶，他们缺乏一些先进的教育方法，对孩子听之任之，大多溺爱孩子。而孩子们在学校吃午餐，每一餐都会有相应的教师陪餐，当孩子出现挑食、厌食、浪费食物和不专心吃饭的情况时，教师便可加以制止或施以说服教育，让孩子知道食物的营养价值、膳食平衡更有利于身体健康，且教师还可以身作则为孩子树立榜样，加之同学之间的相互监督，这些都可让孩子改掉坏习惯。因此，营养餐营造的就餐环境最终让同学们养成了良好的饮食习惯，接受了良好的食育。

（四）营养餐培养了农村学生独立自主的思想品质

"劳教结合"是培养学生劳动意识的好办法。目前，我国学生对食物的浪费现象严重，原因是学生很少从事体力劳动，难以体会劳动的艰辛，难以珍惜劳动成果。学校利用营养改善计划可加强学生的劳动教育，让学生体会到劳作的辛苦，认识到食物的来之不易，以培养学生勤劳、节约和爱劳动的品质②。

在本研究的实际调查中，乡村学校学生吃过营养午餐后，都是自己洗碗、整理餐具、打扫卫生。通过观察他们的劳动情形，感觉他们对这些劳动很熟练，而且整个劳动过程无偷懒和抱怨。这些孩子的家庭条件不好，有的还是留守儿童，他们不像县城学校或私立教育机构中的孩子用餐有生活老师帮忙打饭和洗碗，甚至洗衣服，因此，乡村学校学生从小就养成了独立自主、"自己的事情自己做"的意识。虽然农村学校生活条件没有城市里好，但是这样的生活条件也磨炼了学生的意志，使他们成为勤快、吃苦耐劳和坚韧不拔的可塑之材。

---

① 张文宇，张钰川. 农村中小学营养餐管理存在问题及对策［J］. 新课程，2018（36）：305.
② 黄清云. 农村义务教育学生营养改善计划实施管理［J］. 好家长，2018（57）：145.

（五）营养餐促进了学生的爱国教育和感恩之情

"要使爱国主义思想成为社会的主旋律，必须创造一种浓郁的爱国主义氛围，使人们在社会日常生活的各个方面，都能随时随处受到爱国主义思想和精神的感染、熏陶"①。农村营养餐计划是学校对学生进行爱国主义教育的很好途径。在实际的家长访谈中，当问及家长是"如何看待营养餐计划"时，大家都表示这项政策非常好，感谢党和国家对农村孩子的关怀，希望自己的孩子能好好学习，将来能为国家建设多贡献力量。教师在平时的教育教学中也会提到营养餐计划，告诉学生"为了农村学生的身体健康，国家专门实施了农村营养餐计划，该计划体现了党和政府对你们的关心和爱护"。学生家长和教师的教育，增强了学生对国家的热爱和对党和政府的感恩之情。

二、农村义务教育营养改善计划实施中存在的问题

（一）县政府工作不够到位

1. 工作机制不健全

在计划实施过程中，该县政府的主体责任没有完全落实，其管理工作的组织实施、工作人员的培训、督促检验、宣传教育和效果评估等缺少相应的专项财政经费支持。资金的缺乏无法保障计划实施的持续性，影响营养改善计划工作的实施推进。该县部分领导对营养改善计划的重要性认识不足，因此县营养办不重视专门从事营养餐的工作人员，一些工作人员是临时工，待遇不好而且缺乏应有的编制，因此人员流动性很大，无法保证工作的顺利进行。

2. 营养餐经费未得到保障

农村义务教育营养改善计划实施以后，国家颁布了《国务院办公厅关于实施农村义务教育学生营养改善计划的意见》等文件，县政府也出台了相应的落实文件，学校食堂聘用人员的工资和食材配送的相关费用都要求区、乡镇等地方预算加以解决，但实际操作中，区、乡镇财政预算难以解决相关费用。2016 年 4 月的数据显示，S 县出资 10 万元用于工作经费的保障。由于 S 县人口众多，县里的孩子大都是留守儿童，因此 S 县与其他县相比，投入改善营养餐计划的经费最多，也取得了一些效果。而多数情况下，县抽调其他地方的工作人员组成临时性的"营养办"，临时工承担平日的营养餐管理工作，工作经费也不足，这严重阻碍了营养改善计划的有效实施。

由于经费有限，学校食堂整修经费短缺，因此学生的就餐环境较为简陋。比如没有相应的清洁人员打扫食堂，食堂墙壁脱落的地方得不到及时维修，食堂太小又得不到扩建，食堂缺乏的设施得不到及时的补充。S 县采用企业供餐的方式提供营养餐，在经费不足的时候，企业提供的营养餐质量存在一定风险，导致部分学生不爱吃或吃不饱，致使部分学生补充不到足够的营养。

---

① 魏丕植，曲清荣，向万成. 爱国主义教育实用大典［M］. 成都：电子科技大学出版社，1997：7.

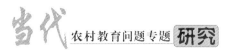
3. 营养餐政策宣传不到位

农村义务教育营养改善计划的起源来自邓飞等媒体人对偏远山区的孩子吃不到营养午餐的报道。最初的发起者只有新闻媒体人和部分热爱公益的社会人士，后来国家才出台相应的政策来规范实施营养改善计划，以造福更多偏远贫困地区的孩子。但是，该县在政策宣传方面做得不到位，造成一些家长和部分社会人士对于这项农村义务教育营养改善计划的误解或无知。在我们的调查中，部分家长和部分社会人士将"营养改善计划"仅仅理解成单纯的"免费午餐"，而忽视这一活动的教育意义，甚至一些家长和部分社会人士认为国家对于该项计划的部分财政经费被县里的政府工作人员和学校的老师中饱私囊了，这些误解是对营养餐政策宣传不到位造成的。

（二）学校食堂建设和利用存在的问题

1. 食堂建设滞后

学校食堂的如期建成，加快了营养餐计划实施的进程，改善了农村中小学食品安全和食堂卫生情况，促进了农村义务教育的均衡发展，彰显了教育公平，解决了很大部分留守儿童的吃饭问题，促进了农村中小学教育的发展。

不过，S 县在食堂建设方面也存在一些问题，主要表现为建设缓慢。究其原因主要有：食堂建设规划常因实际而做出调整，影响建设计划进度；办理建设手续比较繁复，出现审批难、手续多的情况；食堂建设中所需资金与预算资金数目有偏差。近几年，S 县虽然不断努力地解决这些问题，食堂建设滞后的问题得到了初步的改善，但仍有一些学校食堂未能按期建成，影响学生营养餐的供应。

2. 所建食堂设计不合理

厨房的营养餐生产从原料购进开始，经过初步加工、洗涤、切配、烹调，到出品，是一项接连不断、循序渐进的工作。因此，在进行厨房设计时，应考虑所有作业点、岗位的安排和设备的摆放应与生产、出品次序相吻合。同时，要注意烹饪原料进货和领料路线、菜点烹制盛装与出品输送线路，以避免交叉回流，特别要防止烹调出菜与收菜台、洗碟、入柜的交错，以保证菜品的卫生安全①。

当笔者实体考察一些农村学校时，发现一些建好后的学校食堂存在设计不合理的问题。有些学校在食堂建设的时候只考虑到建筑的问题，未考虑到卫生问题，因此在实际应用中就会出现食堂建筑方面的功能分区不够合理。比如，污水排出管道没有安装到地下，造成食堂污水的随意排放，有的排放到附近的农田里，有的排放到校园门前的河沟里。尽管这些污水没有重金属，不损害人体的健康，可是对于学校附近的卫生情况和整个村子的卫生建设都有很大的影响。食堂内部的操作间和排烟也存在一些不合理的地方。有的食堂没有安装抽油烟机和火灾烟雾报警器，操作间的设施排列不合理。在建设规划时，还有一部分学校，为了节省占地空间，将食堂建设成上下两层，一层为操作间，二层为餐厅。在实际的食材加工中，这种设计给工作人员带来了很多麻烦，也给学生和教师就餐带来了不便和安全隐患。

---

① 王绪池，吕亚菲. 学校食堂管理教程［M］. 重庆：重庆大学出版社，2010：19.

3. 新建食堂使用率低

在笔者的实地调研考察中，一些学校虽然按政策要求建了新的食堂，却没有投入使用，很多新建食堂没有配置所需内部设施，也没有人定期维护，几年下来，逐渐陈旧，布满尘垢。由于学校的食堂未能投入使用，学校只好通过临近的学校食堂订购饭菜，配送餐送到自己的学校后，只能在学校就地发放，孩子无固定就餐点，因而就餐环境得不到保证。

在我们的走访调查中了解到，已建好的部分食堂使用率低，究其原因主要有：有些学校领导认为使用食堂会增加学校的开支，且会担更大的食品安全风险，增加管理成本，不愿自己做餐；有些地方的营养餐资金没有到位或者缺乏专业的食堂工作人员，或缺乏食堂配套设施，难以自己开餐；在招标过程中，程序多且手续烦琐，食材的招标采购有严格的程序，完成规定程序需要较长时间，致使部分学校不愿作为。

（三）供餐和食品方面存在的问题

1. 存在一定的食品卫生和安全问题

学校食堂和学生营养餐食品安全关系广大师生身体健康，关系党中央和国务院惠民政策的落实，关系社会的和谐与稳定[1]。根据国家政策规定，学校食堂在给学生供应营养餐时，有如下要求：一是供应的食材要有准确的来源，食品原料入库数量、出库数量、食谱使用数量三个数据要一致；二是供餐所用的食材要卫生、新鲜，保存条件要严格，对于食材和食品要留样；三是营养餐的供应要做到可口，膳食营养搭配合理。但是在实际的营养餐供餐中，有很多学校在食堂管理方面存在一定问题。比如，一些学校在食物原材料的购入和使用上存在监管不严的问题，食材的购入数量、剩余数量以及食堂供餐中使用的数量在数据上不相符；一些学校的食堂将所有的食材放在共同的地方烹饪，存放食材的冰箱生食与熟食混放；食堂工作人员由于缺乏专业的知识和技能未严格按食品留样规程操作，造成留样容器未加盖，留样记录不完整；部分厨具、餐具的清洁和消毒不规范等。

一些提供营养午餐的学校食堂，因为缺钱、缺专业指导，所以未按照要求为学生提供食物。最后，造成了营养餐不合学生口味，又缺乏足够的营养。

2. 供餐管理方面存在监管不到位现象

（1）部分学校缺乏"营养餐"膳食工作委员会的强力监督

学校"营养餐"改善工作事关学生的身体健康，学校必须建立健全管理机构。首先应成立学校"营养餐"工作领导小组，校长任组长，分管副校长或总务主任任副组长，班主任及相关人员任组员；其次应成立"营养餐"膳食工作委员会，由家长委会成员担任"营养餐"膳食工作委员会主任和副主任以及成员，并定期到学校配餐、陪餐，并对营养餐工作及时提出合理化的建议[2]。

虽然 S 县采取的是企业供餐的模式，但是学校对营养餐的管理工作应该一样到

---

① 鞠勤. 做好学生营养餐工作的几点思考［J］. 甘肃教育，2014（14）：21.

② 王建东. 小学生营养餐的管理策略研究［J］. 学周刊，2017（1）：233-234.

位,都应成立属于自己学校的营养餐计划领导小组,并由专人负责营养餐的监管工作。但我们在调查时发现,有些学校没有成立完善的监督机构,未能定时将监管工作情况及时向上级汇报;一些监管工作人员工作积极性不高;一些监督机构在工作职能设置和分工时,以应付上级检查为主,对营养餐计划落实中的实际问题并未引起高度重视;部分学校对自己所选的供餐公司的监督也不到位,学生、家长和老师所提意见未能得到及时反馈,一些亟待解决的问题得不到有效解决。

(2)县教育局营养办的管理工作不透明

县教育局营养办的管理工作不透明,有关营养餐的工作细节和资金使用情况没有及时进行公开,人民群众无法加以监督。

(3)学校未能完全做到按学籍实名制发放营养餐

为保障营养改善计划的资金全部用于学生的营养改善工作,在政策实施过程中,国家要求对享受营养餐的学生进行实名制登记,根据学生的数量来按需发放营养餐,只有农村义务教育阶段的学生才能享受国家免费发放的营养餐。通过对学生的问卷调查得知,在营养餐计划实施过程中,有32.6%的学生认为自己学校的实名制度做得不好,62.7%的学生说自己在学校吃营养餐时没有签名,只有16.1%的学生表示在学校吃营养午餐时,每天都会签名。部分学校在实名制学籍管理中,存在一定程度的虚报以套取国家专项补助的情况,这应引起监管部门的重视。

3. 学生缺乏充分的营养健康教育

我们通过学生问卷调查得知,距离县城15千米的乡村学校和距离县城30千米的学校里的学生认为"营养餐有营养"的比例分别只有36.9%和26.0%,回答"不清楚"和"没有营养"的比例分别是24.6%和31.5%。由此我们可以看出,乡村学校的学生对于营养餐的营养不认可,而且一部分学生不具有相关的营养学知识,对食物是否有营养的情况不清楚,存在挑食、厌食的不良习惯。本研究通过对家长的访谈了解到,有不少孩子有挑食的习惯,尤其是爷爷奶奶照看的留守儿童,这种情况更多。但是家长并没有及时纠正孩子挑食的饮食习惯,这些学生对营养学的知识不太了解,再加上家里经济条件不好,他们对于吃饭的问题没有过多讲究,只求吃饱而不被饿着就行。

学校里的老师也说,有些孩子吃饭时不好好吃饭,自己从家里带食物或者买一些零食,这些零食所带来的营养还不如学校提供的营养餐,自己平时虽也会责怪这些孩子不好好吃饭,但是这个饮食习惯的问题归根到底是家长长期放纵造成的。自己的营养知识也不多,因而也不能给学生更多的膳食营养知识。

《"健康中国2030"规划纲要》明确指出:"加大学校健康教育力度。将健康教育纳入国民教育体系,把健康教育作为所有教育阶段素质教育的重要内容,以中小学为重点,建立学校健康教育推进机制。"①

从我们调查的营养餐学校来看,大多还没有认识到营养健康教育的重要性,

---

① 国家卫生计生委宣传司. 健康中国2030热点问题专家谈[M]. 北京:中国人口出版社,2016:172.

也缺少专职的教师和专用的教材，因此没有开设专门的健康教育课，致使部分学生缺乏科学的营养膳食理念，存在挑食、偏食和不按时吃早餐的不良饮食习惯，甚至存在较多浪费粮食的现象。

（四）营养餐资金监管不够到位

关于河南省S县营养餐的资金监管问题，通过笔者的调查得知，其主要存在如下问题：

1. 存在专项补助资金使用不当问题

农村义务教育学生营养改善计划的专项资金由中央财政拨款和省、县比例分担的形式筹集。按照政策要求，最初确定每人每天3元的营养餐补助金，后来增至每人每天4元。在笔者的调查中，有老师和家长反映有的学校将部分专项补助资金挪做他用，没有全部用于完整的午餐中，造成了部分专项资金的流失。

1. 企业托餐资金不足影响营养餐质与量

在笔者的调查中，S县的营养餐计划实施学校采取的是企业托餐方式来供应营养餐。这些企业通过县教育局的公开招标获得为营养餐计划实施学校提供营养餐的服务机会。在招标过程中，项目的资金来源为中央财政国家贫困县农村义务教育学生营养计划资金。县教育局将S县的各乡镇划分为13个标段，一个供应商企业最多可参与投三个标段，但只能成交一个标段。这些供应商要具备国家规定的能够从事本领域餐饮服务经营活动的相关证件执照，并有为学校提供过食堂餐饮服务的业绩证明和履行各项加工、仓储、配送、保温保鲜、检验、培训和处理突发事件的能力。

企业在参与投标的文件中要标有生均价格，生均价格包含食材的采购、生产、加工、储存、税收、宣传、检验、培训等相关费用。然而企业在实际的工作中存在两个问题，一个是过度使用资金，使国家补助的资金没能完全用于学生的营养餐，或者是提供的营养餐和配餐服务质量达不到生均4元的价格；另一个问题是国家的补助资金不足以支付企业提供营养餐的费用，很多企业后来赔钱，便终止了营养餐的提供，影响到营养餐计划的实施。

三、营养改善计划实施所存问题的原因

（一）政策执行主体的原因

1. 当地县政府对政策的重视度不够影响计划实施的效果

一项教育政策的执行状况受多方面的影响，最大的影响因素是政策执行者对这项政策的支持程度，支持程度决定了在政策实施过程中投入的人力、物力和财力的多少。农村义务教育学生营养餐计划是国家提出的一项基本政策，由各省根据自己的特点部署相关工作，再由县政府根据省政府的文件要求执行。一个县政府对相关政策的重视程度取决于这项政策的投入和产出情况，县政府领导班子一般比较重视那些能够体现政绩的相关政策，比如基础设施建设，包括桥梁道路的修建、农村电网和市政方面的建设；或者是能够提高一个县的国民生产总值、总

体税收的相关政策。而"百年树人"的教育大计，投入经费多，投入时间久，但产出的效果无法在短时间内体现出来，因此，县政府对教育重视相对不够。笔者在调查过程中，通过对一些村民的走访了解到，除了一些学生家长了解这项政策，知道自己的孩子能够在学校享受国家的营养餐外，其他很多村民对这项营养餐计划了解很少。由于很多主管营养餐计划的部门在执行政策时仅仅在一些工作人员之间传达相关文件的内容和精神，并没有做全面系统的宣传，因此很多村民并不了解这项政策及其实施情况。

2. 地方财政支持力度制约了学生营养餐的质量

该县的经济发展与财政支持直接影响营养改善计划的食堂的建设进度、厨房设备的购入、各项工作人员的工资和营养餐供餐支出的情况。地方财政充足将会加快营养餐计划实施进程，让更多偏远农村地区的学生能吃上营养餐。相关政府文件明确规定农村义务教育学生营养改善计划由中央财政主要出资保证政策的执行，中央财政的资助标准为每生每天4元，剩余部分由地方政府出资，省政府和县政府根据各地情况确定资助比例。

通过对该县一些学校资金使用情况的调查，我们发现一些营养改善计划的资金并没有完全用于学生营养餐上，出现一些经费分担责任不明确的情况，有的学校存在占用过多教育公共经费的现象，使营养改善计划实施艰难。

（二）政策执行环境的原因

1. 地方文化教育环境影响营养餐计划的实施

地方文化教育环境取决于一些地区人们对于学生教育的重视程度，这也直接影响地方教育的发展。其具体表现形式为家长、学生、教师、学校和地方政府在教育方面投入人力、物力和财力的情况，以及对教育的看法。在一个良好的地方文化教育环境里，家长重视孩子教育，会积极主动配合营养改善计划的相关工作，监督营养改善计划实施过程，发现问题并提出相关改善建议；学校重视孩子的教育，会认真贯彻政府的方针，为学生提供健康、好吃的营养餐，以保证学生身体的健康发展；地方政府重视教育的发展，会加大教育资金的投入，以促进当地教育的整体发展。该县的地方文化教育环境不算理想，还未形成全社会重视教育的风尚，这影响了营养改善计划的实施。

2. 试点县的地理环境影响营养餐计划的实施方式

根据国家政策要求，只有处于贫困、偏远地区的农村学校才能实施农村义务教育学生营养改善计划，S县根据自身的县情发展，确定营养餐计划实施学校。被确定的学校都是贫困乡村的教育薄弱学校，地处偏远农村地带，受到当地经济和教育条件的制约，营养餐食谱的多样化和食堂设备的先进化难以实现；有些学校所在村子，年轻人都选择外出务工，外面的人才也不愿意来这样的经济发展落后区，学校缺乏制作营养餐的专业工作人员。这些地理因素共同制约了该县农村义务教育学生营养改善计划的实施。

（三）政策执行客体的原因

1. 家长、学生对政策的认可度影响营养餐的实施

一项政策的积极实行离不开相关受益群体的理解与支持。在营养改善计划的受益群体中，学生及其家长对政策的认可度会直接影响该政策的顺利执行。在该县城里的学校，采用的是以课间加餐的方式为学生提供营养，学校将牛奶、面包和鸡蛋等食品直接发给学生。但由于一些学生有挑食的毛病，有些学生会将所发食物扔掉或者拿回家。由于家长监管不到位，一些拿回家的食物如面包、牛奶未能及时吃掉，而学生又未有牢固的保质期概念，导致一些过了保质期的食物还在食用，致使学生身体不适，进而使一些家长产生对学校发放食品质量和安全性的怀疑，由此产生对国家营养餐政策的误解，甚至导致部分民众对该项计划的公共信任度降低，不愿积极配合该政策的执行。一些乡村教育薄弱的学校本想为学生提供完整的营养午餐，但由于县里财政支持有限，供餐的一部分资金如原材料运输费、燃料费、营养餐生产人工费等需要家长承担，部分家长不愿承担这些额外的费用，导致不认同营养餐计划。部分学校由于缺乏足够的营养餐计划保障资金，致使营养餐计划也难以持续落实。

2. 学生和家长缺乏营养观念，制约营养餐计划的执行

营养健康知识的理解程度影响农村义务教育学生营养健康计划的实施，主要表现在家长和学生方面。在一些农村地区，社会经济发展水平和教育发展水平都不够高，物质生活水平也不高，再加上政府对于营养知识宣传力度不足，致使一些家长不重视营养改善计划的实施，认为只要孩子吃饱就好了，孩子喜欢吃就行了，营养健康问题无所谓。比如，一些孩子因为不喜欢吃学校提供的营养食物，家长就让学生带回家给家人吃或直接扔掉，导致一定程度的浪费。家长没能充分认识营养餐的重要性，就不会积极配合学校推行营养餐计划的相关工作。因此，学生和家长缺乏营养观念，这制约着营养餐计划的执行。

（四）政策本身的原因

1. 供餐方式影响着营养餐计划的实施效果

根据政策要求，营养餐计划供餐方式有家庭托餐、企业供餐和学校供餐，不同的供餐模式有不一样的实施方式，产生不一样的效果。部分学校采取的是课间加餐的形式，所提供的营养餐主要有鸡蛋、牛奶、面包和膜片，这样的供餐方式简单方便，只需要向商家购买一些加工的成品，然后直接发给学生就可以了。但是这种供餐模式与食堂供餐相比，学校的参与度小，发挥作用不明显。同时，这种成品加餐形式会导致国家财政补助金额的部分结余，资金的结余说明营养餐计划没有完全落实，营养改善目标没有完全达成。采取什么样的供餐方式，部分取决于当地的学校和学生家庭的生活条件，部分取决于县营养办的政策举措和落实学校的执行举措。S 县的学校基本采用的是企业供餐的模式，供餐主体是中标的餐饮公司，这种供餐模式相对于家庭托餐是比较好的，但不如学校托餐理想。家庭托餐可增加学生就餐的家庭温暖感，但难以满足大部分学生的营养餐就餐问题。学校托餐可以在托餐过程中对师生员工进行多方面的教育，发挥更大的教育效能，而企业托餐则较难办到。不过，企业托餐学校事务相对较少，更为省事。可见，营养餐的供餐形式制约了营养改善计划的实施效果。

2. 营养餐计划相关政策与实际执行条件的不契合性影响着该计划的落实

中央政府在营养改善计划实施的过程中颁布了若干保障性政策，省政府为响应国家的号召，也相应颁布了一些政策，政策颁布的初衷是为了农村贫困地区孩子的营养健康。但是在政策的实施过程中，一些政策不符合当地的实际，缺乏相应的配套政策和物质条件的支持，从而出现执行力弱的情况。比如，政策要求保证农村义务教育阶段学生每人每天享受3元的膳食补助，包括民办学校的学生，后来增加至4元。但该政策未能考虑采办营养餐的人力支出、运输费、燃料费等，在现实中，真正用于学生身上的补助便难以足额保证。又如陪餐制度，陪餐制度要求校长和教师全部陪同学生吃饭，由于国家并没有专项资金用于陪餐教师的补助，一定程度上降低了教师参与学生陪餐的积极性。又如，建档立卡的贫困补助模式，政策的初衷是让更多的孩子受益，专项资金专项使用，防止补助资金被他人冒领冒用。但是在实施过程中，因为一些孩子跨区域读书而导致学籍未变动，但营养餐供餐对象是严格要求按学籍实施的，这导致部分学生在新学校无法吃到营养餐。此外，如签名用餐制度在有的学校也坚持得不太好，学生在饥饿时忙于领取营养餐，部分学生便忘记签名。营养餐计划相关政策需要进一步优化，这样才能保证营养改善计划的顺利实施。

第六节　完善农村义务教育学生营养餐计划的思考

一、确保资金安全、足额用于供餐

从2014年11月起，中央财政将营养改善计划国家试点地区补助标准从每生每日补贴3元提高到4元，同时，鼓励各地以贫困地区、民族地区、边疆地区、革命老区等为重点，因地制宜开展营养改善地方试点，中央财政对开展地方试点的省份按照不高于国家试点标准的50%给予奖励性补助①。

营养改善计划是一项有预期价值的人力资本投资。具体而言，它是人力资本投资在义务教育领域的反映，是一笔教育投资。营养改善计划作为一项人力资本投资，实施该计划所需的费用直接由国家财政拨款，实质上是国家增加农村义务教育投入的举措，对发展农村教育、提高农村教育质量及促进城乡义务教育均衡发展具有重大作用②。

但是，教育投资不足一直是我国农村义务教育发展的薄弱点，国家财政部门应

① 杨国华，杨麟婷，俞群俊. 农村义务教育学生营养改善计划的研究分析［J］. 辽宁医学院学报（社会科学版），2015，13（2）：79-83.
② 张永杰. 对改善农村义务教育学生营养状况的思考［J］. 合作经济与科技，2014（7）：123-124.

结合各地情况，增加营养计划的资金投入。各实施县要全面考虑，寻求创新实际的管理方法。在原来工作的基础上，不断总结经验，统一核算方法，降低运行成本，保证各专项资金足额用于完整午餐或课间加餐的供给。每个实施学校应有专门的人员负责资金的管理和使用，并将每一笔资金的使用在学校的布告栏加以公布，每个月的花费和结余也应向县营养办上报，以便让每一分钱都花得有价值、有目的。

营养餐计划的实施使用情况还可以充分利用网络信息平台，运用 QQ、微信、主流媒体及自媒体随时发布实施动态，采取多种手段相结合的方式对营养改善计划进行宣传，让更多的人对该计划有更深层次的了解，以公开、透明的方式消除公众的疑虑①。

二、配全食堂设施，规范管理食堂

对于有些没有完成食堂建设的营养餐实施学校，应抓紧时间，尽快拿出可行的措施，以完成食堂的建设。一些食堂规划不合理的学校，包括食堂的建筑建设、外围的排水排污工程、食物加工场所和学生用餐场所的不合理，要尽快上报县营养办，拿出方案及时做出调整。有些学校基础设施薄弱，主要表现在食堂里的厨房用具缺少或老化而不好用，尤其是保鲜和保温设备缺乏；食堂空间小、拥挤，学生就餐环境比较差。县营养办可预算一项食堂建设专项资金，专门用于农村学校食堂的改建和厨房设备的购置。

我们在调查研究中发现，尽管学校提供了营养餐，可是有些学生仍出现营养不良的问题。据科学分析，由于长期饮食缺乏营养所造成的营养不良，将会使人均身高降低 3~4 厘米，智商降低 10~15 分，最终造成不可估量的劳动力损失和经济损失②。

因此，提供完整午餐的学校，可以通过改善营养餐的膳食结构，使营养餐口味好、价值高、卫生达标和营养丰富。学校可以根据当地情况因地制宜，按照学生的口味定期更换营养食谱，让学生吃到既好吃又营养的营养餐，这样才能让更多的孩子喜爱营养餐，使营养得到充分的补充。

各营养餐实施学校要落实自己的责任，严格执行校长负责制，成立学校食堂安全管理小组，明确各级领导的责任，层层签订目标责任书，明确负责区域；建立健全完备的食品安全管理制度。

三、加大政策宣传，提高营养教育力度

通过调查我们发现，有很多人不知道现在农村义务教育学校在实施营养餐计

---

① 方瑞，管婷婷. 安徽省农村义务教育学生营养改善计划实施现状及思考 [J]. 教师教育论坛，2016（10）：71-74.

② 张书梅. 对云南省大关县农村义务教育阶段学生营养改善计划工作的思考 [J]. 中国校外教育，2013（5）：23.

划，也不清楚它的具体形式。针对这种情况，我们要扩大宣传，让营养餐的相关政策为民众知晓。首先，以学校宣传为主，积极开拓宣传信息渠道，比如开展以"营养改善计划"为主题的班级活动，例如知识有奖竞猜、校园美食文化节、感谢营养餐的演讲比赛；在班级里、校园里，展出相关的黑板报、彩报；通过多种方式让学生获得更多关于营养改善计划的知识。其次，学校可以组织家长会，宣讲营养餐的政策和实施情况；通过家长、学生和老师的互动，让更多人清晰地了解营养餐计划，积极配合营养餐计划的相关工作。最后，政府的宣传部门可以利用政府网站和送知识下乡的方式宣传营养改善计划的内容和相关的政策法规，还可以在乡村的布告栏和有线电视上做一些通俗易懂的广告宣传，让更多的村民了解这项政策。

四、给予政策优惠，激发教师积极性

在营养餐计划实施过程中，上级部门要求在校教师在学生吃饭时陪餐，因为很多教师都有家庭，需要照顾家人，这样的规定增加了教师的负担，影响了教师的日常生活，在一定程度上影响了教师的正常教学工作，从而导致一部分教师陪餐工作不积极。因此，为提高教师参与学校营养餐工作的积极性，应该建立教师激励政策，给予承担此营养餐工作的教师以一定的经济补贴，比如，每月学校可给予几百元不等的经济补助，以鼓励更多的教师参与营养餐工作。

不仅要提高教师的工作积极性，还要全面落实全国学生营养办《关于切实解决好当前营养改善计划实施中五个突出问题的通知》（全国学生营养办〔2013〕3号）"各地要按与就餐学生人数之比不低于1∶100的比例足额配齐食堂从业人员，食堂从业人员工资、社保要纳入地方财政预算"要求，县级人事部门要及时增加农村中小学和教学点学生营养餐工作及管理人员编制，确保农村中小学和教学点学生营养餐实施工作的正常开展①。

五、鼓励民间组织，参与改善计划

营养餐计划实施过程中，营养改善计划的资金由中央财政提供，小部分地区的资金由中央财政和营养餐实施县政府共同提供，这在一定程度上需要政府的更多支持，尤其是地方政府的财政支持。我国的农村义务教育学生营养改善计划在农村偏远地区实施，因此在政策推进和实施的过程中，资金问题成为关键的制约因素。如果通过县营养办对营养餐政策进行大力宣传，可以让更多的公益组织、爱心团体和企业个人参与营养餐计划，给营养餐计划提供资金和物质支持。例如，政府可以给予帮助营养餐计划的企业一些政策上的优惠，奖励和宣传一些参与营养餐计划的公益个人和组织。

---

① 丁万和. 关于做好农村义务教育学生营养改善计划工作的思考［J］. 学周刊，2015（32）：200.

　　我们要学习西方建立基金制度的方式和创建学生营养餐协会的办法以解决学校午餐资金的来源问题。学生营养餐行业有高风险、高要求、高投入和低效益的特点，因此创建学生营养餐协会可以促进学生营养餐行业平稳和快速的发展，而且有利于及时、有效地解决行业中所遇到的难题，有利于制定行业的制度等鼓励更多的民间组织参与到学生营养餐的工作中，给予更多的资金支持①。

结束语

　　写到这里，本部分研究已经接近尾声，可是对农村义务教育学生营养改善计划的关注还要一直继续。在营养餐实施的 8 年里有很多农村学生从中受益，但是我们也要认识到营养餐实施过程中的不足。营养餐的供餐方式有学校供餐、家庭托餐和企业供餐三种方式，其中 S 县采用的是企业供餐方式，即将学校的食堂通过招标的方式委托给企业。其中，不同区域的学校供应营养餐的形式不同，县城学校的营养餐供餐形式是课间加餐，乡村学校的营养餐供餐形式是提供完整午餐。营养餐可以给学生提供多种类午餐，补充多种营养，让学生吃饱，减少上课饥饿的程度，还能通过拉动乡村农产品需求，增加农村的就业岗位。为保证营养餐更好地实施，学校成立了专门的营养餐监督小组和监管委员会，还安排专门的老师为学生陪餐。在调查研究过程中，我们也发现了营养餐实施中的问题，部分学生反映营养餐不好吃，营养餐缺乏营养，学校的就餐环境不好，因为有些学校的食堂未能投入使用，所以一些营养餐会出现时冷时热的现象。通过访谈，我们了解到营养餐资金使用还不够透明，一些政策未能有效实施，食堂的管理还存在一些漏洞。本研究从当地政府、财政支持、教育环境、地理环境、学生、学生家长、政策本身等方面分析了营养餐实施过程中存在问题的原因，对农村义务教育学生营养餐计划提出以下五点思考：第一，确保资金安全，足额用于供餐；第二，配全食堂设施，规范管理食堂；第三，加大政策宣传，提高营养教育力度；第四，给予政策优惠，激发教师积极性；第五，鼓励民间组织，参与改善计划。

　　虽然笔者在研究过程中花费了较多的精力和时间，查阅了很多资料，并深入基层调查，但是仍存在一些不足。

　　笔者所选取的研究内容稍多，行文逻辑和思路带有一些个人特点，所以在研究设计和框架上存在一些不足。

　　如在调查区域的选择上，只选择了河南省的 S 县为个案，从多方面调查农村义务教育学生营养餐实施状况，具有一定的代表性，但中国很大，不同地方有不同的情况。本研究成果还不能代表全国的营养餐实施情况。

　　以上的问题，将促使笔者在以后的工作和学习中不断加以探索和思考。

---

　　① 杨铭铎，华庆. 中国学生营养餐现状分析及对未来发展的思考［J］. 食品与发酵工业，2004（5）：106-110.

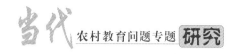
专题五　农村教育扶贫问题研究①
——以四川省大凉山地区为例

　　2013 年，国务院办公厅转发教育部等部门的《关于实施教育扶贫工程意见的通知》中，为我国的教育扶贫工程定下目标：到 2020 年我国贫困地区的教育服务水平接近全国的平均水平。可见，国家对贫困地区教育扶贫工作是非常重视的。大凉山地区作为国家扶贫开发重点地区，地处凉山彝族自治州境内，地区的贫困面广、贫困人口多、贫困程度深，州内的 16 个县中有 11 个县被列为国家扶贫开发重点县，11 个县中彝族人口占较高比例。近年来，在国家和凉山州各级政府、社会各界的共同努力下，大凉山地区的教育扶贫工作取得了较快的发展，贫困地区的教育水平得到提升，贫困人口对教育的看法实现了较大转变，人口的综合素质得到了提高。本研究基于凉山州西昌市以及四个县的实地调研和相关的扶贫理论，力求贴近实际地阐明大凉山地区的农村教育扶贫情况，仔细分析大凉山地区教育扶贫工作中存在的问题，并为完善当地的教育扶贫工作提出合理的建议。

第一节　绪论

一、研究缘由

（一）贫困问题是制约各国社会经济发展的突出问题之一

　　贫困问题是当今世界各国特别是发展中国家面临的突出问题之一，同时也是制约人类社会向前发展的主要障碍之一。即使是在科技迅猛发展的今天，世界各地仍有许多人在水深火热的贫困环境中生活，他们仅仅能维持着基本的生存需要，与普通城市的现代化生活以及人们在精神和物质上的满足形成了鲜明的对比。因此，消除贫困和最终实现共同富裕自古以来都是各国孜孜以求的理想。作为世界上人口最多的发展中国家，我国的社会经济发展基础差、底子薄，不同地域之间的经济发展不平衡。特别是在我国西部地区，农村贫困人口多，当地自然条件较中东部而言更为恶劣，因此脱贫的难度较大。

　　（二）农村教育扶贫工作是我国现阶段的重要工作之一

　　从国家层面而言，《国务院办公厅转发教育部等部门<关于实施教育扶贫工

---

① 本文完成于 2017 年 5 月，收入本书时主编略作改动。

程的意见>的通知》的颁布，明确指出了教育扶贫的指导思想，将教育扶贫置于扶贫攻坚战的重要地位。2015 年 4 月 1 日，中央深改组第十一次会议召开，并审议通过了《乡村教师支持计划（2015—2020 年）》。这次会议的召开，对于实现教育均等化具有历史性意义，并且会议还发出了"阻止贫困现象代际传递"的号召。2016 年全面建成小康社会进入决胜阶段，我国面临的任务是使 6 000 多万农村贫困人口走出贫困，而教育扶贫能让贫困地区的学生掌握知识、改变命运。由此可见，教育扶贫是扶贫攻坚的一种有效模式，它对人的思想转变、综合素质的提高具有重要作用，是根治贫困的基本途径。

（三）教育扶贫问题是社会和学术界关注的热点之一，但仍有很多问题未能从学理上解决，需要深化研究

我国的低收入群体（贫困人群）绝大多数是未受过教育或受较少教育的人。由于其生产能力低下，各方面素质的缺乏，他们无法从事高收入职业，导致他们的生活水平低下。因此，解决贫困问题的关键在于发展教育。劳动者在教育过程中获得系统知识和实用技术，以此提高其劳动技能和各方面素质，提高劳动生产率，从而增加其劳动收入。所以，当今社会和学术界广泛关注教育的扶贫功能，并且研究者通过实证研究试图使教育的扶贫功能在现实中发挥更大的作用。

二、文献综述

2017 年 3 月 12 日 11 点 50 分，笔者在中国知网（CNKI）上，按主题分类，输入关键词"扶贫"，搜索到期刊类文章 67 988 篇，硕博士论文 3 485 篇；输入关键词"教育扶贫"，搜索到期刊类文章 4 075 篇，硕博士论文 819 篇；输入关键词"农村教育扶贫"，搜索到期刊类文章 331 篇，硕博士论文 31 篇；输入关键词"四川大凉山扶贫"，搜索到期刊类文章 3 篇，硕博士论文 2 篇；输入关键词"四川大凉山教育扶贫"，搜索到期刊类文章 3 篇，硕博士论文 2 篇。文章按篇名和题名分类，输入关键词"扶贫"，搜索到期刊类文章 24 533 篇，硕博士论文 759 篇；输入关键词"教育扶贫"，搜索到期刊类文章 452 篇，硕博士论文 9 篇；输入关键词"农村教育扶贫"，搜索到期刊类文章 41 篇，硕博士论文 3 篇。

（一）国内研究综述

1. 有关扶贫的研究

关于扶贫的研究，我国主要分为两个阶段：第一阶段是从中华人民共和国成立至改革开放以前，人们期望该阶段的研究能促进公平并减少贫困人口的数量；第二阶段始于改革开放后，我国对贫困问题的重视程度逐渐增加，扶贫开发也如火如荼地开展起来。与此同时，在学术界，扶贫的问题也引起了学者们的广泛重视。在这一阶段，扶贫开发理论真正地形成并得到了丰富和完善，学者们对扶贫的研究也逐渐深入，并努力尝试把扶贫的研究得到的理论同实际存在的贫困问题相结合，期待更好地解决现实问题。

（1）我国扶贫政策的演变研究

我国扶贫政策的演变始于以家庭联产承包责任制为主的农村经济改革的开展。家庭联产承包责任制极大地激发了农民的积极性，促进了农村经济的快速发展，缓解了农村贫困状况①。之后中央成立了贫困地区经济开发领导小组为扶贫工作的开展做出方向上的指导，扶贫工作的范围扩展到全国②。然后，在扶贫攻坚时期，国务院制定了《国家八七扶贫攻坚计划》③ 和《中共中央、国务院关于尽快解决农村贫困人口温饱问题的决定》，扶贫工作的目标进一步具体化④。21世纪我国扶贫开发工作进入了新的阶段。《中国农村扶贫开发纲要（2001—2010）》⑤ 和《中国农村扶贫开发纲要（2011—2020 年）》⑥ 以十年为一个阶段，为我国的扶贫开发工作指明了方向。

（2）我国扶贫工作所存问题研究

王晓丽的《农村扶贫开发存在的问题及成因分析》总结了扶贫中存在的问题有以下四种：一是返贫现象严重。我国贫困地区平均返贫率为 10%～20%，西南、西北的一些地区返贫率达到 20%，其中个别地方高达 30%～50%，另外有些地方甚至出现返贫人口数量超过脱贫人口数量的现象。二是扶贫资金的低使用率，其原因是没有扶贫资金管理机制，导致扶贫资金被大量挪为他用。三是贫困地区的自我发展能力不足，产业结构较单一、人口综合素质低、资本积累不足。四是扶贫主体单一，政府占据主要角色，社会组织的参与度不够，同时，贫困人口自身也缺乏脱贫的主动性⑦。

（3）我国扶贫效果的研究

①贫困监测指标方面的研究。

周瑞超的《行政村综合性扶贫效果评价——以世界银行扶贫广西项目为例》提出构建综合性扶贫效果评价指标体系和模糊综合评判标准化参数体系⑧。王荣党的《论农村贫困衡量指标体系的构建》探究了农村贫困指标监测体系设计基础、指标选择、结构系统、目标层次，文中运用层次分析法（AHP）从四个子目标层（贫困基础、社会经济、人文发展、生存环境）中构建出农村贫困监测指标体系⑨。

②扶贫绩效分析方面的研究。

亚瑞华的《农村信用社小额信用贷款绩效分析——以安阳市为例》从三个

---

① 景天魁，等. 社会公正理论与政策 [M]. 北京：社会科学文献出版社，2004：211.

② 时正新. 综合 多元 城乡并重：对我国宏观扶贫政策的几点思考及建议 [J]. 中国贫困地区，1996（1）：16-18.

③ 国家八七扶贫攻坚计划 [N]. 西部时报，2009-08-28.

④ 刘慧. 我国扶贫政策演变及其实施效果 [J]. 地理科学进展，1998（4）：81-89.

⑤ 《财经大辞典》第 2 版编委会. 财经大辞典 3. 北京：中国财政经济出版社，2013：761.

⑥ 石颜露，张波. 浅析精准扶贫背景下农村人力资源开发 [J]. 中国商论，2016（23）：140-142.

⑦ 王晓丽. 农村扶贫开发存在的问题及成因分析 [J]. 吉林工商学院学报，2008（3）：27-30.

⑧ 周瑞超，邝雨. 行政村综合性扶贫效果评价：以世界银行扶贫广西项目为例 [J]. 改革与战略，2005（5）：108-110.

⑨ 王荣党. 论农村贫困衡量指标体系的构建 [J]. 经济问题探索，2006（3）：82-86.

方面分析了小额信用贷款的绩效：农村小额信用贷款的制度和业务创新绩效、财务绩效及满足农户需求的绩效，结论是小额信贷对农村经济发展有重要作用①。张衔的《民族地区扶贫绩效分析——以四川省为例》提出继续对民族贫困地区实行更加优惠和更开放的政策，动员全社会加入扶贫投资，加快推广小额信贷，并切实保证资金到户②。帅传敏的《国家扶贫开发重点县投入绩效的实证分析》提倡提高外资扶贫资金的使用效率，并建议中央财政调整财政扶贫资金、以工代赈资金、贴息扶贫贷款的投入比例③。

2. 有关教育扶贫的研究

（1）教育扶贫的政策研究

1996 年，《中共中央、国务院关于尽快解决农村贫困人口温饱问题的决定》的颁布一定程度上拓展了教育扶贫的功能④。安虎森的《贫困落后地区积累贫困的经济运行机制分析》提出加大对社会基础设施建设的投资力度，为贫困成员改善生产基础条件和环境条件提供资金和技术等支持，发展贫困地区的基础教育⑤。2002 年我国教育扶贫工作主要是加强学校的硬件设施建设，并加大教师队伍建设⑥。邢建华在《教育扶贫，政府与政策唱主角》中认为，教育应当先行，政府要加大资金扶持力度。加大贫困地区的职业教育改革力度，提高依法治教的水平⑦。杜喜荣在《论做好贫困大学生的思想政治工作》中提出为了体现社会主义的公平、公正，要加大对贫困生的资助和扶持政策的落实力度⑧，胡秀锦的《职业教育发展经费保障机制研究》认为，在职业教育方面，由于"对农村家庭经济困难学生和涉农专业学生免学费"政策的提出，使职业教育的帮困助学体系得到完善⑨。张艾力在《民族教育优惠政策与民族地区的"扶贫增收"》中提到，鉴于教育发展水平与经济发展程度间有正相关关系，并对受教育者生活水平产生很大影响，我国应继续完善民族教育优惠政策⑩。2013 年，国务院办公厅转发了《关于实施教育扶贫工程的意见》，教育扶贫被置于扶贫攻坚的重要地位，

①　亚瑞华. 农村信用社小额信用贷款绩效分析：以安阳市为例［D］. 北京：中国农业大学，2007.

②　张衔. 民族地区扶贫绩效分析：以四川省为例［J］. 西南民族学院学报（哲学社会科学版），2000（3）：18-24.

③　帅传敏，梁尚昆，刘松. 国家扶贫开发重点县投入绩效的实证分析［J］. 经济问题，2008（6）：84-86.

④　中共中央，国务院. 中共中央国务院关于尽快解决农村贫困人口温饱问题的决定［N］. 人民日报，1997-01-08.

⑤　安虎森. 贫困落后地区积累贫困的经济运行机制分析［J］. 南开学报（哲学社会科学版），2001（4）：77-82.

⑥　周学桃. 谈少数民族贫困地区教育扶贫与教师队伍建设［J］. 民族教育研究，2002（3）：65-68.

⑦　邢建华. 教育扶贫，政府与政策唱主角［J］. 老区建设，2004（10）：48.

⑧　杜喜荣. 论做好贫困大学生的思想政治工作［J］. 中国成人教育，2006（7）：80-81.

⑨　胡秀锦. 职业教育发展经费保障机制研究［J］. 职业技术教育，2010（22）：15-21.

⑩　张艾力. 民族教育优惠政策与民族地区的"扶贫增收"［J］. 湖北民族学院学报（哲学社会科学版），2012（4）：43-46.

提高人民的综合素质和生产技术技能，为全面建成小康社会奠定更加坚实的基础①。

（2）教育扶贫存在的主要问题研究

①理论研究的不足。

我国对教育扶贫的研究都只是限于对策的探讨。由于致贫因素的多元性，教育扶贫只是扶贫开发的方式之一。谢君君提出还要在两个方面做出努力——对教育的扶贫功能形成清晰认识、深入探析并解决教育扶贫中一些涉及经济学、社会学、教育学的复杂问题②。

②教育扶贫的功利性、盲目性成分较多。

熊文渊谈到高校的教育扶贫活动时认为，各高校普遍的扶贫方式主要是三支一扶、捐款捐物、培训服务等，但这些方式的扶贫效果是有限的，造成教育扶贫"一刀切"现象的产生③"三下乡"活动的优点是周期短、易操作、影响大，可是由于缺乏长效的机制，它所发挥的作用是十分有限的。捐款捐物等方式只是物质扶贫的方式，这类扶贫方式把关注点放在数量上，而忽略了扶贫的质量，最终只能发展成为一种功利化的"形象工程"。另外，还有一些高校刻板地效仿其他，盲目地实施教育扶贫。如果一味地套用别的高校的扶贫模式，没有考虑自身的定位和能力，就会导致扶贫计划盲目化，无法开展有效的教育扶贫活动。另一种盲目化是在不清楚扶贫对象需求的情况下，盲目地进行扶贫活动。这种盲目化的扶贫活动无法对症下药，最终导致扶贫活动流于形式。

③由于成本高等原因，高校参与扶贫的动力不足。

中东部较发达地区的高校派遣老师到西部任教来扶持西部教育。然而，高校和教师本人的动力均不足。前者原因可能来自支教高校为了自身的发展，不愿把紧缺型人才派往别校支教，后者原因来自老师自身，支教活动会在一定程度上影响到他们在本校的教学和科研进度。支教高校需要支付支教老师的各种费用，如补助、食宿费用、交通费用等，这些也是一笔不小的数目；而对于支教老师来说，由于去外地支教，他们的教学和科研工作不得不中断或延迟，其中也会造成一定的经济损失。由于支教成本和支教时间等原因，目前高校对口支教的范围十分有限，支教的程度仍有待提高，未来可以在学科建设和科研等方面进一步发展教育扶贫④。

④师资分配不均衡，教育投资效益较低。

在我国的一些贫困地区，教师的人心不稳，容易外流，每年分配到贫困地区的教师数量远远少于外流的教师数量。教师的教育教学水平难以跟上现代教育的

---

① 国务院法制办公室. 中华人民共和国法规汇编（2013 年 1 月—12 月）［M］. 北京：中国法制出版社，2014：639.

② 谢君君. 教育扶贫研究评述［J］. 复旦教育论坛，2012（3）：66-71.

③ 熊文渊. 高校教育扶贫：问题与路径［J］. 当代教育科学，2014（23）：43-46.

④ 陈大柔，谢艳. 高校教育扶贫的问题及对策［J］. 教育科学，2004，20（3）：58-61.

发展步伐，使贫困地区的教育质量受到影响①。

⑤学生流动频繁，加深地区的贫困化

谢霄男、王让新在《关于农村教育扶贫问题的思考和对策建议》里提到，由于城市学校在师资配置、硬件设施等方面优于农村学校，有条件的农村学生大多选择到城市学校就读②。这种现象造成各种资源的浪费。而学生到城市就读使得教育成本加大，使贫困地区的资金流向城市，对当地的经济发展产生不良影响。

⑥农村学校萎缩严重，教育扶贫的对象不足

随着学生的外流问题加剧，农村撤点并校的情况逐渐普遍。然而教育扶贫的工作多需要依靠农村学校提供一系列的环境和设备，如果农村学校萎缩严重，教育扶贫工作将难以顺利地开展。

（3）教育扶贫的模式研究

教育扶贫主要有政府以外的资金扶贫、国际组织扶贫、政府扶贫三种方式。我国学者林乘东的《教育扶贫论》也对教育的扶贫模式进行了一些探讨③。现阶段，我国贫困地区教育扶贫模式相关的实证研究正处于不断探索中。

纪严的《教育扶贫模式探究——以吉林省基础教育为例》中谈到了吉林省的教育发展存在的主要问题，并从教育与经济的体系建构、优化教育资源配置、实现有特色的教育扶贫三方面提出了吉林省基础教育扶贫的具体模式④。秦瑞芳、闫翅鲲在《"共生"视角下的农村教育扶贫路径探讨》中提到了石家庄市赞皇、平山、灵寿、行唐四个贫困县的"共生"教育模式⑤。北京外国语大学的特色教育扶贫工作"歆语工程"通过三方面稳步推进教育扶贫工程：①利用网课将歆语工程传递到贫困地区；②完善培训模式；③把握社会服务的限度，重视实体性建设，开创合作共赢的新局面⑥。

1997年起，忻州师范学院根据贫困地区师资队伍建设的需要探索并改进了人才培养模式，学校积极组织大学生到贫困地区顶岗支教，为贫困地区的师资队伍建设发挥了自身的作用⑦。

宋清华的《"9+2"教育扶贫模式的探索与实践》介绍了湘西民族职业技术学院创建的"9+2"教育扶贫模式（九年义务教育加两年免费的职业教育），对当地的经济社会发展起到了促进作用。"9+2"教育扶贫模式从学校方面来说有

①　王国玲. 青海贫困地区教育扶贫问题探析［J］. 攀登，1998中，17（4）：77-80，89.

②　谢霄男，王让新. 关于农村教育扶贫问题的思考和对策建议［J］. 中国教育学刊，2015（A2）：3-4.

③　林乘东. 教育扶贫论［J］. 民族研究，1997（3）：43-52.

④　纪严. 教育扶贫模式研究：以吉林省基础教育为例［J］. 现代教育科学普教研究（普教研究），2014（5）：77-78.

⑤　秦瑞芳，闫翅鲲. "共生"视角下的农村教育扶贫路径探讨［J］. 教学与管理，2011（24）：16-17.

⑥　曹文泽. 打造教育扶贫服务社会新名片［J］. 中国高等教育，2007（21）：49-50.

⑦　檀庆双. 扶贫顶岗实习支教与教育观念更新［J］. 忻州师范学院学报，2007（6）：8-10.

以下五点具体工作：①政府、社会各界合力保证办学经费；②面向市场设置专业；③根据职业需求制订合理的教学计划；④建立健全教育教学制度以保证教学质量；⑤努力提高学生的动手能力①。朱德全的《西部贫困地区农村"双证式"教育扶贫模式探索》中介绍了重庆市黔江民族自治县实行的"双证式"目标模式，既能帮助有能力的农村学生完成学业，又能使其中一部分升学无望的学生能够掌握 1 到 2 门在本地区适用的农业技术。通过该模式的实施，当地培养了一大批技术型人才，创造了较高的经济效益，使农民走上了脱贫致富的新路子②。

3. 有关四川省大凉山地区教育扶贫的研究

彭徐的《西部大开发与凉山教育扶贫战略研究》提到在凉山州企事业单位需对口帮扶大凉山地区的乡镇中心校，实行"一对一"的对口帮扶措施，形成"机关—校"的教育扶贫模式。在政策的落实方面，凉山州各级政府认真贯彻落实《民族地区教育发展十年行动计划》，近几年，在学前教育、义务教育、职业教育、教师队伍建设方面都取得了不小的成就，一定程度上提高了大凉山地区的教育教学水平③。

旭东在《广泛发动 主动作为 量力而行 四川省注税行业积极开展"统一战线教育扶贫凉山行动"》中提到了三个部门（四川省注税行业党委、省注册税务师协会、四川同心·注册税务师服务团）前往美姑县调研，了解当地的基本情况后，利用自身优势为美姑县在税法宣传咨询方面提供服务，并帮助其培训师资，建立了教育帮扶基金，以此开展了许多帮扶活动④。

（二）国外研究综述

1. 国外对扶贫的研究

（1）扶贫政策的研究

裴长洪在《世界问题报告：<经济发展与社会变革>》一书中提到了印度政府的各项扶贫计划，如农村综合发展项目（IRDP）、农村青年自主经营培训项目、农村妇女与儿童发展项目⑤。印度政府在 20 世纪 90 年代初开始实行经济自由化改革，鼓励竞争和贸易以及投资的自由化等，这些举措极大地促进了扶贫工作的开展，为印度的经济发展奠定了坚实的基础⑥。

何芬、赵燕霞在《美、日促进集中连片特困地区减贫的经验借鉴》中提到日本的扶贫经验。日本通过颁布法律、各项优惠政策、给予贫困地区的农民一定

① 宋清华，杨云，张明星. "9+2"教育扶贫模式的探索与实践［J］.职业时空，2009，5（3）：157-158.

② 朱德全.西部贫困地区农村"双证式"教育扶贫模式探索［J］.教育研究，2004，25（2）：80-84.

③ 彭徐.西部大开发与凉山教育扶贫战略研究［J］.西昌师范高等专科学校学报，2003（2）：51-54.

④ 旭东.广泛发动 主动作为 量力而行 四川省注税行业积极开展"统一战线教育扶贫凉山行动"［J］.四川统一战线，2016（7）：33.

⑤ 裴长洪.世界问题报告：经济发展与社会变革［M］.北京：经济管理出版社，1999：232.

⑥ 周采.印度高等教育发展及其启示［J］.南京师大学报（社会科学版），2008（2）：81-86.

的收入补贴，规范并建立了以中央为主、地方为辅的扶贫开发体系，加大了对贫困地区（北海道地区、冲绳地区）的财政投入①。

1966 年泰国成立国有银行，开展针对农民、小农等目标群体的信贷业务。泰国政府通过成立农业合作银行为农村的信贷业务提供渠道，② 通过此类信贷业务，一定程度上为穷人提供了优惠贷款，减轻了贫困人口的贫困程度，然而并非整个国家的贫困人民都能得到贷款，仍有待进一步扩展。

1997 年，菲律宾的贫困线低于世界标准，其贫困特点是城市的贫困程度深于农村的贫困程度。菲律宾政府实行"小政府、大社会"的扶贫规划。1998 年成立的"国家反贫困委员会"主要的扶贫工作是由社会团体和非政府组织来开展的。扶贫工作在社会团体的大量参与下，开展得十分活跃③。

（2）扶贫措施的研究

印度实行农村综合发展项目（IRDP），为贫困人群提供贷款、生产物资、技术咨询等服务。1989 年的全国农村就业项目为农民就业提供了许多机会。另外，非政府组织例如 SYEDHASHIM 家族基金会也通过向贫困的弱势群体发放生活费来开展扶贫工程。还有国家发展投资及咨询服务公司（BASIX）通过贷款为贫困人群提供技术支持。贷款方式分为以下四种：通过中介发放贷款、直接贷款给个人、组织联保小组放贷、通过互助组发放贷款。又如，自我就业妇女协会（SEWA）以工会的形式组织妇女并建立各种经济组织，提供支持服务④。

日本政府不断推进农村贫困地区向城市化发展，致力于建设中小型城市，并大力发展农村的特色行业，因地制宜地打造出各种富有特色的品牌，极大促进了农村地区经济的发展⑤。

1969 年，以泰国普密蓬国王为主，在全国发起了"山民经济发展计划"，即"山地计划"，还有王后的"森林爱水计划"、诗灵通公主的"学生午餐计划"、朱拉朋公主的"新村计划"等，通过这些计划解决一些具体问题，并改善农村贫困人口的经济和社会状况⑥。与此类似的做法是印尼苏哈托总统的"IDT 总统令"，IDT 脱贫的方式是运用总统权威从财政中拿出一定款项以无息贷款的方式帮助不发达村庄的贫困人口脱贫⑦。2001 年，泰国政府推行"城乡周转金"计划，由政府拨付资金，当地信贷协会开展信贷业务来促进农村经济的发展⑧。

---

① 蒋辉，蒋和平. 国外对欠发达地区农业发展的扶持：日本经验与启示 [J]. 世界农业，2013（12）：17–21，39.

② 尹小平. 中国改革进程中的农民利益问题研究 [D]. 北京：中共中央党校，2001.

③ 吴敏. 菲律宾扶贫工作的几个特点及其引起的思考和建议 [J]. 中国贫困地区，2000（5）：52–54.

④ 周采. 印度高等教育发展及其启示 [J]. 南京师大学报（社会科学版），2008（2）：81–86.

⑤ 何芬，赵燕霞. 美、日促进集中连片特困地区减贫的经验借鉴 [J]. 世界地理研究，2015（4）：20–29.

⑥ 黄青禾. 印尼、泰国、马来西亚扶贫政策动态 [J]. 改革与战略，1995（6）：69–72.

⑦ 田禾. 东亚发展中国家的教育贫困问题 [J]. 当代亚太，1995（1）：62–65.

⑧ 周绍森，罗序斌. 加强和改进扶贫项目的检测与评估：基于泰国村庄基金的思考 [J]. 信阳农业高等专科学校学报，2007，17（4）：64–66.

菲律宾在全国范围内普遍利用小额信贷扶贫，而且在助推扶贫工作发展的同时，政府也允许银行、社会团体和非政府组织在实施过程中获得部分盈利。为了促进贫困人口的主动参与，政府、社会、非政府组织与扶贫对象结对，并向外界加大对扶贫工作的宣传①。

（3）对扶贫问题的研究

①扶贫项目设计及管理不当。印度政府在实施扶贫项目的过程中，是从中央到地区一级一级地开展下来，这就造成了扶贫成效大小不一的情况发生。菲律宾政府财政扶贫实施的部分项目存在管理不当的问题，致使扶贫效率低②。

②扶贫资金流失。印度扶贫工作的中间环节很多，其中一些扶贫机构故意滞留资金，致使资金没有或很少落实到贫困人群的手里。在越南，政府里的官员表面上做出许多扶贫工程和项目，实则借助项目和工程为自己谋取利益，使得资金流向谋取非法利益的人手中，真正用于扶贫的资金则十分有限③。

③扶贫贷款利率较高。菲律宾普遍实行 24%~40% 的扶贫贷款利率，这也给国内贫民不小的压力，使贫困人口无法通过贷款脱贫④。

2. 国外对教育扶贫的研究

（1）教育扶贫政策的研究

日本较早时候就在国内实施了教育扶贫的相关政策。1949 年，日本文部省公布"减免贫困学生学费"的法令，保障贫困学生获得平等的入学机会。1952 年的《促进重建危险校舍临时措施》、1956 年的《关于国家补助贫困儿童教科书费胜的法令》都体现出国家加大了对贫困地区教育的投入。同时，政府按地区边远程度划分为七个等级。1961 年以后，政府又陆续颁布了五项扶贫政策，具体地使各级政府在教育扶贫工作方面落实了责任⑤。

（2）教育扶贫措施的研究

19 世纪末期，为了使贫困家庭的儿童能接受教育，日本的私立小学将收费标准定为许多等级。20 世纪初，农村人口进城，形成了一个个人口密集、生活条件低下的贫民区。为此，日本设立了特殊寻常小学校、夜校等，为人们接受教育提供途径。国家和地方政府逐年另增教育投资，用于充实设施设备、提高教师待遇、改善学习条件⑥。

（三）已有研究的贡献与不足

通过对国内外研究进行归纳后我们发现，针对贫困地区扶贫的研究，国外起

---

① 吴敏. 菲律宾扶贫工作的几个特点及其引起的思考和建议 [J]. 中国贫困地区，2000（5）：52-54.

② 黄青禾. 印尼、泰国、马来西亚扶贫政策动态 [J]. 改革与战略，1995（6）：69-72.

③ 周采. 印度高等教育发展及其启示 [J]. 南京师大学报（社会科学版），2008（2）：81-86.

④ 王小华，田庆刚，王定祥. 东南亚国家农村扶贫信贷制度的比较与启示 [J]. 上海金融学院学报，2011（2）：93-102.

⑤ 张凤莲. 日本扶贫支边教育政策论析 [J]. 教育论丛，1989（3）：63-65.

⑥ 何芬，赵燕霞. 美、日促进集中连片特困地区减贫的经验借鉴 [J]. 世界地理研究，2015（4）：20-29.

步早，并且意识到了要根除贫困，必须要重视教育的扶贫功能。国外的研究主要从扶贫理论入手，主要包括贫困文化理论、资源要素理论、人力素质贫困理论、系统贫困理论，并且国外将理论与实际结合起来，通过颁布适当的法律法令，使不同程度的贫困地区得到应有的发展。对于国内的教育扶贫研究，在不同时期，国家制定了相应的扶贫政策，并且近年来也开展了全国性的教育扶贫工程。虽然有部分学者致力于研究某个地区的教育扶贫工作，但是宏观的扶贫政策在具体落实到各个贫困程度不同的贫困地区过程中体现出不同的问题，遇到了大小不同的阻碍，一些地方甚至没有能力开展具体的措施，显示出扶贫政策缺少灵活性。由于扶贫工作历时较短，其中遇到各种难题，导致人们缺乏对凉山彝族贫困地区扶贫工作的系统研究，而在教育扶贫方面的研究则更为薄弱。鉴于此，根据调研所见所闻，并结合凉山贫困地区的实际情况，本研究将深入分析四川省大凉山地区教育扶贫工作中所面临的问题，最后针对大凉山地区的实际情况提出了合理的建议，以期为当地更好地开展教育扶贫工作提供有利的决策依据。

三、核心概念界定

（一）贫困

贫困是人类不能拥有基本的物质生活条件，不能平等参与基本社会活动的境况，并随着人类社会的产生和发展而持续存在的一种社会现象。贫困的表现是人们的各方面经济收入较低，生活环境缺乏发展的活动，长期处于贫困的人们则表现为对社会发展的不适应。贫困的人群无法获得同普通人们所平常拥有的饮食、生活条件以及各种活动的权利。概括起来，贫困就是特定的人群由于自身或环境的限制，缺乏必要的生活资源，而维持一种较低的生活水准，体现出较低的生活质量。世界银行也多次对"贫困"进行定义，主要提出贫困是人们无法维持基本的生存生活需要，以及无法获得同社会大多数群体一样的社会各方面的权利，在社会经济文化的各领域里缺乏发展的机会等[①]。

（二）扶贫

《宁夏百科全书》对"扶贫"的解释是"农村社会救济工作的一种新形式。扶贫的基本内容是在各级党委和政府的统一领导下，依靠群众，依靠集体力量和各有关部门的支持，对贫困户在鼓励他们生活自救的基础上，从生产上、生活上有组织有计划地扶持，使他们在一定时期内能够达到当地群众的一般生活水平，并逐步富裕起来"[②]。

（三）教育扶贫

《社会保障词典》里，把教育扶贫看作是智力扶贫的一部分，与实物扶贫（发放救济物品）相对应，指通过有组织的扫盲、文化知识的补习和实用技术培

① 维恩·维瑟，德克·马特恩，曼弗雷德·波尔，等. 企业社会责任手册［M］. 北京：经济管理出版社，2014：209.

② 宁夏百科全书编纂委员会. 宁夏百科全书［M］. 银川：宁夏人民出版社，1998：595.

训等途径，帮助贫困户提高科学文化素质①。

教育部推行"中等职业教育学生资助和免学费政策"中明确指出，教育扶贫是指通过政府及社会对贫困地区家庭的就读于中职或高职的子女提供教育上的资金资助，以提高他们的文化素质和职业技能水平，最终帮助他们顺利完成学校教育。另外，在贫困学生的就业发展方面提供适当的帮助和指引，通过一人就业来带动实现家庭脱贫致富的一种扶贫开发方式②。林乘东在《教育扶贫论》中认为教育扶贫就是素质扶贫，通过素质的改造，使贫困人口的劳动生产率得到提高，从而减轻贫困③。姚培娟在《教育贫困与教育扶贫》中提到，教育扶贫是一种"造血"式扶贫，通过提高贫困人口的各种知识技能，使得他们能自主地脱贫致富④。林闻凯的《论师范院校的教育扶贫》认为，高校通过参与教育扶贫，可以服务社会，尽到应有的社会责任。教育扶贫的最终目的是提高贫困地区人群的综合素质，通过教育的力量促进人们的身心发展⑤。

通过资料的收集可以看出，教育扶贫的定义虽然没有一个固定的阐述，但是被广泛认同的观点是教育扶贫是一种与智力相关的扶贫方式，通过政府及社会各界极大的教育投入，使贫困人口掌握致富的知识和技能，从而帮助贫困人口实现脱贫致富。

（四）大凉山地区

大凉山地区地处我国西南部的川滇交界处，具体位于四川西南凉山彝族自治州境内。在古代，这里是"南方丝绸之路"的必经之地。东临小凉山，西为安宁河谷地。凉山彝族自治州是我国最大的彝族聚居地，大凉山地区彝族人口占比较州内其他地方更高。大凉山包括十个国家扶贫开发的重点县，分别是甘洛、普格、昭觉、布拖、喜德、金阳、美姑、雷波、盐源、越西⑥。

四、研究意义与目的

（一）理论意义

1. 可以丰富教育扶贫理论

四川省大凉山地区的教育扶贫问题是一个涉及教育学、民族学、社会学、政治学、法学、经济学等多个学科的理论问题。目前，学术界对教育扶贫的关注与日俱增，学者们的视线更多地汇聚到贫困程度较深的民族贫困地区，但针对大凉山地区教育扶贫方面的系统研究较少，对教育扶贫的概念、特征等都还没有达成一致意见。

---

① 张海鹰. 社会保障辞典 ［M］. 北京：经济管理出版社，1993：153.
② 教育部. 推行中等职业教育学生资助和免学费政策 ［J］. 西北职教，2011（2）：5.
③ 林乘东. 教育扶贫论 ［J］. 民族研究，1997（3）：43-52.
④ 姚培娟. 教育贫困与教育扶贫 ［J］. 山东省农业管理干部学院学报，2012（4）：98-99，105.
⑤ 林闻凯. 论师范院校的教育扶贫 ［J］. 高教探索，2014（5）：58-61.
⑥ 杨勤. 凉山民族地区扶贫机制研究 ［D］. 成都：西南交通大学，2013.

2. 可为教育扶贫政策提供参考

近年来，随着国家对教育扶贫工程关注度的增加，一系列的政策和国家发展计划相继出台，大力加强教育扶贫工作力度，我国西部少数民族地区的教育扶贫工作是国家扶贫开发工作的重中之重，势必会成为社会各界关注的热点。为了促进西部民族地区的教育扶贫工作更好地开展下去，本研究根据当地的实际问题，因地制宜地探索适宜的教育扶贫对策。所以通过此次调查研究，不但可以丰富教育扶贫的内容体系和理论内涵，还可以为民族地区教育扶贫政策的修订提供参考价值。

（二）实践意义

1. 可以对社会发展起到推动作用

四川省大凉山地区是中国西部的民族地区，经济文化的发展较为落后，贫困程度较深，只有通过教育才能从根本上使当地贫困人口脱贫致富。因此，凉山州的各级政府已认识到大凉山地区进行扶贫教育工作的意义十分重大，对加快地区社会经济的发展会起到很大的推动作用。近几年，凉山州各级政府充分重视发展当地教育，以期促进教育发挥扶贫功能。通过职业教育的迅速发展，越来越多拥有现代科学技术的人才不断涌现，为大凉山地区的社会经济发展提供了人才上的保障。社会各界也通过各种各样的形式助力大凉山地区，使大凉山地区的社会经济、文化等方面的水平得到了极大提升。

2. 可以促进人的发展

教育扶贫工作的对象是人，通过给人们提供适当的教育，为一部分人更好地实现自己的梦想打下坚实的基础，同时也让一部分人习得一技之长，能够自力更生。大凉山地区通过发展教育，不仅改变了社会面貌，而且使人们的思想境界得到提升，人们对接受教育的意识不断增强，女童有机会接受更好的教育，义务教育阶段学校的辍学率呈下降趋势，这些现象表明人们希望通过接受教育而脱贫致富的愿望越来越强烈。只要教育扶贫工作长期进行下去，就能逐渐提高当地人民的素质，对人的终身发展和自我价值的实现起到积极的促进作用。

3. 可以促进教育的发展

由于受到各种条件的限制，四川省大凉山地区的教育发展比较缓慢，教育扶贫工作不仅可以帮助当地人民脱贫致富，而且能促进当地教育更好的发展。近年来，从中央到州内各级政府都积极开展教育扶贫工程，使大凉山地区的贫困学生享受到更多优惠政策。总体来说，学前教育、义务教育、职业教育、双语教育等都在大凉山地区呈现出良好的发展趋势，整个凉山州的教育水平明显提升。政府各级部门还应了解当地教育上的薄弱环节，并在此基础上借鉴国内外及其他地区的经验，采取一定的措施以弥补教育工作的不足之处，使当地的教育事业朝着良好的方向不断发展。

（三）研究目的

本研究基于四个国外的扶贫理论对大凉山地区的教育扶贫工作进行分析，包括人力资本投资理论、贫困恶性循环理论、贫困文化论、低水平均衡陷阱理论，

并通过调查研究和总结分析，针对四川大凉山地区教育扶贫工作存在的问题，提出适当的建议，从而为相关部门提供决策参考和咨询意见，最终目的是确保四川省大凉山地区的教育扶贫政策和措施发挥出应有的作用，推动该地区在经济、文化、教育等方面实现可持续发展。

五、研究思路与方法

（一）研究思路

我们通过对四川省凉山地区的自然地理状况和社会人文状况进行详细了解，从理论和现实两方面分析教育扶贫的依据，通过实地考察等方式发掘当地教育扶贫中存在的问题，最后提出应对四川省凉山地区教育扶贫问题的对策（见图5-1）。

绪论 ➜ 概况 ➜ 依据 ➜ 成就与不足 ➜ 对策

图 5-1　研究思路

（二）研究方法

1. 文献研究法

我们通过中国知网、读秀、超星服务查阅与"扶贫""教育扶贫"相关的政策法规、文献资料，并吸收和借鉴国内外的相关研究成果，进行进一步的整理和分析，为本研究提供理论依据和建议。

2. 调查研究法

2016年7月，笔者随四川省农村教育研究团队到凉山彝族自治州境内的西昌市、德昌县、会东县、普格县、冕宁县，对当地的教育扶贫工作进行实地调研，与当地教育部门及几所学校负责人进行座谈，采用访谈的形式从学前教育、义务教育、职业教育、双语教育几方面来了解四川省大凉山地区的教育扶贫现状及成就，包括教育扶贫政策的落实情况、各级各类学校的发展状况、教师队伍建设情况等，通过对获得的资料进行整理分析，查找出大凉山地区教育扶贫存在的问题，以此找出当地教育扶贫所存在的问题。

3. 个案研究法

在实地的调研中，我们通过对西昌市、德昌县、会东县、普格县、冕宁县的教育扶贫工作进行个案研究，并收集相关资料，进行总结整理，以便更好地把握大凉山地区教育扶贫工作的总体现状：在西昌市教育局了解了大凉山地区教育扶贫工作的总体情况；在德昌县职高的座谈中对德昌县教育扶贫工作特别是职业教育的良好发展做了大致了解；在会东县中学的座谈中了解当地教育发展情况；又对列为彝区老九县的普格县和冕宁县进行了调研，通过与当地学校负责人进行沟通，了解当地学前教育和义务教育中存在的问题。

第二节　四川省大凉山地区概况

四川省大凉山地区位于四川西南部的凉山彝族自治州。它是四川省少数民族种类最多且少数民族人口最多的地区，全州共有 16 个县，其中 11 个县为国贫县。为了达到 2020 年使大凉山地区全面建立小康社会这一目标，政府鼓励社会各领域组织和个人积极参与到凉山地区的扶贫开发中来。其中，教育通过发挥其扶贫的功能也能为少数民族地区的扶贫攻坚战贡献出力量，教育扶贫工作的实施能在贫困地区开展一种"造血式"扶贫，能够从根本上铲除贫困。为了理清大凉山地区的贫困成因及存在的问题，并寻求到解决途径，相关部门和组织机构首先需要深入了解凉山州的基本情况，从自然、社会两个角度挖掘大凉山地区的历史以及现状，为凉山地区的教育扶贫工作打好基础，并提供背景信息的支持。

一、自然地理状况

（一）地理位置

大凉山地区位于凉山彝族自治州以内，四川省西南部的川滇交界，面积一共六万多平方千米。凉山彝族自治州内的民族除了彝族以外，还有汉族、藏族等十多个世居的民族。大凉山地区是古代"南方丝绸之路"的必经之地，自古以来都是川蜀连接我国西南边陲的重要通道。现在的大凉山地区既是一个地理概念，也是一个行政区划的概念。大凉山是指以凉山州为中心的地带，全州辖 1 市 16 县，首府为西昌市①。

（二）地貌

大凉山地区的地貌复杂多样，东南低，西北高，山地约占总面积的 71.7%，还有高山、深谷、平原、盆地和丘陵。海拔最高点是木里县境内的恰朗多吉峰，它的海拔为 5 958 米；海拔最低点是雷波县大岩洞金沙江谷底，为 305 米，海拔的高低落差悬殊。大凉山地区的平均海拔在两千米以上，一眼望去都是起伏的山峦，河谷的两岸人口较为稠密，人称"坝子"②。

受到地形和地势的影响，凉山州的自然灾害也较为频发。凉山州境内的自然灾害种类多，发生灾害的频率较高，受灾害影响的范围较广，常见的灾害包括雹灾、洪灾、旱灾、泥石流、地震和虫害等。泥石流、冰雹等自然灾害的产生也会造成大凉山地区的贫困程度加深，同时，地区返贫率也会因此上升，一些刚能维持温饱的贫困户会再次因灾返贫，甚至达到更加贫困的地步。因此，自然灾害的

---

① 西昌市地名领导小组. 四川省凉山彝族自治州西昌市县地名录 [Z]. 西昌人民印刷厂 1981 年印本，1987：23.

② 陆铭宁. 凉山地质地貌过程形迹旅游资源的开发研究 [J]. 旅游纵览（行业版），2013（11）：170-171.

频发是致使凉山州特别是大凉山地区出现返贫现象的直接原因之一①。

（三）气候

大凉山地区的高寒山区年平均气温较低，而山区与半山区则气候温和，冬无严寒，夏无酷暑，雨量也较为适中。由于地形复杂且多变，凉山州境内气候的垂直差异与水平差异都较为明显，山上皑皑白雪，而山下却绿草茵茵。其特征是南干北湿、东润西燥、低热高冷。南亚热带气候区、中亚热带气候区、北亚热带气候区和温带气候区四个气候区同时存在于大凉山地区②。

（四）自然资源

大凉山地区自然资源丰富，包括森林资源、矿产资源、水能资源。大凉山地区处于著名的攀西裂谷成矿带，已探明的矿产资源有钒钛磁铁矿、富铁矿、铜、铝、锌、锡等84种矿种。水能资源的理论蕴藏量已达到7 100万千瓦，其中可供开发的水能资源有6 166万千瓦，因此凉山州有好几个大型的水电站③。至今凉山州作为全国最大的水电站基地，大小河流众多，有河流的地方就有电站，大大小小的电站遍布沿河的地方，而其中九个是规模很大的电站。由于大凉山地区光照充足，降水充沛，光合效率高，丰富的矿产资源为烟草区提供充足的能源保障，因此十分适合烟草农业的发展，生产出的烟叶有清甜香型的独特风格。

农业作为第一产业，对大凉山地区的生产生活和经济发展影响深远。大凉山地区有三种类型的耕地，即河谷平坝、二半山地和高山地。河谷平坝地区由于土质较为肥沃，雨水充足，适合种植水稻，但是耕地面积较小，只占常年耕种面积的5%左右。二半山地的土壤类型主要是黄壤，其耕地面积占常年耕种面积的75%，该地带的海拔处于2 000~2 500米，适合种植玉米、马铃薯等作物④。高山两侧的耕地水土流失现象十分严重，长期以来形成了瘦薄的石砂土、流石滩，致使大部分作物在这些地方难以存活。高山地的土壤为黄棕壤、棕壤、草甸土，高山地带的海拔在2 500米以上，适合种植荞麦、燕麦、圆根等御寒作物⑤。

二、社会人文状况

（一）历史概述

大凉山地区的彝族祖先是古羌人游牧部落，他们最先在陕西、甘肃、青海一带活动。一部分古羌人南下，迁徙到今天四川西部至云南北部居住，随着时间的

① 廖光萍. 凉山州面临的生态环境问题、原因分析及对策研究［J］. 甘肃科技纵横，2014（6）：27-29.
② 周代华. 凉山州森林火险与气候条件相关性的研究［J］. 四川林业科技，1997，18（4）：51-53.
③ 马思军. 对凉山水能资源开发的建议［J］. 地方电力管理，2004（5）：17-18.
④ 凉山州西昌农场. 抓好脱毒马铃薯良种繁育工作　发挥国有农场示范带头作用［J］. 四川农场，2013（1）：28-30.
⑤ 朱圣钟. 论历史时期凉山地区水稻的种植及其影响因素［J］. 三门峡职业技术学院学报，2008（3）：76-80.

推移，他们逐渐与当地的土著部落互相融合，形成了僰濮支系的"羌之别种"[①]。约公元前二世纪末，西南地区的羌人逐渐统一，形成了以游牧文化为传统的族群，拥有共同的史诗文化和传说。

秦汉时期，朝廷开始在西南夷区设立郡县，汉武帝时期在凉山彝族自治州境内设立了越巂、犍为两郡，当时大凉山地区的人类社会开始进入农耕生产阶段[②]。至魏晋南北朝时期，根据当时的史籍记载，将大凉山地区的彝族部落称作"叟"，亦可称为"斯叟"[③]。同时，大凉山外的一些地区汉民开始主动迁徙进入大凉山境内。但是，由于大凉山地区道路艰险曲折，久居凉山的彝族人几乎不愿外出，与汉民的接触极少。唐代时期"叟"又分为"白蛮"和"乌蛮"，前者融入了大量的外来移民，而后者多为有原始叟族血统的人，因此在大凉山地区，乌蛮的地位高于白蛮，是统治阶层，而白蛮只能作为奴隶生活在当地社会的底层。白蛮和乌蛮总共有七个部落，其中的"勿邓"部就在今天的大凉山地区一带居住[④]。

在大凉山地区的社会历史发展中，元朝的土司制度在当地的影响极大。1275年，元朝在大凉山地区设立罗罗宣慰司，中央政府选择的地方统治者均是有战功、势力强且效忠于中央政府的人。凉山彝族土司由土司衙门、刑法、公堂以及武装力量构成了一套完整的机构体系，统治阶级运用强制手段管理当地居民，其最终目的只是维护土司阶层的利益。但是，大凉山地区山高水险，居民大多分散住在大大小小的坝子里，彼此之间少有沟通和来往，也较难集中起来。当时朝廷的官吏制度只涉及土司这一层级，对于土司以下的基层管理，朝廷则全权交托给黑彝。黑彝依靠家支组织来实现对当地居民的控制，黑彝的社会地位较高，他们拥有土地和奴隶，又具备彝族最为传统的思想意识。直到清朝中期，土司势力日益削弱，黑彝逐渐具备了独立的政治力量，后来发展成为凉山大部分地区的统治阶级[⑤]。

（二）宗教文化概况

宗教活动一直以来都与大凉山地区人们的生活紧密联系在一起。彝族人相信精灵（当地人称之为"吉尔"或"布慈"）和鬼魂，也信奉祖灵。与这些相关的宗教活动都是由毕摩举行仪式完成的。"毕摩"是通过彝语音译的，"毕"指的是"读、念"，其意义延伸为宗教仪式里的作法诵经；"摩"是指长者、尊者的意思。毕摩是宗教的祭祀，同时也代指能施行巫术的巫师。

毕摩文化对于大凉山地区而言有着丰富的内涵，几乎涵盖了彝族宗教文化的方方面面。毕摩收集并整理了民间文化成果，创造了毕摩文化，再通过与鬼怪神灵的沟通仪式传播毕摩文化，并使民众接受，这也是毕摩向民众传播文化的过

---

① 张承隆. 天府之国四川2 ［M］. 北京：中国旅游出版社，2015：161.
② 刘光利. 封建时代的一次朝野平等对话 ［J］. 文史杂志，2012（3）：27-29.
③ 龙晓燕，陈斌. 中国西南民族关系史纲要 ［M］. 昆明：云南大学出版社，2013：77.
④ 徐杰舜. 中国民族史新编 ［M］. 南宁：广西教育出版社，1989：375.
⑤ 戴玥琳. 凉山彝族土司文化探究：以甘洛县田坝地区为例 ［D］. 北京：中央民族大学，2015.

程，使彝族地区的文化得到不断的拓展与巩固。

（三）交通状况

在古代，大凉山地区的交通分为陆路交通和水路交通两种，陆路交通是人们与外界沟通的主要渠道。战国时期，朝廷已经建成了西南丝路的川滇路，川滇路北起大渡河渡口，南达金沙江渡口①。大渡河在古时称为阳山江，此路则由于沿江而建因此得名②。清初，大凉山地区的道路交通情况仍旧不好，至清代中叶，大凉山地区的交通道路已成为四通八达的石板大路。在大凉山地区还有许多小路通往大、小凉山各地，这些小路都是陡仄难行，加之居住在凉山地区的彝族居民为了自保，故意不修整这些小路，甚至在其中设置障碍，使其更加狭小而崎岖，至民国时期，情况也没有得到改善③。另外，在现代的公路、铁路还未开通至大凉山地区以前，当地的运输方式主要靠马帮，通过马帮运输货物以使大凉山地区与外界进行往来。安宁河也曾被开发过，然而受到大凉山地区的地貌影响，大凉山的大多数河流都短促而湍急，不能通航，大部分河流很难进行水上运输④。

2016 年，四川省颁布了《大小凉山地区 2016—2018 年公路水路交通建设推进方案》⑤，对高速公路、国省干线公路、农村公路进行改建，对大凉山地区县乡村的客运站进行改建，完善其客运体系，并对内河水运进行整治，以促进金沙江的航运发展。

（四）人口变迁状况

汉朝时期现今的彝族人的祖辈居住在大渡河以南金沙江以北，在安宁河与雅砻江下游地区。根据汉文文献的记载，当时人口统计的数字并不精确。对人口统计的记载最早见于《汉书·地理志》，其中提到越嶲郡有 61 280 "户"，408 450口人，有 15 个县。又见《续汉书郡国志》中提到越嶲郡是由武帝设置的，一共有十四城，130 120 "户"，623 418 口人。其中的 "户" 可能指一个家支，所以数值上有所出入⑥。

清代徐连纂修的《西昌县志》中记录了道光时期西昌的户口情况⑦，西昌县人口的总数均不精确，是由估算得来的数字。至乾隆时期，《西昌县志》中卷十二《夷族志》记载了彝族的先民在西昌范围内分布较广，并且人数众多⑧。不过，夷民习惯居住在高山中，其气候条件恶劣，卫生环境也较差。因此，夷民的数量相较于居住条件和卫生条件都更好的汉民而言，每户人口更少些⑨。

① 王治国. 新编四川概览 [M]. 成都：四川科学技术出版社，1999：546.
② 肖天进. 三星堆研究 [M]. 北京：文物出版社，2007：114.
③ 蒋彬，罗曲，米吾作. 民主改革与四川彝族地区社会文化变迁研究 [M]. 北京：民族出版社，2008：73.
④ 韩树彦. 高校政治理论课学习指导 [M]. 沈阳：辽宁大学出版社，2009：268.
⑤ 郭剑夫. 凉山脱贫考题 [J]. 新城乡，2016（7）：20-23.
⑥ 《凉山彝族自治州概况》编写组，《凉山彝族自治州概况》修订本编写组. 凉山彝族自治州概况 [M]. 北京：民族出版社，2009：25.
⑦ 郑少成，杨肇基. 西昌县志 [Z]. 民国 31 年刻本.
⑧ 杨肇基.（四川）西昌县志·夷族志 [Z]. 民国 31 年刻本.
⑨ 云南省社会科学院历史研究所. 中国西南文化研究 2 [M]. 昆明：云南民族出版社，1997：123.

民国时期凉山地区的人口情况可以参考马大正主编的《民国边政史料汇编》，其中记载了西昌县（今西昌市，下同）全县户口中正户有 49 640 户，附户有 10 992 户，男女总数 383 070 人，平均每户约有 6 个人。当时对黑彝的数量无统计，身为被统治阶层的白彝的数量居多，有万余人①。根据《李树衡越嶲土地人民调查表》的记载，当地汉人大约有 49 200 人，夷人大约有 24 600 人，西番人大约有 8 200 人。又根据《民十八三十四军宁属垦务局调查表》，记载了西昌县总人数约 60 500 人，10 900 户，其中县内的黑彝 2 460 户，白彝约 24 990 户，人数共计约 78 000 人②。

新中国成立后，大凉山地区人民的生活条件虽得到了一定程度的改善，但仍然十分贫困，又有国家鼓励生育的政策，人口的增长率逐年上涨。由于 1959 年我国进入"三年困难时期"，四年间人口死亡率直线上升，许多地方连续四年人口出现了负增长③。自然灾害之后，人口开始稳步增长。大凉山地区的县生产力水平较低，生活十分贫困，医疗卫生条件也落后。新中国成立后，除了"三年困难时期"特殊情况以外，大凉山地区各县的人口增长速率都较大。1982 年，甘洛县总人口为 137 990 人，是新中国成立时人口的 2.43 倍，实现计划生育之后，全县人口的出生率有所下降。甘洛县的彝族人口占 60% 以上④，同时，由于甘洛县地处凉山的边缘地区，县内还有部分藏族人口。1950 年雷波县共有人口 77 600 人，新中国成立后由于生活条件的改善，人口增速较快⑤。可见，雷波县是人口增长最快的县。

（五）教育状况

大凉山地区的教育发展与毕摩文化有着千丝万缕的关联。毕摩文化的教育具有传男不传女的特点，由于女性被剥夺了接受毕摩文化的权利，因而她们无法接触到通过毕摩教育掌握其他知识的机会，这反映出当地人传统的重男轻女的旧思想。因此，凉山地区的女童辍学率很高，只有满足了儿子的教育投入后，才会考虑对女儿的投入。为了占卜测算的需要，教育内容包括了彝族的天文历法，另外，为了治病救人，经验丰富的人还会传授给学生一些医术。当地进行的教育形式十分灵活，人们把劳动同教育紧密结合起来，边做边学，通过传授口诀的方式进行教学。当地人花费大量财力、物力用于毕摩文化的教育而忽视了科学文化教育，父母宁愿把钱花在毕摩教育上，也不愿为子女缴纳学费及书本费。⑥ 深入分析可以得知，家长认为毕摩教育比读书更有用的思想观念很重，他们想把后代培养成为毕摩学徒而非拥有科学知识的文化人。

直到 21 世纪初，大凉山等地的义务教育的普及难度仍然较大。笔者在凉山

① 马大正. 民国边政史料汇编［M］. 北京：国家图书馆出版社，2009：148.
② 林文勋. 民国时期云南边疆开发方案汇编［M］. 昆明：云南人民出版社，2013：260.
③ 郑长德. 凉山彝族自治州少数民族人口变化研究［J］. 西北人口，2008（4）：49-54，58.
④ 刘宁. 凉山彝族地区历史人口研究［D］. 成都：西南民族大学，2012.
⑤ 刘宁. 凉山彝族地区历史人口研究［D］. 成都：西南民族大学，2012.
⑥ 易莉. 毕摩文化对凉山彝族地区社会基础的影响［J］. 中华文化论坛，2012（5）：90-93.

州调研时，从冕宁县一名校长对当地教育状况的介绍中了解到：大凉山地区的学生家长没有认识到教育在他们生活中会产生什么大的作用，许多家长让小孩辍学回家务农或外出打工。在相关教育部门的要求下，虽然一部分家长送子女去学校接受义务教育，可是，受家长思想和环境的影响，学生对待学习的态度很随意。即使是近几年，大凉山贫困地区义务教育的辍学率仍然较高，学校受到各方面因素的制约，教育质量受到了很大的影响。同时，由于当地的青少年在生活习惯和品行方面从小缺乏教导，在学校经常发生一些违纪事件，教师不得不花费大量时间管理学生，从而对教育教学活动产生了一定的影响。再加上大凉山地区自然条件恶劣，生活水平低下，导致地区内难以招聘到优秀的教师，教师队伍难以壮大，这些都对教育质量产生了很大的影响。

第三节　教育扶贫的理论依据

从 20 世纪 60 年代开始，国内外的学者就开始关注扶贫的理论研究。学者们从经济、文化、社会、人力资本等角度对贫困的成因和现状进行了分析。[①] 学者们还从教育的层面探索扶贫的新方式，通过教育扶贫，不仅体现了教育的扶贫功能，而且教育通过实现"造血式"扶贫，能够使贫困地区真正意义上地消除贫困。对凉山地区的贫困县而言，通过教育扶贫带动当地人民脱贫致富是一条重要且必要的途径，在探索凉山地区的教育扶贫路径之前，地方政府及有关部门需深入研究扶贫的理论，广泛吸收国内外优良的理论知识，开阔扶贫工作者的思路和视野，为大凉山地区的教育扶贫工作提供理论保障。

一、人力资本投资理论

美国著名的经济学家西奥多·W. 舒尔茨（Theodore·W. Schultz，1902—1998）对美国本土农业经济体系进行过长期细致的研究，他的研究表明，20 世纪前 50 年中，美国的农业经济显著发展的根本原因是农业劳动者的劳动能力和技术水平的提升。舒尔茨在实际调研后，对教育投资在农业生产增长率的贡献量的认真分析基础上提出了人力资本投资理论[②]。1960 年，舒尔茨在演讲中对人力资本投资对人的发展起到的重要作用进行了论述[③]。舒尔茨认为：人力资本的效用主要通过劳动者所具备的知识、技能以及劳动能力表现出来，它不仅可以使个人得到提升，在宏观方面还可以对社会经济文化的发展起到至关重要的促进作用。为了获得这种重要的人力资源，人们必须消耗其他资源，而这一切都是值得

① 黄荣华，冯彦敏，路遥. 国内外扶贫理论研究综述［J］. 黑河学刊，2014（10）：135-137.
② 李少元. 教育经济学纵横谈［M］. 南京：江苏教育出版社，1987：49.
③ 西奥多·W. 舒尔茨. 论人力资本投资［M］. 吴珠华，等译. 北京：北京经济学院出版社，1990：22.

的，因为人力资源所发挥的作用可以改变整个社会的面貌。在舒尔茨看来，想要改变一个国家的贫困落后境况，必须依靠教育，先进行教育投资，逐渐收获的就是珍贵的人力资源，这是扶贫的最有力举措。如果让农民只靠日常生产生活经验的积累来获得知识，不仅学习速度缓慢而且可能比其他方法还要付出更大的代价①。

大凉山地区属于少数民族贫困地区，贫困程度深，贫困面广，需要借助政府和社会各界的力量对其进行人力资本投资，这是带动当地经济发展的最有效途径。为了使大凉山地区的经济得到更大的发展，政府及各部门需要加大对人力资本的投资力度，归根结底还是落在促进凉山地区的教育发展上，在人力、物力、信息等方面加大对教育的投入，使大凉山地区的教育超前发展，培养出更多掌握现代科学技术的合格劳动者，从而实现生产力的提高。近几年，凉山州的职业教育得到了较快发展，国家加大了对民族贫困地区职业教育的投入，为当地人们提供了适当的职业技术培训的机会，使其具备一定的生产知识和技能。通过教育扶贫的方式，大凉山贫困地区的人力资本得以增加，能在更大程度上提高劳动生产率，促使当地的经济快速发展，从而改变当地的贫困面貌。

二、贫困恶性循环理论

1953 年，罗格纳·纳科斯（Ragnar·Nurkse，1907—1959）提出"贫困恶性循环理论"。纳科斯提出恶性循环系列是发展中国家持续贫困的原因所在，而导致贫困现象无法根除的主要原因是贫困恶性循环。资本的流通及循环过程中如果无法破除此类恶性循环，就会导致国家的经济发展水平低，人们的收入水平低，长期发展下去，就会形成两个恶性循环链："低收入—低储蓄—低资本形成—低生产率—低产出—低收入"和"低收入—低购买力—低投资引诱—低资本形成—低生产率—低产出—低收入"②。如果想打破该恶性循环链，则既需要当地政府具备一定的储蓄用以投资，又需要有足够的有实力企业加入，并对储蓄资本进行合理利用。因此，如果没有打破贫困地区的贫困恶性循环，对贫困地区的贫困状况的扭转是有一定难度的。贫困恶性循环理论的支持者们对贫困地区的发展前景一般都持悲观的态度。如果要彻底打破这种恶性循环，纳科斯的结论是：如果想要打破这两类恶性循环，必须采取平衡增长模式，在保证储蓄增长的同时要保证对各行业进行一定规模的投资，以此形成一种需求的平衡，长此以往，才能转变国家贫困的处境③。

大凉山地区是少数民族聚居的贫困地区，当地的居民人均收入低，家庭人口多，人们通过种植土豆、核桃等农作物获得收入，也只能维持基本生活。因此，

①　尹飞霄. 人力资本与农村贫困研究：理论与实证［D］. 南昌：江西财经大学，2013.
②　赵玉磊. 黑龙江省农村反贫困问题研究［D］. 长春：吉林大学，2011.
③　杨明芳. 我国社会底层人群向上流动困难问题研究：纳克斯"贫困的恶性循环理论"的启示［J］. 岳阳职业技术学院学报，2011（5）：101-104.

贫困人口缺乏储蓄的意识和能力。同时，由于当地人的生活习性较为懒散，对参加生产活动的积极性不高，生产率较为低下，这直接导致了当地经济发展缓慢，整个地区的劳动生产率低，当地人的经济收入就始终停留在较低水平，这完全符合贫困的恶性循环理论。为了打破这一僵局，州政府需要加大对各行业大规模的投资，增加劳动者的收入，提高劳动者的生产积极性。"扶贫先扶智"决定了教育扶贫在整个扶贫开发工作中的基础地位，"治贫先治愚"决定了教育扶贫在扶贫开发工作中的先导功能。通过教育来转变当地人维持现状的守旧思想，教育扶贫可以通过提高人们的综合素质起到转变固有观念的作用。通过给贫困人口提供适宜的教育，使其顺利就业，增加家庭收入并使其有一定的储蓄能力，从而改善贫困人口的生活水平。大凉山地区教育扶贫工作的开展，对打破当地的贫困恶性循环，帮助贫困人口脱贫，防止脱贫人口返贫等方面起到了重要的作用。

三、贫困文化论

美国社会学家奥斯卡·刘易斯（Oscar Lewis，1914—1970）从文化的视角出发，探讨了贫困的成因问题。他对墨西哥和波多黎的一些贫困家庭和社区进行了实地研究，并在《五个家庭：关于贫困文化的墨西哥人实例研究》一书中提出了"贫困文化"的概念。从贫困文化论的角度来看，在社会中，贫困人群的居住条件较为恶劣，他们已经形成了独特的生活方式。贫困人群在社会中地位低，使得他们没有足够机会接触其他阶层的人群，自然就产生了与主流文化格格不入的贫困亚文化。深受贫困亚文化浸润的人们，固守自己的生活方式，并且在贫困人群中得到互相强化，使得贫困状况持续下去。由于长期处于贫困的境地，人们较难对生活产生满足感，在生活的压力下，时常精神萎靡，容易出现酗酒等行为。生活在这样的环境中，年轻一代也自然而然地受到贫困文化的影响而变得和父辈一样，他们的观念和人格会受到贫困文化的塑造，导致贫困的代际传递。即使外界给他们提供各种脱贫的帮助，他们也较难合理地利用资源并主动地脱离贫困[1]。奥斯卡·刘易斯认为，从根本上看，贫困是由社会资源分布不均导致的，处于贫困处境的人们没有更多选择的权利，贫困地区的儿童在六七岁时就会完全承认贫困文化群体的价值观和态度，往后则难以调动自身的积极性改变观念而实现脱贫。贫困人群具有强烈的边缘感、附属感和无助感，并伴随着自卑感和自我无价值感，虽然他们对自己的身份处境敏感，但是却不会站在更高的角度来分析贫困并寻求解决途径[2]。

大凉山地区的贫困人口祖祖辈辈生活在其中，生活条件虽然较为艰苦，但是他们已经适应并形成了一定的生活方式，当地人甚至可以用"懒惰"来形容。再加上通往其他城市的交通十分不便，使得当地人与其他城市人群形成了一定程

---

① 郑皓瑜. 拉美国家扶贫政策研究有条件先进转移支付计划［M］. 北京：对外经济贸易大学出版社，2013：14.

② 李宏斌. 论西部贫困文化［J］. 云南社会科学，2004（4）：124-128.

度的"隔离"。在这种情况的影响下，大凉山地区具备了形成贫困文化的土壤。当地贫困人群之间的交往较为频繁，使贫困文化在人群中得到了强化，并进一步影响到下一代的思想价值观念。由于许多父母忽视教育，其子女的受教育权利得不到重视，长期发展下去，他们也接受并习得贫困文化，逐渐减弱了脱贫的愿望和信心，这使得贫困情况在当地延续下去，很难从根本上得到转变①。为了彻底改变贫困人口惯有的思维定式，教育扶贫是帮助其脱贫致富的首选。首先政府应该对大凉山地区进行资源配置上的倾斜，加大各项投入，人们通过接受各种形式的教育，接触到符合当今社会需求的新理念，社会各界也可以积极到大凉山地区与当地的成人和学生开展各种交流活动，给当地人们更多的关怀、爱和希望，激发贫困人口脱贫的愿望，使他们树立起脱贫致富的信心，从而阻止贫困文化的代际传递。

四、低水平均衡陷阱理论

1956 年，美国经济学家理查德·纳尔逊（R. R. Nelson）在《不发达国家的一种低水平均衡陷阱理论》中提出低水平均衡陷阱理论。低水平均衡陷阱表现在人的收入只能维持在基本生活需要的低水平状态，并形成一种平衡。纳尔逊认为，经济收入的增加会被人口的增速所抵消，因此，使得人均收入仍只能维持在较低水平②。如果资本存量与人口的数量以相同的速率增长，人均的收入值就不会增加，那样整个地区的经济就没有得到发展。由此可以看出，贫困地区的人们陷入了收入水平增长率和人口增长率之间存在的"低水平均衡陷阱"。其支持者认为，如果要摆脱"低水平均衡陷阱"，必须在控制人口增速的基础上提高人均资本储蓄。由此可见，只有在控制人口数量的基础上，进行全面、大规模的投资，才能转变贫困人群的境地，实现贫困国家及地区的经济增长③。

大凉山地区人口增速较快，由于民族地区政策的影响，每个少数民族家庭可生育三个及以上小孩，而人均收入较低，普通家庭的储蓄能力也有限，这就导致家庭的经济压力增加，即使人均收入有所增加，也会由于人口增长速度快于经济增长速度，使人均收入下降到较低的水平上。因此，对大凉山地区人口增长的控制势在必行，而教育是控制人口数量，提高人口质量的有效途径。通过实施教育扶贫，同时政府加大对大凉山地区的资金投入，利用当地的优势资源，吸引大型企业到大凉山地区投资，发展当地的经济，提高人均收入水平。在控制人口的同时增加家庭人均收入，从根本上打破低水平均衡陷阱，使人们有能力脱贫致富，从而实现地区经济的稳步增长。

①　朱炜. 基于科教扶贫的凉山地区农村反贫困研究［D］. 成都：西南交通大学，2010.
②　李瑞华. 贫困与反贫困的经济学研究以内蒙古为例［M］. 成都：中央编译出版社，2014：25.
③　赵彦嘉. 金融发展与减贫：基于门槛回归模型的研究［D］. 西安：西北大学，2013.

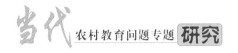

第四节 四川省大凉山地区
教育扶贫工作的成就与不足

　　党的十八大以来，党中央、国务院对贫困地区特别是连片特困地区的扶贫工作空前重视。各级政府对扶贫工做作出了一系列的安排部署，特别是对教育扶贫工作提出了许多明确的要求。在党中央的号召下，经过各方面的共同努力，大凉山地区的教育在最近几年实现了跨越式发展。通过开展教育扶贫工作，大凉山地区的教育在政策方面、学前教育、义务教育、职业教育以及教师队伍建设五个方面都进行了一系列改革，教育水平提高的同时，凉山州贫困地区的落后面貌正在一步步改变，极大地体现出教育扶贫在整个扶贫攻坚计划中的重要作用。与此同时，我们也应该看到，大凉山地区的教育水平相比其他地区而言，还存在很大的差距。大凉山地区教育扶贫工作如火如荼地进行的同时，也显露出一些问题，亟须引起政府及社会各界的广泛关注。

一、四川省凉山地区教育扶贫工作的成就

　　（一）一系列教育政策的颁布与实施，为教育扶贫工作提供坚实保障

　　大凉山地区的教育虽然与其他地区相比，教育发展得更缓慢，但是，近十几年来，随着国家对贫困地区教育发展重视程度的增加以及提出通过教育扶贫阻断贫困代际传递的号召，针对大凉山地区以及类似的连片特困地区，从中央到地方政府颁布了一系列教育扶贫政策，覆盖了学前教育、义务教育、职业教育、高等教育，为大凉山地区的贫困儿童接受适当教育以及顺利完成学业提供了政策上的保障。

　　笔者在凉山州调研时，在参与的西昌市教育局座谈会上，教育局的相关负责人介绍了凉山州的义务教育普及进程。他提道：凉山彝族自治州自1986年开始以乡镇为单位推进基本普及初等教育和基本扫除青壮年文盲。1991年，西昌市在全州范围内率先实现全市范围内基本普及初等教育和基本扫除青壮年文盲[①]。直到2003年，美姑县是全凉山州最后一个完成基本普及初等教育和基本扫除青壮年文盲任务的贫困县，从此整个凉山彝族自治州顺利完成了基本普及初等教育和基本扫除青壮年文盲的目标。大凉山地区逐步推进"普初"的同时，1995年全州实施了以乡镇为单位的普及九年义务教育[②]。2001年，四川省委、省政府颁布《四川省民族地区教育发展十年行动计划》，并决定投入30亿元发展全省的民族教育。在省委省政府的带领下，凉山州政府积极贯彻实施该计划，同时还在州

---

　　① 何万敏. 凉山教育：知识浇灌之花竞放［N］. 凉山日报，2008-12-17（1）.
　　② 凉山日报评论员. 铸就历史的丰碑［N］. 凉山日报，2009-10-30（1）.

内颁布实施了《关于进一步加强民族教育工作的决定》。州政府决定加大力度扶持少数民族聚居区域的教育，使大凉山地区农村学校形成良好发展趋势。另外，各级政府和相关部门还要继续巩固和发展寄宿制教育，改革和发展双语教育，做好辍学保控工作，努力提高少数民族儿童的入学率。2003 年，教育部、发展改革委、财政部和国务院西部开发办联合出台了《国家西部地区"两基"攻坚计划（2004—2007 年）》，"两基"计划作为国家西部大开发战略的重要组成部分，有力地推动了西部地区教育的发展，同时也提高了劳动者的综合素质，缩小了区域之间、城乡之间的差异，为实现小康社会奠定了坚实的基础，2007 年，凉山州完成了 15 个县市的"两基"攻坚任务，"两基"的覆盖率达到了 92.02%，青壮年的非文盲率达到了 97.6%[①]。

笔者在凉山州调研中的西昌市教育局座谈会上，由义务教育相关科室人员介绍了全州"两免一补"政策的实行情况。2001 年，大凉山地区开始实施"两免一补"政策，中央和地方共同承担"两免一补"所需经费，其中中央财政负责提供免费的教科书，而凉山州的各级地方财政则承担学生的杂费和寄宿生的生活费[②]，由此，大凉山地区农村义务教育阶段的贫困家庭学生就可以享受"免杂费、免书本费、逐步补助寄宿生生活费"。同样，西昌市义务教育科室负责人向调研团队介绍政策时提道，2005 年 3 月，国家启动 70 多亿元资金在全国范围内针对农村义务教育阶段学生实行"两免一补"政策。同年，凉山州春秋两季免除杂费的专项资金一共 3 046.5 万元，春季享受免费教科书的农村贫困学生有 267 799 人，占全州农村贫困学生的 95.64%，享受免杂费的农村贫困学生有 238 826 人，占全州农村贫困学生的 85.30%[③]，"两免一补"政策的实施，使得因交不起学杂费、书本费而失学的贫困学生有机会重返校园[④]。

笔者在调研时，凉山州各县的教育局负责人几乎都提到了 2010 年四川省委办公厅、四川省人民政府办公厅颁发的《四川省民族地区教育发展十年行动计划（2011—2020 年）》。这份计划的颁布实施充分体现出省委省政府及各部门对民族地区教育工作特殊性和重要性的认识提升到了一个新的层次。计划中提到需要继续提高民族地区教育的普及水平，加快普及学前一年双语教育和学前两年教育。对于九年义务教育阶段、高中阶段和高等教育的普及率方面，民族地区应该力争达到全省的平均水平。为了保障少数民族地区群众接受良好教育的权利，大凉山地区的各县教育部门需要努力构建覆盖民族地区城乡的公平教育体系。大凉山地区的人们由于思想观念的影响，对教育较为轻视，学校任职的教师和管理人员对待教育的态度也受到一定程度的影响。因此，提高教育教学质量和学校管理

① 何万敏. 凉山教育：知识浇灌之花竞放［N］. 凉山日报，2008-12-17（1）.

② 罗哲. 西部民族地区新农村建设中的特色经济与特色人力资源开发研究［J］. 城市发展研究，2006，13（6）：133-136.

③ 凉山州发展和改革委员会. 凉山州积极推进经济体制改革［J］. 四川改革，2006（3）：30-32.

④ 王冬妮，陈鹏. 对西部农村地区落实"两免一补"政策的思考［J］. 山东农业大学学报（社会科学版），2006，8（3）：64-68.

水平对促进当地的教育发展起到了至关重要的作用①。

2010 年，为解决适龄儿童"入园难"的问题，促进学前教育向前发展，中央发布了《国务院关于当前发展学前教育的若干意见》，表明我国将学前教育摆在了优先发展的位置。国家鼓励公立幼儿园和私立幼儿园共同发展，并通过多种途径加强幼儿园的师资队伍建设，极大地促进了我国学前教育的发展。笔者在西昌市教育局座谈会的交流中了解到：凉山州人民政府根据《国务院关于当前发展学前教育的若干意见》和《四川省人民政府关于当前发展学前教育的实施意见》，结合凉山州的实际情况发布了《凉山州人民政府关于进一步促进学前教育发展的实施意见》，肯定了学前教育发展的重要地位。随着四川省民族地区教育发展十年行动计划的实行，凉山州政府也开始在州内颁布并实施了"建设美丽富饶文明和谐安宁河谷专项规划""大小凉山综合扶贫规划""学前教育三年行动计划"等规划，并在学前教育方面新建、改建、在全州范围内扩建了一批乡镇中心幼儿园。

2014 年，针对连片特困地区、少数民族地区学前教育的发展需要，教育部、国家发展改革委、财政部共同颁发了《关于实施第二期学前教育三年行动计划的意见》。该意见的实施巩固了一期发展的成果，并进一步解决了"入园难"的问题，促进了学前教育的可持续发展②。2014 年，国务院办公厅印发《国家贫困地区儿童发展规划》，规划中提出要进一步落实营养改善计划相应的管理责任和政策，加强资金的使用及监督，提升食堂或伙房的配置，保障学生的用餐安全。

2014 年，四川省印发了《大小凉山教育振兴行动计划（2014—2018 年）》，总目标是 2016 年使甘洛县、峨边彝族自治县、金口河等县（区）教育事业主要指标达到全省民族地区的平均水平，布拖县、美姑县、马边彝族自治县等 6 县教育事业的指标接近全省民族地区的平均水平。到 2018 年，力争使甘洛县、峨边彝族自治县、金口河等县（区）的教育事业主要指标达到全省平均水平，同时，布拖县、美姑县、马边彝族自治县等县的教育事业主要指标达到全省民族地区的平均水平③。具体来说，地方政府计划采取以下的措施：第一，采取"五包"措施来提高大凉山地区义务教育的普及率，各方都要签订《义务教育控辍保学责任书》。第二，完善民族地区的学前教育体系。在大小凉山地区新建、扩建幼儿园，保证适龄儿童能接受学前教育，建立县、乡、村三级学前教育体系。第三，发展高中教育，保证大多数初中生能继续接受高中教育。第四，州内各级政府还要重视发展职业教育，对中职或高职学校的发展给予足够的支持④。根据笔者在西昌市教育局的座谈会中，从教育局相关负责人的介绍中了解到，2014 年，凉山州

①　罗约坡子. 凉山彝族自治州民族教育政策研究：以四川省民族地区教育发展十年行动计划为例 [D]. 北京：北京林业大学，2012.

②　蒲涛. 凉山州投资上亿元缓解学前教育"入园难"[N]. 凉山日报，2013-2-26（6）.

③　教育部. 四川省出台《大小凉山教育振兴行动计划（2014—2018 年）》[J]. 中国民族教育，2014（9）：18.

④　龙雪琴，马海伊生，周霞. 再打一场教育提升攻坚战 [N]. 凉山日报，2014-06-17（5）.

人民政府颁布了《凉山州人民政府关于大凉山彝区教育振兴行动计划的实施意见》，主要目标是巩固义务教育普及成果，基本消除辍学现象；发展学前教育和高中阶段教育；提高各级各类学校的办学条件和办学水平。

2014年，四川省印发了《大小凉山彝区"十项扶贫工程"总体方案》，在大小凉山彝区13个县（区）实行，方案中包括彝家新寨建设、乡村道路方面、教育扶贫提升方面、职业技术教育等"十项扶贫工程"[①]。

为了大力发展凉山州各类教育，扎实推进"辍学保控"，2015年凉山州委、州政府出台了《凉山州教育扶贫专项实施方案》[②]。大凉山地区开始实施学前教育的"百乡千村"计划，确保学前教育的幼儿"有学上"；撤并一些村小和教学点，并利用闲置的村小和教学点的校舍开办幼教点[③]。地方政府扩大义务教育寄宿制学校规模，改善寄宿制学校的办学条件，建设设备齐全的食堂、宿舍、浴室等学生生活场所；为缓解州财政投入的压力，凉山州制定了吸引社会力量兴办教育的优惠政策，采取政府购买服务的方式解决教师及辅导员编制不足的问题，这方面都得到了国家和省政府的大力支持；加强教育经费监管，实现依法治教并加强校长和教师的队伍建设，凉山州每年都会举办各种形式的教师培训，积极开展城镇优秀教师向乡村流动的活动，有利于提高凉山地区教师的整体素质。

2015年7月8日，四川省委颁布了《中共四川省委关于集中力量打赢扶贫开发攻坚战 确保同步全面建成小康社会的决定》，[④] 决定提到要精准实施"五个一批"扶贫攻坚行动计划，其中"扶持生产和就业发展一批"与教育扶贫密切相关，这反映出办好贫困县的职业学校势在必行。政府应协助职业学校提升其职业培训能力，并在贫困地区实行免费职业教育政策，除了给予中职生一定的助学金以外，还要针对贫困家庭的学生发放生活补助。另外，政府鼓励企业在贫困地区建立培训基地，根据实际生产的需要，对中职学生实行订单培训；对于有创业能力的贫困地区劳动者免费开展相应的创业培训，并鼓励外出务工人员回乡发展，带动贫困地区的人民脱贫致富[⑤]。2015年11月，省国资委党委召开了大小凉山对口扶贫工作会议，针对"五个一批"扶贫攻坚行动计划，并结合大小凉山的实际情况，确定了23家中央在川企业和省属国有企业对大小凉山彝区的13个县对口帮扶，每个县分配两家国有企业。企业可以在凉山州贫困地区发展合适的项目，聘用当地的劳务人员或者通过定向培养和推荐就业的方式来满足大凉山贫困人口的就业需求。企业还要帮助贫困村培育1~2个致富增收的产业，帮助贫困村完善生产生活所必需的基础设施建设。会议提出要继续督促驻村干部的扶贫工作，更精准地完成对贫困村的贫困户实行"一对一""多对一"的结对

①　李淼. 我省将积极实施精准扶贫"十项工程"［N］. 四川日报，2015-02-10（12）.
②　马海伊生. 强化教育扶贫攻坚推动教育事业发展［N］. 凉山日报，2015-09-22（5）.
③　马海伊生. 强化教育扶贫攻坚推动教育事业发展［N］. 凉山日报，2015-09-22（5）.
④　赵沿，李益众，倪秀. 为大小凉山播种希望：四川凉山州开展教育扶贫纪实［J］. 中国民族教育，2016（5）：31-33.
⑤　《领导决策信息》编辑. 王东明：以精准扶贫为手段坚决打赢扶贫攻坚战［J］. 领导决策信息，2015（28）：7.

帮扶，这需要政府和社会共同出力，调动更多力量参与到结对帮扶的行动中来。会议还倡导成立一个专业扶贫基金平台，鼓励企业和个人积极参与，为扶贫攻坚捐款，以此创立对口帮扶的长效机制①。

笔者根据西昌市教育局座谈会上义务教育科室相关负责人对凉山州实施十五年免费教育的概述中了解到，凉山州是从 2016 年春季开学起开始实施十五年免费教育的。它的内容是全面免除三年幼儿的保教费和普通高中学生学费，并免费提供教科书②。由于凉山州幼儿园保教费的收费标准较高，需要入园的儿童和在园儿童较多，除了实行统一的补助政策以外，省财政还将新增补助资金。由于凉山州农村学龄前儿童的汉语能力弱，凉山州政府拟定在大小凉山的所有行政村建立汉语辅导员制度，规定每个村至少配备两名辅导员，省财政补助辅导员每人每月 2 000 元的劳务报酬，每年约将新增补助 1.2 亿元③。

2016 年，四川省委统战部牵头，民建、民革、民盟等十个民主党派共同印发了《四川省统一战线教育扶贫凉山行动方案》，将凉山彝区的十个县作为教育扶贫的对象。十个民主党派在教育扶贫工作上分工合作，协力增强凉山彝区的自我发展能力，帮助凉山地区完成脱贫攻坚任务④。

（二）学前教育蓬勃发展，为贫困儿童的身心发展奠定良好的根基

近两年，大凉山地区的学前教育发展迅速，通过"一村一幼"计划的开展，整个大凉山地区的幼教点数量增长迅速，即使是在大凉山深处的村里也开设了幼教点，招聘了辅导员，以保证每个村的学龄前儿童都可以上幼儿园。幼教点的开办，政府的大力宣传，使得人们树立起从小接受教育的意识，彝族的幼儿通过接受学前教育，以为其接受下一步的教育打下坚实的基础。

在笔者参与的西昌市教育局的座谈会中，分管学前教育的教育局工作人员对凉山州的学前教育发展情况做了概述。凉山州的学前教育起步较晚，2000—2010 年，主要是推进"两基"攻坚任务，而公办学前教育资源占教育资源的比例很低。经过五年的发展，直到 2015 年，学前教育三年毛入学率达到了 55% 左右，在园幼儿有 16.7 万人，还未达到全省民族地区学前教育的平均水平。2015 年，省委省政府出台了《关于支持大小凉山彝区深入推进扶贫攻坚加快全面建设小康社会进程的意见》，明确提出在大凉山地区实施十五年免费教育，从 2016 年春季学期开始，逐步免除包括公办幼儿园和民办幼儿园在内的三年幼儿教育保教费，同时，省上每年给每个幼儿 700 元的保教费补助。

笔者在西昌市教育局参加座谈会时，学前教育相关负责人在介绍全州学前教育发展情况时提道：2015 年 8 月，州教育局领导带队到乐山市的马边、峨边考察

① 胡文敏，张崇宁. 精准扶贫的"凉山样本"[N]. 凉山日报，2015-07-16（2）.
② 赵沿，李益众，倪秀. 为大小凉山播种希望：四川凉山州开展教育扶贫纪实 [J]. 中国民族教育，2016（5）：31-33.
③ 钟美兰. 2016 年起四川民族自治州、县将实施十五年免费教育 [N]. 四川科技报，2015-09-16（6）.
④ 旭东. 广泛发动 主动作为 量力而行 四川省注税行业积极开展"统一战线教育扶贫凉山行动"[J]. 四川统一战线，2016（7）：33.

"一村一幼"的办学情况。在省上的大力支持和州委州政府的高度重视下，2015 年 9 月，凉山州启动实施了"一村一幼"计划，成绩显著，受到了国家、省委省政府的高度关注。"一村一幼"计划被视为凉山州教育扶贫的重点工程，首先在彝区十县进行试点，然后在全州进行推广。全州共有 2 586 个大的行政村和自然村，原则上每个村设立一个幼教点，一个幼教点开设一个 30 人左右的班，有些人数多的幼教点可开设两个班。幼教点的开设成效显著，截至 2016 年 6 月底，已经开设了 2 319 个幼教点，设立教学班 2 930 个，招生人数已达到 9.59 万人，加上读学前班的 7 万多名幼儿，全州的学前教育幼儿有 26 万人左右。"一村一幼"计划的资金得到省政府的大力支持，彝区十县在每个村聘请了两名辅导员，辅导员每月 2 000 元的生活补助由省政府、省财政给予支持，辅导员采取聘用制，并需取得相应的教师资格证，州上通过制订选聘幼教点辅导员的实施方案，对辅导员的学历、普通话等级和年龄等做了明确的规定，确保辅导员具备基本的素质。到 2016 年 6 月底，选聘上岗的幼教点辅导员有 5 805 人。各县在"一村一幼"计划中投入较大，已投入 1.63 亿元用于解决幼教点校舍的改造以及设备设施的添置。同时，各县有效地整合利用现有资源，在不增加新投入的情况下，充分利用富余的公共资源，如在中小学布局调整之后的闲置校舍、村委会的活动室以及推进彝家新寨建设以后的一些民族活动场所开办幼教点。州上还出台了一系列的管理办法，如学前教育幼儿管理办法、辅导员的聘任制度、安全制度以及涉及幼儿午餐的食堂要求和经费的管理等十多个管理办法和指导意见来规范凉山州的学前教育，以促使学前教育更好地发展。在学前教育的资金投入方面，笔者在与分管学前教育的负责人的谈话中了解到：为了推动幼儿教育的发展，在"一村一幼"计划的基础上，凉山州通过融资贷款的方式筹资 24 亿元，用以建设 450 所乡镇中心幼儿园。这些幼儿园的成立可以解决 9 万多名学前幼儿的入学问题。州政府正在计划出台一些扶持普惠性民办幼儿园建设的相关政策，为了在整个凉山州形成县、乡镇、村三级以公办幼儿园为主，民办幼儿园为辅的布局合理的学前教育体系，着力解决全州幼儿园不足的问题。总体目标是到 2016 年底，全州的三年毛入学率达到 85%，开办村级幼教点 3 342 个，教学班达到 5 100 个，在园幼儿达到 13 万人以上，选聘辅导员 1 万人左右[1]。

为了提高凉山州幼教点辅导员的教学质量，在全省范围内组织起了"一市一县"的结对帮扶工作。成都等十个内地市与凉山的十个彝区县提供对口帮扶，根据各自发展学前教育的经验，结合支援县的实际情况，选择形式多样的帮扶措施[2]。2016 年 8 月 21 日，省委办公厅、省政府办公厅印发了《四川省内对口帮扶藏区彝区贫困县工作方案》，选定了省内的 7 个市和 35 个县结对帮扶藏区和彝区的所有 45 个贫困县（市、区），其中深入研究彝区的 13 个县（区）、1 930 个贫困村尤其是 188 个极度贫困村，每个帮扶地将对彝区的三至四个极度贫困村进

---

① 唐潇. 我州"一村一幼"建设效果初现［N］. 凉山日报，2016-05-26（1）.
② 钟美兰. "一市一县结对提升彝区幼教质量"［N］. 四川日报，2016-01-11（2）.

行精准地定点帮扶，确保贫困人口实现脱贫。

（三）义务教育全面推进，为贫困学生接受良好教育提供可能

通过凉山州各级政府和社会各界在教育扶贫工作上的不懈努力，大凉山地区义务教育阶段的发展十分迅速。随着义务教育辍学保控的开展、义务教育学生营养改善计划的实施、十五年免费教育的实行和义务教育信息化的建立，大凉山地区贫困少年儿童接受义务教育的权利得到了更多的保障。

笔者在西昌市调研时，随团队参与了西昌市教育局座谈会，从中了解到凉山州人民政府办公室在 2014 年印发了《凉山州深入推进义务教育均衡发展实施方案》，方案要求凉山州各级政府及教育部门继续加强控辍保学工作，确保适龄儿童能接受义务教育。全州统筹安排，特别是针对大凉山地区贫困的学校，应加大义务教育经费的投入，并确保义务教育经费"三个增长"。农村学校在生均公用经费中安排不低于 15% 的比例用于保障校舍的安全，增添、更新、维护现代化的教学设备及教学资源，给学生们提供一个适合其身心发展的学习环境①。笔者随调研团队在德昌职中与县教育局的负责人及部分中学校长的座谈会中了解到：德昌县的教育实现了多元化发展，例如德昌县与思雨教育投资公司和绵阳南山中学达成三方协议，形成了"1+1+1"的办学模式，即政府搭建平台，投资公司出资，名校进行管理与办学的模式。2015 年秋季小学、初中、高中正式开始招生，在凉山州开启了优质教学新模式的先例，为民族地区教育事业发展奠定了良好的基础。2015 年 12 月，德昌县义务教育均衡发展通过州上的评估，2016 年的元月通过省政府的督导评估，公众满意度达到了 98.38%，是首批实现达到义务教育督导评估的县②。

根据中央颁布的《国务院办公厅关于实施农村义务教育学生营养改善计划的意见》中对农村义务教育学生营养改善计划的要求，以及四川省政府颁布的《四川省人民政府办公厅关于实施农村义务教育学生营养改善计划地方试点工作的通知》中对省内实行营养改善计划的具体工作安排，凉山州也根据州内各县的情况，相继发布了《凉山州人民政府办公室关于实施农村义务教育学生营养改善计划的通知》，营养改善计划主要是针对 17 县市的农村义务教育学校（不含县城学校）的在校学生，供餐模式有两种，具备食堂供餐能力的学校实行的是热餐模式（根据营养食谱提供完整的午餐）；没有修建食堂或无法供应热餐的学校则实行的是蛋奶模式（课间提供鸡蛋、牛奶、水果等食品）。凉山州内属于学生营养改善计划国家试点县的有木里县、普格县、布拖县、金阳县、昭觉县、喜德县、越西县、美姑县、雷波县。在以上县内的义务教育学校，每个学生每天有 3 元营养餐补贴，如果每学年按在校 200 天计算的话，每名学生一个学年则有 600 元的营养餐费用，所需资金全部由中央财政拨付。凉山州内属于营养改善计划的省级试点地区有西昌市、盐源县、德昌县、会理县、会东县、宁南县、冕宁县、甘洛

---

① 梁教轩. 我州着力推进义务教育均衡发展［N］. 凉山日报，2014-03-23（1）.
② 王莉，龙雪琴. 德昌：推进义务教育均衡发展［N］. 凉山日报，2016-01-26（6）.

县，其 3 元定额标准中，省财政总水平补助 1 元，剩余部分由州、县（市）财政来承担①。笔者在普格县的调研中了解到，普格县是 2012 年开始实施营养餐计划的，午餐模式的标准是一荤一素。2012 年 5 月开展的营养监测活动显示，经过一段时间的营养餐的调理，学生们的身体素质得到了提高。在普格县，采用蛋奶模式的学校有 9 所，采用午餐模式的有 71 所，享受营养餐的学生总共 31 723 名。由此可以看到，农村义务教育学生的营养改善计划在大凉山地区的进展顺利，同时学校也很重视农村学校学生的食品安全问题。在少数民族地区，不少农村学生到县城学校就读，没有享受到膳食补助，这样的营养改善计划可以覆盖农村地区的所有学生，使贫困家庭的学生受益。

笔者在西昌市教育局座谈会上了解到：2016 年春季学期开始实施的十五年免费教育计划针对高中教育这方面，已免除高中学生的学费、书本费每人 800元，并适当补助生活费。2016 年，普通高中的规模在全州已突破七万人，这项政策将使更多贫困学生有书读，也是阻止贫困代际传递的有力手段。

义务教育阶段建档立卡的贫困学生无论在哪里接受义务教育都可以享受"两免一补"，实行"钱随人走"的政策，无论学生毕业后选择升入高等院校还是职业学校，所享受到的资助都能保证贫困学生上得起学。

义务教育的信息化进程得到了推进。在笔者参与的西昌市教育局的座谈会中，教育局相关负责人对凉山州的教育信息化建设情况做了大致的介绍。2015年，州政府与凉山移动签订了《教育信息化合作协议》，加快推进学校宽带接入，基本实现了中心校以上学校宽带接入的目标。到 2016 年，城区学校 100% 通宽带，乡镇学校宽带接入率为 82%，村完小的宽带接入率为 42%。2016 年教育信息化建设由凉山州装备所牵头，与长虹等企业共同开展"凉山教育云工程建设"，目前凉山州信息化建设整体的实施方案已经拟定并提交州委州政府批准。

（四）职业教育成效显著，为贫困家庭脱贫致富提供有效手段

凉山州的职业教育发展迅速。全州普职比正朝着 1 : 1 的目标不断前进；探索与内地合适的企业建立合作教学模式，培养出一批批合格的新型劳动者；通过在全州内实行一系列的优惠政策，确保贫困学生顺利完成学业。在整个教育扶贫的工作中，职业教育对当地青年的顺利就业、贫困家庭脱贫致富起着举足轻重的作用。

大力发展职业教育可以为凉山地区的社会经济发展提供人力保障。熟练掌握现代科学技术的实用型人才是推动地方经济发展的关键因素，大凉山地区属于少数民族贫困地区，其经济和社会的发展十分需要各层次的专业人才。少数民族贫困地区大力发展中等职业教育，可以为本地培养更多的初中级专业人才。职业教育不但能提高劳动者的技能水平，还能提高人们的思想文化素质。凉山州以彝族为主的少数民族人口占全州人口的一半左右，许多人居住在偏远的高寒山区，只有少数人接受过短时间的正规教育，人们的文化水平普遍较低，不具备适应现代

① 周燕. 四川省启动实施农村义务教育学生营养改善计划［N］. 凉山日报，2012-04-15（1）.

社会的劳动技术和技能，因此一定程度上制约了当地人的就业，致使当地的贫困程度加深。通过一定的职业技术培训，提升劳动者的基本素质，转变其落后的观念，使其具备能较快适应变换新职业的能力，从而解决偏远贫困地区贫困人口的就业问题。另外，经过职业教育培训后，劳动力可以实现在地区间的迁移，劳动者也可以从一个生产部门转移到另一个生产部门，使凉山地区的就业率得到提升。根据自身的资源优势和社会发展的需求，凉山州政府大力支持职业学校的发展，无门槛地接收无法升入普通高中的学生到职业高中就读，使他们能掌握一到两门实用技术，以此带动一个家庭脱贫致富。另外，发展职业教育还能促进当地农牧业的健康发展，带动当地的经济发展，从而实现整个地区的脱贫致富。依靠当地丰富的畜牧业资源，通过相关职业培训的农民可以掌握科学牧业、科学植草以及科学食品加工的方法，推动当地农牧业的现代化建设①。

笔者随研究团队在西昌市教育局召开的座谈会中，从职业教育科室负责人的概述中了解到：2014 年，四川省启动实施了大小凉山彝区 "9+3" 免费教育计划，即在九年义务教育基础上，凉山州每年选送 4 000 多名中职学生和未升学的高中毕业生，到省内优质职业学院免费接受 3 年中等职业教育。参加 "9+3" 教育计划的学生不仅会免除学费，还会得到生活补助以及每年 1 500 元的交通住宿补助费用。笔者在德昌县调研时，在德昌县职高了解到：新生入学会一次性补助冬装费每人 300 元，当学生毕业前还可以获得一次性补助 500 元。2016 年扩大到了 30 所省内的优质中职学校，彝区十县 2016 年计划选送 4 200 人，木里县则享受的是藏区 "9+3" 免费教育计划。凉山州一共有 18 所职业学校和 1 所职业高中，教职工有 1 574 人，州内中职学生目前达到 2.98 万人，加上州外就读的1.8 万名左右学生（包括彝区、藏区 "9+3" 计划的学生和自主到州外就读的学生），达到了 47 958 人，使得全州的普职比基本达到了 6 : 4，其中德昌县已于2010 年在全省农业县中较早实现普职招生比 4 : 6。这一计划很好地弥补了大小凉山彝区在职业教育方面的短板，近九成学生来自农牧民家庭，基本实现了应读尽读，应助尽助。凉山州政府期望到 2020 年实现全州普职比 1 : 1②。

（五）教师队伍建设逐步完善，为大凉山地区教育发展提供人力保障

大凉山地区由于自然社会条件较内地城市更差，很难吸引到优质师资到大凉山任教。随着教育扶贫工作的开展，凉山州通过多种渠道招聘考核合格教师，并优先满足大凉山贫困山区学校的师资需求。另外，对于教师的在职培训方面，凉山州也积极同各高校紧密配合，保证教师的教育教学水平得到提升，从而提高整个大凉山地区的教育教学质量。

笔者随调研团队参与在西昌市教育局召开的座谈会中，负责教师管理的相关工作人员从教师数量方面将凉山州的教师队伍建设情况做了大致的介绍。2016年的统计表明，凉山州的教师共计 50 379 人，其中小学教师 24 514 人，普通初

---

① 谭蔚. 促职教发展为就业奠基 [N]. 凉山日报，2014-09-10（12）.
② 免费职业教育圆了彝家孩子求学梦 [N]. 凉山日报，2016-08-09（5）.

中教师6 402人，九年一贯制学校教师3 418人，完全中学教师6 467人，高中教师549人，幼儿园教师6 619人，特殊教育学校教师41人，中职学校的教师1 801人；另外，专任教师45 752人，其中小学的专任教师23 118人，初级中学专任教师5 982人，九年一贯制学校专任教师3 177人，完全中学专任教师5 935人，高中专任教师476人，特殊教育学校专任教师35人，中职学校的专任教师766人。2016年，凉山州得到的中小学教师的总编制是44 668人，按照师生比小学1：19、初中1：23.5，高中1：12.5计算，全州还缺教职工编制达到6 500人左右。凉山州人民政府2013年出台了《加强引进教师队伍建设的实施意见》，文件提到，对于全日制本科以上取得教师资格证的人可以采取考核聘用的形式，对于11个少数民族地区，规定的是取得大中专以上学历的可以采取考核录用的形式[①]。这几年凉山州补充教师的主要渠道是县市自行招考教师，省上统一考试，教育基础一科由省上统一命题。"十二五"期间总共招教师是4 242人；另一个渠道是特岗教师，从2006年开始，到目前为止凉山州已招7 562名特岗教师，服务期是三年，前三年由国家财政补贴，每年30 000元用于教师工资，2006—2013年考核聘用三年后转正了特岗教师5 346人，应聘人员通过省上统一组织的笔试后，各县市又单独进行面试。2014—2016年在服务期的特岗教师是2 216名。2016年特岗教师要求是全日制师范专科以上或者全日制本科以上并取得教师资格证的学生，各种形式的本科都能报考。2016年凉山州已补充特岗教师592人，面向社会公开招考了969人。

2015年，为了在我国贫困农村地区培养出素质优良、甘于奉献、扎根乡村的教师队伍，国务院办公厅印发了《乡村教师支持计划（2015—2020年）》，根据中央的精神，凉山州政府也在州内实行了乡村教师补充交流机制和乡村教师专项支持计划。笔者在西昌市的调研中了解到：关于加强交流机制，2016年凉山州定了两个指标：一是安宁河五县一市每年教师交流比例要达到50%，二是彝区十县要达到50%以上。2015年，《乡村教师支持计划实施办法（2015—2020年）》的颁布对于大凉山地区音乐、体育、美术、科学技术、心理健康、双语等课程教师的补充起到了推动作用。凉山州的寄宿制学校可以通过政府购买服务的形式补充学生管理人员等，编外人员的使用方案需要经过县级人民政府同意后才能实施。

笔者根据凉山州西昌市教育局负责教师培训的相关人员的概述中得知，凉山州政府十分重视教师的培训工作，"十二五"期间培训中小学教师12万人，2006年起实施中小学教师培训专项计划，彝区十县每年培训教师4 600人，教师职后培训的方式主要是省培和国培。

笔者在凉山州调研时，从负责教师管理培训的相关负责人的谈话中了解到：贫困地区乡村教师生活补助政策也得到落实，四川省出台了针对11个少数民族县农村教师每个月给不少于400元的生活补贴的政策，根据工作量和环境艰苦程

---

① 鲁志英. 探究农村小学教育改革现状与对策［J］. 祖国（教育版），2014（7）：77.

度，最高可达 1 000 元。以前乡村教师想调到县城工作，现在正好相反，县城的教师反而想调到农村工作，这是由于农村教师生活补贴一年可达一万多元，另外还有高寒补助一万多元，因此农村教师每年相比城市教师可多拿两万块钱左右，凉山州 11 个贫困县的 16 416 名教师就享受到了这个政策。另外，凉山州三年一次会对教师进行奖励，并向农村教师倾斜，农村教师人数不得少于 40%，每位教师可得到 5 000 元的奖金。州委州政府也努力改善教师的工作条件和工作环境，"十二五"期间建设农村教师周转房 7 602 套。笔者在参与西昌市教育局的座谈会时，相关负责人提到：为了为乡村中小学定向培养"一专多能"的教师，目前全州已安排教育部直属高校的免费师范生 55 名。2013 年，凉山州开始实施四川省免费师范生计划。到 2016 年，四川省的免师生招收名额已增加到 3 000 名，今年分配了 40 名省属免费师范生，到偏远地区农村学校去补充当地的师资。

二、四川省凉山地区教育扶贫工作的不足

（一）教育基础薄弱，办学条件差，资金欠缺

在发展学前教育方面，"一村一幼"目前存在的困难也比较多：第一，辅导员的工资问题，2 000 元的工资除掉车费和生活费所剩无几，造成辅导员"招人难、留人难"的现象；第二，幼儿午餐补助也没有资金支持，有些县采取家长出一部分，县财政补助一部分，但是这不是长久之计；第三，幼教点都是采用村委的活动室以及闲置的校舍，会存在很大的安全隐患；第四，由于发展较快，营养餐的实施和寄宿制教育的实施还需要许多工作人员，现在由教师承担这些责任，在许多学校，教师不仅要教书育人，还要做好学生生活中的营养师、保姆等角色，这却花掉了教师本应用作教学的精力和时间，所以学校相关管理人员较为缺乏。

凉山州内学校点多面广，由于地域、经济、人口等问题，尽管近年来国家和省上加大了投入，但是办学条件仍较差，教育资金的缺口较大。笔者在普格县调研时了解到：按照义务教育均衡发展的要求，2018 年全州要实现义务教育均衡发展，但是缺口资金是 72 亿元。例如，普格县现在最大的问题就是"四缺"（缺校舍、缺场地、缺师资、缺设备设施），现在把高中的图书室、实验室全部用作了教室，把综合楼的 20 间作为教室，20 间用于打地铺，放不下床，只有买木板放地上简单铺设，因此，学生的学习生活条件较差。"四缺"首先引发的就是大班额。小学一个班最多有 70 多人，平均每个班 50 多人，高中一个班的人数最多有 90 余人。大班额的情况在凉山州的学校普遍存在，给教师的教学工作增加了难度，教师很难顾全到每个学生，使得教育质量难以提高。

凉山州大部分都被高山环绕，汉族人口大多居住在沟坝等地势低且较平坦的地区，而二半山和高山地区则分散居住着彝族及其他少数民族人口。那里遍布悬崖峭壁，通往山上的道路就是在悬崖边凿除的一条崎岖的路，沿着山势盘旋而上，而高山地区的许多地方只能靠步行。彝族人喜欢分散居住，在大山的对面可

以看到一些白色的房子零零散散地分布在山腰或靠近山顶的位置。住在如此偏僻且交通不便的地方，彝族的小孩很难在适合的年龄接受义务教育，因为道路不通或其他安全方面的问题，许多居住在高山地区的父母要等到子女八岁以后才能送到学校念书。山上的村子有些也开设村小，可是一所小学却只开设了一到三年级，并且每当一年级升二年级或二年级升三年级的时候，都会有部分学生辍学，家庭条件好一些的小孩才能到山下继续上学，而一些辍学的小孩就外出务工了。因此，偏远闭塞的居住条件使当地学生不能按时、完整地接受义务教育，贫困地区的辍学率仍较高。

凉山州贫困地区的基础设施配备情况不理想，在偏远地区，公路、通信、水电煤气的配备不完善，教育、医疗、文化等基础设施也很缺乏，因此，对凉山州的教育发展起到了制约的作用①。在凉山州，拥有优质教育资源的学校主要集中在以西昌为中心的安宁河流域周围的城镇。中心城区基础设施过度供给和浪费，而地处"老凉山"的偏远贫困地区基础设施建设却严重不足。凉山州州府西昌市的基础设施配备已不亚于成都、绵阳等城市，但因缺乏系统规划而频繁地更新，造成公共资源浪费情况严重。由于"一村一幼"计划的逐步实施，出现了许多公办和民办的幼儿园，而公办幼儿园和民办幼儿园教育设施的差异很大，学生们享受的待遇也有区别。

凉山州双语教育的办学条件和硬件设施的配备情况都亟须改善，政府和学校在双语教育方面的投入严重不足，目前凉山州还没有设立针对双语教育的工作经费，因而阻碍了双语教育教学的研讨和民族文化校园建设等有利于发展双语教育活动的开展。双语教育的缓慢发展使得一些学龄儿童汉语水平低，对他们掌握现代化的科学知识和技能产生了一定程度的影响。

凉山州职业教育的发展速度以及产生的成效远远不能满足地方经济发展的需要。中等职业学校分布较为分散、规模小，由于管理体制自立门户、各自为政的情况导致了学校效益差，使得凉山地区的职业学校没有形成对外开放的办学格局。职业教育是高投入的教育，中职教育随着市场需求的不断变化，每年都可能新办专业，因此需要投入更多资金，凉山州从 2011 年到 2013 年每年都得到省政府拨付的 5 000 万元的基础建设资金，然而 2013 年开始省政府投入的资金就减少了，2016 年只有 658 万元，省上拨付的资金不能满足凉山州职业教育的发展需要。因此，现在凉山州职业教育的发展所需资金基本依靠的是州上的支持，由于资金及设施上的紧缺情况没有得到改善，州政府担心职业学校的办学条件和内地发达地区职业学校的差距会越来越大。由于办学条件差，教学场地缺乏和教学设施陈旧等问题没有得到解决，这极大地影响职业教育的发展。在这种情况下，职业教育不能有效地把大批初中毕业生培养为有文化、有技术、会管理、善经营的实用人才，也不能满足地方经济的快速发展对人才提出的需求。

（二）寄宿制教育不能满足当前的需要

2001 年，中央通过颁布《国务院关于基础教育改革与发展的决定》，表明国

---

① 王欢. 凉山州农村信息化水平评价及发展对策研究［D］. 成都：四川农业大学，2012.

家鼓励贫困地区根据自身实际情况举办适当数量的寄宿制学校。寄宿制教育是凉山教育的一大特色。凉山州经过撤点并校后，就学半径扩大，学生上学的风险加大，学习时间减少，由此寄宿制学校的兴起势在必行。由于教育资源有限，寄宿制学校的发展与寄宿生的需求之间还存在较大的矛盾。例如，大凉山地区还有许多寄宿制学校的建设未达到标准化建设的要求；中、小学的寄宿制指标有限；生活补助偏低，甚至还有部分贫困生和特困生没有享受到寄宿制生活补助。因为凉山地域较为分散，为了让更多偏远民族地区的学生留得住、学得好，政府在规划学校布局时，原则上规定小学向乡镇集中，实现以乡镇中心校为主的寄宿制教育体系。笔者在西昌市教育局召开的座谈会中了解到，根据规划，在2016—2018年，新建改扩寄宿制学校583所，预计划投资接近50亿元，目前州政府能统筹的资金是10亿元，缺口资金高达39亿元。

大凉山地区的寄宿制学校里，学生的住宿条件差。由于房间少，学生多，部分学校原来一间有4张床（上下铺）适合住8名学生的宿舍被改为每个下铺睡3名学生，每个上铺睡2名学生，一间宿舍增致容纳20人。每个下铺睡2人的情况更是普遍存在，这样的住宿情况存在很大的安全隐患①。

（三）信息化程度偏低

全州受地理环境制约，资源匮乏，城乡之间、县市之间的办学条件差异较大，贫困地区偏远学校仍不能实现网络覆盖，教师很难从网络中获得优质的教学资源，教师所拥有的资源仍限于传统的图书资料。在信息资源建设方面，教师对信息资源的利用率低，自主开发课件的能力不足。在信息化建设中一些学校出现配置的设备使用效率低的情况，这是由于教师的信息能力低，不能合理地把信息技术同教学活动整合起来②。因此，教师需要树立现代教育观念，更新教学手段。大凉山地区的信息化水平离国家和省上对现代化、信息化教育建设的要求差距较大，这方面是提升当地教育质量的抓手，凉山州各级政府及各部门正在积极开展工作，加快大凉山地区信息化建设的发展。

（四）师资量少质弱，部分教师工作积极性不高

大凉山地区普遍存在师资量少质弱的现象。笔者在西昌市教育局的座谈会中了解到，州委、州政府出台了学前教育的管理办法，把"一村一幼"的管理权交到村民委员会上；"一乡一所"是由州上保障实施的，师资问题是采取政府购买的形式，辅导员每月2 000元生活补助，这项措施从2015年9月开始实施。村点校由于基本上没有公办教师，当地政府就近请一些小学生进行代课，致使教师本身素质不高。例如，笔者在普格县调研时参与的座谈会中了解到，普格县按新编制算还差450多个教师编制，全县一共差500多位教师，有些学校一个班还平摊不到1个教师，教师量少质弱的现象较为突出。

笔者随调研团队在西昌市教育局召开的座谈会中，从义务教育科室的相关负

① 沈建华. 浅析凉山州布拖县寄宿制学校火灾隐患及防范措施［J］. 中国西部科技, 2008（24）: 78-79.

② 沙强. 凉山州中小学教师信息技术应用能力现状及应对策略［J］. 魅力中国, 2014（6）: 138.

责人处了解到：大凉山地区义务教育学校的教师编制也相当紧缺；教师留住很难，县城中学也难招聘到教师，现实中有些教师到当地后由于条件艰苦，立马就离开了。2015 年归属于凉山州的 17 个教育部免费师范生毕业后，一个也没有回来从教；音乐、体育、美术、信息技术的老师比较紧缺，特岗教师的招聘能满足主科教师的需要，而音乐、体育、美术、信息技术的教师招聘每年都无法完成指标；教师的流失情况同样严重，2016 年一个县外调和通过公招考出去的教师达到 35 人，辞职 10 个正式教师，其中不含特岗教师。凉山州教育局的相关负责人反映，大凉山地区的特岗教师流失现象十分严重，三年服务期满后，流失率达15%，最多时达到 20%。

双语教育的师资队伍也存在问题。一是学历结构不理想，本科层次里参与到双语教育的人数不断在缩减；二是老教师得不到提升和循环，始终停留在原来的教学水平上。教师不应该只是围绕教材，还应留意学生行为习惯的养成和学生素质的提高等方面，另外，学校也没有充足的培训机会使他们的教育教学技能得到更大的提高①。

凉山州的优质生源流失现象很普遍，许多有条件的父母都愿意将小孩送到西昌或成都、绵阳等地上学，因为凉山州的教育水平远远赶不上内地城市的教育水平，除了硬件方面的不足之外，教师的水平也是影响教育质量的主要因素之一②。在凉山州，一所学校里通常汇聚了几个民族的学生，经常可能有冲突发生，学校对学生的管理方面仅仅起到管束和保证安全的作用，学生的生活习惯和做人做事需要教师花费大量时间进行教导，教师用于教学的时间和精力受到影响，长期发展下去，就会对教学质量产生不良影响。一些学校虽然每年都会从师范院校招聘新教师，但是，学校缺乏教师的学科与新教师所学专业不一定一致，由此产生了供需矛盾。有些师范生虽然在校期间学习了教育理论知识，可是到岗后由于缺乏实践经验很难胜任工作。另外，靠近县城的中心校由于几年都没有分配到教师招聘的名额，大多数是乡村教师调来的，导致这些学校教师老龄化的现象比较普遍，并且教师的教学技能不能定期得到提升，运用多媒体等进行教学的能力欠缺，一些偏远的学校更是缺乏现代化的教学设备，教师的教学手段较为单一，从而对教学质量产生了一定的影响，因此，在大凉山地区的贫困县里，教育质量不能得到保障，对学生的成长和发展产生了较大的阻碍作用。

根据西昌市教育局负责职业教育的相关人员对全州职业教育教师情况的介绍，笔者了解到：凉山州职业教育的专任教师只有 700 多人，不能满足当地职业教育发展的需求。职业学校教师的学历水平普遍无法达到国家教师法的相关规定，比如国家规定职业高中的教师需要本科毕业，但在凉山州任教的职高教师的学历实际却是以大专为主，有本科学历的教师则大多从事基础理论课的教学。职

① 李丰娟，贾巴木甲，马锦卫，等. 凉山彝族自治州彝汉双语教学实效性探析［J］. 民族教育研究，2011（3）：101-106.

② 盛文龙，李丽，李佳孝. 我国民族地区教师培训研究述评［J］. 文史博览（理论），2013（8）：85-87.

业学校还非常缺乏双师型教师，实际从事教学的教师都是以外行为主，专业教师很少，一些基础理论课老师还需兼任专业课教师。另外，专门针对生产实习进行指导的教师也严重缺乏，这将直接影响职业学校的教学质量。

笔者在德昌县调研时，当地的一名小学校长还反映说，当地一些教师的敬业精神、奉献精神不足，绩效工资扼杀了教师的积极性。在彝区十县，农村包括离县城很近的郊区的教师能享受生活补贴，然而县城学校教师的工作量并不小，城区内的教师却没有生活补贴，这种情况影响了城区教师的工作积极性。

（五）政策的落实情况不佳

国家和地方针对民族地区教育发展的需要制定了一系列的政策，不过，在政策的推行过程中，由于地区之间经济发展、文化水平等差异大，政策的落实情况参差不齐，一些贫困县根据自身的实际情况很难完成州上下达的任务。比如，笔者在西昌市教育局的座谈会中，西昌市教育局学前教育科室相关负责人员谈到大凉山地区学前教育现存问题时指出，按照"一村一幼"计划的政策规定，辅导员每月2 000元生活补助，而在一些贫困县里，辅导员的工资不能按时足额拨付；按政策规定，实行热餐模式的义务教育阶段的学校每100名学生就需要配备一名厨师，而实际情况是有的学校由于经费短缺，不能按此标准配备食堂工作人员。例如在笔者随研究团队调研中，冕宁县一所义务教育学校校长在谈到目前遇到的困难时提出：学校经费特别紧张，学校一年在食堂供餐方面投入10多万元，做饭用的电费等都是由学校自行解决的，只能200名左右学生配备一名厨师。诸如此类情况在凉山州是比较普遍的，因此，政策的制定和落实情况没有完全吻合，使得凉山州教育快速发展的同时，附带了许多问题。

教育政策的执行应该是原则性与灵活性并存的，如果过分地夸大政策的原则性，没有因地制宜，就无法使政策发挥出应有的成效。安宁河谷沿岸的县市与处于"老凉山"的贫困县之间的经济发展状况、教育水平等差距较大，州上制定的一些政策的实施范围覆盖了整个凉山州，同一指标下达到各县市，较富裕的县市执行起来更为容易，而对于贫困县来说，很难甚至无法完成某些固定的指标，即使勉强完成任务，其实际效果也大打折扣，给当地政府和学校带来不小的压力。由此可以看出，政策本身欠缺灵活性，以数量化指标作为评判政策执行程度的标准，致使政策的执行者过于关注达到数量化的指标而无法顾及政策的执行质量。为了确保到2020年全面建成小康社会时贫困地区和贫困群众不掉队，四川省委要求在2020年实现全省贫困对象全部退出，88个贫困县全部摘帽。对于凉山州的贫困地区而言，其贫困程度较省内其他地区更严重，如果按照数量的指标来评定其教育扶贫工作的完成情况，并以此标准来判定其已完成脱贫任务而摘帽，那样会遮盖住许多现实的情况，一旦脱离贫困县的范畴，没有政府的相关扶持，地区的发展会受到更大的制约，致使贫困人口返贫现象的发生。

（六）学校的办学自主权受限

近几年，学校在推进自主办学的学校规范章程方面难度较大，比如学校没有完全掌握学校的人事权、招生权、经费使用权、教师聘用权等自主办学的权利。

笔者随团队在凉山州冕宁县的一所学校调研时，其学校校长反映：学校的教师队伍老龄化现象极为普遍，然而一些学校没有教师聘用权，无法自主地为学校的教师队伍增添新鲜血液，无法为学校的教育教学带来新的变革，因此，教育教学质量的提升受到了很大的限制。各个学校的教学研究等活动都受到了政府的限制，招生方案、专业设置、机构的设置和编制都没有自主的权利，学校不能及时地根据市场需求的变化而灵活调整其专业设置和教育教学内容，可能致使毕业生就业后无法将学到的知识同实际工作更好地结合起来，从而在一定程度上难以满足社会对人才的需求。

长期以来，政府运用行政权力干预学校事务的现象并不少见。这与相关的教育法律法规的不健全也有密切关系，教育法律法规的不健全，会导致政府间、政府与学校之间的权限划分不清，政府容易过多干预学校的事务。凉山州一些学校的校长忙于被分配的行政事务而不能专心做好学校的教育管理工作，这也是影响农村学校教育教学质量的原因之一。只有在教育法律法规的规范下，分清校长的职责范围，才能减少校长的各种工作琐事，使校长有更多时间管理和研究学校的日常教育教学活动，为学校的发展发挥更大的作用。

（七）优质生源流失严重

近几年，凉山地区的人们开始重视基础教育，农村的失学辍学率显著下降，但是又出现了新的问题，一部分农村优质生源通过交钱择校，参加城市中学招生考试去县城、西昌和省内其他城市就读，因此，凉山州优质生源的流失现象十分普遍。这也是老百姓关心的热点，造成这一现象的原因有很多，其根本原因是农村学校的教育质量与老百姓对优质教育的需求之间存在矛盾。笔者在西昌市教育局参与座谈会时，教育局相关负责人在谈到优质生源流失现象时提到：凉山州2016年普通高考本科上线的是 7 888 名，升本率约为 3%，州内优质生源都向成都、绵阳流失。因为优质生源流失现象严重，凉山的教育和省内其他城市的差距越来越大。

第五节　解决四川省大凉山地区教育扶贫问题的对策

近年来，中央、省、市（州）、县各级政府都对脱贫攻坚工作给予了充分的重视，教育扶贫是脱贫攻坚中的重要一环。中央、省委以及凉山州政府考虑到凉山州民族贫困地区的实际情况，有针对性地部署了教育扶贫工作，颁布了一系列教育扶贫政策，开展教育扶贫工作，均收到了良好的效果。为了使大凉山地区在2020 年之前实现全面脱贫，我们还可以进一步完善教育扶贫工作，通过提升当地的教育水平，以期提高贫困地区群众的整体素质，最终实现脱贫致富。

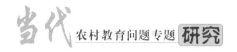

一、完善教育扶贫的规划，推进教育扶贫更快发展

（一）结合当地实际情况制定教育扶贫政策和规划

1. 理清政策实施过程中所存在的问题，增强政策的实效性

凉山州近几年开展的义务教育均衡发展战略、义务教育营养改善计划和"一村一幼"计划发展迅速，成效显著。学生的身体素质逐步增强，适龄儿童的入学率和毕业生的升学率得到了一定程度的提高。"一村一幼"计划是四川省从大小凉山彝区实际出发精准扶贫精准脱贫的长远之计，有利于阻断贫困的代际传递[1]。然而，政策在实施过程中仍会遇到许多问题，相同的政策在不同贫困程度的地区执行起来所遇到的阻碍和困难大小不一，有的贫困程度深的地区甚至没有能力执行一些政策和规划。因此，地方政府应大力宣传"六个精准""五个一批""五个一"等脱贫部署，准确分析贫困人口的致贫原因，因村制宜、因地制宜地制定扶贫政策和规划。贫困县的驻村干部应积极和当地基层政府一起商量并制定扶贫规划和具体措施。在制定政策和规划的时候，制定者首先需要仔细考察凉山州当地的实际情况，然后运用科学的手段合理进行预测，确保政策和计划能发挥出最好的效果。

2. 积极施行教育扶贫政策，加强相关信息报送工作

州政府可以结合大凉山地区的实际情况，在教育扶贫工作上落实更多的优惠政策，例如政府应积极落实各类市场主体到凉山州的贫困地区投资兴办企业的相关支持政策，努力促成企业与职业学校合作培养学生的关系，企业为学校提供实训基地及相关硬件设施设备，学校为企业输送合格的毕业生。这不仅可以满足生产力对实用人才的需求，而且能提高贫困地区的就业率，实现教育与生产的双赢。另外，政府还应完善贫困地区的信贷政策，鼓励和引导金融机构在防范风险的前提下，加大对发展农村地区特色产业和支柱产业的信贷支持力度[2]。为了制定出更加适合当地情况的教育扶贫政策和规划，政府应该加强教育扶贫信息的报送工作，及时把握最新的教育扶贫信息，并且全面总结教育扶贫工作的经验，这有利于政策制定者及时完善政策和计划，促进教育扶贫工作的顺利进行。州教育局通过派遣专门的教育扶贫信息工作领导小组到州内各个县实地考察，获取当地教育扶贫工作的推进情况、社会各界对当地教育扶贫工作的支持情况、当地的教育扶贫工作先进典型、当地的教育扶贫工作的研究情况，以及在年底对教育扶贫的形势做出准确的评估等。地方政府应进一步加强上述工作，保障教育扶贫信息准确、全面、客观、及时地送达上级部门。

---

① 张宏平. 聚焦："两不愁三保障"和"四个好"目标全面完成今年脱贫攻坚任务 [N]. 四川日报，2016-08-06 (1).

② 孙文中. 创新中国农村扶贫模式的路径选择：基于新发展主义的视角 [J]. 广东社会科学，2013 (6)：207-213.

（二）保质保量地落实各项政策和规划并适当做出调整

1. 增加政策和规划的执行灵活度，提升政策的落实质量

凉山州的许多地方特别是贫困的县市里相关部门和学校在追求达到政策中硬性数量指标的同时，难以保证其计划实施的质量水平。例如，贫困县的学校大多缺乏足够资金支持，在义务教育营养改善计划中虽然热餐模式的学校配备了食堂等设备，但是缺乏足够的工作人员，这必定影响到食堂供餐的质量；由于偏远地区的村子受到各种条件的限制，幼教点虽然招聘到辅导员，可是其素质无法达到规定的标准；一些村子相隔距离很近，如果每个村子都设立幼教点，会造成资源的浪费等。凉山州的安宁河谷五县与称作"老凉山"的彝区十县在经济发展等方面都有较大的差别，贫困边远的地方需要投入更多人力、物力、财力到教育扶贫工作中，同一政策在不同县市需要做出一些调整，对农村贫困地区在政策上采取一定程度的倾斜，这样就能缓解贫困地区学校的压力。

2. 加大教育扶贫政策的优惠覆盖率，扩大现行政策的成效

针对各级各类教育，我们有以下具体的建议：首先，要健全学前教育的资助政策，针对大凉山地区的贫困县逐步建立起中央、省、州、县多级投入的制度，而且面向贫困地区的家庭经济困难的儿童在资助政策上要进一步倾斜，提高贫困县幼儿保教费减免的比例。其次，在落实"五长"责任制的基础上，政府需要进一步完善义务教育辍学保控的责任机制。贫困县的政府部门要切实把握当地流动人口规律，建立当地义务教育学生流动和管控的机制。当地的学校要建立中小学生学籍信息管理系统，确保每一位适龄的儿童和少年依法入学并完成九年义务教育。再次，政府还需要努力使特殊教育提升计划落到实处，保障残疾学生的受教育权益。政府要更加关注贫困地区义务教育学校寄宿制教育的发展，统筹更多的资金支持贫困县的薄弱寄宿制学校。适当地调整贫困地区寄宿制学校的学校设置和建设规划，根据学生就近入学的原则，保留必要的村小和教学点，由于撤点并校导致的学生上下学的交通问题，也需要当地政府根据实际情况调整计划以解决问题。最后，大凉山地区要继续保质保量地落实义务教育"三免一补"政策，继续落实高海拔民族地区的学生取暖计划，完善农村义务教育营养改善计划，使农村学生的身体素质得到提高。在政策的实施过程中，为了保证计划能达到较好的效果，政府需要根据当地的特殊情况，对政策和计划进行适当调整，使教育扶贫工作能深入地开展下去。

二、设立教育扶贫基金，加大对彝区十县等贫困地区的教育投入力度

（一）政府与社会各界合力加大对教育的资金投入

1. 政府为主加大投入力度，联合企业共促教育扶贫

凉山州境内的彝区十县和木里县的贫困程度都较深，教育扶贫工作中的资金缺口较大，因此，政府应加大教育专项资金的投入力度，保证普通教育和职业教育的资金足额到位。大凉山民族地区的城乡收入差距远远高于全国城乡收入差距的平均

水平，贫困的初中毕业生很难有机会接受他们所需要的教育或培训，因此，当地政府应对贫困学生群体给予一定的学费、生活资助，使其不至于因经济困难而失去接受教育和培训的机会。仅仅依靠政府的扶持是不够的，许多政策的落实不力多是因为缺乏足够的资金。因此，州政府应加大对外宣传，使社会各界广泛关注凉山州贫困地区农村教育的现状，激发其参与大凉山地区教育扶贫工作的积极性，使多元化的主体参与到教育扶贫工作中来。政府可以吸引资金雄厚的民营企业参与到凉山地区的教育扶贫工作中，企业把充足资金投入到贫困县的教育基础设施建设上，对大凉山地区的教育发展会起到极大的推动作用。民营企业还可以发挥资金、技术、市场、管理等方面的优势，开发大凉山地区的优势资源，培育适应当地社会经济状况的产业，为地方的特色产品销售开拓市场，这不仅可以带动大凉山地区的经济发展，而且能对职业教育发展和当地就业水平的提高起到很大的推动作用。

2. 加大对大凉山地区的宣传力度，鼓励全社会参与到教育扶贫中

社会团体、基金会等社会组织也可以为教育扶贫工作提供各种服务。社会组织可以发展成为具有扶贫功能的慈善组织，对社会的募捐活动进行管理和监督，形成对不良扶贫慈善行为投诉和举报的重要渠道，州内各级政府还要严格管理各项经费，确保资金落实到位和高效使用。各级政府还要鼓励社会各界人士通过爱心捐赠、结对帮扶等形式参与到凉山地区的教育扶贫工作中来，最终将上述扶贫资金的统筹工作形成一个完整的体系，设立凉山州贫困地区专门的教育扶贫基金，为凉山地区教育扶贫事业的长足发展奠定坚实的基础。凉山州的相关部门应积极组织"扶贫进校园"活动，使大中小学生在对我国基本国情的了解下，认识到扶贫的重要性，并积极参与到扶贫实践活动中去。参与教育扶贫的社会团体或组织可以在社区、学校、商场等场所设立捐助站，方便居民自愿捐钱物[1]。总之，坚持政府引导并搭建社会参与的教育扶贫平台，调动社会各界的力量，建立自愿互惠的扶贫共赢机制进行精准扶贫，才能使大凉山地区教育扶贫工作朝着可持续发展的道路前进。

（二）优化资源的配置，向贫困地区倾斜

1. 改善大凉山地区学校的资源配置，为其提供良好的硬件条件

国家、省及州政府对于彝区十县以及木里县等贫困程度较深的县市需要加大资金的投入，并在资源配置上向以上地区做出适当的倾斜。大凉山贫困地区义务教育阶段的学校，大部分都缺乏教学场地或校舍较为陈旧，其教学设施也严重不足，给学生的学习和生活带来了许多不便。因此，政府和相关部门应该以校为单位对凉山州贫困地区的农村学校的基础设施及现有资源的情况进行调查盘点，对教室数量、桌椅数量、教学设备、运动场地、体育设施、学生宿舍、食堂、厕所等学习和生活设施进行清查，确定每个学校在办学条件上的缺口并登记造册，便于有针对性地补充缺少的资源。相关部门还要做好计划安排，在学校的资源分配上向老凉山的贫困县农村学校倾斜，争取经过几年努力，使大凉山贫困地区的义

① 田钰. 精准扶贫与社会组织协同参与的研究［J］. 农村经济与科技，2016（6）：150-151.

务教育阶段学校的教学设施能满足基本的教学需求，学校的生活设施能够满足学生的基本生活需求。通过对贫困学校的各种资源的补充，改善凉山州贫困县学校的教学条件，保证学校教室的坚固，使其符合抗震的、消防的安全要求；在学校设立图书室并合理利用图书资源，用以激发和培养学生的阅读兴趣；改善寄宿生的生活条件，保障每个寄宿生都有一个床位。另外，修建和配备必要的洗浴设施、洁净的食堂或伙房、适量的饮水设备或开水房保障学生的日常生活需要。大凉山地区普遍存在的大班额现象很大程度上就是因为资源匮乏，为了消除大班额现象，政府更应该在资源配置方面向凉山州的贫困县特别是"老九县"倾斜。相关人员应科学规划学校的布局，充分利用已有的办学资源，新建、扩建和改建现有的义务教育学校，积极探索通过集团化办学等形式来扩大优质教育教学资源的覆盖率，以此促进学生的分流。

2. 加快大凉山地区教育信息化建设，大力发展贫困县的职业教育

在大凉山地区教育信息化推进过程中，政府还要重点支持贫困偏远地区教育信息化建设，提高农村学校的信息化水平，通过"宽带中国"战略、"光网四川工程"等重要项目推进贫困地区的远程教育，为贫困地区的学校配备现代化的教学多媒体设备，增加农村学校的宽带覆盖率，使宽带覆盖到更多偏远的农村学校，推动大凉山地区的农村中小学实现教育教学信息化。同时，随着农村学校教育信息化建设的推进，学校能更有效地开展学生学籍管理、教师教育教学统筹安排、学校基础设施管理等工作[①]。凉山州的教育扶贫工作应该根据州内各县的实际情况，锁定贫困地区，不留死角。切实从最贫困的地区入手，在教育扶贫的投入方面向其倾斜，做到精准扶贫，使贫困地区各级各类学校教育得到发展，其中特别需要得到关注的是贫困地区的职业教育，政府应该在资源配置上有所倾斜。因为职业教育是一项有高投入需求的教育，而凉山州的贫困地区经济发展落后于安宁河谷附近的县市，更是远远落后于内地的城市，贫困县的经济收入少，发展职业教育更为困难。因此，政府需要对这方面更加重视，不仅要加大资金的投入，还要更新和配备职业教育所需的各种设备设施。通过发展职业教育、大力支持职业高中的发展及开办农民夜校等多种方式，使青年可以根据自己的情况选择合适的途径学习实用技术。加强农民的职业技术培训，有利于提高农民的技能水平、就业能力，并增加他们的劳动收入，帮助贫困人口脱贫，还能为当地经济发展贡献力量[②]。

三、转变贫困人口的固有观念，使民族文化和习俗融入大环境中

(一) 转变贫困人口的旧思想，使其认识到教育对脱贫的重要作用

1. 增强贫困人口对教育的迟效性和长期性的认识

凉山州的贫困县中少数民族人口占比较高，他们的思想观念滞后，普遍存在

---

① 曾陈萍，石伟. 少数民族地区教育信息化建设的思考 [J]. 教学与管理，2010（30）：47-48.

② 余滢. 凉山彝族地区职业技术教育现状研究 [J]. 当代教育实践与教学研究，2015（2）：114.

"等、靠、要"的思想，这是导致他们贫穷的深层次原因之一①。凉山州农村贫困的农民具有轻商观念，缺乏储蓄理念，婚丧奢侈观念和迷信的观念也很严重，封建迷信思想在农村地区盛行，毒品和艾滋病在凉山地区的贫困县里肆虐的现象也很普遍，这些归根结底都是由人们的思想观念落后，综合素质低下造成的。另外，贫困地区的人们对教育的及时效应十分看重，认为教育的价值在于能否给他们带来眼前的实惠，即找到一份稳定的工作和获得更多的经济收入，没有关注教育能提高民族整体素质、从根本上转变人们的落后观念等深层作用。因此，政府和社会各界应该在大凉山地区加大对教育的宣传，使人们认识到教育具有迟效性和长期性，通过典型例子使其看到教育对人发挥的重要作用。

2. 继续推进辍学保控工作，引导贫困人口主动脱贫

在凉山州的贫困地区，由于学生群体的特殊性和学校办学条件的限制，义务教育学校主要负责保证学生的安全，而把教学工作放在次要的位置，许多彝族学生认为读书没有多大用处，对考入大学没有多大信心。因此，贫困地区的义务教育学校在新学年开始的时候都会有部分学生辍学，他们宁愿待家里或者外出打工。由于不能看到教育带来的及时效应，或者影响到他们日常的生活时，家长们也默认了学生辍学。所以凉山州的贫困地区学生辍学率仍较高，小学阶段几乎每个年级都存在辍学现象。因此，当地政府及部门应大力宣传习近平总书记"全面建成小康社会，任何一个地区、任何一个民族都不能落下"的论述，引导贫困人口发挥其主观能动性，克服"等、靠、要"思想，并树立一些接受教育后走出大山脱贫致富的典型人物。通过以上举措，使他们认识到，接受良好的教育和靠自身的勤劳付出才能改变当地的贫穷落后面貌，并彻底根除贫困。

（二）加快双语教育的发展，让少数民族学生尽快融入汉语的环境中

1. 增加双语教育的资源配置，学前教育阶段开设适当的汉语课程

生活在凉山州的彝族人民有自己的文字和语言，许多处于学龄期的小孩仍不太会汉语，而当地的学校都是使用汉语教学，语言沟通的障碍使得学生的学习效果大打折扣。如果少数民族学生没有从小学好汉语，就会影响到他们接受上一级教育。在双语教育方面，按照"双语并重并举、全面接轨"的思路，州政府应该加大资金投入力度，在每个县配备两名及以上的双语教研员，并自主编制适合大凉山地区儿童使用的双语教材。另外，还要逐步在学前教育阶段开设汉语课程，使用双语教材，使儿童早早接触汉语，帮助他们在学龄期尽快适应学校的教学模式。

2. 充分利用高校的优势，助推大凉山地区双语教育的发展

在推动大凉山地区双语教育的发展方面，高校可以发挥积极作用。大学里应该开设双语教育的相关专业，通过免费师范生的培养计划等为大凉山地区定向培养高质量的双语教育人才，以满足贫困县双语教育发展的需要。优秀的双语教育

---

① 昂根伊国. 凉山彝族地区农村基础教育研究：以马拖下偶尔为例［D］. 成都：西南民族大学，2013.

人才可以将优质的教育资源和方法带到双语教学的第一线去，使少数民族的学生能尽早适应汉语的大环境，更好地掌握先进的科学文化知识。贫困地区的学校也可以同高校联合起来，加强民族语言文字教材的建设，加强科研在教学方面的积极作用，以此促进当地教育质量的提高①。

四、强化人才培养，优化教师队伍建设

（一）强化对特岗教师、免费师范生的培养

1. 根据大凉山地区对师资的需求，开展特岗教师的招聘工作

招聘特岗教师是凉山州引进教师的途径之一，笔者在西昌市教育局调研时了解到，从 2006 年开始至今，凉山州已招聘 7 562 名特岗教师。不过，由于特岗教师的招考标准是师范类专科及以上的毕业生或取得教师资格证的本科毕业生，造成特岗教师的学历层次不一，需要招考部门在面试环节严格筛选，使他们能更快适应大凉山地区偏远农村学校的教育，满足学校对任课教师的需求。

2. 规范大凉山地区免师生的招聘工作，保障教师队伍质量

虽然凉山州每年计划招收部分教育部以及省属免费师范生，但由于凉山州的经济、文化、生活各方面的发展较为落后，很难招聘到教育部免费师范生，而且许多新教师也容易因环境等原因放弃岗位或通过各种形式考调到外地去，"留人难"的现象在凉山州十分普遍。因此，政府应该扩大"四川省免费师范生计划"的培养规模，重点面向民族地区的贫困县，并优化和调整师范生的培养方案，加强民族地区的本土化培养，通过各种方式为大凉山地区培养"一专多能"的乡村教师。各高校还需要增强师范生的敬业奉献意识和加大对师德的培养，包括培养对教育事业的热爱，对学生的关爱，坚持研究教育的态度，并通过制定一系列制度规范师范生的就业问题，向大凉山的贫困地区进行适当的倾斜，保证当地的学校能招聘到高质量的教师②。

（二）加强教师队伍建设，开展多种形式的职后培训

1. 加强双师型教师的培养，完善教师管理相关制度

根据大凉山地区学校对师资的需求状况，政府及相关部门应加强双师型教师的培养，更新教师的教学方法和技能，充分挖掘各行业的专业技师和能工巧匠的潜力，聘请他们到职业学校任教，并对在岗的教师进行职后培训，以提高职业教师的业务水平。凉山州政府应逐步建立健全师资培训制度，使教师的继续教育正规化、科学化、制度化。政府相关部门还要根据凉山地区农村学校的实际情况制定和落实教师职称评审条件、程序和办法，使农村教师的职称晋升比例不低于当地城区学校教师的职称晋升比例。

---

① 谢尔初. 四川省双语教育现状和发展对策［J］. 中国民族教育，2016（9）：64-65.
② 潘华. 浅析少数民族地区师德师风现状［J］. 读写算（教育教学研究），2011（6）：42-43.

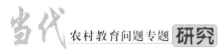

2. 通过培训提升教师教育教学水平，提高教师各项福利

凉山州贫困地区的教师队伍老龄化现象突出，教师的教学方法与手段比较陈旧，对于已入职多年的教师，加强教育教学技能的提升也是十分重要的。因此，学校应该给农村贫困地区的教师提供更多国培、省培等提升自己专业水平的机会，对提高农村学校的教学质量将起到很大的作用①。同时，学校要组织各种教师培训，帮助他们掌握新的教育教学方法，特别是多媒体辅助教学的运用，鼓励教师运用新的技术和手段从事教学活动，使教师认识和体会到现代科学技术对教育教学的重要作用，由此更快地提升贫困地区的教育质量，尽量缩小凉山州农村贫困地区与经济较好地区的教育水平差距。对于贫困地区农村教师给予适当的生活补助，并推进教师的周转房建设，努力改善凉山地区农村教师的生活条件。

五、理清政府与学校之间的责权划分，扩大学校的办学自主权

（一）通过法律手段，使政府和学校各司其职

1. 通过立法的手段，保障学校的办学自主权

近几年，凉山州努力推进自主办学的规范章程，不过进展较慢，学校仍不能完全拥有人事权、招生权、经费使用权、教师聘用权等，这在一定程度上限制了学校的良好发展。新型的政府与学校的关系应该是政府和学校都做到"依法治教、依法治校"，因此凉山州政府相关部门应当不断完善相关的教育法律法规，对政府和学校的行为进行约束，通过法律来明确规定政府的管理权限和学校的自主权利，使其办学自主权得到一定的保障②。

2. 政府与学校各司其职，促进大凉山地区教育更好地发展

各级政府和教育部门负责制定适宜的教育政策及计划，并处理好学校校舍等场地的规划、设施设备的配置等，学校则主要负责提高本校教育教学质量。另外，大凉山地区的学校还应鼓励以教师为主开发校本教材、开设校本课程，逐渐使大凉山地区的学校符合新课改的要求，实行三级课程管理机制，给学校更多自主权，这对当地的教育发展更加有利。

（二）学校应大胆运用自主办学权，创建形式多样的办学模式

1. 学校大胆尝试自主办学，创新学校办学模式

在尝试自主办学的过程中，一些学校已创建新的办学模式，例如德昌县实现了教育的多元化发展，结合政府、企业、名校的优质资源，建立优质教学模式，共同促进当地义务教育和职业教育的发展。凉山州彝区十县等贫困地区也应创新学校的办学模式，利用外界优质的教育资源，更新办学理念，从而提高农村学校的教育质量。政府可以为贫困县牵线搭桥，在贫困地区实行一系列的优惠政策，引进有实力的集团或企业与当地的学校结成合作关系，集团或企业投入资金或提

供先进的职业技术教育，也可以为贫困地区的毕业生提供实训基地和各种实习的机会，从而合力培养更高素质的人才，推动贫困地区的职业教育更好更快的发展。

2. 努力构建大凉山地区学校与高校联合培养人才模式，满足地方师资需求

对于贫困地区的农村学校，政府需要加快建立农村中小学直接招聘本科及以上学历紧缺专业人员的制度，使大凉山地区的义务教育学校与高校联合培养合格毕业生，可以保证毕业生的培养规格完全符合大凉山地区对教师质量的要求。这样有利于每个学校根据自身发展情况引进紧缺学科的教师，有利于扩大农村中小学的自主办学权和人事权，对农村学校的发展起到更大的推动作用。

六、广泛开展对贫困地区农村学校的对口帮扶活动

（一）根据贫困人口的需求，开展城市之间精确地对口帮扶活动

1. 继续开展对口帮扶活动，促进学前教育、义务教育的辍学保控

四川省内的 10 个先进市已经在学前教育领域对凉山州的彝区十县进行对口帮扶活动，并且取得了很好的效果。2016 年，省内的 6 个市和 7 个区将对彝区的13 个县（区）进行精准扶贫，政府安排有能力的干部到彝区任职，不脱贫不离开。对于义务教育阶段的贫困学生而言，政府还应鼓励更多社会团体在生活和学业方面给予他们更多关怀和实际的资助，这些对口帮扶工作在教育方面会确保义务教育工作的顺利开展，使贫困家庭的孩子不因贫穷而辍学。

2. 开展更多领域的对口帮扶，扩大对口帮扶活动在大凉山地区的覆盖率

在未来几年里，国家和省政府可以鼓励和促使更多省市参与到凉山州的对口帮扶活动中去，在职业教育、成人教育等更多领域展开密切合作。参与帮扶的省市需要在深入了解大凉山地区的实际需求的前提下，精确帮扶凉山州的贫困地区，改变其教育中的薄弱环节，并把先进的科学技术和方法带到教育第一线，使凉山州贫困地区的农村学校能普遍得到最切实际的帮助。

（二）高校利用自身优势资源及师资培训平台，开展对口帮扶活动

1. 高校积极利用自身师资培训平台，帮助大凉山地区开展教师培训

政府广泛提倡"扶贫与扶智"相结合，由于高校拥有先进的教育资源和教育理论及教育经验丰富的教师团队，政府应鼓励并积极促成国内一些高校与凉山州贫困地区农村学校形成"一对一"帮扶关系。

高校可以开展对口县的党政领导干部、基层村干部和教师队伍的教育培训，帮助他们转变观念，带头做到思想上脱贫，从而引领贫困地区的人们更新思想，跟上时代的步伐。各高校可以定期派遣教师团队到凉山州的对口县市的农村学校进行实际指导，给农村教师带去新的教学理念；农村学校也可以定期组织教师到内地各高校参加培训活动，例如，学习如何利用优质的教学资源，进行教学的研讨活动等。

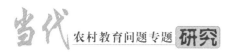

利用人才、信息优势，多方面参与大凉山地区教育扶贫活动

高校可以利用工会、共青团和各种学生社团组织等积极开展志愿者服务活动，组织志愿者到凉山州的贫困县开展支教支农和支医活动，鼓励大学生到大凉山地区开展暑假社会实践活动。高校还可以鼓励大学毕业生积极参与志愿服务西部计划，到对口帮扶的县做村干部或从事志愿服务的工作，高校与贫困县形成长期的对口帮扶关系，对贫困县的教育、医疗、农业的发展产生积极的作用。

高校获取信息的渠道广泛，信息量大且涉及面广，可以为贫困县提供丰富的就业信息和适当的政策咨询。高校可为贫困县建立就业创业的平台，提供一系列的就业和创业的政策咨询服务，开展职业培训，以提高当地毕业生的就业及创业能力。这些教育交流帮扶活动展现了当代高校作为先进科学技术的代表应发挥的带头作用，同时对凉山州贫困地区农村学校的教师队伍建设产生了积极的影响。

七、做好脱贫攻坚的督导工作，完善教育扶贫对象退出机制

（一）省级政府加强责任意识，负责做好脱贫攻坚的督导工作

1. 省级政府认真考察大凉山地区扶贫工作状况，保质保量完成脱贫任务

为了确保减贫任务的完成，省级领导以及省直属部门和单位应及时、认真考察贫困地区的扶贫工作的进展情况。对于凉山州的贫困县而言，处于民族地区，贫困程度较深、扶贫工作难度相对较大，情况较为复杂。因此，更需要督导工作的负责人根据实际情况仔细考察，深入当地贫困群众当中，听取他们的意见，综合分析各方面的实际情况，从政府扶贫和社会扶贫的多个角度考察，做出合理的评价和判断。对于大凉山地区贫困县的减贫任务的完成情况，督导小组应了解其情况是否真实，检查当地政府对减贫方案是否进行了具体化分解，以及扶贫资金的落实情况如何，是否制订了年度资金的分配方案，扶贫的专项资金是否精准安排到贫困户，以及有无往年资金沉淀。特别是要用严格和全面的标准来评定其脱贫攻坚任务是否达到了贫困的"真脱实退"①。

2. 确保教育扶贫工作落到实处，加强监督干部的教育培训工作

对于大凉山地区的教育扶贫工作的考察，督导小组应留意"五个一批"中的"生产和就业发展一批"的贫困户是否受益于教育扶贫，贫困户的毕业生是否顺利解决就业问题，以及通过职业教育的培训，贫困户是否获得实用的技术技能从而使其产业得到发展。另外，督导小组还应考察贫困地区领导干部的教育培训工作的实施情况。贫困地区的驻村干部、贫困村党支部书记、村委会主任等都会接受定期的教育培训，通过一系列的推进会、现场会、参观学习等培训项目，提升驻村干部以及地方基层干部的综合素质和各方面能力。

经过全面的考察之后，督导小组应该根据凉山州贫困地区各类学校的实际情况，认真总结经验，将好的经验加以总结便于推广，同时也要随时留意扶贫工作

---

① 杨学军. 精准扶贫"回头看"看到了什么？[J]. 四川党的建设（农村版），2016（2）：52-53.

中出现的问题，及时研究并提出合理的、有针对性的对策。

（二）完善教育扶贫对象的退出机制

1. 完善扶贫对象退出工作机制，确保脱贫攻坚按时保质保量完成

根据四川省的"五年集中攻坚，一年巩固提升"的总体要求并结合凉山州贫困程度较深的农村地区的实际情况，各级政府需要掌握好退出标准，对于扶贫对象退出数据信息进行民主评议，并公开扶贫对象退出工作的程序，便于公众的监督。继续完善并及时统计，确保数据的准确性、真实性和可靠性，通过召开村民代表大会完善现有的扶贫对象退出机制，统筹人力、物力、财力，使扶贫对象能够得到实际的帮助。

2. 认真考察、追踪教育扶贫对象的状况，杜绝返贫现象的发生

教育扶贫工作上，对单个家庭来说，相关负责人应深入调查贫困户家庭的人均纯收入是否超过国家规定的贫困标准，家庭里的学生是否按时接受教育，有无因贫辍学的现象发生。对每个贫困村来说，负责人应着重考察整个村的集体经济收入是否达到标准，村里有无文化室、图书阅览室、是否覆盖宽带等。考察小组应对凉山州贫困地区教育扶贫工作的以上指标一一考察，确定其地区在教育上完全达到脱贫目标，才能符合退出教育扶贫对象的要求。特别要注意的是，教育扶贫对象在达到脱贫目标，完成脱贫程序之后，政府相关负责人还应密切留意他们的生活情况，防止返贫现象的发生；贫困村即使脱贫后，其未完成的教育扶贫工程或其他教育扶贫措施也应继续开展下去。

结束语

2017 年正是我国扶贫攻坚战的决胜之年，为了在 2020 年实现全面建成小康社会的宏伟目标，从党中央到地方政府都将扶贫工作放在重要位置。作为阻断贫困代际传递的有效途径，教育扶贫在扶贫开发工作中起着举足轻重的作用。当地政府与各级各类学校应各尽其责，政府在加大教育扶贫资金投入的同时，赋予学校更大的办学自主权，加强学校管理和教师队伍建设，进一步提升教育质量。只要各方齐心协力，因地制宜地开展教育扶贫工作，就能使大凉山地区教育扶贫发挥出更大作用，最终实现贫困人群的脱贫致富，为全面建成小康社会添砖加瓦。

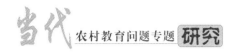

专题六　晏阳初的乡村建设人才素质观及其当代价值

晏阳初一生以改造乡村、服务平民为己任，为了实现其乡村改造的目标，晏阳初以平民教育为抓手，通过开展对平民的教育，培养大量乡建人才以实现乡村改造。因此，他十分注重乡村改造人才的培养。他在乡村改造运动中形成了自己独特的乡村改造人才思想。本研究拟对其乡村改造人才素质观做一探讨，并阐明其当代价值。

第一节　绪论

一、研究缘起

（一）乡村建设人才是乡村振兴的关键，加强乡村人才研究十分必要

习近平总书记在党的十九大报告中提出乡村振兴战略，是党中央着眼于全面建成小康社会、全面建设社会主义现代化国家做出的重大战略决策，是加快农业农村现代化、提升亿万农民获得感幸福感、巩固党在农村的执政基础和实现中华民族伟大复兴的必然要求，为新时代农业农村改革发展指明了方向、明确了重点。

实施乡村振兴战略的总要求是按照产业兴旺、生态宜居、乡风文明、治理有效、生活富裕的总要求，建立健全城乡融合发展体制机制和政策体系，加快推进农业农村现代化。农业农村部党组书记韩长赋阐述道：产业兴旺，就是要紧紧围绕促进产业发展，引导和推动更多资本、技术、人才等要素向农业农村流动，调动广大农民的积极性、创造性，形成现代农业产业体系，促进农村一二三产业融合发展，保持农业农村经济发展旺盛活力。生态宜居，就是要加强农村资源环境保护，大力改善水电路气房讯等基础设施，统筹山水林田湖草保护建设，保护好绿水青山和清新清净的田园风光。乡风文明，就是要促进农村文化教育、医疗卫生等事业发展，推动移风易俗、文明进步，弘扬农耕文明和优良传统，使农民综合素质进一步提升、农村文明程度进一步提高。治理有效，就是要加强和创新农村社会治理，加强基层民主和法治建设，弘扬社会正气、惩治违法行为，使农村更加和谐安定有序。生活富裕，就是要让农民有持续稳定的收入来源，经济宽裕，生活便利，最终实现共同富裕。在实践中，推进乡村振兴，必须把大力发展

农村生产力放在首位，支持和鼓励农民就业创业，拓宽增收渠道；必须坚持城乡一体化发展，体现农业农村优先原则；必须遵循乡村发展规律，保留乡村特色风貌。

要实现乡村振兴这一宏伟目标，乡村人才队伍建设尤为必要。必须培养造就一支懂农业、爱农村、爱农民的"三农"人才队伍。这支乡村建设人才的素质好坏直接关系到乡村振兴战略能否实现。因此，加强乡村人才研究十分必要。①

（二）乡村人才素质堪忧，亟待加以研究

浙江农林大学科技处周晓光副研究员通过研究认为：制约乡村振兴战略实施的人才瓶颈表现在三个方面。一是人才总量不足，难以承担乡村振兴的重任。他指出："随着改革开放的不断深入，乡村人才外流和缺失变得愈加严重，有的村庄甚至出现人才'饥荒'，只剩下由老人、孩子和妇女等组成的留守大军。这在一定程度上说明了当前乡村真正从事农业生产的劳动力、青壮年劳动力、有效劳动力相当缺乏。"② 二是人才素质不高，难以适应乡村振兴的要求。他指出："乡村振兴战略的实施不仅需要各类有效劳动力，还需要素质较高、能力较强的农村实用人才。当前农业产业发展已经进入一个新的生产水平，不再是传统意义上的'听天由命'式的产业，而是一项技术需求较高的科技型产业，需要一支专业素质较高、管理能力较强的人才队伍。然而，由于历史和现实的原因，当前从事农业生产的人员，尤其是从事农业一线生产的人员，受教育程度总体偏低，综合素质普遍不高。"三是人才结构不优，难以驱动乡村振兴的发展。当前，乡村人才不仅总量不足、素质不高，而且结构不佳、质量不高。一是年龄结构上，乡村人员以老年人为主体，农村年轻人缺失已是不争的事实。二是农业生产结构上，乡村人员以从事普通农业生产经营为主，从事规模农业生产经营的人员较少。三是人员类型结构上，乡村人才持续流失严重，凡有一技之长的乡村人员都进城谋生了，导致乡村出现人才"荒芜化"的现象，主要表现为新型职业农民、农村实用人才较少，既懂技术又懂管理的复合型人才更是匮乏，对经济能人、传统技艺匠人等乡土人才的培育与挖掘不够。③ 这基本概括了我国农村人才的客观实际。因此，乡村建设人才素质堪忧，亟待加以研究。

（三）晏阳初乡村建设人才素质观对于当今乡村建设人才的培养和乡村振兴有很强的现实借鉴价值

晏阳初在长期的乡村建设实践过程中不断总结自己的乡建理论，形成自己较为完整的乡村建设人才素质观，这一人才素质观对于当今乡村建设人才的培养具有重要的借鉴价值。他提出了较为完善的乡村建设人才素质体系，很多至今仍是我们培养乡村建设人才必须珍视的。而按照晏阳初所构建的乡村建设人才素质体系培养的人才一定是思想政治素质和道德品质高尚、知识渊博、能力甚强、有情怀的高素质乡建人才，这对于我国的乡村建设具有十分重要的意义。因此，深入

① 韩长赋. 大力实施乡村振兴战略 [J]. 中国农技推广，2017，33（12）：69-71.
② 周晓光. 实施乡村振兴战略的人才瓶颈及对策建议 [J]. 世界农业，2019（4）：32-37.
③ 周晓光. 实施乡村振兴战略的人才瓶颈及对策建议 [J]. 世界农业，2019（4）：32-37.

研究晏阳初乡村建设人才素质观，在当前既具有重要的理论意义，又具有很强的现实意义。

二、核心概念的界定

（一）晏阳初

晏阳初（1890—1990），四川省巴州区人。出生于世代书香门第家庭，在老师和父母的教育下，从小就受到儒家文化的熏陶。早年在巴中、保宁、成都求学，1913 年赴香港以第一名成绩考入圣保罗书院（今香港大学前身），1916 年离开中国香港赴美考入耶鲁大学深造。1918 年 6 月毕业第二天，以基督教青年会教育秘书身份去法国战场为 20 万华工服务当翻译，举办华工识字班，创立平民教育事业。1919 年夏回美国普林斯顿大学攻读历史学硕士，后获得美国路西维尔大学法学博士。

晏阳初先生一生献身平民教育，足迹遍及国内外。1920 年 8 月回国后，不愿意到当时的国民政府做官，专心从事平民教育事业。他在当时国务院总理大臣熊希龄等支持下，调查 19 省平民教育状况。1923 年在北京组织成立中华平民教育促进会，任总干事。20 世纪 30 年代中期，全国大部分省市都成立了中华平民教育促进分会。他倡导"博士下乡"，先后在华北、华中、华东、华南、华西掀起了轰轰烈烈的扫除文盲的识字运动和普及卫生知识活动，成为 20 世纪中国教育史上的壮举。抗战爆发后，他辗转河北、广西、湖南、重庆、四川等地，进行平民教育和乡村建设实验。1940 年在重庆创办中国乡村建设学院和华西试验区。20 世纪 50 年代以后，他协助菲律宾、泰国、危地马拉、哥伦比亚、加纳等国建立乡村改造促进会，在亚洲、非洲、拉丁美洲多个国家进行乡村建设实验，为 40 多个国家培训了 2 000 多名乡村改造人才。

作为 20 世纪中国教育家中最具国际影响的世界性伟人晏阳初先生，在乡村长达 70 年之久，深入民间开展认识问题、研究问题、协助人民解决问题的平民教育与乡村建设实践，形成了自成体系的平民教育与乡村建设理论。

1987 年，美国总统里根为晏阳初颁发终止饥饿终身成就奖，称"六十年来，为杜绝第三世界饥饿和穷困根源，始终不渝地推广和开拓着一个持续而综合的计划"[①]。1988 年晏阳初 98 岁寿辰之际，里根总统在给他的贺词中说："在我任职期间，最大的报偿之一莫过于得知有像您这样全心全意为他人服务的贤达之士。"[②] 菲律宾总统、泰国国王都把自己国家的最高荣誉奖章颁发给他，以表彰他对各自国家所做出的杰出贡献。

国际社会称赞他"是具有坚定信念与丰富想象力的英勇学者，是劳苦平民心智与精神的解放者"，是"世界平民教育之父""真正的哲学家与人道主义者"。

---

① 宋恩荣. 晏阳初全集（第三卷）（1950—1989）［M］. 天津：天津教育出版社，2013：633.
② 宋恩荣. 晏阳初全集（第三卷）（1950—1989）［M］. 天津：天津教育出版社，2013：634.

美国著名作家、诺贝尔奖获得者赛珍珠为晏阳初著书《告语人民》，称颂他"在世界黑暗之处点燃了一盏明灯"[①]。

1985 年 8 月，在阔别祖国 45 年之后，晏阳初应邀回国访问考察，受到了邓颖超、万里、周谷城等党和国家领导人的亲切接见，他们对其一生从事中国与世界的平民教育与乡村改造事业给予了高度评价。

（二）乡村建设

乡村建设是指出现于 20 世纪的以建设乡村为主要目标的一套理论以及在此理论指导之下的乡村建设实践活动的统称。其历史可以追溯到光绪三十年（1904年）米迪刚在河北省定县翟城村创办的"村治"[②]。辛亥革命后，山西省军阀再倡"村治"[③]。20 世纪 20 年代，余庆棠、陶行知、黄炎培等提倡办学，南北各省闻风而动，纷纷从事"乡村教育""乡村改造""乡村建设"，以图实现改造中国的目的。20 世纪 20 年代末 30 年代初，中国的乡村建设运动进入高潮，其中以梁漱溟领导的山东邹平和晏阳初领导的河北定县两个试验区影响最大。乡村建设理论也以梁漱溟和晏阳初的理论在当时影响最大。1930 年以前，梁漱溟提出村治的构想，他的"村治"与翟城的村治和山西的村治有所不同，已不再是建设模范村的慈善事业和侧重于保甲制度的乡村治安，而是立足于复兴中国来加以提倡的。1930 年以后，他在广泛调查和试验的基础上，将村治设想发展为乡村建设理论，认为中国的出路问题，归根结底是中国文化的出路问题；复兴中国的唯一出路，是复活中国传统文化；而中国传统文化尤其是儒家文化铸造了中国的社会组织，形成了"伦理本位"和"职业分途"的特殊社会结构，由此认为中国现实问题的解决，只能走农业立国、乡村建设的道路，其他如俄国共产党的革命道路，欧洲近代民主政治的道路，以至于中国共产党领导的革命武装斗争的道路，在中国都是走不通的。他认为这是中国民族自救运动的"最后觉悟"。他提出的乡村建设方案是：从乡村教育、农业改良、行政改革做起，由乡村影响城市，以农业促进工业，逐步建设一个因袭"伦理本位"和"职业分途"传统的新国家[④]。而晏阳初则认为中国的问题是"人"的素质问题。只有解决好"人"的素质这个根本问题，才能使中国的其他问题得到根本解决。中国人绝大多数生活在农村，所以要在农村开展平民教育。将平民教育和乡村建设结合起来，就有希望改造中国。于是他针对中国农民的四大病症，主张采用学校式、社会式和家庭式三大方式，开展"文艺教育""生计教育""卫生教育""公民教育"四大教育，培养知识力、生产力、强健力、团结力以实现国家的新生和"民族的再造"[⑤]。

① 杜学元，郭明蓉，彭雪明. 晏阳初年谱长编［M］. 上海：上海交通大学出版社，2016：1-2.

② 宋恩荣. 晏阳初画传［M］. 成都：四川教育出版社，2012：121.

③ 中国大百科全书总编辑委员会. 中国大百科全书·政治学［M］. 北京：中国大百科全书出版社，2002：392.

④ 中国大百科全书总编辑委员会. 中国大百科全书·政治学［M］. 北京：中国大百科全书出版社，2002：392.

⑤ 中国大百科全书总编辑委员会. 中国大百科全书·政治学［M］. 北京：中国大百科全书出版社，2002：392.

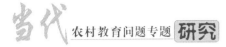

1937 年 7 月抗日战争全面爆发后，乡村建设运动受到极大的影响，但晏阳初等乡建同仁仍坚持不懈，继续在华西实验区进行试验。20 世纪 50 年代，晏阳初又到国外继续推行其乡村教育的经验。

中国共产党历来重视乡村建设，尤其是中华人民共和国成立后，历代中国共产党的领导人都十分重视乡村建设，颁布了一系列发展乡村、振兴乡村的政策法规，推动了乡村建设的发展。

（三）乡村建设人才

乡村建设人才是指在县及县以下从事乡村社会建设的具有高中或中专以上学历水平的各行各业人士。早在 1987 年，中国国家建设部在（87）城乡字第 593 号《建设部关于加强乡村建设人才培养的通知》中就明确指出："凡在乡村建设工作中作出了成绩，达到中专或大专文化水平的，经过县以上单位考核或考试，符合国家规定的标准，并按照国家规定的专业技术人员任职业务技术条件，应当聘任相应的技术职务。乡村建设人才培养的经费来源，除从财政部下拨的村镇规划建设事业费开支外，各地乡村建设部门可以向省、地（市）、县财政申请解决。"① 可见，建设部把中专及以上学历人士作为乡村建设人才的保底学历标准。

（四）人才素质

人才素质就是在人的先天因素的基础上，经过后天实践而形成的影响人才成长和发展的基本内在品质。它由多种要素构成，既有生理要素、遗传要素，又有心理要素、精神要素，是一个多因素、多序列、多层次的动态系统。它们之间的相互联系、相互作用，推动着人才的成长和发展，决定着人才创造力的水平和对社会的贡献。人才素质的形成和提升，并不是一个纯粹自然的过程，教育、实践和个体的努力是人才素质开发的主要途径。对人才素质的构成、功能以及开发途径等问题的研究，既是探索人才成长过程和规律的理论起点，又是实现人成其才、人尽其才、才尽其用的行动指南。因此，人才素质研究，既是微观人才学一个首要的、基础性的重大理论问题，也是一个极富现实性、针对性的实践问题②。

（五）人才素质观

人才素质观是指对人才素质最根本的观点。不同的人有不同的人才素质标准，但社会发展到一定阶段，也会形成大家公认的人才素质观念。它指导着人才的培养，影响着人才素质理论的发展。

三、研究方法

本研究主要采用文献研究法，通过查阅有关晏阳初的各种历史文献，梳理晏阳初有关乡村建设人才的主张，在此基础上阐述其主张的当代价值。

---

① 建设部办公厅. 中华人民共和国建设部文件汇编（1985—1988）［M］. 北京：测绘出版社，1989：396.

② 郑其绪. 微观人才学概论［M］. 北京：党建读物出版社，2013：8.

第二节　晏阳初乡村建设人才素质观

晏阳初认为，要建设好乡村，必须有各级各类的人才，既包括一般的乡村建设人才，也包括乡村建设的领袖人才。一般乡村建设的人才和领袖人才又根据不同的乡村建设工作，有不同的素质要求。我们在此对其乡村改造人才的素质要求做一探讨。

一、论乡村改造人才总的素质要求

（一）《平民教育概论》的表述

晏阳初在 1927 年 6 月发表的《平民教育概论》一文中提出，平民教育运动的使命是"作新民"，即"（一）养成有知识，有生产力，有公共心的整个人。（二）养成社会健全的分子，发展社会的事业。（三）养成建设国家的国民，增高国际的地位"[1]。1929 年，他在《中国的新民》一文中指出："平民教育的主要目的不仅是使一个不识字的工匠成为一个'读书人'，或把一个纯朴的农民塑造成懂得科学知识的人，而且，还应该使他们成为有聪明才智和有进取心的中华民国公民。"[2] 为了实现他"作新民"的目标，他认为必须要有能落实平民教育使命、完成乡村改造的人才。

（二）《乡村运动成功的基本条件》的表述

1934 年 10 月，他在《乡村运动成功的基本条件》中认为，乡村运动的目标是"造人"，为了推动乡村运动，乡村运动的人才必须具备三个条件。"一是要有专门学识，二是要有创造能力，三是要有应世手腕。"[3]

（三）中国乡村建设育才院的目标

1940 年，他提出中国乡村建设育才院的目标是培养"（一）劳动者的体力；（二）专门家的知能；（三）教育家的态度；（四）科学家的头脑；（五）创造者的气魄；（六）宗教家的精神"[4]。他在育才院《院讯》第三卷第 1—4 期合刊上发表《本院六大教育目标》中就乡建人才的六大目标做了具体阐释：第一，劳动者的体力：①利用自然环境，爬山游泳；②养成最低限度的卫生习惯；③养成健康的思想；④自立生产，以锻炼体魄。第二，专门家的知能：①有一技之长；②即学即作，即作即习；③理论与行动打成一片。第三，教育者的态度：①人人都是可造人才；②学而不厌，诲人不倦；③作之君，作之师。第四，科学家的头脑；①对一切求真知；②用科学的态度来解决一切问题。第五，创造者的气魄：

---

① 宋恩荣. 晏阳初全集（第一卷）[M]. 天津：天津教育出版社，2013：90-91.
② 宋恩荣. 晏阳初全集（第一卷）[M]. 天津：天津教育出版社，2013：140.
③ 宋恩荣. 晏阳初全集（第一卷）[M]. 天津：天津教育出版社，2013：265.
④ 宋恩荣. 晏阳初全集（第一卷）[M]. 天津：天津教育出版社，2013：214.

①不苟安，求进取；②不享受，不畏难；③敢作敢为，耐劳任怨。第六，宗教家的精神：①有信仰，坚定不渝；②临大难，处之泰然；③重博爱，爱人如己；④能牺牲，舍己为人①。

由上述可见，随着时代的发展，晏阳初越来越关注乡村建设人才的素质，并逐渐使之理论化和体系化，尤其是 1940 年他提出的中国乡村建设育才院的培养目标几乎囊括了他乡村建设人才的主要素质，之后他在菲律宾国际乡村改造学院的人才培养目标也承袭了他 20 世纪 40 年代的乡村建设人才素质观。

二、论乡村改造人才具体的素质要求

晏阳初认为，作为乡村建设人才除了身体健康外，还要在知识、能力、理念、精神、爱心、人格修养六个方面有特别的要求，只有这样的人才，才能担当乡村建设的大任。

（一）知识要求

晏阳初认为，作为一个乡村改造工作者要有广博的知识，最好能有某方面的专业知识。在广博的知识体系中，晏阳初最看重如下知识：

1. 农业知识

晏阳初说："我们需要做的是将已有的大量农业知识和技能传播给人民大众……把这些知识下放到人民可以接受的水平上，把复杂的知识转化为简单的、易于接受的语言，以便于民众能够接受和运用。"② 于是他非常强调将专业的农业科学知识转化为农民易于接受的农业耕种知识和技术。他在对农民的"生计教育"内容设计中，包括农民生计知识、县单位合作组织制度知识、植物生产改进和动物生产改进知识等。1937 年 2 月"平教总会"生计教育部出版"农民生计训练教学书"方面的书籍五册，除"经济合作"另有专书外，其余为植物生产、动物生产、农村工艺、农业工程，总共包括 47 个单元设计，从中也可见其对农业知识的重视。具体而言，晏阳初倡导平教同仁要掌握棉花种植、家禽家畜饲养、农业合作化、园艺学、化肥使用以及小米、小麦、花生和山芋等的种植的相关知识。早在 1932 年 1 月，定县南支合表证农家巡回训练学校的课程就分畜牧、园艺、选种、病虫害四科。1933 年 7 月，晏阳初在回忆自己的平民教育历史时这样说道："关于生计教育工作，是要谋解决穷的问题的。我们从农业生产、农村经济、农村工业各方面着手。在农业生产方面：注意到选种、园艺、畜牧各部分工作。应用农业科学，提高生产，使农民在农事方面，能接收最低限度的农业科学。在农村经济方面：利用合作方式教育农民，组织合作社、自助社等。使农民在破产的农村经济状况下，能得到相当的补救办法。在农村工艺方面：除改良农民手工业外，并提倡其他副业，以充裕其经济生产能力。"③

① 宋恩荣. 晏阳初全集（第二卷）（1938—1949 年 [M]. 长沙：湖南教育出版社，1992：135-136.
② 宋恩荣. 晏阳初全集（第三卷）[M]. 天津：天津教育出版社，2013：357.
③ 宋恩荣. 晏阳初全集（第一卷）[M]. 天津：天津教育出版社，2013：215.

2. 医学卫生知识

他说："我们现在要做的就是把现存的……医学知识传授给人们"①，也同样强调应将医学知识下放到人民可以接受的水平上，把复杂的医学知识转化为简单的、易于接受的语言，以便于民众能够接受和运用。具体要求平教同仁应掌握保健制度的组织、减除天花流行病的技术、治疗沙眼与皮肤病的方法、传染病学、牛痘法、水井改良、运用保健药箱（内含治眼疾、皮肤病药十种，纱布、棉花、绷带、剪刀、镊子）、普通卫生常识、简单消毒方法等。

3. 科技知识

晏阳初十分重视乡村建设人才对科学知识的掌握。他说："中国须有大批熟练的科技人员。"② 1931 年 11 月 4 日，他致信罗士培教授时讲，所需人员是合作组织与具体事务执行方面的专家，诸如乡村信用、农产品销售、农作物耕作等；能够一起研究并对涉及经济结构方面的宏观问题提供建议的专家、畜牧业方面专家、昆虫学方面专家、土壤和肥料方面的专家以及乡村工业方面的专家，要求平教同志中要尽量吸收掌握这些先进科技知识的专家③。此外，他倡导平教同仁应掌握幻灯教学与电影教学知识以辅助扫盲和传播科学技术以及基础统计、社会调查（人才的训练及实地调查方法）、水利、畜牧、育种、土壤及肥料等方面的知识。

4. 合作事业知识

晏阳初认为合作事业知识很重要，从事乡村改造的人士应具备此方面的知识，诸如农产品销售、购买和信用社组织方面的知识，农村经济学、农村管理学等方面的知识、商业知识等。

5. 文艺知识

晏阳初十分重视文艺以辅助平民教育，因此主张从事乡村改造的人士应具有文艺知识（主要包括平民文学、平民戏剧、绘画、历史人物、人民的无线电广播等方面的知识）。

6. 公民知识

晏阳初认为，在完成扫盲教育后就应该确定新课程来开展公民教育。他主张新课程应"适用于中国民众的日常生活。新课程要保持过去的文明健康的习俗和优良传统。通过灌输现代科学与知识经验，使那些直至今日有益和实用的传统得到发扬光大"④，为此，公民知识设计很广，如国家民族精神、农村自治、公民教育、公民活动指导以及家庭式教育等方面知识，也包括算术、历史、地理、工业、资源、运输、社会生活、抗敌御侮、最后的胜利、光明的前途等。这在平教会编辑的"我们的中国"丛书中有具体的反映。

---

① 宋恩荣. 晏阳初全集（第三卷）[M]. 天津：天津教育出版社，2013：357.
② 宋恩荣. 晏阳初全集（第四卷）[M]. 天津：天津教育出版社，2013：229.
③ 宋恩荣. 晏阳初全集（第四卷）[M]. 天津：天津教育出版社，2013：230-231.
④ 宋恩荣. 晏阳初全集（第一卷）[M]. 天津：天津教育出版社，2013：114.

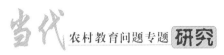

7. 心理学知识

晏阳初认为，要吸引农民，调动农民求学的积极性，施教者必须掌握心理学知识，尤其是教育心理知识。他强调从事平民教育工作的同仁须知群众心理，认为"懂得了群众心理，然后才设法怎样地激发他们来学"①。他阐述了改变整个民族心理状态的重要性，"不过少数人士心理上的转变，力量终究不大，我们所应当注意的是整个民族心理状态的改变。我们应当在这整个民族新精神发芽的时候，对农民加以力量的培养，加强他们的牺牲精神，领导他们来抗战。不但是抗战，并且注意到增加农业生产及战后教育等问题，作一个复兴的基础。只有农民来参加抗战，全民抗战才能成功，只有领导农民抗战，才是复兴民族的工作"②。

8. 政治知识

晏阳初最初强调平民教育要与政治分离，但随着日本帝国主义的入侵，逐渐转变了教育观念，强调政治与教育的结合，主张政治、训练、学术三方面打成一片，即"政府行政的长官就是学校的导师，也是课程的讲师，校正了通常教育与政治分离的弊病，取得政教的密切联系"③。于是对乡村改造人员的政治知识也提出要求，如1938年他提出政治内容包括"管""教""养""卫"四者，认为最容易做到的是"管"，最重要的是"教""养""卫"。

由上可见，晏阳初给乡村改造人员设计了十分广泛的知识体系，倡导乡村建设人员在掌握广泛知识的基础上最好能成为某方面的专才，即在某方面的知识最好能达到精深的程度，这样更能利于乡村改造工作。

（二）能力要求

1. 组织能力

晏阳初认为，作为为平民服务、改造乡村的人士必须要有很强的组织能力。办民众学校必须要招生，将平民招进学校来，方可对他们实施教育。他主张采用鼓动曾受教育者，开全城大会，开老板、掌柜大会，组织学生讲演团等达到组织学员的目的。1935年3月25日他在北京大学第二院礼堂为文学院教育系师生及社会各界做题为《中国农村教育与农村建设问题》的演讲中强调培养组织能力。他说："培养组织能力，养成纪律生活，方能自卫自保。"④ 1947年10月他在《新教育》杂志上发表《中国农村教育问题》一文，在文中他强调培养组织力。他说："个人时代早已过去了，目前是集团时代。两国交战，不是赌赛两国元首个人的智力，而是比较两国整个国民的力量。我国今日必须把全国人的力量，凝结成一个力量，才可自存。要使农民的生活团体化、纪律化。有纪律的生活，就能自卫自保，卫家卫国。"⑤

① 詹一之. 晏阳初文集［M］. 成都：四川教育出版社，1990：7.
② 宋恩荣. 晏阳初全集（第二卷）［M］. 天津：天津教育出版社，2013：62.
③ 宋恩荣. 晏阳初全集（第二卷）［M］. 天津：天津教育出版社，2013：150.
④ 宋恩荣. 晏阳初全集（第一卷）［M］. 天津：天津教育出版社，2013：322.
⑤ 宋恩荣. 晏阳初全集（第二卷）［M］. 天津：天津教育出版社，2013：381.

2. 竞争力

晏阳初强调乡村改造运动的每个成员都要具备竞争力（Competence），"他必须在他自己的专业范围内能干"①。

3. 创造力

晏阳初强调乡村改造运动的每个成员都要具备创造力（Creativity）。他对当时很多大学专家没有创造力提出了批评。他说："至于创造力，许多来到定县的专家后来又回到大学，就是因为他们只会教书，不能想出解决问题的技术和方法，他们所缺乏的就是创造力。"② 于是他十分强调创造力的培养，反对盲目抄袭。他说："今后新教育的途径是：不要再模仿别人，要自尊自信，自己创造。外国的科学我们要学，外国的教育，自有他们的背景，我们如何能够毫无目的地盲目抄袭呢?"③ 具体而言，就是深入实际、调查研究、做统计工作，把握教育的实际，将自己训练成为能为师能为范的人去教育民众。

4. 研究能力

晏阳初也十分强调乡村改造人员研究能力的培养。1932 年 1 月，他就当时《卧薪尝胆》《爱国商人》公演获得成功及因组织不善导致治安问题提出应抱研究态度，以提升研究能力。"我们演剧，完全抱着研究态度，不是演完就得了。我们要将我们的得失经验，供我们日后的参考。我们演剧的对象，乃是大多数的农民，不仅是所谓知识阶级。我们要从这些基本农民下功夫，拯救中国，建设中国。"④ 1937 年，他在论育才院的培养目标是研习生，明确提出研习生的素养"宜具自动研究的素养"⑤。研习强调"找问题，要到乡村去，解决问题，也在自己实地的工作上。农村建设问题，比单纯的农业科学复杂得多，更不是死读书者所干得了。必须自己到农村中去观察、研究、实验，才会发现问题，认识问题，解决问题"⑥。晏阳初领导的平民教育运动的重大举措的制定都是基于广泛而深入的调查研究的基础之上的。在定县实验过程中，吸收了一大批研究能力很强的专家，如甘博、李景汉等，最终形成了《定县社会概况调查》等很有影响的调查报告，极大地丰富了近代中国的调研事业。

5. 技术能力

晏阳初非常重视乡村改造人员技术能力的培养，尤其是将技术与实践经验结合的能力。他要求新型的培训者，"不仅要掌握技术能力，特别是还要有将技术努力与主要有活力的实践经验相结合的能力。如果我们要想给来自不同国家的朋友提供实际、有效的经验，我们就不应该只是具备理论能力的指导者，还必须深入民间，并要把自己的那些技术知识转化为每天与水牛、泥巴为伍的农民能够理

---

①　宋恩荣. 晏阳初全集（第三卷）[M]. 天津：天津教育出版社，2013：475.

②　宋恩荣. 晏阳初全集（第三卷）[M]. 天津：天津教育出版社，2013：243-244.

③　宋恩荣. 晏阳初全集（第一卷）[M]. 天津：天津教育出版社，2013：419.

④　宋恩荣. 晏阳初全集（第一卷）[M]. 天津：天津教育出版社，2013：162.

⑤　宋恩荣. 晏阳初全集（第二卷）[M]. 天津：天津教育出版社，2013：2.

⑥　宋恩荣. 晏阳初全集（第二卷）[M]. 天津：天津教育出版社，2013：2.

解和运用的内容。所以,我们建立世界中心之前的第一件事,就是必须有能够把理论和实际结合起来的独特素质,同时能够完善经验,促使新的乡村改造科学产生指导者和训练者"①。为此,晏阳初非常强调注重技术的重要性。他说:"我前面说过:徒有热心抱负,而不注意技术,结果必再遭打击。诸位,此后对于平民教育、农村建设,务须研究出'所以然'。"②

6. 团结力

晏阳初十分强调团结力的重要,要求乡村改造同仁一定要团结,只有用自身的团结才能为民众树立团结的榜样。尤其是在内忧外患的情况下,更需培养团结力。于是他主张用去"自私自利""自我观念"来培养团结力。在晏阳初的晚年,他将"团结力"改为"政治力",他说:"六十年以来继续不断地探求真正建国救民之路——新的路、新的学术,为第三世界人民服务,现已在亚、菲、南美付诸实践。这样为大众打出一条生路,发扬'四力','四力'兼备,也就是具有知识力、生产力、健康力和政治力,这样的民众才叫作新民。有了新民做基础才可以称为新国家。"③

7. 战斗力

他主张让"全民均能作战"以培养战斗力,认为战斗力必须建立在知识力、生产力、健强力、团结力四种力培养成功的基础之上。他说,知识力、生产力、健强力、团结力四种力培养成功,"战斗力也差不多可以具备,所以我把战斗力放在最后也是这个原因"④。

8. 编辑能力

晏阳初认为,从事乡村改造的人员必须具备一定的编辑能力,才能将好的教育素材以民众可接受的方式加以传授。从平民师识字课本的编辑到平民教育所用工具——课本和影片的编辑,再到文学、戏剧、幻灯、影视作品的编辑,都显现出平教同仁较强的编辑能力。就是我们今天来阅读当时编辑的《平民千字课》《平民旬报》《平民教育》《士兵报》《平民周刊》《平民常识》《农民旬刊》《士兵周刊》《农民旬刊》《士兵千字课》以及其他大量的平教会作品,也可以感知他们高超的编辑能力。如幻灯、影片,不仅注重内容本身,也十分重视影视效果,注重彩色画面的追求。如平民会所用影片是依据课本制作的,共分三套:"第一套是彩色画片,是用图画表现课文中所述的事体,叫学生把画中情节口述出来,然后再用第二套影片,就是把课文的本身写在玻璃片上,照出来,引导学生认识方才自己口述的文字。他们看了彩色画片,口里所说的话,现在用眼睛去认识它们。第三套课片,是一个个的文字,每个字从幻灯里照出来,射在墙上,比原底子放大了好几百倍,教学生同时看,同时听,同时念,同时写,精神专

① 宋恩荣. 晏阳初全集(第三卷)[M]. 天津:天津教育出版社,2013:363.
② 宋恩荣. 晏阳初全集(第一卷)[M]. 天津:天津教育出版社,2013:192.
③ 宋恩荣. 晏阳初全集(第三卷)[M]. 天津:天津教育出版社,2013:507.
④ 王企澄. 晏阳初先生讲:培养民力与解除国难[J]. 国立四川大学周刊,1936,4(26):1-4.

注，学习是很容易的。"① 后来晏阳初甚至设想创办专业的平民出版社和平民电影厂，并罗致专业的编辑人员，以便大大加快中国现代化的速度。

9. 教育教学能力

晏阳初认为，乡村改造人员应掌握教育教学能力，以便将自己的知识、技术等传授给民众。他早年反思平民教育效果不佳的原因，很重要的方面是教员无教育教学经验，因为"教目不识丁的比教大学生还难得多。办学的人都是学校的青年，他们无经验，无时间，所以失败"②。为此，他十分重视平教职员的物色与训练，要求平教职员既要识字，又要懂得教学方法。"物色教师之方法，第一先做个人之接洽，说以利害，动以感情，不难得其允诺。其次可开各校教职员会，由教员股干事到会做恳切演说，以激起服务平教之热诚，可得多数教职员签名担任。最后举行各校教职员联席会议，利用竞争心理，善为刺激，更易收罗多数热心之教员。"③ 关于训练方法，他强调"用短期的讲习会，演讲平民教师必不可少之几种知识与技能，使其教学能合于平教原理"④。即便是招生队，也要求中学以上学生充任，并"加以相当训练，简言之，方法宜简单、动人，态度宜和平诚恳"⑤。即便那些学有所长、自愿放弃高官厚禄及名利到定县来服务农村农民的专家、教授或博士也都经过严格考试挑选并经过四个月培训才能聘为正式服务。其培训的课程有平民教育运动史、平民教育制度、平民教育运动术、平民学校教学法、平民学校管理法、平民学校教材问题、城市平民教育、乡村平民教育等25种。可见，晏阳初十分重视乡村改造人员教育教学能力的培养。

10. 超情感的批判力

晏阳初要求从事乡村建设的人士尤其是专家"一定要乐于建设性地以批判的目光看待他的工作。……我们所有的人都要以批判的目光看看我们在做什么——以建设性批判的、不带感情色彩的目光，并且乐于有准备地、充分地分辨出哪些我们一定要改变、哪些我们必须深入地研究、哪些我们必须继续进行。……我们脑子里每天都应该进行评估，这是我们对于我们所做的事情的一种态度，是批评性的，但却是建设性的批评，积极的批评。要以客观的，没有感情上依恋的目光去看待它，要乐于改变、改进我们的工作"⑥。

(三) 理念的要求

1. 发扬理念 (Release Concept)

晏阳初认为从事乡村改造的人士应该树立发扬的理念。他说："这是最基本的理念，贯穿于整个乡村改造运动之中。这一理念使我们的运动与世界上其他许多乡村机构区别开来。……这就是我们的基本理念不是救济而是发扬的原因。我

① 詹一之. 晏阳初文集 [M]. 成都：四川教育出版社，1990：12.
② 宋恩荣. 晏阳初全集（第一卷）(1919—1937年) [M]. 长沙：湖南教育出版社，1989：48.
③ 宋恩荣. 晏阳初全集（第一卷）[M]. 天津：天津教育出版社，2013：53.
④ 宋恩荣. 晏阳初全集（第一卷）[M]. 天津：天津教育出版社，2013：53.
⑤ 宋恩荣. 晏阳初全集（第一卷）[M]. 天津：天津教育出版社，2013：54.
⑥ 宋恩荣. 晏阳初全集（第三卷）[M]. 天津：天津教育出版社，2013：375-376.

们工作的整个理念，整个态度，整个计划以及整个操作过程，都使我们的工作与众不同，我们要发扬的是造物主不分种族和肤色而给予每个人的潜能。"①"人人都有潜能，但是如何发掘这些潜能呢？我们认为最好的方式就是通过科学。科学将能够帮助发扬出潜能，这就是我们有农业科学、医学、社会学、政治学，但还要使这些科学适应人们的接受能力的原因。"为此他认为发扬人的能量的整个想法应建立在对民众力量有信心的基础上。他说："当现代技术、现代科学走近农民，发扬他们能量的需求非常迫切的时候，我们就去发扬他们的能量，促使他们迈向现代化，把他们带进现代生活的潮流中，让他们扮演平等的、重要的角色，在各自的国家建立自己的社区，创造更好的生活。"②

2. 实验理念（Laboratory Concept）

晏阳初认为，实验理念"这个重要的理念贯穿于我们的操作过程之中，贯穿于我们整个计划之中，这就是实验的方法。这个理念也是非常重要的，它是科学的方法。在我们要试着在大范围内开展一项工作之前，我们必须对其进行实验……物理学家有物理实验室，化学家有化学实验室，我们这些要尝试解决人类问题的人必须有人类实验室。让研究人类问题的学者使用最好的技术和研究方法，并为其提供实验室，这一做法是一个非常勇敢的举动。"③

3. 体系理念（System Concept）

晏阳初认为乡村改造运动应系统化，形成体系，就像定县实验的卫生体系一样，所以从事乡村改造的人士应树立体系理念。他说："定县卫生是一个完整的制度，它与分散的、零碎的、独立的卫生计划有很大的不同。分散的卫生可能这里有一点计划，那里有一点计划，永远也不是全部的、整体的计划。有卫生训练、医药箱、卫生工作人员，工作周期，仅此而已。但是，农村保健制度是建立在三个不同的级别上。"④第一个级别是村，在它之上是区，这是第二个级别，第三个级别是县，这是三个不同的级别。这三个层次的保健制度是以三级不同的行政机构为基础的，管理村的行政机构叫作区，区比县低一级，它由许多的村组成。晏阳初在菲律宾时，因菲律宾把区叫作市，县被称作省，于是称谓做了调整，但整个保健制度仍建立在三个不同行政层次基础之上。

4. 整体理念（Totality Concept）

晏阳初认为从事乡村改造要树立整体理念。他说："在领导层方面，我昨天谈论过社区三种关键人员的联合问题，这三种关键人员是国家创立者、科学简化者、科学传教士，他们不只仅是单独的学生群体，不是单独的科学家团体，也不是单独的公民领导团体，而是一个联合体。整体理念渗透在整个领导层的头脑中。"⑤并认为"整体理念不纯粹是教育的问题，也不纯粹是农业的问题，等等，

① 宋恩荣. 晏阳初全集（第三卷）[M]. 天津：天津教育出版社，2013：325.
② 宋恩荣. 晏阳初全集（第三卷）[M]. 天津：天津教育出版社，2013：326.
③ 宋恩荣. 晏阳初全集（第三卷）[M]. 天津：天津教育出版社，2013：326.
④ 宋恩荣. 晏阳初全集（第三卷）[M]. 天津：天津教育出版社，2013：326.
⑤ 宋恩荣. 晏阳初全集（第三卷）[M]. 天津：天津教育出版社，2013：326.

它们是一个整体，是一个各种项目的紧密结合。分散的项目是不能对社区、对人民产生多大影响的"①。他又说："我们认识到整体理念的重要。不能零零碎碎地进行，要有主导，以平民为主导。发扬平民潜力的思想就是要让平民成为他们自己命运的主宰，自己乡村的主人，让他们自己管理县、省，自己管理国家。那时他们都是平等的，都是为了创造更美好的世界而奠定基础的一分子。"②

5. 重新定位理念（Re-orientation）

晏阳初认为从事乡村改造要树立重新定位理念。他说："一个人如果在特定的专业上获得了知识，那么他必须为解决人们的需求和问题而去运用他的特定技术与知识。只有那些能将科学知识和技能成功地转化为人民所需的技术的人，然后才会在乡村改造运动中获得丰富的经验。当他来培训的时候，无论是在农业方面，还是在合作方面，抑或是在教育方面，也还是在公共卫生方面，他都知道他谈论的内容是什么，因为我们的目标是为了人民，为了把科学带给人民。整个知识转化的过程本身就是一门艺术，而且是非常有难度的。所以我们始终在坚持，除非那些科学家、学者、教授都进行了重新定位，否则他们绝对不会在迎合人民的需求和问题上发挥作用。"③

6. 整合理念（Integrated Concept）

晏阳初认为从事乡村改造的人士应树立整合理念。他说："我们现在谈的是整合，我是想让我们这里的同仁们能真正意识到我们所做的各种事情之间有着内在的联系。……要知道一个问题的解决必然是依赖于另一个问题的解决。……我们必须对四大教育之间的联系有一个完整、彻底的理解，然后我们才会像一支真正的团队在一起工作。这样，你我之间的教育计划才能相互弥补、强化，我们才会有一支真正伟大的团队。任何一个方面都对另一方面的成功发挥着作用，这就是我所说的整合理念。"④ 他认为解决农民的实际问题必须有"整体"的观念，采用"整合"的方法。他说："各地农民所面临的种种基本问题，诸如贫穷、文盲、疾病、公民意识差，是相互影响和制约的，要解决好其中的一个问题必须同时解决其他的问题。一个农夫也许会把生产搞得好些，但他若是一个对商业一窍不通的人，仍然受人剥削，例如放高利贷者或中介人会剥削他；他的产品增加了，但是收入却仍然微薄。简单地说，片面地解决问题不足以使农民翻身站起来。由此可见，'整合'方法，或用国际乡村改造学院的述语说，'全面'的概念是多么的重要。"⑤

7. 模式理念（Pattern Concept）

晏阳初认为从事乡村改造的人士应树立模式理念。他说："最近四十八年来的乡村改造运动，我们想发展两种模式：一种是私人（民间）模式，即乡村改

① 宋恩荣. 晏阳初全集（第三卷）[M]. 天津：天津教育出版社，2013：330.
② 宋恩荣. 晏阳初全集（第三卷）[M]. 天津：天津教育出版社，2013：471-472.
③ 宋恩荣. 晏阳初全集（第三卷）[M]. 天津：天津教育出版社，2013：330-331.
④ 宋恩荣. 晏阳初全集（第三卷）[M]. 天津：天津教育出版社，2013：333-334.
⑤ 宋恩荣. 晏阳初全集（第三卷）[M]. 天津：天津教育出版社，2013：475.

造中人对人的模式；另一种是政府模式，即政府对政府的模式。"在菲律宾，他开展的乡村改造运动，是想要发展出一种有活力的模式。他非常强调"这种模式意识是非常重要的"。他反对只做一些零碎的改造计划，作为一个非常有科学性的团体，必须注重模式的探索。他说："我们不想在这里做那些琐碎的事情，但是，一旦我们开展了一个又一个项目，这些项目必定是相互关联的，最终它们会形成一种模式。……我们所做的每一件事、开展的每一个项目都是有意义的，项目与项目之间都是有联系的。我们做事的结果就是形成一种模式，就像一个拼图，所有不同的图片最终会形成一幅画。"①

（四）精神要求

1. 团结精神

团结精神，晏阳初又称合作精神。他认为，团结精神对于平教会同仁十分重要，要干成一番事业，大家必须团结，树立团结精神或称合作精神。1932 年 2 月他在除夕聚餐会上总结一年的工作，针对七八月份定县战事爆发，大家"戮力同心，维护本会，使本会未受怎样损失。这种临难不苟，精诚团结的精神，我希望我们永远保持着"②。1934 年 10 月 10 日他在《民间》1 卷 11 期上发表《农村运动的使命及其实施的方法与步骤》一文，强调合作精神的重要性。他说："农村运动的使命要能实现，当然一方面要认清我们的使命；一方面要决定我们的方法和步骤（合起来说可说就是农村运动的旨趣）。然后从事工作，才不致走入歧途。但是最要紧的，还是我同仁们从事农村工作的合作精神。"因为农村运动的使命，就在培养民族的新生命，振拔民族的新人格，促进民族的新团结。"我们自己要是不能合作，不能团结，那根本就无希望了。所以我希望，我很真诚热烈地希望农村工作的同志们，要在我们彼此的言行上、生活上，先造成一种农村运动者的风格。工作是表现我们的生命，是实现我们的生活；我们的生命，我们的生活，就是为我们的工作。"③ 1935 年 9 月 16 日他在给著名教育家高阳的信中也谈道："吾辈从事乡村工作同人团结之精神，当可增加许多勇气与实力矣。"④

2. 实干精神

晏阳初是平民教育和乡村改造的实干家，很强调乡村改造同仁要具备实干精神。而实干精神，他认为包括能苦干、能巧干、能阴干和能预干的"四干精神"。他对当时德国民族的这四个特点十分推崇：能苦干，"德国当巴黎在跳舞非常起劲的时候，在此次未挑战的前七年，已经把全国变成战时状态"⑤；能巧干，"德国因第一次欧战的失败，受《凡尔赛和约》的束缚，不能建立海军，只好造珍珠舰，用体育来代替军训"等⑥；能阴干，"对国防有关系的发明，尤其

① 宋恩荣. 晏阳初全集（第三卷）[M]. 天津：天津教育出版社，2013：334-335.
② 宋恩荣. 晏阳初全集（第一卷）[M]. 天津：天津教育出版社，2013：176-177.
③ 宋恩荣. 晏阳初全集（第一卷）[M]. 天津：天津教育出版社，2013：263.
④ 宋恩荣. 晏阳初全集（第四卷）[M]. 天津：天津教育出版社，2013：451.
⑤ 宋恩荣. 晏阳初全集（第二卷）[M]. 天津：天津教育出版社，2013：257.
⑥ 宋恩荣. 晏阳初全集（第二卷）[M]. 天津：天津教育出版社，2013：257.

是基本的和重要的方面，不但自己要保守秘密，而且想尽方法，使他人不能发明"①；能预干，"德国为了要造成自给自足的德化欧洲，其计划：（一）驱逐非德国人出境；（二）整个解除全欧洲武装——把欧洲的钢铁工业，集中于波西米亚莱茵河。对欧洲的武器制造，有一定的据点，把其他非据点的，加以毁弃；（三）金融方面，设立保险公司，将民众金钱的利害，与德国的利害一致；（四）粮食方面，摧毁法波工业，使法波完全农业化"，"德国因为有四干的精神，故能冲破和约的束缚，而成为世界最强的国家"②。于是他希望育才院的学生"不能以小范围束缚自己，不张开眼睛来观察世界，没有真的认识与大的决心"，要有德国人的四干精神③。

3. 创造精神

晏阳初要求乡村改造同仁要发挥创造精神去改造环境。他说："人们总是容易受环境影响，而不易影响环境，中国人尤其如此，——缺乏创造精神，所夸耀的四千年历史，全是死人的成绩。只能 Live on Reputation 而不能 Live up to Reputation，吾人须鼓舞创造的精神，深入民间，真个与农民接近。……吾人应借此自省、自觉、自强。"④

4. 忠诚精神

晏阳初认为，有志献身救国的青年应具有忠诚精神。他说："我们的国家当这危急存亡的时候，有志献身救国的青年，非有一种宗教式的忠诚精神，不能成功。二十年前我在法国教学四十个华工，产生了今日的平教运动。今天抗战团四十一位同仁，我看作是一支复兴中国的生力军，我所希望于诸位的很大，希望诸位自勉。"⑤

5. 战争精神

晏阳初要求学员发扬战争精神去从事乡村改造。他说："如果你们能抓住战争的精神，把它应用到工作上，以战斗的精神为一个和平的、建设性的项目服务，那是一件极其美好的事情。你们不是在前线作战，你们在后方，但是，你们是在带着战斗的精神开展你们的乡村改造运动，同贫穷、无知、愚昧、压迫作战，这是一件了不起的事情。"他强调学员所学不是学习战争的艺术，而是学习和平的艺术，即乡村改造，学习如何提升在农村和高原地区长期受苦而又长期被忽视的农民朋友的经济、社会和精神状态。他希望学员"不仅学会和平和建设的技术，而且学到与在你们国家频繁发生的各种基本灾难作战的斗争精神。把这种斗争精神应用到和平的项目中去"⑥。

---

① 宋恩荣. 晏阳初全集（第二卷）[M]. 天津：天津教育出版社，2013：257.
② 宋恩荣. 晏阳初全集（第二卷）[M]. 天津：天津教育出版社，2013：258.
③ 宋恩荣. 晏阳初全集（第二卷）[M]. 天津：天津教育出版社，2013：257-258.
④ 宋恩荣. 晏阳初全集（第一卷）[M]. 天津：天津教育出版社，2013：165.
⑤ 宋恩荣. 晏阳初全集（第二卷）[M]. 天津：天津教育出版社，2013：63.
⑥ 宋恩荣. 晏阳初全集（第三卷）[M]. 天津：天津教育出版社，2013：261-262.

6. 拼命进取的精神

晏阳初认为平教运动一定要有拼命进取的精神，只要教育界不断进取，中国乡村改造和民族振兴便有希望。他说："事在人为，抱了拼命进取的精神，则敢说五年以内必能普及。否则不仅没有民国，并且没有国民。我希望明年年会，至少有一万平民能识字，各位来报告成绩。中国不必亡，亡不亡全在教育界。教育界可以支配中国，支配前途，改造社会，有史可证。事在人为，望诸君勉力，兄弟也勉力。"① 他在乡村建设育才院 1941 年度下学期开学典礼会上希望育才院的同学们本着"自强不息"的精神，为未完成的理想努力。

7. 百折不挠的精神

晏阳初认为，事业的成功受多方因素的影响，事业可能失败，但我们一定要有百折不挠的精神方能成功。他十分推崇孙中山先生干革命的百折不挠的精神。他说："一桩事业的成功，本非一朝一夕的事，有时无论如何计划周全，临时又会遇见发生意想不到的阻力。平常人遇难而止，所以也就成不了伟大的事业。中山先生为他的主义奋斗，一次失败两次失败，三次四次失败……他并不灰心，这是平常人所万不能及，所以他创造了中华民国。"②

8. 自由与独立的精神

晏阳初认为，作为乡村改造人士，应该树立自由与独立的精神。他应该是和谐的人，与邻人、同事和他自己和睦相处的人，同时又是一个学术自由和智力完善的人。他说："一个人的完善，其中之一就是智力上的完善……保持他们在智力上的完善与学术上的自由。……我们就是如此。除去智力上的完善——对此我们已经虔诚地奉行了五十三年——我们一直很贫穷，的确如此，但是我们一直是自由的，我们决不妥协。……这些年来我保持了学术上的自由和智力上的完善。这十分不容易，但是我们保持了我们的完善。"③ 他要求乡村改造同仁要保持这自由与独立的精神。

9. 不可征服的精神

晏阳初要求国际乡村改造学院学员一定要谨记国际乡村改造学院的"（一）威武不能屈（Military Might Cannot Crush It.）。（二）富贵不能淫（Money and Power Cannot Corrupt It.）。（三）贫贱不能移（Poverty Cannot Deter It.）。（四）战乱不足忧（Wars Cannot Stop It.）"④ 的精神。他也十分推崇凤凰树的精神，希望学员要领悟凤凰树的精神——"越是烈日烤晒，它的花盛开得越美丽"⑤。

10. 献身精神

晏阳初"自誓回国后，一切高官厚禄，当视之若屣，惟致予毕生之力于平民

---

① 宋恩荣. 晏阳初全集（第一卷）［M］. 天津：天津教育出版社，2013：26.
② 宋恩荣. 晏阳初全集（第二卷）［M］. 天津：天津教育出版社，2013：64.
③ 宋恩荣. 晏阳初全集（第三卷）［M］. 天津：天津教育出版社，2013：377-378.
④ 宋恩荣. 晏阳初全集（第三卷）［M］. 天津：天津教育出版社，2013：506.
⑤ 宋恩荣. 晏阳初全集（第三卷）［M］. 天津：天津教育出版社，2013：481.

教育，一息尚存，此志不渝"①。1937 年 5 月，他在长沙雅礼学校给学生讲的《三桩基本建设》的讲演词中特别提出希望学生要有献身精神，"要'死心塌地'地去做，为事业牺牲，不达目的不止。把自己认识的问题，用持久的精神去干，自己愿意为它干到死"②。希望雅礼学校的学生牢记雅礼精神，即"为祖国努力！为祖国牺牲！"③ 1938 年 6 月他给江西地方政治讲习院青年提出"要把我们整个的生命贡献给我们的国家""一定要以'死'的精神来做'生'的工作，不达目的，誓不休止"④。

11. "廉正勇勤"之精神

1938 年 4 月 16 日，晏阳初在湖南省地方行政干部学校第一期学员结业典礼上希望干校同学"必在地方贯彻'廉正勇勤'之精神，以涤清外人对'中国官僚'一丑名词代表贪污、卑鄙、颟顸等等政治劣行之全部丑史""尽建国之最大功能"⑤。

（五）爱心要求

晏阳初认为，从事乡村建设的同志一定要有同情心。他说："必须要有同情心。他们也许有创造力，但是，如果他们对民众没有爱心，没有同情心，那么他们就不可能加入我们的团队，或者加入一段时间后，就得放弃。"⑥ 他在解释"平教会"的"平"这样说道："两点中间是十字架。要想成功，你必须有十字架——心，这心必须有同情怜悯受苦难的农民。这正是耶稣基督的心。这就是时时提醒为平民教育运动的人们：……用你的同情怜悯的心去为受苦难的人去奋斗。"⑦ 为此，他主张视平民为兄弟的态度。平民"既称为同胞，则当视平民如兄弟，他们不识字，我们要引以为可耻。有一未受教育者，即教育者的责任。否则不堪设想"⑧。

（六）人格修养

晏阳初认为乡村改造就是塑造人格。他说："我们不献身平教运动则罢，献身平教运动，不仅仅教人认几个字，喂几条肥猪，即为达到平教运动的使命。根本要以人格来感化人，要以智仁勇的人格来复兴堕落的民族。"⑨ 为了以人格来感化人，从事平教运动的人士就应加强人格修养。为此，他特别强调人格修养的重要性。他说："对于人格的修养：中国能通中西古今有学问的人也不少，可是他们的学问尽管好，若是没有人格，恐怕他们的学问越好，他越能够卖国。有许多什么日本通，美国通，苏俄通……根本就通错了，这是什么缘故呢，缘故是没

---

① 宋恩荣. 晏阳初全集（第一卷）[M]. 天津：天津教育出版社，2013：58.
② 宋恩荣. 晏阳初全集（第二卷）[M]. 天津：天津教育出版社，2013：17.
③ 宋恩荣. 晏阳初全集（第二卷）[M]. 天津：天津教育出版社，2013：18.
④ 宋恩荣. 晏阳初全集（第二卷）[M]. 天津：天津教育出版社，2013：179.
⑤ 宋恩荣. 晏阳初全集（第二卷）[M]. 天津：天津教育出版社，2013：115.
⑥ 宋恩荣. 晏阳初全集（第三卷）[M]. 天津：天津教育出版社，2013：244.
⑦ 詹一之. 晏阳初文集 [M]. 成都：四川教育出版社，1990：13.
⑧ 宋恩荣. 晏阳初全集（第一卷）[M]. 天津：天津教育出版社，2013：26.
⑨ 宋恩荣. 晏阳初全集（第一卷）[M]. 天津：天津教育出版社，2013：210.

有人格的修养。所以我觉得学问还在其次，人格却最要紧，我们要有'富贵不能淫，贫贱不能移，威武不能屈'的操守!"① 1941 年 10 月 27 日，他在乡村建设育才院开学典礼会上做报告中论"人格是不能打折扣的"②。希望同学们"都能乘龙上天"，要有特别的风度、精神和能力，要做到"四自教育"，即自习、自给、自强、自治，以此来培养自己的智识力、生产力、体力和战斗力，并要做到四力并兼。最后，鼓励同学们"要站牢自己的岗位，实实在在地努力读书"、注重人格的完全养成③。1942 年 7 月 10 日，他在乡村建设育才院"同学会"讲演，对毕业即将离校的学生谈"忠""恕""忍""恒"精神的修养问题。他指出：一桩事情的好坏，不是用大小来评判，是要看它有没有价值。一个人有了知识还不够，精神修养方面一定要注意，一定要讲究。他提醒毕业生必须注意以下四点：①忠。"忠实的忠。到哪个机关，即忠于哪个机关，同时不要忘记母校的精神"。②恕。就是"对人能恕""恕以待人"。③忍。能受气。④恒。"恒就是继续不断地奋斗，奋斗到底，正如同将铁杵磨成针一样"。而要做到忠、恕、忍、恒，就必须立大志，"有大志，非忠不行，非恕不行，非忍不行，非恒不行"，大志"就是将我们的生命贡献给国家。中华民族的力量在农村，你们要将解除苦力的'苦'，开发苦力的'力'，作你们的终生职志"④。最后，他要求学生们要有美国青年列逊瓦路的精神，救国、建国。最后，希望同学们"能时常回来，互勉互励，共同切磋""出去以后，要作大本营的代表"⑤。

具体而言，晏阳初认为从事平教运动的人士就应加强如下人格修养：

1. 要有理想尤其是共同理想

晏阳初解释汉语中"同志"与"同胞"两词的深刻含义及区别时这样说道："'同志'这一词是由两个汉字组成的（我可以在一分钟内教会你们汉语）：其中一个是'同'——意思是相同或分享；第二个汉字是'志'——意思是远见，理想。相同理想的共享者，这就是汉语里的'同志'，那不是更有意义吗？我们这一群人在一起不仅仅是为了一项工作，更是因为我们拥有共同的理想。这正是我们今天在一起的原因，也是我与你们在一起感到很高兴的原因。……对任何人来说，有一个理想是一回事，拥有共同的理想又是一回事。"⑥ "同胞"一词的含义，"'同'——兄弟姐妹有同一个母亲，你们知道那种表述是什么意思吗？同一位母亲所生，你们可以明白同一个母亲的儿女被称为'同胞'——意思是同一子宫的享有者。这种表达真的是非常奇妙。但是，这里也有不同——当然，兄弟姐妹都是非常非常亲密的，因为他们为一母所生。有许多兄弟姐妹，他们为一母所生，但是他们不能共享同一理想。有时他们甚至对抗。所以'同志'比同一

① 宋恩荣. 晏阳初全集（第一卷）[M]. 天津：天津教育出版社，2013：422.
② 宋恩荣. 晏阳初全集（第二卷）[M]. 天津：天津教育出版社，2013：223.
③ 宋恩荣. 晏阳初全集（第二卷）[M]. 天津：天津教育出版社，2013：224.
④ 宋恩荣. 晏阳初全集（第二卷）[M]. 天津：天津教育出版社，2013：244.
⑤ 宋恩荣. 晏阳初全集（第二卷）[M]. 天津：天津教育出版社，2013：245.
⑥ 宋恩荣. 晏阳初全集（第三卷）[M]. 天津：天津教育出版社，2013：280-281.

位母亲所生的兄弟姐妹即'同胞'更亲近、亲密，因为他们拥有共同的理想。这就是我今天对你们的感觉，你们比我的兄弟姐妹更亲近、亲密。"① 他还说："在这非常时代，一个青年如果不抓住真理，把握生命，坚定信仰，决不能有所成就，决不能有所贡献，决不能做得出点子事业出来，他只有给时代的洪涛打下去，归于淘汰！"②

2. 要有向农民学习的态度

晏阳初认为，要从事平民教育和乡村改造运动，必须向农民学习。他说："抛下东洋眼镜、西洋眼镜、都市眼镜，换上一副农夫眼镜。换句话说，我们欲'化农民'，我们须先'农民化'。可是'农民化'至不容易。必须先明了农民生活的一切。"③"固然，我们不免有东洋化者西洋化者，但大家都在一致地努力，要'农民化'，要给农民作学徒。农民虽然不知科学的名词，虽然未曾受过书本式的教育，然而对于实际生活的知识与技术，我敢说，值得我们去学。一个青年，小学而中学而大学而留学东洋西洋。结果，学校越进得多，离社会越远。"④因此，"要干乡村工作，就得自己跑到乡里去，先给自己一种训练功夫，把问题认识清楚。不然，对象不明白，那就是盲干、瞎干，没有用处。"⑤ 于是他号召知识分子"深入民间；与平民共同生活；向平民诚心学习；与平民共同计划；从他们所知作开始；用他们已有来改造"⑥。

3. 有信心、耐心并必须实干，以质量取胜，持之以恒

晏阳初认为，从事乡村工作，在认识清楚问题之后，就要有恒心去做。"天下的事情，没有一做就成的事，没有恒心，绝做不成事业。"⑦

1969 年 1 月 13 日，晏阳初在菲律宾国际乡村改造学院为越南特别培训班的报告中指出："你们必须要有信心和耐心，你们将会及时地找到许多人来做你们的伙伴。但是，你们回去之后，首先自己要努力工作，发展你们的计划是需要时间的。人们之所以被吸引过来，并不是因为你说了什么，而是因为你做到了什么。"他强调学员回到越南以后，可以把活动规模开展得小一些，但要注意质量一定要好，且不能停止，以便为以后的发展打下基础。"既然有战争，就让我们尽力做到最好。不要拿战争作为自己无所事事的借口，而是把战争当作一种激励，一个挑战。"⑧

4. 学会尊重

晏阳初认为，从事乡村改造的人士要学会尊重，"对农民的人格和潜能表示尊重""要学会互相尊重各自的文化，要学会彼此欣赏各自的贡献"；要"尊重

① 宋恩荣. 晏阳初全集（第三卷）[M]. 天津：天津教育出版社，2013：281.
② 宋恩荣. 晏阳初全集（第二卷）[M]. 天津：天津教育出版社，2013：68-69.
③ 宋恩荣. 晏阳初全集（第一卷）[M]. 天津：天津教育出版社，2013：192-193.
④ 宋恩荣. 晏阳初全集（第一卷）[M]. 天津：天津教育出版社，2013：193.
⑤ 宋恩荣. 晏阳初全集（第二卷）[M]. 天津：天津教育出版社，2013：17.
⑥ 宋恩荣. 晏阳初全集（第四卷）[M]. 天津：天津教育出版社，2013：742.
⑦ 宋恩荣. 晏阳初全集（第二卷）[M]. 天津：天津教育出版社，2013：17.
⑧ 宋恩荣. 晏阳初全集（第三卷）[M]. 天津：天津教育出版社，2013：261-262.

别国的文化，尊重别国的民主"；根除仇恨情绪而产生国际友谊精神，进而"为世界的和平打好基础"①。

5. 积极投身运动的热情

晏阳初强调，作为乡村改造人士一定要有积极投身运动的热情。他说："乡村工作是一项艰苦的工作，它需要付出许多的汗水、泪水和辛酸，会遭受许多挫折。如果一个男人或女人没有投身运动的热情，那么迟早都会退出的。这个工作太辛苦了，尤其当工作本身艰苦而又必须训练人能够承受艰苦的时候。……同伴们，如果要在国际乡村改造学院和菲律宾乡村改造运动之间最亲密地配合和合作，那么就应为训练发展这三个基础的、重要的元素。"②

6. 要有危机意识

晏阳初经常提醒从事平教工作和乡村改造的人士要有危机意识。他说："今天，我们不但知道我们工作的光明而更加紧工作，尤要知道我们的'危机'四伏，而有所警惕。……耶稣说'人人说你好的时候，就是你祸灾临头的时候'，我愿大家同勉。我常说，我不妨再说，'不是我们这里有光，而是全国太黑暗'，于是我们一星'萤火之光'也就被视为'光'了。在全国天灾人祸民不聊生的时候，一切教育事业，已无异无形停顿，独我们在生活方面经费方面都不成问题，工作又为各方面所欣赏，我们苟一不经意，就是我们堕落的起点，我们常要问我们自己，常要自己反省。"③ 同时，他提醒干事业易遭人嫉妒。"本来一个事业，一般人不注意时候，没有人嫉妒，一到一般人莫有不注意时候，那就容易遭忌了。射冷箭、幸灾乐祸，这些劣根性，特别是我们中国人的惯技，但我们须知道，当我们跷足危坐太师椅时，便是遭人批评时，亦即我们堕落时，我们不谨慎，便要'一落千丈'。"④ 再有，提醒人多易于生疏。"这生疏，也是我们的危机。要知我们一生疏，不但感情不易融洽，勤惰不易分明，效率不易增进，即公物亦必易多靡费。"⑤ 最后他特别提醒"我们高兴时，当不忘警觉，一方面能烛视我们工作的成绩，一方面又须留意对内对外的各种问题"⑥。

7. 不断学习的品质

晏阳初认为，乡村改造是一个新生事物，从事乡村改造的人们必须养成不断学习的品质。他指出定县实验就是抛弃旧观念，重新学习的过程。他说："我们所作所为是以农民的基本需要和基本问题为出发点的。我们必须抛弃旧观念，重新学习。……'平民学校毕业同学会的成员学会了为了共同的利益而一起工作。这些工作对启蒙和组织青年农民成为在整个试验区推广乡村改造方案的中坚力量是至关重要的。'……这是我要强调的一个基本的思想。从平民学校毕业的农民

① 宋恩荣. 晏阳初全集（第三卷）［M］. 天津：天津教育出版社，2013：358.
② 宋恩荣. 晏阳初全集（第三卷）［M］. 天津：天津教育出版社，2013：364.
③ 宋恩荣. 晏阳初全集（第一卷）［M］. 天津：天津教育出版社，2013：177-178.
④ 宋恩荣. 晏阳初全集（第一卷）［M］. 天津：天津教育出版社，2013：178.
⑤ 宋恩荣. 晏阳初全集（第一卷）［M］. 天津：天津教育出版社，2013：178.
⑥ 宋恩荣. 晏阳初全集（第一卷）［M］. 天津：天津教育出版社，2013：178.

回到各自的村子与其他农民共同分享所学到的知识。"① 他还论述了终身学习的重要，例举曾经六次担任美国总统顾问的巴鲁克在 81 岁生日时对"老人"含义的理解："我给你讲一讲老人的含义，一个停止学习的人才是老人。……我非常遗憾地说，许多美国年轻人都已经老了。至于我自己，如果我在有生之年不能学习很多的话，而且不是因为缺少学习的机会，我才真正老了。"② 又举印度甘地的名言："你打起精神了吗？这是非常重要的。'学习就好像你永远活着，仅仅活着就好像明天你就要死去。'"③ 1978 年，已 78 岁的晏阳初这样谈道："现在我要从头开始，要继续并不断学习。我必须坦言，我们有很多经验，不管你多么愚蠢，如果你学习了五十六年，你一定会学到对你有益的东西。……我敢说在你们这些受训者面前，我只是个学生。我在听了你们的谈话之后，学到了很多东西。……我认为自己不是一个好学生，因此，我将尽量做个好学生。"④ 他非常注意学习和善于学习，并用自己的亲身体验来勉励菲律宾国际乡村改造学院接受培训的学员："我和我的夫人在乡下住了两天，我们从农民身上学到了很多东西。所以我从来没有理由说：我已经学够了，我做不到这一点，因为每一次我和同事交流，不管是和谁，我总能从他身上学到一些东西。当我下乡村的时候，总是能够从农民身上学到东西。"⑤ 他还主张从事乡村改造的人士要有世界眼光，要善于向世界先进经验学习，并为世界的和平发展做贡献。"国内形势逐渐好起来了，还要扩大胸怀，把世界经验拿进来。什么地方好就学什么。先要解放自己，才能解放国家，天下一家的大目标才能实现。民为邦本，本固邦宁，天下一家。全世界可以互相帮助，即天下一家，否则就是自闭自杀。"⑥

第三节 晏阳初乡村建设人才素质观的当代价值

晏阳初的乡村建设人才素质观，对于当今乡村振兴和新农村建设具有十分重要的借鉴价值。众所周知，乡村振兴和新农村建设，人才是关键。而人才素质的好坏直接决定着乡村振兴和新农村建设的成败。当前，我国乡村人才存在诸多困境，广西师范大学政治与公共管理学院的刘庆将其归纳为人才资源匮乏、人才外流严重、人才教育缺失和人才管理欠缺。中国社会科学院马克思主义研究院刘爱玲和北京师范大学中国教育与社会发展研究院薛二勇认为，我国涉农人才培养面临的问题主要有：涉农人才整体上数量不足、质量不高；涉农人才培养学历和就业结构不合理；涉农人才的"入口不通、出口不畅"；高校涉农人才培养质量与

① 宋恩荣. 晏阳初全集（第三卷）[M]. 天津：天津教育出版社，2013：441-442.
② 宋恩荣. 晏阳初全集（第三卷）[M]. 天津：天津教育出版社，2013：383.
③ 宋恩荣. 晏阳初全集（第三卷）[M]. 天津：天津教育出版社，2013：383.
④ 宋恩荣. 晏阳初全集（第三卷）[M]. 天津：天津教育出版社，2013：383-384.
⑤ 宋恩荣. 晏阳初全集（第三卷）[M]. 天津：天津教育出版社，2013：473.
⑥ 宋恩荣. 晏阳初全集（第三卷）[M]. 天津：天津教育出版社，2013：507-508.

需求不匹配；等等①。已有很多学者对乡村振兴和新农村建设的人才问题开展研究。我认为，乡村振兴和新农村建设要解决人才问题，必须充分吸收晏阳初的乡村建设人才素质观。

一、留住本土人才是乡村振兴和新农村建设的重中之重，对于本土人才必须在知识、能力、理念、精神、爱心和人格修养方面加大培养力度

一般而言，本土人才对农村有天然的认同感，有建设农村和振兴乡村的内在需要，有热爱农村、热爱农民、热爱农业的良好素质，但也存在一些亟待提升的素养。

（一）在现代农业科学知识技术方面，必须改造传统的农业科学知识技术

早在 1964 年美国经济学家西奥多·舒尔茨就出版了《改造传统农业》一书，他分析了传统农业的基本特征，把传统农业定义为一种生产方式长期不变、经济发展长期停滞的小农经济②。他指出传统农业停滞落后、农民贫困的根源是社会向他们提供的技术和经济机会是十分有限的，探讨了改造传统农业的可能性，认为改造传统农业的出路就在于寻找一些新的生产要素作为廉价的经济增长源泉③。舒尔茨还将其创始的"人力资本理论"应用到传统农业改造中，主张传统农业必须引入技术和教育两个现代要素，对农民进行人力资本投资④。这种思想对于我国当今的新农村建设和振兴乡村具有很大的启发意义。

对农民进行传统的农业科学知识技术的改造，应该注重农业知识化所涉及的农业科学知识和农业技术，如农业机械化、电气化、水利化和园林化的相关知识与技术。要让农民懂得农业机械化和电气化基本知识；掌握兴修水利工程和发展农田排灌技术，懂得人工控制灾难性天气的技术，以确保农业旱涝保收、稳产高产；掌握对山水田林路进行综合治理、整治土壤和植树种草等技术；懂得用生物学、遗传学、育种学、作物栽培学、动物饲养学、植物保护学、土壤肥料学等现代知识和科技来改善、调整、控制农作物和畜禽的性状及生长环境，以取得高效优质的农畜业产出；掌握培养良种，实现良种化技术；掌握科学的栽培和饲养技术，实现耕作和饲养标准化等，以便使本土农民具有现代化的农业知识。

（二）在能力方面，本土农民最缺乏的是农业经济的管理能力

本土农民最缺乏的是农业经济的管理能力，主要包括农业资金的筹措能力、农业生产的管理能力和农产品的营销能力等。这就要求加强对农民的经营管理能

① 刘爱玲，薛二勇．乡村振兴视域下涉农人才培养的体制机制分析［J］．教育理论与实践，2018（33）：3-5.
② 西奥多·W．舒尔茨．改造传统农业［M］．梁小民，译．北京：商务印书馆，1987：24.
③ 西奥多·W．舒尔茨．改造传统农业［M］．梁小民，译．北京：商务印书馆，1987：25-26，142.
④ 西奥多·W．舒尔茨．改造传统农业［M］．梁小民，译．北京：商务印书馆，1987：147，149-150.

力的提升，如农业专业合作社、农业众筹、物联网-电商平台甚至智慧农业、智慧农田管理能力等。中共中央、国务院印发的《乡村振兴战略规划（2018—2022年）》中明确指出："坚持家庭经营在农业中的基础性地位，构建家庭经营、集体经营、合作经营、企业经营等共同发展的新型农业经营体系，发展多种形式适度规模经营，发展壮大农村集体经济，提高农业的集约化、专业化、组织化、社会化水平，有效带动小农户发展。"这对农民经营能力提出了新的要求。可以通过新型经营主体带头人轮训计划和现代青年农场经营者培育工程，以提高农民的经营管理能力，以便极大地提升农业的规模效应和品牌价值，提升农产品的附加值，以带动农民增产增收。

（三）本土农民最缺乏的是发扬的理念、实验的理念、体系的理念、整体的理念、重新定位的理念、整合的理念、模式的理念

在理念方面，晏阳初当时倡导发扬的理念、实验的理念、体系的理念、整体的理念、重新定位的理念、整合的理念、模式的理念。而当今本土化的农民大多缺乏这些理念，因此，应该注重本土化农民良好理念的培养。一是树立发扬的理念，让每个本土农民都坚信自己有潜能，通过学习现代农业科学、医学、社会学和政治学等多种学科知识，以及其他现代科学技术，以充分挖掘自己的潜能。二是培养体系理念，使农民明了乡村建设和乡村振兴是一个体系，如发展壮大乡村产业是一个体系，正如《乡村振兴战略规划（2018—2022年）》所要求的："以完善利益联结机制为核心，以制度、技术和商业模式创新为动力，推进农村一二三产业交叉融合，加快发展根植于农业农村、由当地农民主办、彰显地域特色和乡村价值的产业体系，推动乡村产业全面振兴。"第三，让本土农民树立整体理念和整合理念，充分认识到乡村建设和乡村振兴是个整体工程，许多事情之间有着内在的联系，一个问题的解决必然是依赖于另一个问题的解决。如繁荣发展乡村文化，就不仅仅涉及乡村文化，而应该"坚持以社会主义核心价值观为引领，以传承发展中华优秀传统文化为核心，以乡村公共文化服务体系建设为载体，培育文明乡风、良好家风、淳朴民风，推动乡村文化振兴，建设邻里守望、诚信重礼、勤俭节约的文明乡村。"又如现代乡村治理应该"把夯实基层基础作为固本之策，建立健全党委领导、政府负责、社会协同、公众参与、法治保障的现代乡村社会治理体制，推动乡村组织振兴，打造充满活力、和谐有序的善治乡村。"第四，要让本土农民养成模式理念，在结合自身所处乡村实际情况的基础上，探索具有本土特色的乡村振兴和新农村建设模式。如经济相对发达地区，如果产业优势和特色明显，农民专业合作社、龙头企业发展基础好，产业化水平高可采用产业振兴模式，使农业生产聚集化、规模化，产业链不断延伸，如江苏省张家港市南丰镇永联村的工业发展模式①。或利用新经济模式，带动农村产业发展，可采用"互联网+实体农场+电子商务+社区服务"的创新发展模式，集"互联网+

---

① 黄炜，胡文俊，黄军志，等. 构建"五位一体、共融分治"的乡村治理结构：张家港市南丰镇永联村的实践与探索［J］. 唯实（现代管理），2014（7）：40-42.

农场+产品溯源+电商+生态优质产品+黏性用户+社区"于一体的商业发展闭环，构建一条完整的生态养殖产业链，如乐农之家为其代表①。又如，具有特殊人文景观，包括古村落、古建筑、古民居以及传统文化的地区，乡村文化资源丰富，具有优秀民俗文化以及非物质文化，文化展示和传承的潜力大，便可采用文化传承型模式，如河南省洛阳市孟津县平乐镇平乐村将韩魏古文化、牡丹画和旅游结合进行文化传承型模式的新农村建设和乡村振兴②。一些文化古迹保存较好的小镇，也可探索新型文旅小镇模式，如以婺源书乡为代表的婺源县江湾镇③，以峨眉释道儒和农耕文化为主题的峨眉山黄湾小镇④，等等。

（四）要实现乡村振兴和新农村建设的目标，必须重塑农民的精神

在精神方面，要实现乡村振兴和新农村建设的目标，必须重塑农民的精神。第一是团结精神。乡村振兴和新农村建设必须靠广大农民齐心协力，没有团结精神难以形成合力，因此，团结精神的培养十分重要。第二是实干精神。农民从事农业生产或多种经营，必须要有实干精神，勤劳务实的实干精神是中国农民优秀的品质之一，必须继续发扬。第三是创造精神。农民既具有创造的潜质，亦因农耕的四季转换而形成惰性，耗减其创造性。因此，我们应注重农民创造精神的培养，通过创意农业，培养农民的创造精神。所谓创意农业，是指有效地将科技和人文要素融入农业生产，不断拓展农业功能，整合资源，把传统农业发展为融生产、生活、生态为一体的现代农业。它力图改变传统乡土农业生产的"低效、粗放、低价"状况，融入文化艺术、科技元素，把传统开发与文化开发结合起来，赋予丰富的内涵与附加值。如以农产品形态加工、农作物科技改造为主的农产品创意；对农业田园与民居庭院进行景观创意；以现代创意理念，融入对传统民俗的继承之中，赋予民俗新的活力与生命力，达到改进化、创新化地传承民俗的目标；通过凝练乡村生活的主题理念，发展乡村创意产业，实现对传统乡村文化的改进与产业结构的调整，实现对乡村的创意改进与创新建设，最终实现现代新村建设与可持续发展的创意生活。将传统的农业产品透过"创意"工具，转化为更具审美价值形态、健康生态理念、文化创造内涵的全新农产品，其经济价值和社会价值有了显著的提升，这是特色农业、景观农业、科技农业、都市农业等新型产业形态。第四是忠诚精神。对于本土农民来说，忠诚精神的培养尤其重要。我们要培养农民对土地的忠诚、对农业作为志业而不仅仅作为职业的忠诚，将工匠精神迁移到农民对农业耕作和农产品的经营管理之中，使农民成为农耕能手和农产品经营管理的专家。还要培养农民对家庭、对社区、对民族国家的忠诚，以便为和睦家庭建设尽力、为乡村社区发展尽力，为民族富强和国家富裕尽力。第

---

① 郑岚. 互联网养殖平台"乐农之家"的发展战略［J］. 当代经济，2017（36）：116-117.

② 孙跃芳. 河南孟津县平乐镇平乐村：打好特色产业牌 建设美丽新农村［J］. 党建，2014（1）：48.

③ 王珊珊. 江西省上饶市婺源县江湾镇特色小镇建设纪实：山水人文 魅力古镇［J］. 小城镇建设，2016（11）：79-82.

④ 廖雯雯. 黄湾小镇将成峨眉旅游新名片［EB/OL］.（2016-09-09）［2019-09-30］. http：//www. leshan. cn/html/index_ m. html.

五是战斗精神。我国的农民，至少还有一部分农民还没有完全摆脱愚昧、贫穷、羸弱和无知，因此，我们要培养他们向"愚、穷、弱、私"开战的精神，首先他们要有改变自身面貌的内在需要和自信心。尽管我国当下的扶贫-脱贫政策很好，但如果农民没有自主摆脱贫困的愿望，并不断提升自身的生存技能，追求美好生活，扶贫和脱贫便很难真正达到预期的目的。第六是拼命进取、百折不挠的精神。农民尤其是青年农民应该树立政治生活的积极参与精神、经济生活的不断拓展精神和文化生活的执着追求精神。随着新农村建设和乡村振兴计划的推行，广大农村青年应该在政治、经济和文化上有更高的追求，不断进取。先富起来的农民应该带领奔小康的其他农民拼命进取，百折不挠，在乡村振兴和新农村建设中发挥自己的聪明才智，改掉满足现状、不思进取、得过且过的生活状态。

（五）要实现乡村振兴和新农村建设的目标，必须加强农民的道德修养和乡风文明的建设

乡村振兴和新农村建设对于农民的精神风貌和乡风文明有明确的要求，在新农村建设中，除了"物的新农村"建设之外，"人的新农村"建设——农民素质的提升和乡风文明的形成尤其重要。只有农民群众的思想、文化、道德水平不断提高，崇尚文明、崇尚科学，形成家庭和睦、民风淳朴、互助合作、稳定和谐的良好社会氛围，教育、文化、卫生、体育事业蓬勃发展，新农村建设才是全面的、完整的。因此，应加强农民修养的提升和乡风文明的建设，以便提高农民群众的思想、文化和道德水平，让农民群众形成崇尚文明、崇尚科学的风尚，进而形成家庭和睦、民风淳朴、互助合作、稳定和谐的良好社会氛围，让每一个农民群众在乡风文明的熏陶中不断完善自己。

二、对于有志于到农村服务的大学生应培养热爱"三农"的情感，加强现代农业科技知识和技术的素养、现代农业经营管理能力的提升以及多种经营与创造能力的培养，以便尽快成为新型农民

（一）对当代大学生应加强热爱"三农"的情感教育

当代大学生整体而言，愿意服务农民、农村和农业的并不占主流，即便自己报考的是涉农院校或涉农专业，也是如此。大多都希望通过报考选调生、公务员或其他事业单位招考方式脱离自己所学专业。即便从事服务"三农"的职业，也不愿到农村去，愿意留在大中城市，县城及县城以下的广大农村是不愿去的。这种特定的现实就要求我们必须从教育入手，加强对大学生热爱"三农"情感的培养。尽管我国农业人口所占比重在下降，但据统计，2017 年，全国农村人口 57 661 万人，仍占比 41.48%，农村人口多，其中有不少人是贫困人口。2017年年末，农村贫困人口 3 046 万人，比上年年末减少 1 289 万人，贫困发生率

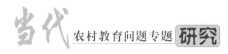

3.1%，比上年下降1.4个百分点①，且农村人口所分布的地区仍占我国国土面积的绝大多数。因此，如何让农民富裕起来，如何把农村建设好，发展现代农业是根本的途径之一。这就要求农村要源源不断补充新式农民，以便用更加现代、更加科学的耕种方式和经营理念来发展现代农业，以新的社会治理理念改造农村，完成乡村振兴和新农村建设的伟大任务。这就要求在对现代大学生的培养中，要注重对学生热爱"三农"的情感教育，让一部分毕业生选择农村这个广阔的天地，去建设农村、治理农村，将青春和热血献给广阔的农村大地，献给多姿多彩的现代农业，献给敦厚朴实的广大农民。

（二）加强大学生现代农业科技知识的教育和技术素养的养成

现代大学生比较缺乏现代农业科技知识和与之相关的技术素养。这与我国长期不重视甚至缺乏劳动技术教育有密切的关系。由于小学、中学不重视甚至缺乏劳动技术教育，涉农劳动几乎没有，何谈农业科技知识的学习和相关的技术素养的养成？进入大学，由于惯性的驱使，绝大部分大学教育很少设置涉农的课程，也使绝大部分大学生难以接触现代农业科技知识，更难以养成相关的技术素养。因此，大学教育应该适当安排现代农业科技知识和技术的课程，让非农学专业的学生选修，以培养大学生服务农村的基本修养。如果每年有一批掌握现代农业科技知识和技能的大学生作为新式农民补充到农业大军中，我们的新农村建设和乡村振兴才有希望。尽管近年有部分外流人口回流农村创业，但数量极为有限。如果不从长远着手，农村人口老龄化和空心化、农村产业的低效化、农村文化教育的荒漠化等将越来越严重，这将给广大农村长远的发展带来不可逆转的难题，党的十九大报告提出的以"产业兴旺、生态宜居、乡风文明、治理有效、生活富裕"为总要求的"乡村振兴"战略便难以实现。尽管教育部启动实施了多年的"一村一名大学生计划"的农民大学生培养项目，为新农村建设培养了部分适应时代需求的现代大学毕业生，但这个数量与"乡村振兴"战略和新农村建设还有很大的差距。吸引更多的大学生服务"三农"仍是我们必须狠抓的工作。

（三）加大对大学生现代农业经营管理能力的提升和多种经营能力的培养

现代农业的快速发展最缺的就是农业经营管理型人才。随着传统小农生产加快向社会化大生产转变，分工分业成为发展趋势，农村较大规模生产的种植、养殖大户和家庭农场会逐渐增多，农业经营管理型人才便是制约现代农业进一步发展的关键之一。现代农业企业需要生产管理、市场营销及高层经理人等一系列专业人才，这就给大学教育提出了现实的要求。这就要求在对大学生的教育中，应加强现代农业经营管理能力的提升。拟成为新型职业农民的大学生必须放眼市场大环境，拥有一定的农产品经营管理能力。一是培养了解市场、分析市场的能力。在以市场为主体的大环境下，明确农业未来发展走向。了解农产品从"产"到"销"全过程中市场所起的作用，熟悉流程，主动参与市场竞争，多渠道收

---

① 2018年中国农村人口、贫困人口、城乡居民人均可支配收入、城乡居民人均消费支出情况分析及城镇化发展水平预测［EB/OL］.［2019-09-30］. http：//www. chyxx. com/industry/201807/659510. html.

集信息，调查不同农产品的市场份额，分析市场上某一农产品目前的供给状况，合理判断，进行正确的预测，降低农产品上市后出现的各种销售风险。二是摆脱传统观念，做出正确决策。在市场多变的环境下，遵循规律与自身的决策能力密不可分。农产品在市场上的发展流通趋势，要通过不断比较、研究才能发现其本质，从而指导自身对农产品的生产和销售过程做出正确的决策。三是加强金融知识的学习，将生产及人力管理资源不断整合发展。在以往的农业生产中，农民的生产计划性不强，金融意识较为薄弱，对生产成本没有合理控制。拟成为新型职业农民的大学生就应通过系统学习以掌握金融知识，学会控制成本。在尊重农业发展规律下，协调生产与人力资源的管理，对从种植、培育、生产到销售的全过程进行生产资料和人力资源的合理分工，以提高生产效率和资源利用率。

同时，还要加强拟成为新型职业农民的大学生多种经营能力的培养。新型职业农民要有多种经营的能力。这就是说，除经营农业外，还应经营其他的产业，以弥补农业收入的不足，即便就是经营农业，也应考虑多种形态的农业，多种经营能让生活更加丰富多彩，使知识和能力得到多方面发挥。正如中国社会科学院农村发展研究所研究员李国祥所指出的"考虑到我国农用地三权分置的产权改革、土地流转市场的发育、城镇化的推进以及农民家庭对土地依赖程度的降低等趋势，未来相当长时期内，尽管我国小规模土地耕种的家庭经营主体在数量上仍将占据着主导地位，但多种形式规模经营对现代农业发展的引领作用将越来越明显。"

（四）加强大学生创造能力的培养

前已述及，发展创意农业是当代农业发展的大趋势，这就要求加强对大学生创造能力的培养。其一是强化发明动机。所谓发明动机，就是满足发明心理需要的活动动力，它是发明者个性心理特征的重要组成部分。一个人的发明动机越深沉强烈，则创造活动越有成功的可能。因此，应培养大学生的好奇心和不满足感，进而培养其进取心和迷恋感、竞争意识或荣誉感以及强烈的事业心、责任感或理想信念等。要让大学生把建设农村的社会责任感与个人的兴趣融为一体，充分认识创造发明是社会进步和技术进步的要求，是自己的神圣职责。让在校大学生树立从事创意农业、休闲农业、观光农业甚至都市农业的追求目标，以便形成稳定的创造动机。其二，要加强大学生创造才能的培养，努力学习和掌握创造机理和技法，以有效培养和提高创造能力。其三，不断引导大学生积极学习，建立动态的、合理的服务"三农"的知识结构，尤其应掌握现代农业所涉及的广泛的知识。现代农业不仅包括第一产业领域如种植业和养殖业等，而且包括农产品生产、加工流通、农村工业社会服务、文化产业等多种产业集群；现代农业在保障必要数量平衡的基础上优先突出质量和效益，以增强农业产业的市场竞争力；现代农业的产业功能由单一生产功能已向集生产、经营、服务等多功能方向转变，除了从事初级农产品供给和原料生产外，还具有原料供给、就业增收、生态保护、观光休闲、文化传承等多种功能，以实现种、养、加、产、供、销、贸、工、农一体化的高度组织化、规模化生产；现代农业生产方式强调集约化，在资

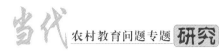

源环境可持续发展的基础之上，依靠现代科技，获得较高的土地产出率、资源利用率和农业劳动生产率；现代农业的发展驱动力主要依靠科技创新驱动，科技进步与创新成为现代农业发展的根本动力；现代农业要求政策的制定应着眼于工农城乡统筹，跳出农业看农业，跳出农村看农村，大力促进以工补农，以城促乡，实现农业工业化、农村城镇化；现代农业的发展需要培养新型农民，为此应培养数以千万计的一代又一代的有文化、懂技术、善经营的骨干农民和核心农民，让他们在发展现代农业和新农村建设中施展才华，带领几亿农村劳动大军从事现代化农业，建设现代农村。这就要求大学生应掌握现代农业所涉及的广泛的知识。只有这样，才能在新农村建设中发挥自己的聪明才智，施展自己的才华。其四，创造能力培养要紧密结合"三农"科学研究和农村生活实际。要让大学生接触农村、农民和农业，并选择科学研究素材和选题，并与农村生活实际紧密结合，以培养研究"三农"的能力。其五，不断培养大学生的创造个性，如献身"三农"的雄心与胆魄；建设农村的独立自主性与坚持不懈的恒心；对"三农"的好奇心；积极乐观的情绪；等等。

　　总之，晏阳初关于乡村建设人才总的素质要求涉及面很广，包括知识、能力、理念、精神、爱心、人格修养等诸多方面，其乡村建设人才素质观对于我国乡村振兴和新农村建设具有十分重要的借鉴价值，我们必须珍视，从中吸收其思想精华。本研究聊作初步的探讨。

专题七　赵家骥农村教育思想研究①

赵家骥（1938—），出生于四川眉山一户农民家庭，对农民有着天然的感情。赵家骥担任乐山市教育局局长期间，采取了许多措施来发展乐山教育，尤其是乐山农村地区的教育。在长期的农村教育工作实践中，赵家骥先生逐渐形成了自己的农村教育思想。本研究旨在对赵家骥的农村教育思想进行梳理，初步建立赵家骥先生的农村教育思想体系，并挖掘其农村教育思想中的先进部分，探讨其对当今农村教育发展的启示。

第一节　绪　论

一、研究缘起

（一）研究赵家骥的农村教育思想可以丰富我国当代教育史的内容

当前教育史研究中，对于当代教育家的研究，已经取得了不少的成果，然而研究者们的目光主要聚集在那些相对著名的教育家身上。对此，有学者指出：不仅重视精英人物的研究，也重视普通人的教育活动研究，以新挖掘的教育史料还原中国教育的原貌，让教育史研究见人、见事、见物②。赵家骥是四川当代著名的教育家，多年来一直从事教育行政管理与研究工作，造诣颇深，尤其以农村教育研究见长，撰写了600多万字的论文与著作，然而研究赵家骥的著述却并不多见。因此研究赵家骥的农村教育思想，研究当代这样一位教育家，有助于丰富当代教育史的内容。

（二）研究赵家骥的农村教育思想可以丰富区域教育史的内容

赵家骥曾担任四川省督学以及四川省乐山市教育局局长等职务，为乐山市和四川省的教育做了许多工作，取得了令人瞩目的成绩，并受到了专家学者和一线教育工作者的一致好评。有人说，了解乐山教育，必须了解赵家骥，了解赵家骥必须了解乐山教育③。因此深入研究赵家骥的教育思想，可以让我们厘清乐山教育乃至四川教育的发展线索，展示四川地区教育发展的特点，丰富区域教育史的内容。

---

① 本文完成于2017年5月，收入本书时主编略作改动。
② 方晓东，王晓燕. 中国教育史研究的趋势与展望［J］. 教育史研究，2010（3）：1-9，15.
③ 杨亚雄. 偏偏皆因实践，篇篇源于实践［M］//赵家骥. 三环论：构建农村教育新体系. 成都：四川教育出版社，1994：6.

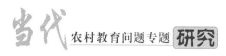

（三）研究赵家骥农村教育思想可以为当前的农村教育发展提供借鉴

"三农"问题一直都是党和政府关注的重难点问题，尤其是在当前城市反哺农村，工业反哺农业，逐渐破除城乡二元体制的关键时刻，解决三农问题显得尤为重要。很多学者专家都指出，解决"三农"问题必须依靠发展农村教育。赵家骥是四川省著名教育家，他多年来一直在教育管理、研究和教学一线工作，在农村教育方面颇有见地，形成了一整套的农村教育思想。并且赵家骥的农村教育思想来源于他的农村教育工作实践，具有极强的操作性与实用性，对解决农村教育中的实际问题有很强的指导意义。如赵家骥大力宣传的四川青神模式，在2008年被国务院妇儿工委转发全国，为解决农村留守儿童问题提供了新的思路。研究赵家骥的教育思想有助于解决当前农村教育中的一些实际问题，为农村教育改革提供借鉴。

作为教育史专业的学生，有义务去研究赵家骥，丰富我国当代教育史的内容；作为在四川学习教育史的学生，研究和宣传四川的教育家，更是我义不容辞的责任；最后，作为一名农民的儿子，研究赵家骥的农村教育，为农村教育，为生我养我的土地，做一些事情，是我莫大的荣幸。

二、核心概念界定

（一）赵家骥

赵家骥，男，1938年出生，四川省眉山县（今眉山市）人，四川省著名教育家，也是我国著名的农村教育专家。长期从事教育管理与研究工作，尤其在农村教育研究方面，成果颇丰。提出"三环论"，倡导农村教育需要普通教育、成人教育、职业技术教育统筹兼顾，这一"三教统筹"的思想成为国内构建农村教育的基本思路；创造"短平快"成人教育模式，受到了联合国教科文组织亚太地区办事处的高度赞扬，被认为是发展成人教育的优化模式；创造"宽实活"职业技术教育模式，为职业技术教育的改革提供了新思路。在多年的教育管理与研究工作中，赵家骥形成了自己独特的农村教育思想理论体系，提出了许多很有远见的主张。

（二）农村教育

农村教育是指在我国广大城镇及城镇以下的农村地区开展的各类教育活动的统称。它包括农村普通教育、农村职业技术教育和农村成人教育，由于我国农村人口众多，农村教育是一直是我国教育的重难点。

三、文献综述

笔者在中国期刊网（CNKI）上，利用其高级检索功能精确匹配检索，时间界定为1938—2016年，检索范围为全部，以"赵家骥"为主题、篇名、关键词分别搜索出文献19篇、6篇、0篇。在读秀的中文期刊高级检索上以"赵家骥"

为标题、关键词、内容摘要分别搜索出文献 8 篇、0 篇、22 篇。

通过对相关文献进行阅读分析整理，学者们对赵家骥进行研究的成果，大致可以归纳为如下四个方面：

（一）关于赵家骥教育生平的研究

赵家骥心系三农，几十年如一日，为农村教育奉献自己的力量。在几十年的教育生涯中，其担任过大学教授、县委领导、市教育局局长、四川省教育学会副会长、四川省陶行知研究会副会长等职务。学者们对他的教育生平进行了回顾与整理。

已有的文献对赵家骥教育生平概况的描述基本相同，都是以时间为顺序，以传略、回忆等形式，从赵家骥的教育经历、政治身份、文章著作、教育实践等几个板块展开叙事和讨论的。赵家骥于 1938 年出生于四川省眉山县（今眉山市）一个普通的农民家庭，后来考取四川师范大学数学系，毕业后留校任教，从事科学研究，1982 年调任乐山地区教育委员会主任，在任 18 年，退休后，辗转于成都、泸州、乐山、眉山，应邀于四川乃至全国，一边讲学一边开展农村教育的调研工作。赵家骥孜孜不倦地践行着自己的教育理想，"年逾古稀的家骥依然精神矍铄、思维活跃，充满使命感与责任感，不辞辛劳奔波于农村教育天地，笔耕不辍抒写教育理想与情怀"[①]。

（二）关于赵家骥农村教育理论的研究

赵家骥勤于学习，善于思考，笔耕不倦，撰写出版了《三环论》《创造教育论纲》《农村教育的困境与出路》等，共计 600 余万字的论文与著作，构建了自己关于农村教育的一整套理论。关于赵家骥农村教育理论的研究一直是学者们关注的重点。

首先，现有的文献对赵家骥农村教育理论的研究大都是简单概述，并没有详细介绍他的理论体系。虽然有学者指出，"赵家骥在实践中创造性地提出的构建农村教育新体系的'三环论'，改变了农村教育单一的体系结构，使原来只有普通教育的农村，发展了职业教育和成人教育"[②]，但是目前还缺乏对"三环论"体系的系统介绍和相关研究。

其次，学者们的研究都集中于赵家骥农村教育理论的产生根源方面。第一，赵家骥的农村教育思想是来自实践的。有学者指出，赵家骥有关农村教育的著述丰厚，形成整套体系。这些著作是在实践基础之上写出来的，没有一点象牙塔的味道[③]。第二，赵家骥的农村教育理论受到了陶行知的影响，赵家骥担任四川省陶行知研究会副会长兼农村分会会长，陶行知的教育思想自然对他影响深远，

① 邓达. 舒农村教育情怀 谱富民惠民春秋：记我国现代农村教育家赵家骥［J］. 中国农村教育，2009（C2）：9-11.

② 邓达. 舒农村教育情怀 谱富民惠民春秋：记我国现代农村教育家赵家骥［J］. 中国农村教育，2009（C2）：9-11.

③ 韩邦彦.《新世纪教育研究：赵家骥文集（2000—2010）》·序一［M］. 成都：四川人民出版社，2015：3.

"阅读家骥的著作还有另一个鲜明的特点，就是他把陶行知读懂了，既读进去，又读出来"①。

再次，学者们指出了赵家骥农村教育理论的特点：第一，赵家骥的理论都是实践取向的，是从实践中来，再回到实践中去的，他的农村教育理论源于他多年来的农村教育工作思考与总结，"赵家骥是一位勤奋的作者，是一位从生活实践的问题出发进行研究的作者，是一位写作认真和作风严谨的作者。他的体系不断地向教育基层的许多领域拓展，而这些领域恰恰是所谓工作热点和难点之所在，往往是需要及时解决的问题"②。中国教育学会会长、世界比较教育学会执行主席顾明远教授曾评价赵家骥"您在教育第一线，从实践出发，提出问题，上升为理论，为教育科学增添了宝贵的财富，这是十分可贵的。在我国由于种种原因，搞理论的同志很难深入实际；而搞实践的往往又事务缠身，有些同志是没有时间去研究，有些同志是懒于去研究。像您这样在第一线忙忙碌碌但又能把实践与理论结合起来，研究问题发表见解，实在是难能可贵"③。第二，赵家骥的农村教育理论具有超前性，他多年来一直蹲守基层，善于思考，"这些都造就了他敏锐的目光和超前的认识，使他能站在时代前列，促进农村教育的发展"④。

最后，有学者按照时间线索指出了赵家骥教育思想形成的三个阶段。学者杨亚雄在《篇篇因由实践 篇篇源于实践》中，指出了赵家骥教育思想形成的阶段，"第一阶段是1982—1983年，主要是进行调查研究，分析问题，指出改革措施。第二阶段是1984—1987年，是家骥教育思想的形成期。第三阶段是1988年至今，为家骥教育思想的成熟期"⑤。

（三）关于赵家骥农村教育实践的研究

赵家骥长期在教育管理一线工作，从事了大量农村教育实践活动。现有文献叙述了他的农村教育实践活动，高度赞扬了他从事农村教育管理工作时，心系农民、服务农村的情怀，以及他从事农村教育实践时不畏艰苦、百折不挠的精神。"赵家骥同志组织、实施教育，一定要考虑农民的需要，使农民能得到实惠。"⑥赵家骥着力打造的富民工程，"一是仁寿的'五马模式'，二是夹江的'云吟模式'，三是青神的'南城模式'，都有'教科农'结合的特色、富民的效果"⑦。

---

① 姚文忠.《新世纪教育研究：赵家骥文集（2000—2010）》·序二［M］.成都：四川人民出版社，2015：8.

② 邓达. 舒农村教育情怀 谱富民惠民春秋：记我国现代农村教育家赵家骥［J］.中国农村教育，2009（C2）：9-11.

③ 顾明远.《三环论：构建农村教育新体系》·序一［M］.成都：四川教育出版社，1994：2.

④ 韩邦彦.《新世纪教育研究：赵家骥文集（2000—2010）》·序一［M］.成都：四川人民出版社，2015：2.

⑤ 杨亚雄. 偏偏皆因实践，篇篇源于实践［M］//赵家骥. 三环论：构建农村教育新体系. 成都：四川教育出版社，1994：9.

⑥ 韩邦彦.《新世纪教育研究：赵家骥文集（2000—2010）》·序一［M］.成都：四川人民出版社，2015：3.

⑦ 韩邦彦.《新世纪教育研究：赵家骥文集（2000—2010）》·序一［M］.成都：四川人民出版社，2015：3.

赵家骥孜孜不倦，跟踪服务了青神"南城模式"30年，使得"南城模式"从小做大，由弱变强。

关于赵家骥农村教育实践的研究，现有文献多以时间为线索，分别研究了赵家骥担任乐山市教育局局长的教育行政管理工作和退休后的教育科研工作。关于赵家骥教育行政管理工作的研究大多记载了他在四川省农村教育研究会主事，解决农村民办教师问题，打造富民工程，参加各类会议，推广农村教育经验等具体事件，说明赵家骥的农村教育思想是有坚实的实践根基的。关于赵家骥退休后的教育科研工作的研究主要介绍了他开展城乡一体化研究，探索新农村学习型社会建设和创建川南农村社区学院等典型事件，肯定了他为了农村教育事业孜孜不倦、不断探索的精神。

（四）已有研究的贡献和不足之处

综上所述，已有的研究贡献主要集中在四个方面：第一，基本厘清了赵家骥的教育生平，特别是赵家骥完成学业后，从事教育工作的一些个人经历；第二，介绍了一部分赵家骥农村教育理论，并指出了赵家骥农村教育理论是来自实践的并且受到了陶行知的影响及其理论联系实际，具有超前性的特点；第三，以时间为线索，分析整理了赵家骥教育思想形成发展的阶段；第四，介绍了赵家骥从事教育管理和教育研究的实践活动。

虽然已有研究为以后的研究奠定了一些基础，但总体来说，对赵家骥的相关研究较少，尽管赵家骥本人有600多万字的著作和论文，但是其他学者研究赵家骥的相关文献数量有限，并且这些有限的文献多是书评、人物传记、书前序言等，缺乏学术性。此外，上述的相关研究在研究的内容和方法上也存在以下局限：

首先，研究内容比较粗糙、缺乏深度。赵家骥的农村教育实践极其丰富，而且他针对农村教育所涵盖的各个领域都提出了自己相应的主张，但是现有的文献多是在对赵家骥的教育生平、农村职业技术教育、农村成人教育等方面进行概括性的叙述研究，十分粗糙，并且涉及赵家骥的农村成人教育思想、农村教育管理体制思想、农村教育经费投入思想、农村教育师资培养思想等的研究，很难找到。以往学者仅仅对赵家骥农村教育思想中的关于农村成人教育、农村职业技术教育的某些方面进行了概述，很难找到完整而系统地研究赵家骥农村教育思想体系的成果，这显然不够细致，缺乏深度。因此，需要扩充已有研究领域的研究，对那些尚未深入研究的赵家骥农村教育思想方面要进行填充，以构建形成一个完整细致的理论体系。

其次，研究方法缺乏创新性。现有的研究普遍采用历史文献研究法，缺乏多方位的联系与比较。我们在接下来的研究中应该采用多种研究方法，例如比较法和访谈法，把赵家骥的农村教育思想与其他教育家的农村教育思想进行一定的比较，以便理解其农村教育思想的特色，从而深入挖掘和理解其思想。

最后，研究资料相对单一，内容上出现大同小异的特点。由于现有的研究文章主要参考赵家骥的《三环论》，因此出现了不同的作者撰写同一个方面时出现

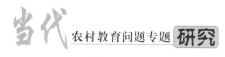

了结构和内容上的相似性，从而导致特点不突出。建议进一步搜集整理赵家骥农村教育思想的第一手资料，或者是多从不同的视角分析其教育思想，以便写出新意，得出新的启示。

四、研究的理论意义和实践意义

（一）理论意义

近几十年来，四川地区的农村教育事业快速发展，取得了巨大的成就，而赵家骥的农村教育思想正是在四川地区农村教育事业迅速发展的历史进程中逐步形成的。从某种程度上说，赵家骥的农村教育思想是四川地区农村教育事业发展的一个历史缩影。通过研究赵家骥的农村教育思想，一方面可以从侧面反映四川地区农村教育发展的历史进程和特色，另一方面对四川农村教育的经验进行归纳和总结，亦可丰富区域教育史的内容。

赵家骥多年来发表了许多关于农村教育论文和著作。这些论文和著作涉及了农村教育的各个层面，见解独特，观点新颖，在农村教育界颇具影响力。因此，全面、系统、深刻地研究赵家骥的农村教育思想，构建赵家骥的农村教育思想理论体系，可以丰富我国农村教育的理论和内容。

由于我国人口众多，农村区域面积广大，农村教育问题一直是我国教育的重点问题。赵家骥的农村教育思想中，有许多令人耳目一新的观点，研究赵家骥的农村教育思想，可以为解决农村教育问题提供新思路、新方向。

（二）实践意义

1. 研究赵家骥的农村教育思想有助于解决农村教育中的实际问题

赵家骥几十年如一日，长期奋斗在农村教育一线，为四川农村教育做出了很多贡献，积累了丰富而宝贵的实践经验，如解决农村留守儿童问题的青神模式，解决农村职业教育中问题的"宽实活"模式，解决农村成人教育中问题的"短快平"模式，等等。研究赵家骥的农村教育思想，学习他解决农村教育问题的经验，有助于我们解决农村教育中的实际问题。

2. 研究赵家骥的农村教育思想有助于推动农村教育事业的发展

赵家骥的农村教育思想是他多年来从事农村教育实践活动的结晶。他立足四川，放眼全国，从农村教育的机制体制到农村教育师资的培养等各方面，都进行了思考与探索，提出了自己的看法和主张。研究赵家骥的农村教育思想，吸收他农村教育思想中的超前部分，结合目前政治、经济、社会发展状况，对当前的农村教育政策进行必要的修订，努力改善农村教育的发展现状，有助于推动农村教育事业的发展。

五、研究的思路及方法

（一）研究思路

通过研读分析赵家骥的著述和挖掘整理现有关于赵家骥农村教育思想的文献

资料，借鉴和综合已有的研究，填补研究的空白，做到有所突破和创新，更加完整地构建赵家骥的农村教育思想体系；同时，结合时代背景，探讨赵家骥农村教育思想产生的根源，揭示其特色；把赵家骥农村教育思想研究与现今的教育改革紧密结合起来，深刻分析其当代价值。

（二）研究方法

1. 文献法

文献法也称历史文献法，就是对文献进行查阅、分析、整理并力图找寻事物本质属性，以达到某种调查研究目的的一种研究方法。本研究采用了文献法，通过查阅西华师范大学图书馆馆藏图书、中国期刊网、超星数字图书馆、读秀、万方数据以及购买相关书籍等方式对资料进行收集、分类和整理。

2. 调查法

笔者在撰写本研究时，前往乐山，拜访了赵家骥先生，并实地考察赵家骥当年工作过的地方，通过访谈等方式获得了录音资料。

六、研究的创新点

本研究的创新点有两个：

第一，在研究内容上，对赵家骥农村教育思想的系统梳理和研究上有所突破，在前人研究的基础上，构建起赵家骥农村教育思想的系统体系；本研究考察了赵家骥农村教育思想形成的根源以及其农村教育思想中的先进部分，为农村教育理论提供新的内容与理论；学习赵家骥农村教育实践的宝贵经验，为当前农村教育实际中的具体问题提供借鉴的思路。

第二，在史料上有所突破，本人前往乐山，实地考察了赵家骥工作过的地方，拜访赵家骥先生，获得了一些录音资料及一些尚未公开发表的第一手文献资料。

七、研究的可行性及难点

（一）研究的可行性

尽管先前的研究者未能对赵家骥农村教育思想进行全面深入的研究，但是赵家骥先生的著作颇为丰富，为本研究提供了翔实的资料，并且在开展本研究之前，已跟赵家骥先生本人取得联系，并得到了他的大力支持。

（二）研究重点

研究的重点是构建赵家骥农村教育思想的完整体系，挖掘其农村教育思想中对今天农村教育发展与改革具有借鉴意义和参考价值的部分。

（三）研究难点

一方面，由于东北师范大学有一位从事教育史研究的教授跟本研究对象赵家骥先生同名同姓，因此收集到的许多资料需要仔细辨别，以防止张冠李戴而降低资料整理的效率。另一方面，学界欠缺对赵家骥农村教育思想全面系统的研究，需花大量时间整理零碎的资料，加之自身学术水平和写作能力有限，对于本研究结构的把握、写作的流畅度以及某些不缜密、不成熟的观点分析还亟待提高和完善。

第二节　赵家骥农村教育思想的产生

徐复观说："任何思想的形成，总要受某一思想形成时所凭借的历史条件之影响。"[①] 赵家骥农村教育思想的产生自然也离不开特定的历史条件。赵家骥出生于四川省眉山县（今眉山市）的一户普通农民家庭，生于农村，长于农村，他通过接受农村教育而成长。后来，他担任原乐山地区的教育局局长，在工作中，赵家骥逐渐看清了农村教育的面貌，对农村教育的发展问题进行了大量的思考，由此产生了自己独特的农村教育思想。本节将从赵家骥的成长和工作经历出发，结合当时四川农村教育的历史背景来分析赵家骥农村教育思想的产生。

一、与农村教育紧密相连的人生[②]

赵家骥于 1938 年 12 月出生在四川省眉山县（现眉山市）一户贫苦的农民家中。他在农村出生，也在农村长大。由于父亲早逝，赵家骥从小就跟随母亲从事各种劳动，如锄地、薅草、浇水、收割、守夜，挑菜上市场卖等，他什么活都干过，深知生活的艰苦，是一个典型的知苦知难的农村孩子。

1949 年新中国成立后，靠了党的好政策赵家骥才有机会走进学校读书。赵家骥家境贫寒，无力支付学杂费用。当时有一个好政策，政府在学校设立了人民助学金，用来资助那些家境困难的孩子上学。赵家骥就是一直在人民政府关照下，靠助学金资助得以上学读书的。

作为一个农村学生，赵家骥十分珍惜这来之不易的机会，读书很努力。通过刻苦学习，中学毕业后，赵家骥考进了四川师范大学数学系。在大学学习期间，老师和同学们都很关心照顾赵家骥。赵家骥参加了勤工俭学、军训，他去过工厂，下过农村，到过水电站工地，参加社会主义建设，接触到了真问题，参与解决了真任务。这段经历让赵家骥得到深刻的体验和丰富的收获，切身体会到一个人的成长需要什么。随后赵家骥被选送到中国科学院，一边学习一边工作。赵家骥先在中国科学院四川分院工作学习，后来又到了中国科学院数学研究所。后来，由于所参与的研究项目暂停，赵家骥被母校要回，到四川师范大学任教。在

① 徐复观. 儒家政治思想的构造及其转进 [M] // 李维武. 中国人文精神之阐扬：徐复观新儒学论著辑要. 北京：中国广播电视出版社，1996：229.
② 本部分史料来自笔者与导师杜学元教授对赵家骥先生的采访及所整理的赵家骥先生提供的书面材料。

此期间，赵家骥除了教学、科研，还去过工作队，后来又被选调到成都市委、四川省委工作。其中，还包括到五七干校锻炼改造的经历。这段经历让赵家骥领悟到了许多宏观思维的方式方法。

1974 年，赵家骥被调到县上担任领导。他干一行，钻一行，分管什么工作，就钻研什么业务：分管农业，农业大丰收；分管政法，创造了综合治理模式，将如何搞好社会治安的经验在全省推广。在任期间，赵家骥特别关心重视教育，被四川省教育厅表扬为关心教育的县委书记，并且还几次在全省介绍经验。

1982 年春节刚过，赵家骥再次走马上任。他临危受命，担任乐山市教育局局长，并且在这个位置上一干就是 18 年，为乐山地区教育的发展特别是农村教育的发展做出了不可磨灭的贡献。

现今，赵家骥先生早已经退休多年，年逾古稀，本应该在家含饴弄孙，享受天伦之乐，但先生依然精神抖擞，斗志昂扬地奋战在农村教育的第一线，为农村教育事业出谋划策，贡献自己的力量。赵家骥现在还担任着四川省陶行知研究会与四川省教育学会的副会长兼农村教育分会会长的职务，同时还受聘于四川师范大学、西南大学、东北师范大学等多家国内的知名大学和研究机构。他不分寒暑，马不停蹄地辗转于成都、泸州、乐山、眉山等地，应邀在全国各地讲学调研。

作为一名农民的儿子，赵家骥在农村出生成长，从小就跟农民、农村打交道，他目睹了农村的落后和农民的淳朴，对农村和农民有着很深的情感。后来，赵家骥虽然担任高等师范院校的教授和院长，但他丝毫没有忘记生他养他的农村，在工作之余他一直思考研究农村教育的问题。工作调动后，赵家骥担任教育行政长官，更是致力于农村教育，"到地区不久，他把不少行政事务逐渐交给别的领导，而自己带人马一头扎进农村，研究农村、农民和农村农民需要什么样的教育"[①]。在这种与农村教育紧密相连的人生中，赵家骥逐渐形成了自己独特的农村教育思想。

二、改革开放之初四川农村教育的状况[②]

改革开放之初，四川省的农村教育一度处于一塌糊涂、满身疮痍的困境中。首先，当时农村学校的办学条件之差是现在无法想象的。很多地方的学生，都是要在年久失修的危房里上课，就是著名的乐山大佛所的地区也是如此。只要一刮风下雨，学校的校长、教育局的局长和分管教育的领导都胆战心惊，害怕那些年久失修的学校危房发生倒塌，伤害到教师和学生。当时人们戏称四川的教室是四面透风的"四穿（川）教室"。甚至还有很多地方，根本没有教室，只能借用地

---

① 邓达. 舒农村教育情怀 谱富民惠民春秋：记我国现代农村教育家赵家骥 [J]. 中国农村教育，2009（C2）：9-11.

② 本部分史料根据笔者和导师杜学元教授以及同门杨媛于 2016 年 6 月 4 日在乐山对赵家骥先生的采访录音整理而成。

主家的祠堂和各种庙宇充当教室。学生都需要自己从家里带桌凳来上课，还有许多地方干脆就直接用石头当桌子凳子，或者用土砖砌成各种简易的"课桌"。由于石桌石凳高度不够，需要蜷着腿才能坐下，很多地方的学生由于长期这样蜷腿而坐，形成了"O"形腿。有一个典型的例子就是当时的彭山县谢家乡魏巷村，部队的招兵体检，许多年来都没有一个人合格。后来魏巷村消除危房后，有厂家送了他们一台风琴，全村人民都觉得稀奇，纷纷来看热闹。其次，教师和学生的住宿条件也十分差，下雨的时候需要在屋子里搭石头才能走进去上课。当时四川省仁寿县教师的居住条件很差。即使是最好的教师宿舍也都是屋子外面下大雨，屋里面就下小雨。此外，农村教育的师资力量更是严重不足。农村教师队伍绝大多数都由民办代课老师构成。只要有人上课就行，根本无法奢谈教师的学历和质量。

在这样的情况下，处于学龄期适龄儿童的入学就读率极其低下，即使已经入学的学生，后来的辍学率也很高，到处都是大字不识的文盲。

在这样的困境之中，1982年，赵家骥临危受命，走马上任，担任乐山市教育局局长。面对眼前的困境，赵家骥不得不思索，该如何打破困境，改变现状。他决定先易后难，首先把学校建起来，然后再逐步改善办学的硬件设施。

当时国家的财政状况很不理想，教育经费尤为紧张，想要拿到资金投入，比登天还难。该如何改变这种状况呢？当时想到的办法是，树立典型形象，大力宣传开展集资办学。当时的乐山市洪雅县将军乡福钟村有一个叫毛加禾的村主任，他看到村子里的学生们借用寺庙和地主的祠堂上课的现状，十分痛心，他下决心要改变这种现状，他说："我当了共产党的村委书记二十年了，现在我们的学生还在享地主的福，享不到党的福，实在是有点羞人。"当时他身体不太好，行动不便，便让自己的儿子把他抬到牛背上，让牛驮着他，走乡串户，四处考察。他提出了一个"三个搞起来"的口号："电灯亮起来，广播响起来，学校办起来。""电灯亮起来"和"广播响起来"这些都好解决，可是"学校办起来"该如何办呢？毛家禾下决心筹集资金，修建校舍，改善办学条件。他本人住在工地上整整三个月没有回家。后来，群策群力，终于把学校办起来了。乐山教委就以毛加禾为典型，在全省各大媒体上宣传他的事迹，大力宣传他集资办学，消除危房的事迹。经过这番努力后，当地农村就开始流行一个新的"两有一无"口号，即"校校无危房，班班有教室，学生人人有木制课桌凳"。

后来赵家骥又同乐山教委的同志们一道组织拍摄了一部名为《千秋功业》的录像片，记录了当时乐山地区学校办学条件艰苦的状况。录像拍好后，先是请政协委员们观看，后来又请人大成员跟市政府班子观看，引起了各界的重视。大家看后，都非常感慨，纷纷表示要想办法，改变现状，于是一股集资办学的热潮在乐山兴起。后来全国各地也都兴起了集资办学模式，但是在四川，集资办学模式最早便是从乐山开始的。

正是在解决四川农村教育困境的过程中，赵家骥逐渐酝酿并形成了自己的独特的农村教育思想。

三、赵家骥农村教育思想产生的基础

（一）无法割舍的"三农"情结

我国作为一个传统的农业大国，农村人口数量居多，自古以来，那些关心国家和民族命运的仁人志士们无不关心农业、关心农村、关心农民，赵家骥亦是如此。赵家骥在农村出生，在农村长大，跟农村和农民有着天然的联系。在赵家骥走进城市上学之后，更是看到了农村与城市之间的巨大差距。农村贫穷落后的面貌促使他不断思考，农村的未来该如何发展，农民的未来该如何发展，农业的未来该如何发展。可以说，赵家骥心中一直有一份无法割舍的"三农"情结。

后来，参加工作后，在农村教育行政管理的实践中，赵家骥敏锐地意识到，要促进农村的发展，促进农业的发展，必须要依靠发展农村教育。改革开放初期，我国农村教育的发展严重滞后。赵家骥先生担任乐山市教育局局长伊始，不顾个人安危，马不停蹄地去各地农村学校的危房教室和宿舍考察。农村教育落后的状况令赵家骥无比揪心，于是他在没有上级"红头子文件"的指示下，冒着风险在乐山开展起集资办学模式。后来，赵家骥在探索农村成人教育的"短平快"模式时，也受到了不少质疑。有人认为，教育周期长，教育效果具有滞后性，教育要按章办事，这是教育的普遍规律，成人教育也是教育，也要遵守教育规律，"短平快"模式显然违背了这一教育规律①。但是，赵家骥看到在实践中，"短平快"模式让农民得到了实惠，就顶住各方压力，坚持推广"短平快"模式。正是因为心中那份"三农"情结的支撑，赵家骥才能不畏艰难险阻，锐意革新，大力改革农村教育。赵家骥被当时的四川省教科所戏称是"农民局长""农村局长"，意指和农民关系好，只能干农村的事②。赵家骥在开展农村教育工作时，十分注重农民的利益。他曾着力打造过几个富民工程，让科技、教育和农业相结合，农科教统筹发展，让老百姓得到实惠。

赵家骥借用农村教育政策专家韩俊的话说，"要以父母之心办教育"③，在他心里一直有一份"三农"情结。他希望通过发展农村的教育事业，来促进农村社会与经济的发展，改变农村贫穷落后的面貌，让农民过上好日子。这份浓厚的"三农"情结是赵家骥农村教育思想产生的重要基础。

（二）陶行知教育思想的熏陶

陶行知作为著名的人民教育家、乡村教育的先行者，对农村教育有很多真知灼见，提出了"生活即教育""社会即学校""教学做合一"等教育思想。陶行知的教育思想对赵家骥影响很大。

---

① 杨亚雄. 偏偏皆因实践，篇篇源于实践［M］//赵家骥. 三环论：构建农村教育新体系. 成都：四川教育出版社，1994：16.

② 本部分史料根据笔者和导师杜学元教授以及同门杨媛 2016 年 6 月 4 日在乐山对赵家骥先生的采访录音整理而成。

③ 赵家骥. 新世纪教育研究：赵家骥文集（2000—2010）［M］. 成都：四川人民出版社，2015：71.

赵家骥早在四川师范大学读书时，就学习过陶行知的乡村教育理论。工作后，赵家骥加入了四川省陶行知研究会，并长期担任四川省陶行知研究会副会长兼农村分会的会长一职，多次参加关于陶行知研究的各种学术研究活动，与四川省和全国的"陶友"们交流探讨，对陶行知的教育思想有自己独到的感悟。这对赵家骥从事农村教育管理工作，帮助很大①。在笔者对赵家骥进行采访时，赵家骥也多次提到，他工作中的很多做法都是学习陶行知先生的。赵家骥所倡导的"三会"教育、生存教育、创造教育中都能看到陶行知教育思想的痕迹。赵家骥大力倡导发展职业技术教育和成人教育，也同陶行知对职业技术教育的重视分不开。此外，赵家骥认为农村教育的目的就是为农村建设服务，这与陶行知提倡的"乡村教育之目的就是为了建设乡村"更是异曲同工。

2008年5月，时任四川省陶行知研究会副会长农村分会会长的赵家骥在四川省陶行知研究会农村教育分会年会上做了题为《学习陶行知思想 推进素质教育深化发展》的主题报告，呼吁要学习陶行知的教育思想②。

陶行知注重从实践中总结经验教训的工作作风也深深影响了赵家骥。赵家骥称自己的研究是实践取向的，自己的理论是解决问题的理论③。赵家骥的农村教育思想都是在其农村教育实践的基础上，通过提炼典型案例，总结经验教训得出来的。陶行知教育思想的熏陶为赵家骥后来形成自己的农村教育思想打下了良好的理论基础。

（三）长期丰富的农村教育实践

马克思主义唯物辩证法的方法论告诉我们，只有通过实践，才能出真知。陶行知也说过："行动生困难；困难生疑问；疑问生假设；假设生试验；试验生断语；断语又生了行动，如此演进于无穷。"④赵家骥的农村教育思想正是在长期的农村教育实践中逐渐形成的。

1982年，刚刚担任乐山市教育局局长的赵家骥走到基层，看到的是一片疮痍。面对眼前的困境，赵家骥不得不思索，该如何打破困境，改变现状。他决定先易后难，先把学校建起来，逐步改善办学的硬件设施。于是，在他的领导下，拍摄了一部名叫《千秋功业》的录像片，让全社会及领导了解农村教育的困境，于是在四川省率先兴起了集资办学的热潮⑤。

在集资办学过程中，赵家骥深刻地了解了农村的需要。他认为，既要让农村

① 本部分史料根据笔者和导师杜学元教授以及同门杨媛2016年6月4日在乐山对赵家骥先生的采访录音整理而成。

② 赵家骥. 新世纪教育研究：赵家骥文集（2000—2010）［M］. 成都：四川人民出版社，2015：151-156.

③ 本部分史料根据笔者和导师杜学元教授以及同门杨媛2016年6月4日在乐山对赵家骥先生的采访录音整理而成。

④ 陶行知. 思想的母亲［M］//陶行知. 陶行知全集（第二卷）. 成都：四川教育出版社，2005：114.

⑤ 本部分史料根据笔者和导师杜学元教授以及同门杨媛2016年6月4日在乐山对赵家骥先生的采访录音整理而成。

学校农民建，更要办好教育为人民。就是在这个实践中，"短平快"教育模式诞生了。尽管上级批评违反规律，赵家骥仍然坚定不移，因为得到了农民群众的欢迎。他坚定地认为，办教育一定要让老百姓喜欢，为老百姓服务。后来"短平快"受到联合国教科文亚太地区办事处的充分肯定，并被称赞为"发展中国家的优化模式"，上级也就认可了。此后，他又创造了职业教育的"宽实活"模式，被教育部在全国推行，至今仍然受到各地青睐①。

在赵家骥一头扎进农村、深入学校的过程中，他又提出了"要叫下边干什么，要能讲清为什么"的教育管理思想②，把大家的学习积极性调动起来了，因为如果不努力学习，深入研究，就根本没有办法讲清为什么。后来，这一思想又发展为"干什么，学什么""干什么，研究什么"③。到了1986年，这一思想继续发展为"用理论作指导，从实践中总结"。老师们在反思与研究中增强了教育的理性自觉，把盲目、冲动、无效行为降到了最低限度。后来，赵家骥自己还特意编著了《学校管理十三讲》，并以此培训校长，使得校长们走上了研究学校管理的道路，管理效率大幅提高，最终走出了一条教育"实践研究"的道路。乐山教育也随之一步步地稳步向前发展。

赵家骥在实践中清楚地认识到农村单一的基础教育是不适应发展需要的，农村需要基础教育、职业教育，同样需要成人教育。因此，要发展农村教育就必须构建普通教育、职业教育、成人教育相互结合、相互补充的新型模式。普教、职教、成教三教相互结合，相互交叉渗透的"三环论"就是在这个基础上总结提炼出来的④。

赵家骥在长期农村教育工作的实践基础之上，不断反思总结经验，笔耕不倦，撰写出版了《三环论——构建农村教育新体系》《创造教育论纲》《农村教育的困境与出路》等，共计600余万字的论文与著作，构建起了自己关于农村教育的一整套理论。正是这长期的农村教育实践为赵家骥的农村教育思想提供了坚实的实践基础。

第三节　赵家骥农村教育思想的基本内涵

赵家骥的农村教育思想有着完整的理论体系，本节将从赵家骥关于农村教育的地位、农村教育的目的及目标、农村教育的体系、农村教育的内容、农村教育的管理、农村教育的学校建设和师资队伍培养、农村教育的发展方向及方法七个

①　杨亚雄. 偏偏皆因实践，篇篇源于实践［M］//赵家骥. 三环论：构建农村教育新体系. 成都：四川教育出版社，1994：5-18.

②　本部分史料根据笔者和导师杜学元教授以及同门杨媛2016年6月4日在乐山对赵家骥先生的采访录音整理而成.

③　赵家骥. 三环论：构建农村教育新体系［M］. 成都：四川教育出版社，1994：177.

④　赵家骥. 三环论：构建农村教育新体系［M］. 成都：四川教育出版社，1994：177.

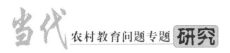

方面加以论述。

一、农村教育的地位

（一）对"农村教育"的界定

在论述农村教育的地位之前，要先对农村教育进行界定，到底什么才是农村教育？关于农村教育的界定，学界众说纷纭，赵家骥总结归纳出了三种比较主流的说法：区域划分、功能划分和目的划分。

"区域划分：县和县以下的教育，或者发生在农村的教育。（这是以赵家骥为代表的观点）

功能划分：具有服务农村功能的教育。

目的划分：为"三农"服务的教育。"①

赵家骥主张按照区域进行划分："农村教育，相对于城市教育，是指在农村（县和县以下，自然地域性概念的农村）里进行的教育活动。其主要对象是农民和他们的孩子。环境是农村。"②

赵家骥指出，这样按区域进行划分，有助于纠正一个错误逻辑。通常人们提起农村，马上想到的就是农业。而农业，我们一般认为就是"面朝黄土背朝天"的种地、种庄稼的传统农业模式。农民就是从事传统农业生产的人。赵家骥指出，这种逻辑是错误的③。农村是区域概念，农业是产业概念，农民是居住区概念（农民不是身份，而只是居住在这个区域的居民，他们首先是中华人民共和国的公民，享有公民权利的人）④。正确地界定农村教育的概念，有助于我们正确地认识农村教育的重要地位。

（二）发展农村教育能促进农村发展

赵家骥从解决"三农"问题的角度，论述了农村教育在促进农村发展中的重要作用。由于我国农村面积广阔，农村人口众多，因此"三农"问题一直是一个社会热点问题。要促进农村自身的发展，必须妥善解决"三农"问题，赵家骥一直强调解决"三农"问题的重点在农村，而农村的重中之重在农村教育，"中国人民的大多数在农村，为人民服务就必须要为农村群众服务。中国教育的大头在农村，加强农村的教育建设是教育的首要任务"⑤。

此外，赵家骥还从农村建设的角度，论述了农村教育在促进农村发展中的作用。改革开放以来，党和政府出台了一系列促进农村发展的好政策，农村的面貌发生了很大的变化，农民建设农村的积极性十分高昂。农村的建设需要大量的人才，并且这些人才必须依靠农村教育来培养。"我们决不能设想，农村培养的人

---

① 赵家骥. 新世纪教育研究：赵家骥文集（2000—2010）［M］. 成都：四川人民出版社，2015：77.
② 赵家骥. 新世纪教育研究：赵家骥文集（2000—2010）［M］. 成都：四川人民出版社，2015：89.
③ 赵家骥. 新世纪教育研究：赵家骥文集（2000—2010）［M］. 成都：四川人民出版社，2015：484.
④ 赵家骥. 新世纪教育研究：赵家骥文集（2000—2010）［M］. 成都：四川人民出版社，2015：77.
⑤ 赵家骥. 新世纪教育研究：赵家骥文集（2000—2010）［M］. 成都：四川人民出版社，2015：60.

才进城，让城里培养的人下乡。这样'换防'不仅不能解决广大农村建设的需要，而且也是办不到的。农村教育的对象来自农村，他们生在农村，长在农村，熟悉农村，对农村有感情。他们分布很广，只要教育思想端正了，教育得法了，这些人扎根农村，用自己的智慧建设现代化的新农村，将是大有可为的。"① 发展农村教育可以促进农村自身的发展，因此我们必须高度重视农村教育的地位。

（三）发展农村教育能促进农业的发展

在全国各地都在提倡"农科教"统筹发展的背景下，1990 年，赵家骥撰文《农村教育在兴农中的地位与作用》②，指出"大力发展农村教育，提高农村劳动力素质，是科技兴农的客观需要"③。一方面，发展农村教育，提高农民素质，教会他们使用发展现代化农业所需要的劳动生产工具，可以极大地提高农业生产的效率，促进农业的发展。另一方面，发展农村教育，开展农业技术推广服务，有利于实现农林牧副渔共同发展，实现农业的全面发展。④

（四）发展农村教育有利于转移农村剩余劳动力

随着农业科学技术的进步，农业生产的规模越来越大，集约化和机械化的趋势越来越明显，农村出现了大量剩余劳动力，农村人口外出务工的现象越来越普遍。农村有大量剩余劳动力需要转移出去。2004 年，赵家骥在四川省简阳市"农村劳动力转移与职技教育"⑤ 的演讲中指出，发展农村教育，尤其是农村职业技术教育有利于农村劳动力的转移，因此必须高度重视农村教育，"农村劳动力并不是生下来就是全能，他们不可能什么都懂，转移需要培训。既需要有文化基础和技能基础的培训，也需要有岗位能力包括市场适应能力的培训"⑥。只有大力发展农村教育，尤其是农村职业技术教育，教会农民工技术和本领，才能让他们在城市找到工作，把农村的剩余劳动力输送出去。

（五）农村教育的发展事关我国现代化建设的大局

赵家骥从我国现代化建设大局的角度强调了农村教育的重要地位。过去，由于我国城乡二元制结构，城市发展很快，农村的发展严重滞后，农村教育更是一穷二白。赵家骥认为，我们要破除城乡二元制结构，发展建设社会主义新农村就必须要落实农村教育的重要地位，"现在工业化已基本完成，城市有了很大的发展——城市有了高楼大厦、柏油马路、灯红酒绿、五彩缤纷、齐备的服务设施。在这种情况下提出工业反哺农业、城市支持农村的方针政策。这是顺理成章的事情。说穿了，没有农村教育的足够发展，农村没有希望，城市也没有希望，现代

① 赵家骥. 三环论：构建农村教育新体系［M］. 成都：四川教育出版社，1994：96.
② 农村教育在兴农中的地位与作用［M］//赵家骥. 三环论：构建农村教育新体系. 成都：四川教育出版社，1994：98-103.
③ 赵家骥. 三环论：构建农村教育新体系［M］. 成都：四川教育出版社，1994：99.
④ 赵家骥. 三环论：构建农村教育新体系［M］. 成都：四川教育出版社，1994：99.
⑤ 农村劳动力转移与职技教育［M］//赵家骥. 新世纪教育研究赵家骥文集（2000—2010）. 成都：四川人民出版社，2015：483-500.
⑥ 赵家骥. 新世纪教育研究：赵家骥文集（2000—2010）［M］. 成都：四川人民出版社，2015：489.

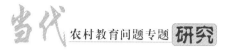

化没有希望，这已经是注定的事实"①。

二、农村教育的目的及目标

（一）农村教育的目的

早在 1986 年，赵家骥就指出农村教育的目的是"为农村建设服务"。赵家骥从我国农村教育的历史出发，回顾了长期以来我国农村教育只为少数人升学的状况与我国农业的发展需要大量农业技术人才之间的矛盾，指出我们要摆正农村教育的目的。

1988 年，赵家骥撰文《农村教育的危机》②，从农村发展人才需求的角度指出："这就明确要求农村教育要充分发挥它培养造就人的功能，为发展生产力，发展社会主义经济服务，要按社会生产力和社会主义建设所提出的需要办学。再明确地讲，就是要培养多类型、多规格、多层次的，与本地经济发展相适应的各种人才。"③ 后来，随着时代的发展，赵家骥在 2001 年又与时俱进地指出，农村教育的目的是为"三农"服务，并且强调，为'三农'服务，绝不只是为农业服务。根据赵家骥按区域界定农村教育的观点，农村只是相对于城市的一个区域而已。在农村这个区域里面，同城市一样，既应该有农业，也还应该有工业，服务业等第二、第三产业，所以不仅需要能从事农业生产的人才，也需要能从事第二、第三产业的人才。因此，要实现教育为"三农"服务的目的，"就要通过人才培养，促进农村产业机构的调整，促进农业生产结构的调整，促进农村劳动力结构的调整。让他们有本事从农业劳动转向第二、第三产业劳动，从传统农业的劳动转向现代农业劳动，从农村转向城市"④。

（二）农村教育的目标

根据农村教育"为农村建设服务"的目的，赵家骥指出农村教育的目标就是要为农村建设培养众多具有文化科学技术知识的建设者。赵家骥指出了我国当前农村教育目标的错位，他认为当前我国的农村教育是"升学模式"，是以升学为目的的，"目前的农村教育，实际上已经变成为培养升学人才服务，为'跳龙（农）门''脱龙（农）皮'服务了"⑤。随着农村社会的发展，特别是农村经济的发展，"升学模式"的弊端早已显露无遗，因此必须要调整农村教育的目标，"要求农村教育尽快从'就教育论教育''为教育办教育'的狭小天地，从升学教育转到为社会主义建设服务，为当地经济发展服务上来"⑥。赵家骥重视教育促进农村社会发展的作用，从教育能造就人才的角度，提出了农村教育为农村建

① 赵家骥. 新世纪教育研究：赵家骥文集（2000—2010）［M］. 成都：四川人民出版社，2015：70.
② 农村教育的危机［M］//赵家骥. 三环论：构建农村教育新体系［M］. 成都：四川教育出版社，1994：56-64.
③ 赵家骥. 三环论：构建农村教育新体系［M］. 成都：四川教育出版社，1994：61.
④ 赵家骥. 新世纪教育研究：赵家骥文集（2000—2010）［M］. 成都：四川人民出版社，2015：62.
⑤ 赵家骥. 三环论：构建农村教育新体系［M］. 成都：四川教育出版社，1994：61.
⑥ 赵家骥. 三环论：构建农村教育新体系［M］. 成都：四川教育出版社，1994：51-52.

设培养人才的目标。

三、农村教育的体系

所谓的教育体系，就是指各种教育要素如何在教育系统内部进行有序组合。有学者指出，农村教育只需要照搬城市教育的体系，不需要再自己去创造什么体系。对此，赵家骥提出了自己的不同看法。赵家骥认为农村教育想要发展，必须得要有自己的特色，必须要建立自己独特的体系。赵家骥在农村教育的实践中清楚地认识到，农村只有单一的基础教育模式是不能适应农村社会未来的发展的，农村不仅需要基础教育和职业教育，同样需要成人教育，因此农村教育必须构建普通教育、职业教育、成人教育相互结合、相互补充的新型教育模式。

1989年，赵家骥撰文《构建农村教育模式的思考》[1]，初步阐释了自己对于构建农村教育体系的思考。赵家骥在该论文的开头就开宗明义地指出，农村教育体系中必须要包含普通基础教育、职业技术教育和成人教育，接着赵家骥又分别详细论述了这三元的作用。赵家骥认为，这是农村教育体系的三个最基本元素，"首先，普通基础教育是提高民族素质的奠基工程……因此，普通基础教育，是农村教育模式中必不可少的基础性一元。其次职业技术教育是教育与经济的一个结合点，是伴随商品经济发展而发展的，是人类社会发展进步的产物……职业技术教育，理所当然应成为农村教育的必要一元。第三，成人教育，作为职后教育、继续教育，是与普通基础教育和职业技术教育相辅相成、互为补充的……它自然地成了构建农村教育模式的重要元素"[2]。这"三元"该如何组合呢？赵家骥在论文中驳斥了当时流行的"板块论""主体论"和"主导论"等观点，提出了"三环论"，"即认为普教、职教和成人教育，围绕着培养人、提高人的素质这一共同的根本目的而发挥各自独特的职能；并且在这个过程中，它们在教育形式上相互交叉，在教育内容上相互渗透，在教育功能上相互补充，在教育效果上相互促进"[3]。

1994年，赵家骥出版了著作《三环论——构建农村较新体系》，更加系统地提出了该如何构建农村教育的体系。在该书中，赵家骥具体探讨了统筹发展农村普通教育、职业技术教育和成人教育的一些具体原则问题和实施的具体方法。首先，赵家骥分析了国内和国际形势以及我国农村教育存在的各种问题，提出要构建农村教育新体系，必须走出"就教育论教育"的框架，走"三教统筹"和科教兴农的道路，并指出构建农村教育新体系的目标是"服务"与"依靠"。其次，赵家骥指出了发展"三教统筹"的具体思路和方法：农村普通基础教育要抓住"素质教育"这个根本；农村成人教育要发展"短平快"模式；农村职业

① 赵家骥. 构建农村教育模式的思考［M］//赵家骥. 三环论：构建农村教育新体系. 成都：四川教育出版社，1994：383-391.
② 赵家骥. 三环论：构建农村教育新体系［M］. 成都：四川教育出版社，1994：384-386.
③ 赵家骥. 三环论：构建农村教育新体系［M］. 成都：四川教育出版社，1994：388.

技术教育要发展"宽实活"模式。最后，赵家骥还论述了农村教育新体系的管理体制，即"县为主体，乡为基础"。

四、农村教育的内容

赵家骥农村教育思想的内容十分丰富，为了论述方便，参照其"三环论"的观点，本研究将赵家骥农村教育的内容划分为三大板块，即农村普通教育、农村职业技术教育、农村成人教育。

（一）农村普通教育

赵家骥认为，农村的普通教育要有农村特色，不能完全照搬城市模式。当前的普通教育被"三本"套牢了：学校以考试为本，社会以升学为本，学生以分数为本。为此赵家骥提出农村普通教育要实行"素质教育""三会教育"生存教育和创造教育。此外，赵家骥还一直十分关心农村留守儿童的教育与保护工作。

1. 素质教育

素质教育这个概念自提出以来，就一直众说纷纭，议论纷纷。赵家骥也提出了自己关于"素质教育"的看法。赵家骥认为，"素质教育是以提高国民素质为目的的教育，是强化人赖以生存发展的基础条件，增强对社会的适应能力的教育"[1]。因此素质教育的内容应该是多方面的，包括身体素质教育、科学文化知识素质教育、职业操作素质教育、政治思想道德素质教育和心理素质教育，"'素质教育'的精义在于'全面'，给学生打好全面的素质基础才可能有特长与个性的发展。不仅打普通科学文化知识的基础，而且要打品德的基础、体质的基础、美的基础，以及普通职业知识和技能的基础"[2]。

赵家骥认为，素质教育并不是同应试教育完全对立的，他还特意从教育的目的、教育的对象、教育的途径和教育的方法四个方面强调了"素质教育"与"应试教育"的不同之处。针对当时社会上一味提高"素质"教育，批评"应试"教育的情况，赵家骥特别指出，提倡"素质教育"并不是完全反对"应试教育"，因为从某个角度上说，会考试能做题也可以算作是一种"素质"[3]。

赵家骥还指出了实施素质教育的途径。首先是要改善办学条件，素质教育要求加大对教育的投入，必须要有相配套的教学设备仪器和活动场所，因此"办学条件的改善是实施素质教育的基础"[4]。其次是要提高教师的素质。"要是每一个学生的素质得到充分的提高，教师必须有丰富的完善的知识，有适合于教学的独特教学方法，还有比较突出的专业或业余特长，有足够的能力把握和操作素质教育。"[5] 再次是要有科学、系统的理论指导。许多地方在实施素质教育时，都是

① 赵家骥. 新世纪教育研究：赵家骥文集（2000—2010）[M]. 成都：四川人民出版社，2015：158.
② 赵家骥. 三环论：构建农村教育新体系 [M]. 成都：四川教育出版社，1994：178.
③ 赵家骥. 新世纪教育研究：赵家骥文集（2000—2010）[M]. 成都：四川人民出版社，2015：159.
④ 赵家骥. 新世纪教育研究：赵家骥文集（2000—2010）[M]. 成都：四川人民出版社，2015：163.
⑤ 赵家骥. 新世纪教育研究：赵家骥文集（2000—2010）[M]. 成都：四川人民出版社，2015：163.

老师自己摸索，效果不好，因此要加强对素质教育理论的研究工作，用以指导素质教育的实践。最后还要改进教育内容。传统的教育内容一味强调书本知识的记忆，这与素质教育的要求不符，必须加以改进才能为实施素质教育服务。

2. "三会"教育

"三会教育"的思想来源于赵家骥及乐山教委指导下的乐山教育综合改革。在教育综合改革中，眉山师范附小在开展"改革各科教学，提高学生素质"课题调研时，初步形成了"三会"教育思想①。1988年，在赵家骥及乐山教委的指导下，"三会"教育在乐山市青神县学道街小学开始实施，经过几十年的实施探索，形成了一套相对完整的理论。

所谓"三会"教育是指要教育学生"学会学习，学会做事，学会做人"②。学会学习，要求学生在学习课本上的文化知识之外，还要学会正确的学习习惯、学习方法、学习态度、学习品质。这样就有利于学生自主学习，独立探索，不再被分数套牢。学会做事，要求学生掌握一定的劳动技能，学会生活自理等。学生不仅要动脑，更要动手，不仅要学会知识，更要掌握技能。学会做人，要求学会正确地同自己、他人和社会相处，不能做一个只会学习的书呆子。

赵家骥认为"三会"教育是符合"素质教育"要求的一种教育模式，因此在乐山地区大力推广，取得了很好的效果，其中乐山市五通桥区冠英镇一中还因开展劳动教育受到了江泽民总书记的称赞③。

3. 生存教育

生存教育这一命题，在学术界一直有很多的探讨。赵家骥对这个命题提出了许多看法。赵家骥指出，生存能力是人发展的前提条件，一个人如果不学会生存，就不可能有发展。经过几十年的艰苦奋斗，我国农村基础教育虽然有了巨大的进步，然而在一味地强调应试教育的同时，青少年的生存状况却令人触目惊心。赵家骥指出，"学校教育在升学率的压力下，在分数教育的指导下，往往只重视学生的考分，不重视学生的综合素质，把'学'与'生'分割开来"④。赵家骥在《新时期青少年生存教育问题研究》中，列举了我国青少年生存能力差的十个镜头："①小学生自理能力差，不会叠被、洗碗筷；②许多小学生靠父母整理书包，还常常丢三落四；③发生火警，小学生不知道怎么办，大学生也成问题；④小学生在野外生存，想不出自力更生办法；⑤生活常识欠缺得可怕；⑥会读书、会考试，不会生存；⑦迷信分数，看重升学，吹捧高考状元；⑧家庭教育缺失，家务劳动太少，养成不爱劳动不做家务的习惯；⑨不会计划，花钱大手大脚，钱没了，伸手要；⑩有烦恼找谁，过半的人不知道。"⑤

① 参见《中国教育报》1997年3月11日相关报道。
② 赵家骥. 新世纪教育研究：赵家骥文集（2000—2010）[M]. 成都：四川人民出版社，2015：163.
③ 本部分史料根据笔者和导师杜学元教授以及同门杨媛2016年6月4日在乐山对赵家骥先生的采访录音整理而成。
④ 赵家骥. 新世纪教育研究：赵家骥文集（2000—2010）[M]. 成都：四川人民出版社，2015：153.
⑤ 赵家骥. 新世纪教育研究：赵家骥文集（2000—2010）[M]. 成都：四川人民出版社，2015：167-170.

此外，赵家骥还选取了中国儿童同外国儿童联合举行夏令营、联欢、体质对抗等活动中的材料，分析指出，同国外的儿童相比，我国青少年生存能力存在着普遍的缺陷：首先，我国青少年的身体素质持续下降，近视率一直居高不下；其次，我国青少年的心理素质也存在问题，缺乏抗压能力和承受挫折的能力；再次，生活常识和动手能力严重缺乏；最后，我国青少年体力活动和体育锻炼时间严重不足①。

针对这些问题，赵家骥提出了自己对生存教育的主张。首先，开展生存教育要借助家庭、学校、社会三方合力，要使生存教育贯穿到学生成长的全过程中，加强学校教育与家庭教育的合作与联系；其次，开展生存教育要加强宣传教育工作，要转变老师和家长的思想，树立升学不等于成才，成才应先成人的思想观念；最后，要减轻学校的压力，不以升学率为评价学校的唯一指标，要鼓励学校积极开展各种实践活动，在实践中锻炼学生，培养学生的生存能力②。

4. 创造教育

赵家骥以为，创造是社会进步的动力，创造性是人的本质特性。实施创造教育是社会发展的要求，是民族振兴的需要。现在，实施创造教育已经成为学校教育的重要任务③。

赵家骥提出了一个"科技创新实践活动"教育模式，其中科技是一个时代命题，在科技时代，必须有科学素养；创新是灵魂，没有创新就没有发展；实践是关键，学生要成长，必须在实践中摸爬滚打，在解决实际问题中锻炼自己；活动是载体，要把教育变成一项活动，让学生乐于参与。这些科技创新活动的开展反过来又促进了学生课内的学习。赵家骥认为，科技创新活动之所以能促进学生的学习，从心理学的角度来讲，是因为其抓住了教育的本质——让孩子们通过一次次的成功，积累了经验，增强了了自信心，因此通过开展各式各样的课外活动就反过来促进了课内的学习④。

从 1985 年开始，赵家骥在乐山市举办"科技辅导员"培训班，亲自担任辅导员，实行科技教育，增强了学生们的科技素养，学生们实现了快速成长。在赵家骥的支持下，峨眉山教育开展"双自主模式"，在峨山中学实施"课内自主合作学习，课外自主创新发展"，取得了一定的成效⑤。

后来，在总结多年创造教育经验的基础上，赵家骥于 2000 年出版了《创造

---

① 赵家骥. 新世纪教育研究：赵家骥文集（2000—2010）［M］. 成都：四川人民出版社，2015：170-172.

② 赵家骥. 新世纪教育研究：赵家骥文集（2000—2010）［M］. 成都：四川人民出版社，2015：177-179.

③ 赵家骥. 新世纪教育研究：赵家骥文集（2000—2010）［M］. 成都：四川人民出版社，2015：195.

④ 本部分史料根据笔者和导师杜学元教授以及同门杨媛 2016 年 6 月 4 日在乐山对赵家骥先生的采访录音整理而成。

⑤ 本部分史料根据笔者和导师杜学元教授以及同门杨媛 2016 年 6 月 4 日在乐山对赵家骥先生的采访录音整理而成。

教育论纲》一书，专门论述创造教育。在该书中，赵家骥在大量研究、融合中外有关创造教育理论的基础上，主要针对中小学教师和广大教育工作者，结合自己的工作实践和体会，以通俗易懂的语言，围绕什么是创造教育、如何实施创造教育展开了研究和论述①。

5. 农村留守儿童的教育

随着农村大量劳动力进城务工，农村里出现了大批留守儿童，城市里出现了大批流动儿童。这些留守儿童和流动儿童正处在成长的关键期，但由于父母亲不在身边或者工作繁忙，因而亲情缺失，监管不力，因此对留守儿童和流动儿童的教育保护工作是一项必须重视的工作。赵家骥很早就注意到了留守儿童和流动儿童的教育问题，曾撰文《留守和流动儿童是一个不可忽视的战略问题》②，呼吁要重视这一问题。

四川省青神县在赵家骥及乐山教委的指导下，在留守儿童的教育保护方面做了许多颇有成效的工作，2008 年，教育保护留守儿童的"青神模式"被国务院妇女儿童工作委员会转发全国，供各地学习青神的经验。赵家骥将"青神模式"的核心总结为：以人为本，突出关爱，以法为据，维护权益，政府牵头，各方配合，构建以"六个一"为中心的留守儿童关爱网络。"六个一"具体就是指：明确一个实施主体，落实一个牵头单位，抓一条责任主线，围绕一个工作中心，搞好一个教育整合，构建一张关护网络③。

（二）农村职业技术教育

1. 农村职业技术教育的重要地位

赵家骥十分注重在农村开展职业技术教育，认为要把发展农村职业技术教育摆到一个战略高度。"农村职业技术教育为农村发展服务是最直接最有效的，应当把它作为解决'三农'问题的战略措施。"④ 首先，发展农村职业技术教育可以提高农村人口素质，开发农村人力资源。我国农村人口数量巨大，但人口素质不高，这已经渐渐成为我国可持续发展的沉重负担。大力发展农村职业技术教育，提高农村人口素质，开发农村人力资源，可以将人口负担转化为人口红利。其次，大力发展农村职业教育，可以促进农业和农村的现代化建设。赵家骥认为，现代化的农业将不再是传统意义上的小农业，而是"不断向集约化、产业化、智能化、工厂化、商品化发展的农业"⑤。因此要实现农村现代化、农业现代化，必须依靠大量懂技术的现代农民，必须大力发展农村职业技术教育。

---

① 赵家骥. 创造教育论纲［M］. 成都：四川教育出版社，2000：4-15，72-107，117-155.

② 赵家骥. 新世纪教育研究：赵家骥文集（2000—2010）［M］. 成都：四川人民出版社，2015：141-147.

③ 赵家骥. 新世纪教育研究：赵家骥文集（2000—2010）［M］. 成都：四川人民出版社，2015：120-124.

④ 赵家骥. 新世纪教育研究：赵家骥文集（2000—2010）［M］. 成都：四川人民出版社，2015：87.

⑤ 赵家骥. 新世纪教育研究：赵家骥文集（2000—2010）［M］. 成都：四川人民出版社，2015：484-485.

2. 农村职业技术教育的"宽实活"模式

赵家骥很早就开始了对发展农村职业技术教育的探讨。他提出了可以在普通教育中引入职教因素，并总结了三种基本的引进模式：①渗透式，即把职教的内容渗透在教育过程之中；②分流式，在初二，高二，学生自愿分流，加强"分流班"的职业技术教育；③后加式，在学生完成教学任务后，加入一定专门的职业技术教育①。

后来，在反思我国农村职业技术教育发展困境的过程中，赵家骥又提出了农村职业技术教育的"宽实活"模式："'宽'是指专业覆盖面宽。打破专一、狭窄的专业界限，采用主学一门专业，兼学相关专业的办法，解决专业面太窄的问题，提高综合运用的能力。'实'是指教学内容要实际、实用，加强实践环节，注意培养动手能力、生产经营能力和组织管理能力。'活'是指农职中的学制要活，学籍管理要活，招生对象和招生办法要活。"② 赵家骥认为，"宽实活"模式是农村职业中学的一种优化模式，体现了农村职业教育的特殊规律，是农村职业技术教育发展的必然③。

3. "宽实活"模式的演化

在赵家骥及乐山教委的指导下，乐山一职中在实践中，根据"宽实活"模式思想，构建了"113"模式和"ZGY"课程体系。"113"模式的要点是培养学生，"学好一个专业，培养一种特长，掌握三门以上现代技能"，而"ZGY"课程体系是职业教育高质量应用课程体系的简称，强调专业的适应性和学生的适应性和发展性④。

赵家骥指出，"学好一个专业是基础，是走向社会的立足之本；培养一项特长是优势，是面对竞争社会的又一本钱；掌握三门以上现代技能，是'高适应度'的基础，面对社会竞争的重要素质"⑤。"ZGY"课程体系是为了支撑"113"模式而设计的。该体系充分运用了"宽实活"理论，基础很宽，以实践为中心；以灵活办学为保证。

4. 创业教育是现代职业技术教育的重要使命

2005年，赵家骥应邀在四川农业大学演讲，指出创业教育是现代职业技术教育的重要使命，是职业教育的必修课。

赵家骥在演讲中，首先从词义的角度，分析了汉语和英文中创业的含义，指出创业教育"是培养学生的创业意识、创业思维、创业技能的一种教育。通过这样的教育，使得学生具有一定的创业能力、发展能力和市场竞争能力。其核心是实践能力，动手操作的能力、组织能力、合作能力、心理承受能力。概括起来，

---

① 赵家骥. 三环论：构建农村教育新体系［M］. 成都：四川教育出版社，1994：191-193.

② 赵家骥. 三环论：构建农村教育新体系［M］. 成都：四川教育出版社，1994：346-347.

③ 赵家骥. 三环论：构建农村教育新体系［M］. 成都：四川教育出版社，1994：347.

④ 参见赵家骥. 新世纪教育研究：赵家骥文集（2000—2010）［M］. 成都：四川人民出版社，2015：510-512.

⑤ 赵家骥. 新世纪教育研究：赵家骥文集（2000—2010）［M］. 成都：四川人民出版社，2015：510.

就是使其具有解决问题的能力，在市场经济中生存发展的能力"①。紧接着，赵家骥分析了当前的社会环境：①当今处于知识经济社会，要靠创造才能生存；②当今社会产业结构发生了调整，需要创业；③就业观念发生了变革，要提倡创造性就业。因此，创业教育是新时期的生存教育，是现代职业技术教育的使命。

（三）农村成人教育

由于科学技术的飞速发展，知识更新换代的周期越来越短，要求社会成员必须终身学习，否则就会被时代淘汰。赵家骥一直在关注农村的成人教育，从早期提出农民教育到自己创造并推广农村成人教育的"短平快"模式，以及后来筹建川南社区学院，赵家骥在农村成人教育方面做了许多探索。

1. 农民教育

赵家骥很早就认识到了农村成人教育的重要性。早在 1989 年，赵家骥就指出，农民教育是农村教育整体中必不可少的一环②。赵家骥还强调，农民教育应该是独立的，不能并入农村普通基础教育和农村职业技术教育，并为此提出了两条原因，"一是将职前教育与职后的终身教育混为一体，实则是取消职后终生教育；是成人教育与青少年儿童教育混为一体，不符合人的身心发展规律。二是农民教育的确立，是农村社会政治经济发展和教育自身发展的必然。多规格、多层次、内容广泛、形式多样、量大面宽的农民教育，既非普通基础教育可以替代，也非职业技术教育所能包容"③。

1986 年，赵家骥又论述了农民教育在开发农村智力资源方面的巨大作用，并指出了农民教育的四大对策：①坚持贯彻"教育必须为社会主义建设服务，社会主义建设必须依靠教育"的方针；②改革农民教育的学制与内容；③改革农民教育的管理体制和办法，逐步推行农村成人教育中心或智力开发中心；④农民教育与中等职业技术教育和普通教育要相互渗透、相互配合。

2. 农村成人教育的"短平快"模式

"短平快"原本是排球运动的一个快攻战术术语，后来赵家骥将其引进教育领域，作为农村成人教育的一种模式。"'短'主要是指每一次教学时间短，科技转化的时间短；'平'就是要把握与生产力水平、与农民接受能力相适应的原则，既不能落后于生产力发展水平，也不能脱离农民接受水平，'快'就是对科技信息捕捉快，对市场变化的反应快，把所学技术运用到生产实践中见效快。"④

赵家骥认为"短平快"教育模式有广泛而深刻的社会基础，不仅适应了应用科技革命、经济发展和政治改革的需要，还适应了人的发展需要和教育自身发展的需要。'短平快'教育模式，不仅适应科技的、经济的社会发展需要，而且冲破了'只有拿文凭的教育才叫教育'的误区，完善了正规教育和非正规教育、

---

① 赵家骥. 新世纪教育研究：赵家骥文集（2000—2010）[M]. 成都：四川人民出版社，2015：530.

② 赵家骥. 三环论：构建农村教育新体系 [M]. 成都：四川教育出版社，1994：322-326.

③ 赵家骥. 三环论：构建农村教育新体系 [M]. 成都：四川教育出版社，1994：324.

④ 赵家骥. "短平快"教育模式的人口效益：可以伴随一生的教育模式 [M] // 赵家骥. 新世纪教育研究：赵家骥文集（2000—2010）. 成都：四川人民出版社，2015：447.

正式教育和非正式教育的农村教育基本结构体系，从而完善了教育的功能①。

3. 农村社区教育和川南农村社区学院

近年来，随着社区教育的兴起，赵家骥又开始研究农村社区教育问题。赵家骥在其牵头承担的"中国农村社区教育问题研究"②课题报告中，概括了我国农村社区教育的六方面特征：①开放性；②全面性；③终身性；④灵活性；⑤资源共享；⑥特别需要指导。

赵家骥回顾了中国农村社区教育的发展历程，将其划分为四个阶段：①萌芽阶段与世界同步——20世纪20年代；②发展之第一阶段——50年代奠定基础；③发展之第二阶段——改革开放以来是大发展的20年；④发展之第三阶段——在宽松的环境中不断创新③。

赵家骥还指出了开展社区教育的意义，"社区教育为建设终身教育体系，迈向学习化社会，促进农村奔小康，为加速农村现代化服务，意义深远"④。此外，赵家骥还提出了构建农村社区教育实验研究的指导思想和目标："坚持教育必须为社会主义现代化建设服务，必须与生产劳动相结合的方针，贯彻落实'科教兴国'和加速农村奔小康，促进农村现代化。"⑤"农村社区教育实验研究的目标就是探索构建全民学习、终身学习的学习型社会。"⑥

在这些思想的指导下，2007年1月，由赵家骥担任院长的川南农村社区学院在眉山市人民政府的批准下，在青神县正式成立。该学院属于民办性质，实行董事会领导下的院长负责制，下设两个中心——成人教育中心和职业技术教育中心，两个公司——青衣神茶叶有限公司和云华竹旅有限公司，一个分院——川南农村社区学院南充高坪区分院，以及若干办学点。赵家骥指出，川南农村社区学院"是一所立足当地，依托社区，辐射川南，服务西部，致力于构建农民终身教育新体系和建设学习型社会，全心全意服务'三农'的大学校"⑦。

五、农村教育的管理

赵家骥担任教育局长多年，亲自参与农村教育管理工作，因此对农村教育的管理，无论是从国家政府宏观层面，还是农村学校微观层面，赵家骥都有很多见解。

---

① 赵家骥. 三环论：构建农村教育新体系［M］. 成都：四川教育出版社，1994：268.

② 赵家骥. 新世纪教育研究：赵家骥文集（2000—2010）［M］. 成都：四川人民出版社，2015：543-563.

③ 赵家骥. 新世纪教育研究：赵家骥文集（2000—2010）［M］. 成都：四川人民出版社，2015：553-561.

④ 赵家骥. 新世纪教育研究：赵家骥文集（2000—2010）［M］. 成都：四川人民出版社，2015：550，551.

⑤ 赵家骥. 新世纪教育研究：赵家骥文集（2000—2010）［M］. 成都：四川人民出版社，2015：561.

⑥ 赵家骥. 新世纪教育研究：赵家骥文集（2000—2010）［M］. 成都：四川人民出版社，2015：561.

⑦ 赵家骥. 新世纪教育研究：赵家骥文集（2000—2010）［M］. 成都：四川人民出版社，2015：584.

（一）农村教育的管理体制

长期以来，我国农村教育实行的是"以县为主"的管理体制。赵家骥指出这种管理总的说是统得过多，管得过死。1987 年，赵家骥撰文指出，"我国的教育管理体制，准确一点讲应当是：在中央统一领导下，以县为主体，乡为基础的地方负责分级管理的体制"①，将过去的"一元化"管理变成"多元化"的管理。赵家骥特别强调了乡管在农村教育管理中的基础作用，并特意发文《强化乡管教育的职能》②，论述了强化乡管教育的原因和强化乡管教育的四大措施：第一，确立乡管教育的意识；第二，制定必要的制度和规范；第三，加强培训工作；第四，校长要当好参谋。

2002 年，赵家骥接受四川省教育厅委派，参与农村义务教育管理体制的调查。他在调查研究中发现，以"县为主体，乡为基础"的管理体制已经不适应教育发展的需要了。实行"以县为主"的管理体制，农村经济基础支撑不起来。因为许多贫困地区，地方上都是"吃饭财政"，根本无力支付教育经费，"以县为主"导致了许多学校的办学公用经费严重不足，一些地方甚至出现了教师工资大量拖欠的情况。因此赵家骥指出要改革管理体制，把管理体制和投资体制分开来，"以县为主"只能作为管理体制，不能够包含经费投入体制③。

（二）农村学校的管理

1. 要明确农村学校的产权问题

农村学校的管理，首先涉及了农村学校的产权问题。所谓学校产权问题就是指学校的资产归谁所有的问题。赵家骥认为厘清农村学校的产权问题，改革农村学校的产权制度具有十分深远的意义，"深化教育体制改革，抓好改革农村学校产权制度这一根本性举措，对于促进农村教育大发展，有效提高农村人口素质，以社会主义现代化建设的辉煌成就，迎接新世纪的到来，都具有全局性的根本意义"④。

长期以来，我国农村学校产权制度存在许多不合理的地方，赵家骥将其概括为三个方面：产权归属关系不明确、产权归属关系不合理和学校产权结构不合理。关于农村学校产权制度的改革，赵家骥认为，我们可以参照县城经济体制改革中国有小型企业的做法，"尽管农村学校产权制度的改革，尚无更多的先例可循，但党和国家关于教育改革的方针政策和法规，为这项工作指明了方向，学校产权归属的现状、特别是存在的问题，以及县城经济体制改革中国有小型企业产权改革的有效做法和成功经验，则为研究学校产权制度改革的基本工作原则和工

① 赵家骥. 教育管理体制改革的实践与探索［M］//赵家骥. 三环论：构建农村教育新体系. 成都：四川教育出版社，1994：431.
② 赵家骥. 三环论：构建农村教育新体系［M］. 成都：四川教育出版社，1994：444-446.
③ 赵家骥. 新世纪教育研究：赵家骥文集（2000—2010）［M］. 成都：四川人民出版社，2015：97-106.
④ 赵家骥. 关于学校产权制度的改革的探讨［M］//赵家骥. 新世纪教育研究：赵家骥文集（2000—2010）. 成都：四川人民出版社，2015：30.

作任务提供了重要的启示"①。

2. 学校的日常管理应实行校长负责制

对于农村学校的具体日常管理工作，赵家骥赞成实行校长负责制，他认为抓好一个校长，就抓好了一所学校。1987年，赵家骥撰文《校长负责制论纲》②，从实行校长负责制的必要性、实行校长负责制的必备条件和实行校长负责制必须贯穿的原则等方面论述了该如何实施校长负责制。赵家骥还在乐山地区校长会议上，发表了关于"校长的威信"③和"校长的领导艺术"④两篇主题演讲，告诉校长们该如何管理学校。此外，赵家骥还专门编撰了《学校管理十三讲》一书，作为学习材料，培训校长。

赵家骥指出校长管理工作的重点是对学校教师的管理。赵家骥特别指出，对教师的管理要抓住教师职业的特点。教师职业的特点包括教师的心理特点和教师劳动的特点。赵家骥认为教师这个职业有三大普遍性的心理特点：一是自尊心强，荣誉感重；二是好学多思，期待真诚；三是热爱学生，珍惜人才⑤。因此在管理教师队伍时要注意四点：一是尊重信任，真诚相待；二是坚持疏导，民主管理；三是善于培养"集体意识"；四是善于设置奋斗目标。赵家骥指出教师劳动具有四大特点：一是教师劳动具有全面性，复杂性；二是教师劳动具有艰苦性、创造性；三是教师劳动方式具有个体性，教师劳动成果具有集体性；四是教师劳动具有长期性⑥。为此，在管理教师时要坚持五条原则：①用其所长，避其所短；②立足当前，着眼长远；③注意连续，相对稳定；④不约束，鼓励进取；⑤不轻易地凭一时一事评价教师⑦。

（三）农村教育经费的管理

发展农村教育需要大量的资金投入，但是我国是典型的"穷国办大教育"，赵家骥一直在思考，该如何解决农村教育的经费管理问题。

1. 依靠多元投资主体

赵家骥自担任乐山市教育局局长伊始，就为当时农村教育的落后所震惊。当时国家的财政很困难，教育经费更是紧张，很难拿到资金投入。该如何改变这种现状，当时想到的办法是，树立典型形象，大量宣传开展集资办学，依靠群众的力量建学校。集资办学模式在四川最早便是从乐山开始的⑧。

集资办学的经验，让赵家骥深刻认识到，农村教育的经费管理，可以适度权

———————————

① 赵家骥. 关于学校产权制度的改革的探讨 [M] //赵家骥. 新世纪教育研究：赵家骥文集（2000—2010）. 成都：四川人民出版社，2015：35.

② 赵家骥. 三环论：构建农村教育新体系 [M]. 成都：四川教育出版社，1994：446-462.

③ 赵家骥. 三环论：构建农村教育新体系 [M]. 成都：四川教育出版社，1994：463-478.

④ 赵家骥. 三环论：构建农村教育新体系 [M]. 成都：四川教育出版社，1994：478-505.

⑤ 赵家骥. 三环论：构建农村教育新体系 [M]. 成都：四川教育出版社，1994：545-550.

⑥ 赵家骥. 三环论：构建农村教育新体系 [M]. 成都：四川教育出版社，1994：552-554.

⑦ 赵家骥. 三环论：构建农村教育新体系 [M]. 成都：四川教育出版社，1994：554-556.

⑧ 本部分史料根据笔者和导师杜学元教授以及同门杨媛2016年6月4日在乐山对赵家骥先生的采访录音整理而成。

力下放，引进社会资本，依靠多元主体，投资办学。经过几十年的发展，农村教育的面貌发生了翻天覆地的变化，国家对农村教育的经费投入倍增。然而我国农村教育落后太多，仅仅依靠国家政府的力量，显然不够。赵家骥根据农村教育集资办学的经验，与时俱进地提出除了依靠国家政府的力量外，还要积极引进社会资本，依靠民间力量，利用厂矿企业等投资办学。政府要改革投资管理机制，实行"以国家财政拨款为主，多渠道筹措教育经费的体制"①。

2. 农村教育的经费投资主体要上移

赵家骥提出，农村教育经费的投资主体必须要上移。按照我国现行的政策，各地的教育经费、人事管理都由县统筹。这在一定程度上，调动了地方的积极性，然而随着社会的发展，以"县为主"的经费投入制度已经不太适应了。经济发展好的东部沿海地区有财力投入大量经费来发展农村教育，然而西部地区，由于县一级的单位财力有限，无力支撑农村教育的投入，这样下去，东西部之间农村教育的差距就会越拉越大。

赵家骥在提交给四川省教育厅的调研报告中，借鉴世界上发达国家的历史经验，论述了法国、德国、美国和日本的教育投资主体上移后促进了教育发展的经验后，指出"我国不实行投资主体上移，农村教育就没有保证，更谈不上跨越式发展，农村地区就必然拖现代化建设的后腿"②。

3. 教育投入要建立监督机制

赵家骥提出要建立农村教育资金投入的监督机制。他指出，当前农村教育的投资有一个突出的表现——恶性投资。教育投资没有明确的责任主体，也不计算投资的回报。"教育投资以及投资的追加，仍然属于财政和社会单位对教育单位的无偿馈赠，教育单位——各级各类学校和其他教育机构仍不承担教育投资风险和其他任何经济责任。因此，教育单位对教育投资和追加，当然是多多益善而要之。"③ 这实际上是鼓励教育一味地索取投资。因此，赵家骥提出教育投资要学习银行系统，建立起一套投资监督机制，投资要计算回报。

此外，赵家骥还指出，在教育管理工作中要善于借助外力，用聪明的脑袋来解决教育的实际问题。赵家骥先后请来了 27 位专家，考察规划乐山教育，做报告。其中，顾明远教授先后七次来乐山考察讲学；漫画家方成来乐山讲授过幽默文学，指导教师如何让课堂生动有趣；教育部研究教育管理的专家张奇荃来乐山讲教育政策，让教育工作者理解党和国家在教育上的大政方针④。

① 赵家骥. 新世纪教育研究：赵家骥文集（2000—2010）［M］. 成都：四川人民出版社，2015：51.
② 赵家骥. 关于农村义务教育的管理体制的一线报告：农村教育管理体制的现状与对策［M］//赵家骥. 新世纪教育研究：赵家骥文集（2000—2010）［M］. 成都：四川人民出版社，2015：97.
③ 赵家骥. 新世纪教育研究：赵家骥文集（2000—2010）［M］. 成都：四川人民出版社，2015：52.
④ 本部分史料根据笔者和导师杜学元教授以及同门杨媛 2016 年 6 月 4 日在乐山对赵家骥先生的采访录音整理而成。

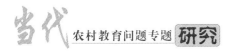

六、农村教育的学校建设和师资队伍培养

（一）农村学校的建设

赵家骥非常关心农村学校的建设与发展。他被许多农村学校聘为专家顾问，甚至亲自参与了部分农村学校的建设，为农村学校的建设发展出谋划策，提出了许多主张。

1. 农村学校的建设关键是学校文化建设

赵家骥指出学校建设的关键是学校文化建设，"良好的教育绝不是校舍的气派，而是指人成才成长的良好环境和条件。它更多的是要求教育的文化成分，要求高品位的人文环境"①。赵家骥指出学校文化建设的重点，首先应该是对学校文化的积累与传递，"不能只抓校容、校貌、校园设施等属于表面的东西，要重视办学思想、办学理念、办学特色以及由此派生出来的长期性设施，以及承载文化信息的活动形式和书面材料"②。其次要重视提炼和践行学校的办学理念，不能跟着感觉走。赵家骥指出，要充分重视并利用好学校的校训，来构建学校风气，建设校园文化。关于校园文化建设，赵家骥指出要充分利用校园的一草一木来营造校园的文化氛围。他特意强调了校训在学校文化建设中的作用。校训，自古有之，"简单地讲是学校对师生有指导意义的规定性词语。应当富于启发，又简洁明了"③。校训是一种独特的教育资源，它是学校办学经验的高度浓缩，也是学校办学特点的集中体现，因此必须充分利用好校训，开展校园文化建设。

2. 农村学校要跨越发展

2008年，赵家骥应美国科技教育协会邀请，在湖北大学为"海内外基础教育研讨会"举办的乡村教育研修班上，做了"发展型学校的跨越发展"④的演讲。赵家骥首先定义了发展型学校，指出，"人们常常把暂时落后的学校称为落后学校或者说薄弱学校。我在这里称为发展型学校。发展型学校是指正在发展中的学校……乡村学校大多属于发展型学校"⑤。其次，赵家骥指出发展型学校要实现跨越发展，关键在于校长。校长要有勇气和担当，敢于改革。赵家骥讲解了第二曲线原理，告诉校长们要有改革的勇气。再次，赵家骥介绍了SWOT分析法，指导发展型学校利用该方法看到自身存在的优点和不足，扬长避短，抓住机遇，化解威胁，实现快速发展。最后，赵家骥指出了跨越发展的总体思路，独辟蹊径走自己的路。

① 赵家骥. 新世纪教育研究：赵家骥文集（2000—2010）[M]. 成都：四川人民出版社，2015：239.
② 赵家骥. 新世纪教育研究：赵家骥文集（2000—2010）[M]. 成都：四川人民出版社，2015：240.
③ 赵家骥. 三环论：构建农村教育新体系 [M]. 成都：四川教育出版社，1994：195.
④ 赵家骥. 新世纪教育研究：赵家骥文集（2000—2010） [M]. 成都：四川人民出版社，2015：340-347.
⑤ 赵家骥. 新世纪教育研究：赵家骥文集（2000—2010）[M]. 成都：四川人民出版社，2015：340.

3. 农村村小建设不能忽视

赵家骥认为，农村的村小建设是一个被忽视的战略重点，"村级小学是基础教育的基础，也是基础教育的大头。提高全民素质的基本功在哪里？在农村，在于把村小建设好"①。

赵家骥根据自己多年工作的经验，总结了农村村小建设的五大着力点：①管理体制上，村小建设宜实行乡村共管，以村为主的管理体制。②在宏观管理上，村小建设应坚持分类规划，分批建设，分期验收，按质定级的办法。③狠抓教学质量。村小建设，根本目的还在于创造良好条件，提高教育质量。④在工作步骤上，要求抓住关键，一个一个地解决。⑤坚持就近入学，提倡复式教学②。

4. 农村成人学校建设

青神县南城成人教育中心，依托当地竹资源和人才优势，培训当地农民学习竹编技术，带动了一方百姓发家致富，2009 年被四川省陶行知研究会和四川省创新人才分会向全省推荐为富民学校的典型。赵家骥同这所乡镇成人学校接触超过 30 多年，在总结青神经验的基础上，赵家骥提出了农村成人学校建设的主张。

首先，农村成人学校要坚持为农服务的方向。"农民文化技术学校是农民自己的学校，为农服务，理所当然。一直坚持为农服务，助农致富的办学方向。农民需要什么，就办什么。"③ 只有坚持为农服务，才能调动农民学习的积极性，否则成人教育就会变成华而不实的花架子。

其次，农村成人学校要坚持教育与经济结合、学校与产业结合。青神盛产竹子，"半斤重的竹原材料只管几分钱，如果做成一把扇子，可以管 2 到 4 元钱；经过初级培训，编成像样的扇子，可以管 10 多块钱；如果经过高级培训，编成一把精致的扇子，可以管上百元钱。谁要能够编成高级工艺品，那就可以管上千元钱，甚至更高"④。半斤竹子价格的变化，正是教育起到了巨大作用。因此农村成人学校必须坚持教育与经济相结合。此外，青神的竹编销售走的是集约化、产业化道路，"由学校去打开销售渠道。这样就可以把学员的产品全部收起来，走集约化道路，为学员解除了后顾之忧"⑤。赵家骥指出，南城成人学校的这一做法，使得学校同产业结合，发挥了整体优势。发展农村成人教育时，一定要抓住教育的经济功能，要让老百姓尝到甜头，只有这样，农村成人教育才能顺利开展。

（二）农村教育师资队伍的培养

赵家骥高度重视农村教育师资队伍的培养，在农村师资队伍建设上面做了很多工作，积累了许多经验。

---

① 赵家骥. 三环论：构建农村教育新体系［M］. 成都：四川教育出版社，1994：208.
② 赵家骥. 三环论：构建农村教育新体系［M］. 成都：四川教育出版社，1994：210-212.
③ 赵家骥. 新世纪教育研究：赵家骥文集（2000—2010）［M］. 成都：四川人民出版社，2015：595.
④ 赵家骥. 新世纪教育研究：赵家骥文集（2000—2010）［M］. 成都：四川人民出版社，2015：597.
⑤ 赵家骥. 新世纪教育研究：赵家骥文集（2000—2010）［M］. 成都：四川人民出版社，2015：597.

1. 校长的培养

赵家骥十分重视校长的培养,他认为抓好一个校长,就能抓好一所学校。为此,他多次在校长研修班上,亲自给校长们上课。赵家骥认为一个好的校长,首先必须要有威信,"他并不使人望而生畏,却具有一种使人默不作声跟他干的'魅力'"①。其次,校长必须要有管理能力。最后,校长还必须具有反思能力,要学会提炼升华办学经验,先反思,后行动。关于校长的培养,参见前文关于农村学校管理的相关章节,在此不再赘述。

2. 农村教师队伍的培养

赵家骥提出农村教育的力量是教师,因此他高度重视农村教师的培养。赵家骥在着手抓教师队伍建设时提出"师高弟子强"这一主张。在赵家骥和乐山市教育局的指导下,乐山市开展了许多活动培育教师队伍。1984 年开展"跟师学艺,师带徒"活动,挑选优秀青年教师跟着名教师学习 2 月至半年,与老教师同一进度,备课、讲课、听课、评课。1986 年实施了名师工程,着力培养教师中的带头人。1991 年起实施跨世纪教师培养工程,提出到 20 世纪末,十年要培养优秀青年教师 1 000 人,教坛新秀 100 人,优秀辅导教师 100 人,优秀校长 100 人。到了 1997 年又实施了争做和培养名师、名校、名校长的"三名工程"②。

赵家骥强调教育师资培养的突破口在于教育科研,时代在发展,教师个人要进步就必须从事教育研究。对于教育科研,赵家骥一直主张,"一种以实践为中心的低重心、群众性的研究"③。他认为不能把研究跟执行脱离了,研究跟实践相结合,在解决问题的同时做研究,能解决问题,自然就能提炼出理论。在赵家骥的指导下,仁寿二中实行"大课题下设子课题,子课题下设小课题"这一教育科研模式,后来又结合实际,进一步将小课题发展为学校内部的小课题,细致到课堂和教室的管理环境中。

在赵家骥的倡导与支持下,1985 年,时属乐山地区的仁寿一中、眉山二小在全国率先建立了学校教科室,以教科室推动教师提高,推动学校发展。次年,乐山地区所有的师范学校、重点中学、实验小学以及条件稍好的农村中小学,都开始建立教科室。这一措施对提高教师的科研能力起到了重要作用,正如赵家骥后来所总结的那样,"群众性教育科研的开展,对教师的提高特别是教师的专业化发展起到了十分重要的作用。这个提高是适用的、全面的,它促进了学校教育质量的提高,促进了办学特色的形成,促进了一大批教师的迅速成长"④。

在农村教师师资队伍培养中,有一大难题——农村教师队伍的稳定。由于城市和农村发展不均衡,城市教师待遇要极大地优于农村教师,因此农村教师师资纷纷流入城市,导致农村教育师资严重不稳定。针对这一问题,赵家骥提出,解决这一难题的关键是要提高农村教师队伍的吸引力,因此"国家政策,从城市取

---

① 赵家骥. 三环论:构建农村教育新体系 [M]. 成都:四川教育出版社,1994:463.
② 本部分史料来自笔者与导师杜学元教授对赵家骥先生的采访后赵家骥先生提供的书面材料。
③ 赵家骥. 新世纪教育研究:赵家骥文集(2000—2010)[M]. 成都:四川人民出版社,2015:288.
④ 赵家骥. 新世纪教育研究:赵家骥文集(2000—2010)[M]. 成都:四川人民出版社,2015:289.

向向农村取向转化，从重点发展向均衡化发展转化，从示范发展向特色发展转化，从关心物的发展向关心人的发展转化"①。"人往高处走，水往低处流"，赵家骥认为农村教师队伍不稳定，纷纷流向城市是自然现象，教育管理者不能堵，而是导。成都市的很多名师都是从乐山市流出去的。但是，因为引导合理，这些老师流出之后，多次前往乐山的农村地区献课，帮扶农村地区教育的发展②。

七、农村教育的发展方向及方法

（一）"非农化"和"城乡一体化"是农村教育发展方向

多年来，赵家骥一直深入农村教育第一线，对农村教育的现状有最直接的感触。赵家骥有很强的危机意识，早在1988年，赵家骥就撰文《农村教育的危机》指出农村教育的三大危机，即农村教育与社会形势相脱离、农村教育与社会经济建设实际相脱离、农村教育严重脱离群众。1989年，他再次发文《认识教育形势必须解决三个问题——再论农村教育的危机》，强调要解决农村教育的危机必须解决三个方面的问题：克服思想方法上面的片面性；摆脱陈腐观念的束缚；消除对基础教育目的的误解。1994年，赵家骥出版著作《农村教育的困境与出路》。在该书中，赵家骥详细地论述了农村教育存在的问题，并呼吁对农村教育进行改革。

尽管赵家骥一直在呼吁必须对农村教育进行大刀阔斧的改革，解决农村教育的危机，但是农村教育的发展方向在哪里呢？赵家骥总结多年农村教育的工作经验指出，中国当代农村教育的发展方向是"非农化"，"它既是农村适应现代化的需求，也是农村教育面向现代化，面向世界，面向未来的需求"③。

赵家骥指出农村教育的"非农化"的具体表现是："农村教育不再单一地传授传统的文化知识，培养狭隘的农业生产人才，不再依附于落后的保守的农村观念和小农经济意识，而是面对与社会主义市场经济接轨并逐渐迈入全方位的国内国际经济大舞台的新农村，构建与现代化过程相适应的新教育格局，建立新的的育人机制。"④ 赵家骥认为，随着农村经济的发展，农村出现了一些明显的"非农化"趋势：首先，农村的产业结构和经营活动都出现了多样化趋势；其次，随着城市化进程加快，农村建设也在朝着城镇化方向发展；最后，农村的生产劳动方式也出现了集约化、机械化和智能化。因此，农村教育也必须跟紧农村发展的趋势，以"非农化"为发展方向⑤。

---

① 赵家骥. 关于教师流动：关键在提高农村教师队伍的吸引力［M］//赵家骥. 新世纪教育研究：赵家骥文集（2000—2010）. 成都：四川人民出版社，2015：353.

② 本部分史料根据笔者和导师杜学元教授以及同门杨媛2016年6月4日在乐山对赵家骥先生的采访录音整理而成。

③ 赵家骥. 新世纪教育研究：赵家骥文集（2000—2010）［M］. 成都：四川人民出版社，2015：89.

④ 赵家骥. 新世纪教育研究：赵家骥文集（2000—2010）［M］. 成都：四川人民出版社，2015：89.

⑤ 赵家骥. 新世纪教育研究：赵家骥文集（2000—2010）［M］. 成都：四川人民出版社，2015：89-96.

近些年来，我国的农村教育获得了一定的发展，然而，横向对比，农村教育同城市教育的差距非但没有缩小，反而在继续扩大。赵家骥也一直在反思这种局面。2010年，赵家骥应邀参加全国"教育促进农村发展黄山论坛"，在大会上赵家骥对比城市教育发展的状况，做了"改革发展农村教育，促进农村发展"[①] 的主题报告。在这份报告里，赵家骥总结概括了中国农村教育存在的六大顽疾：第一，偏离方针，就失去了方向；第二，观念的偏差，使农村教育陷入尴尬；第三，失去特色，就失去了生命力；第四，体制不顺，机制不灵，使农村教育难以作为；第五，职业技术教育，在困难中前进；第六，城乡二元结构和政策的偏差，使农村教育心有余而力不足。

针对此种情况，赵家骥在农村教育"非农化"的基础上，进一步提出，发展农村教育必须走"城乡一体化道路"。赵家骥为此提出了四条策略：①以城带乡，要以城市教育的发展来带动农村教育的发展；②以乡促城，农村教育的发展反过来也可以促进城市教育的发展；③城乡联动，城市和农村在教育的某些方面可以联系起来发展；④共同发展，城市教育和农村教育要共同发展，不可顾此失彼[②]。

赵家骥认为"城乡一体化"道路，从本质上讲，体现了教育公平的客观要求。长期以来，我国的农村教育一直处于不利地位，被城市教育挤压，得不到应有的教育资源。但是强调教育公平并不是说我们要搞平均主义，因此，"要根据一定历史条件和具体的情况提出一个公平度，在保护合理的社会激励机制和建立和谐社会之间找到一个最优解，既有利于缩小城乡差距，又有利于激励城乡教育改革发展和互补互促"[③]。目前，由于城乡二元结构的差异，城市教育远比农村教育发展得好，城市教育与农村教育之间差距十分巨大，并且这个差距还在不断地扩大，因此我们要帮扶和支持农村教育的发展，就必须破除城乡二元结构的差异，走"城乡一体化"道路。

赵家骥强调，农村教育在走"城乡一体化"道路的同时，也不能失去农村特色。"城乡一体化"道路的重点是政府要出台政策统筹规划城乡教育的共同发展，保证教育资源的均衡配置，而不是让农村教育复制城市教育的模式与方法。

（二）农村教育的发展方法

早在1984年，赵家骥就提出了发展农村教育的总体思路，"教育的出路在改革，关键在班子，力量在教师，潜力在管理"。赵家骥指出，第一，要改革农村教育的办学思想，要重视教育的战略地位，尤其是教育在当地经济发展中的重要作用，"坚持把发展科学技术和教育事业放在首位地位，是经济建设转到依靠科技进步和提高劳动者的素质的轨道上来；农村教育应以从单纯为了升学转到为本

① 赵家骥. 新世纪教育研究：赵家骥文集（2000—2010）[M]. 成都：四川人民出版社，2015：77-88.

② 赵家骥. 新世纪教育研究：赵家骥文集（2000—2010）[M]. 成都：四川人民出版社，2015：82-85.

③ 赵家骥. 新世纪教育研究：赵家骥文集（2000—2010）[M]. 成都：四川人民出版社，2015：17.

地区培养具有实际生产技能和中等专业知识的人才，并兼顾向高一级的学校输送新生的方向上来"①。第二，要改革优化农村教育的结构：要做好三教统筹，继续巩固和发展农村普通教育，基础教育，加速发展农村职业技术教育，同时大力发展农村成人教育。第三，要改革农村教育管理体制。赵家骥认为，"虽然经过'分级办学，分段管理'的改革，而农村教育的管理体制仍未改变其'宝塔形'体制的性质"②。第四，要改革优化农村教育的投资机制，逐步建立和完善以需求约束为主、资源约束为辅的教育投资新体制。

赵家骥认为，发展农村教育的关键在班子。这里的"班子"主要是指农村教育的政府行政主管部门。首先，教育行政部门要对农村教育要有感情。赵家骥多次强调教育行政主管部门要带着深厚情感抓教育，要以父母之心办教育。其次，教育行政部门要懂教育规律，要研究教育问题，"要叫下面干什么，要能讲清为什么"，千万不要以其昏昏，使人昭昭。最后，教育行政主管部门要有管理能力。教育工作有一个特点，其工作的成果具有长期集体性。因此即使一些部门工作没有落实，只要下面有人做好了工作，仍然会有成效。因此，教育行政部门必须要有管理能力，才能让各个部门都将工作落到实处③。

赵家骥指出，农村教师作为农村教育的一线工作者，是农村教育的生力军，是发展农村教育的重要力量。所以，农村教育要发展，必须做好农村师资队伍建设，提高农村教师的素质，尤其是要培养农村教师的科研能力，做好农村教师队伍的稳定工作。

赵家骥认为，要促进农村教育的发展，可以从农村教育的管理中挖掘潜力。赵家骥在农村管理的实践中发现农村教育管理中存在一些问题：一方面长期以来存在的弊端没有从根本上得到纠正；另一方面，随着时代的发展，之前一些有效的管理策略、手段如今已不适用了，需要改革。因此，要发展农村教育，要从管理中挖掘潜力④。

第四节　赵家骥农村教育思想的特点及启示

一、赵家骥农村教育思想的特点

（一）理论与实践的统一

赵家骥的农村教育思想来源于他丰富的农村教育实践，是其多年农村教育实践工作经验的总结，在这些经验形成理论后，又反过来用这些理论去指导农村教

---

① 赵家骥. 新世纪教育研究：赵家骥文集（2000—2010）［M］. 成都：四川人民出版社，2015：46.
② 赵家骥. 新世纪教育研究：赵家骥文集（2000—2010）［M］. 成都：四川人民出版社，2015：50.
③ 杨亚雄. 偏偏皆因实践，篇篇源于实践［M］//赵家骥. 三环论：构建农村教育新体系. 成都：四川教育出版社，1994：5-18.
④ 赵家骥. 新世纪教育研究：赵家骥文集（2000—2010）［M］. 成都：四川人民出版社，2015：50.

育实践，去检验和发展理论，因此赵家骥的农村教育思想具有理论与实践相统一的特点。

赵家骥在开展集资办学的实践中，意识到要通过发挥老百姓的力量来办学，因此提出了投资主体要多元化的主张。后来在实践中，赵家骥又发现了投资主体多元化出现了一个恶性投资的现象，教育投资无法计算回报，因此赵家骥提出要建立教育投资的监管机制。

在农村教育管理的实践中，赵家骥意识到可以逐渐把部分权力下放到民间，以增强地方办学的积极性。于是赵家骥提出了"以县为主，乡为基础，分级办学，分级管理"的思想。随着社会的发展，赵家骥又看到由于西部地区经济发展相对滞后，县级财力普遍比较薄弱，因此他建议加大上级政府的投入力度，实行投资主体上移。

尽管赵家骥从事教育行政管理工作，十分繁忙，但他没有放松对教育理论的学习。多年来，他刻苦钻研管理学、教育学和心理学的理论。因此，他的农村教育思想是理论与实践相统一的，这一点受到了很多教育专家的认可。赵家骥探讨农村教育思想问题的著作《三环论——构建农村教育新体系》面世后，许多教育专家都给赵家骥来信，指出"三环论"理论与实践紧密结合，一扫学究气专著文件式作品的弊病。著名教育家华东师范大学瞿葆奎教授评价道："您（赵家骥）是一位既有丰富经验，又有理论素养，也有领导才能的同志。只是缺少机会向您请教。《三环论——构建农村教育新体系》是一本力作，理论联系实际，有很多创新，是很有指导意义的著作。"① 时任四川工业学院（现西华大学）区域经济研究所所长的陈国先教授在寄给赵家骥的信件中写道："'三环论'对中国教育经济学的研究也是相当深入的。先生在充分肯定中国教育的发展之巨大成就时，很早就鲜明地看到了、指出了教育的危机，并思考了对策，实践于乐山的教育改革中。先生对中国农村经济、历史、现状与发展的思考，是构建三环农村教育新体系的基础。宽实活的农村职教模式，短平快的农村成教模式，普通教育素质教育模式，不仅在于模式的新颖创造，而且在于它们的实践性、实效性。"②

（二）继承和创新的统一

前文已经提到赵家骥的农村教育思想受到了陶行知乡村教育思想的影响。赵家骥在充分吸收以陶行知为代表的前辈教育家教育思想的基础上，做了许多创新，使其农村教育思想达到了继承与创新的统一。

陶行知、晏阳初等前辈教育家们对农村教育有许多论述，但是他们大多只是围绕着办学方向，谈论一些具体该怎么做的问题，关于如何构建农村教育体系，很少有人探讨。赵家骥一直在思索构建农村教育的体系问题，一个偶然的机会，赵家骥得到了学者郭人全编写的《农村教育》一书。郭人全在该书中提出了城乡教育的差别问题，强调要加强农村教育。赵家骥继承了郭人全的这一看法，受

---

① 见瞿葆奎教授 1994 年 7 月 1 日写给赵家骥的信件。
② 见原四川工业学院（现西华大学）区域经济研究所所长陈国先教授 1994 年 8 月 21 日写给赵家骥的信件。

到了许多启发。

后来在农村教育结构改革时，学术界就产生过一种"板块论"的农村教育理论。尽管该理论已经明确指出农村教育体系中应该要包含普通教育、职业技术教育和成人教育三大板块，但是"板块论"却没有揭示三大板块之间的内在逻辑和相互关系，导致"三教"分裂，无法发挥农村教育的整体功能。赵家骧在继承"板块论"对农村教育三大板块正确划分的基础上提出，"三环论"正确揭示了三大板块是环环套扣、互为补充、相互促进的本质联系。

此外，赵家骧在开展教学活动的过程中，也继承和发扬了陶行知的教育思想。陶行知主张"生活即教育，社会即学校"，主张教育活动必须通过生活来实践。赵家骧在继承陶行知这一思想的基础上创造性地提出了"科技创新实践活动"教育模式，提倡要让学生在实践中摸爬滚打，在解决实际问题中，长才干，学本领。

陶行知提出了职业技术教育的生利主义，认为职业以生利为作用，所以职业教育应该以生利为主义。赵家骧在开展职业技术教育时，就十分注重职业技术教育的经济效益，主张开展职业技术教育要给老百姓带来实实在在的好处，以提高老百姓的学习积极性。赵家骧的这一主张在继承了陶行知生利主义的基础上，又看到了教育的经济效益对促进教育者学习积极性的作用。

（三）实用性和先进性的统一

赵家骧的农村教育思想是在解决农村教育的实际问题中形成的，因此具有很强的实用性。赵家骧本人刻苦学习，善于思考，使得他具有了敏锐的目光和超前的认识，总能够站在时代的前列，提出一些先进的看法。当别人还在思考怎样消除危房时，赵家骧就已经开始摸索学校文化建设。赵家骧率先提出了"三会"教育，比国际上提出几个"学会"要早几年。在农村中小学建立教研室的做法也是赵家骧首先倡导的。赵家骧的农村教育思想做到了实用性与先进性的统一。这一点在赵家骧提出来的"宽实活"模式和"短平快"模式中尤为突出。

农村职业中学在我国的发展几经起落，20世纪80年代末，由于农村职业中学的弊端逐渐凸显，导致报考人数连年下降。为了解决这一实际问题，赵家骧提出了职业技术教育"宽实活"模式，解决了农村职业中学生源流失的实际问题。这一模式后来被推广到了全国各地，广受好评。上海市职技教育研究所所长黄克孝教授还在其承担的全国教育科学"八五"规划国家教委重点课题"职业和技术教育课程概论"成果中以专章论述"宽实活"模式。这些都充分说明了"宽实活"模式的先进性。

赵家骧农村成人教育的"短平快"模式，同样也是为了解决农村成人教育中出现的实际问题而提出来的。他在农村成人教育的实践中发现，成人中专上课一般需要1 200个学时才能毕业，这样算下来，一年的大部分时间都在学校上课，对农民来说，上有老下有小，这么长时间的学习，很难坚持下去，在这种背景下，"短平快"模式被逼了出来。"短平快"模式推出后，给广大农民带来了实实在在的收益，让农民收入大幅度增长，深受农民好评。1987年在亚太地区大众教育研讨会上，四川代表张文焕处长介绍了"短平快"成人教育模式，受到特别欢迎，并被誉为"发展中国家的优化模式"。同年 12 月《光明日报》又以《农民技术教育的好方式》予以宣传介绍。此后，"短平快"模式很快普及到全国各地。

赵家骥农村教育思想的先进性，受到了教育一线工作者的一致认可。四川省泸县九中教研室主任刘强老师在工作中与赵家骥有很多接触，对赵家骥的教育思想有很深的了解。在笔者对刘强老师的采访中，他指出，"赵老师（赵家骥）农村教育思想可能在未来的十年甚至十五年后，可能会受到更多的重视。相对而言，国家开始重视农村教育，我估计按着现状的发展趋势，赵老师（赵家骥）的农村成人教育做得很好。赵老师（赵家骥）提倡的公司+农户的模式，以及农户+合作社模式。这些模式我们现在还在这样做。现在泸州有几个地方在做成人教育，他们的模式还赶不上赵老师（赵家骥）当年的模式"[①]。

二、赵家骥农村教育思想对当今农村教育的启示

赵家骥的农村教育思想主要形成于他担任乐山市教育局局长期间（1982—2000 年），是其多年来从事教育行政管理工作经验与教训的总结。赵家骥为乐山教育的发展立下了汗马功劳，同时乐山教育的发展也深深地打上了赵家骥的印迹。在赵家骥以及乐山教委的指导下，乐山农村教育在 20 世纪 80 年代初到 90 年代中后期的发展一直走在四川乃至全国的前列，积累了许多有效经验，值得其他地区借鉴。经过几十年的发展，虽然我国农村教育取得了一些成绩，但依然存在很多问题。通过分析厘清赵家骥的农村教育思想，我们可以从中得到一些启示，从而促进农村教育的发展。

（一）从农村实际出发，构建农村教育新体系

虽然赵家骥一直都在呼吁，农村教育要有农村特色，要构建自己的体系。然而，我国农村教育"升学教育"的模式仍然没有发生根本性改变，我国农村教育基本上还是在沿袭"小学—初中—高中—大学"的传统路径。由于长期受到"万般皆下品，唯有大学高"思想的影响，农村职业技术教育地位依旧低下，发展不起来。老百姓普遍认为，只有成绩差的孩子才去上职高技校学习技术。那些本来想去上职高技校的学生因为舆论压力，也只能放弃。此外，随着扫盲的基本完成，农村成人教育有名无实。许多地方，农村成人教育机构被撤销，人员被解散。农村教育基本上还是只有普通教育的一元教育。

因此，我们必须再次强调赵家骥关于构建农村教育新体系的思想，要在农村建立起普通基础教育、职业技术教育和成人教育统筹发展的新体系。

尽管当前农村教育对农村普通教育比较重视，然而同城市里的普通基础教育比起来，农村的普通教育仍然有诸多不足。由于城乡差异的明显存在，农村普通

---

① 根据笔者 2016 年 7 月 26 日下午在泸县九中刘强老师办公室对其采访的录音材料整理。

教育在师资力量、学校环境、教学设备等诸多要素上，都不如城市。因此，农村地区要根据当地实际，发展有地方特色的农村普通教育。在教师的聘任上，应该尽量选择当地的农村教师。这些教师生在农村，长在农村，对农村、农民有感情，容易得到农民的信任，便于教学活动的开展。在农村教育的教材开发上，可以结合当地实际，开发一些具有地方特色的校本教材，让学生了解当地的自然面貌、风土人情、历史传统等，增加学生对家乡的了解，增进学生对家乡的认同感，培养学生好好学习，建设家乡，报答家乡的情怀。

农村职业技术教育是农村教育体系中的重要一环，然而农村职业技术教育在农村的发展却举步维艰。自 1999 年开始，随着国家高校扩招政策的出台，升学率持续上升，大学生数量不断增加，进入普通高校不再是难事，有越来越多的农村孩子可以走进城市上大学。因此有人认为，再谈发展农业职业技术已经有些不合时宜了。持这种观点的人没有看到农村的实际情况。虽然升学的问题解决了，但是农村又出现了就业问题。在大学生工作分配的年代，考上了大学就相当于有了工作，有了铁饭碗。现在大学不包分配工作，大学毕业后，要自谋出路。然而传统的学历教育模式下，农村教育培养了许多"高不成低不就"的边缘人。他们没有谋生的本领，空有一纸文凭，只能生存在农村和城市之间的夹缝地带。留在乡下务农，他们既不甘心，也缺乏相应的农业生产基本知识和技能；进城务工，他们又缺乏专业技能，就业无门。这样就导致农村产生了一个怪现象——教育相对发达的地方，经济却相对落后。在一些贫困山区，为了培养出一个大学生，不得不全家举债去支付高昂的学费，家庭承担了严重的经济负担。而学生毕业后，又不能找到合适的工作。在这种情况之下，新一轮的"读书无用论"又开始在农村兴起。因此，在就业形势日趋严峻的形势下，发展农村教育一定要从农村实际出发，充分考虑到学生的生存问题和就业问题，大力发展农村职业技术教育。首先要转变观念，教育行政主管部门不能像过去那样只注重普通教育，不能片面强调升学率，要加大对农村职业技术教育的宣传力度，鼓励支持农村职业中学和技术学校的发展，真正做到"不求个个升学，但求人人成才"。其次，要在农村建立起多层次的、专业类型多样化的农村职业技术学校。不仅培养为城市工商业建设发展服务的人才，更要培养适应现代化、农业机器化大生产发展要求的人才。再次，发展农村职业技术教育要强化职业技术教育的经济职能。要学生在学了技术以后，能得到实惠，获得经济利益。特别要解决好学生的就业问题，要解决好学生的后顾之忧。最后，在农村教育的课程设置上，可以采用更灵活的形式。如同赵家骥的"短平快"模式一样，做到"化整为零、集零为整、零存整取"，把正规教育与非正规教育统筹结合起来。

农村成人教育发展极不平衡。在一些经济发达地区，农村成人教育开展得较好，在经济落后地区，农村成人教育很多都有名无实。因此，开展农村成人教育必须从本地农民群众接受教育需求的实际出发，统筹协调，灵活开展。在经济发达地区，农村成人教育要以提高群众的生活质量为突破口，把重点放在道德教育、健康教育和生活教育上；在经济落后地区，农村成人教育的突破口则是解决

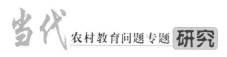

群众的生存问题，重点是扫盲教育和职业技能培训。

（二）发展农村教育要充分调动各方面的积极性

我国幅员辽阔，农村地区遍布全国各地，并且发展状况极度不均衡。此外，由于我国农村人口数量众多，所以我国的农村教育是典型的"穷国办大教育"。再加上我国农村教育底子薄弱，可以说是先天不足。因此要实现农村教育发展，不能只单纯依靠政府的力量。我们在发展农村教育的时候，要充分调动各方面的积极性，依靠多股力量，形成合力。只有这样，才能更好地促进农村教育的发展。

首先，党和政府的各级领导班子要重视农村教育的重要地位，大力支持农村教育的发展，要将农村教育的发展列入总体的发展规划之中，提上议事日程。不能仅仅把教育交给教育主管部门。要动员各个部门、各个科室，关心农村教育的发展，支持农村教育的发展。

其次，发展农村教育要加强同当地高等院校和科研院所的合作交流。它们具有科研、智力、人才和平台上的优势。一方面，它们可以为农村地区的教育制定总体发展规划，提出教育改革发展的实施措施，提供具体问题的咨询建议；另一方面，它们可以给农村教师提供培训服务，提高农村教师的业务水平，促进他们的成长。它们还可以帮助指导农村教师开展教育科研，例如编写一些乡土教材、校本教材，解决教学中的实际问题等。此外，它们还可以在农村推广现代农业技术和科研成果，建设一些现代农业生产示范基地。

再次，发展农村教育，还需要借助新闻媒体的力量。要在主流新闻媒体平台上，大力宣扬关于农村教育的政策方针、发展方向和农村教育的现状，引起社会各界对农村教育的广泛关注，鼓励有志之士投身农村教育事业，促进农村教育的发展。新闻媒体还可以借助自身的媒介优势，为农村教育与各方的合作交流搭桥牵线，促进沟通。

最后，发展农村教育还需要借助乡镇企业的力量。改革开放以来，我国乡镇企业异军突起，培育了一大批的乡镇企业家。这些乡镇企业家大多是从农村走出去的，对农村有感情，我们要借助他们的力量，一方面，鼓励他们出资出力，建设农村学校，改善农村教育的设施条件，发展农村教育事业；另一方面，他们可以在自己的企业里，采取一些举措，优先招收从农村里走出来的学生，帮助解决农民子女的就业问题，促进农村职业技术教育的发展。发展农村教育事业，必须借助多方面的力量，形成政府、媒体、企事业单位和个人等多方面的合力，才能促进农村教育的发展。

（三）要花大力气培养农村教育师资队伍

赵家骧强调农村教师是发展农村教育的重要力量。但当前农村教育师资数量十分不足，严重紧缺。一方面，农村里的优秀教师不断流失；另一方面，大中专院校的毕业生不愿意去农村学校工作。为了改变农村教育"人才进不来，留不住"的状况，政府花了很大的功夫，做了很多工作，推出了包括农村特岗教师计划、免费师范生计划、乡村教师支持计划等一些举措，然而这些政策并没有受到预期的成效。究其原因，很重要的一点就是农村教师的社会地位低下，吸引力不足。农村教育专家廖其发教授指出，"社会职业有一条铁的规律，即只有专业化才有社会地位，才能受到社会的尊重。如果一种职业是人人可以担任的，则这种职业在社会上是没有地位的"①。因此，想要发展壮大农村师资队伍，必须要走教师专业化发展道路，提高农村教师的地位。首先，必须提高教师职业的准入门槛。虽然农村教师数量严重不足，但是宁缺毋滥。不能为了解决农村教师的缺口问题，就让一些素质不高、业务水平不过硬的人混进农村教师队伍里面。在国外，想要成为一名教师，必须要经过相当严格的师范技能训练，但在我国似乎只需考取教师资格证就可以上岗任教了。我们必须提高教师职业的准入门槛，让教师职业必须是优秀的人才能担任的职业。其次，农村教师自己也要不断参加学习培训，自我反思，促进自己的专业化发展。农村教师要不断提高自己的教育科研能力，合理利用农村教育资源，主持或参与农村乡土教材的开发。近年来，国家实施的国培计划、省培计划等在这方面取得了一定的成效。这也从侧面证实了培养农村教师的教育科研能力是有据可循的。

农村教师队伍还存在结构不合理的问题。首先，从事农村职业技术教育的教师数量严重不足，许多从事农村职业技术教育的教师都是由原来从事普通基础教育的教师担任。其次，从事普通基础教育的教师队伍中教授主科的教师（如语文、数学、英语教师）与教授副科的教师（如体育、音乐、美术教师）比例严重失调。这导致农村学校很多教师都要兼授几门课程，尤其很多山区学校，体育、音乐、美术等课程基本上都由其他学科教师兼授。此外，许多农村学校的师资队伍严重老化，有些学校甚至没有一名年龄在 35 岁以下的青年教师。因此，在培养农村师资队伍时，要坚持多元化方向。我们既要培养从事农村普通基础教育的教师，也要培养从事农村职业技术教育和农村成人教育的教师。在农村普通基础教育教师队伍的培养上，我们不能仅培养教语文、数学、英语的主科教师，还要培养教音乐、体育、美术等副科的教师。最近提倡的培养全科教师可以作为我们在教师培养时的一个尝试方向。此外，针对农村教师老年化的问题，各地政府要出台相关政策，在工资待遇、职称评定、评优评先等方面向农村教师倾斜，引进年轻教师，尤其是各大师范院校的毕业生，逐步改善农村教师队伍老年化的问题。

（四）发展农村教育要重视宣传典型的成功经验

赵家骥在开展农村教育工作时，十分注重搞试点、立典型，取得了很好的效果。乐山市在开展集资办学的时候，就着重宣传当时的洪雅县将军乡福钟村村主任毛加禾趴在牛背上集资办学的典型事迹。毛加禾的感人事迹感染了很多人，群众纷纷出资出力，集资办学，发展农村教育。后来，赵家骥在宣传留守儿童的教育及保护工作时，抓住了青神县的典型模式，大力宣传青神县的成功经验。青神模式还被国务院妇女儿童工作委员会转发全国，受到了全国各地的广泛关注。

---

① 廖其发. 中国农村教育问题研究［M］. 成都：四川教育出版社，2005：188.

我们开展农村教育工作时要借鉴树立典型、宣传典型的成功经验，以推动农村教育工作的展开。我国农村地区面积很大，各地农村教育发展水平也不均衡。有些地方的农村教育工作开展得比较好，我们要学习这些地区的成功经验，并树立典型，将其宣传推广开来，避免走弯路。典型的作用是巨大的，树立一个典型，就树立了一个标杆，就有了参照物。我国农村教育工作的开展，很多都是在"摸着石头过河"，通过树立典型、宣传典型的成功经验，可以提高大家的积极性，增强大家工作的信心。

我们在树立典型、宣传典型的成功经验时，要注意两个方面。第一，典型要有群众基础。我们树立的典型要是来自身边的人和事，要是大家看得到，能打交道的，有良好的群众基础。只有这样，我们的典型才有说服力，才能激励群众。第二，典型的成功经验要适用。我们在宣传典型地区的成功经验时，要特别注意其经验的广泛性与实用性。我们不能去平原地区去宣传山地地区的果树栽培技术培训的经验，这显然是不适用的。我们开展农村教育工作时，要结合实际，宣传典型经验，以点带面，从而起到事半功倍的效果。

结束语

赵家骥作为著名的农村教育家，在乐山教育局长的位置上，辛勤工作了18年，为乐山教育的发展做出了巨大的贡献，同时他也在乐山教育工作的实践中，形成了自己独特的农村教育思想。赵家骥出身农家，心系农民，他志存高远，希望以发展农村教育为突破口，来推动农村经济和农村社会的发展，让农民可以安居乐业。本研究先结合赵家骥的成长与教育经历和乐山市农村教育发展的历程，基本厘清了赵家骥农村教育思想的产生过程，并在此基础上深入探寻其农村教育思想理论体系；同时，结合一些教育专家对赵家骥农村教育思想的评价，探讨了赵家骥农村教育思想的特点及其对当代农村教育的启示。本研究仅仅是笔者对赵家骥农村教育思想的一些粗浅的认识，希望可以起到"抛砖引玉"的作用，引起学界对赵家骥农村教育思想研究的重视，发掘其思想中的先进之处，为我国当前的农村教育发展提供借鉴。

参考文献

一、中文文献

（一）著作文献

[1] 北京市妇女儿童工作委员会，北京市妇女联合会，北京市社会科学院. 平等和谐发展（继续 95 共谋发展妇女论坛论文集）［C］. 北京：中国社会科学出版社，2006.

[2]《财经大辞典》第 2 版编委会. 财经大辞典 3［Z］. 北京：中国财政经济出版社，2013.

[3] 车文博. 心理咨询大百科全书［Z］. 杭州：浙江科学技术出版社，2001.

[4] 陈鹤琴. 陈鹤琴全集（第二卷）［M］. 南京：江苏教育出版社，2008.

[5] 陈荣秋. 生产运作管理［M］. 北京：首都经济贸易大学出版社，2011.

[6] 陈玉琨. 教育评价学［M］. 北京：人民教育出版社，1999.

[7] 褚宏启. 教育现代化的路径［M］. 北京：教育科学出版社，2001.

[8] 单永娟，何琳. 统计学概论［M］. 北京：中国铁道出版社，2012.

[9] 邓金. 培格曼最新国际教师百科全书［Z］. 教育与科普研究所，译. 北京：学苑出版社，1989.

[10] 杜学元，郭明蓉. 当代教育热点问题专题研究：教育社会问题研究卷［M］. 青岛：中国石油大学出版社，2013.

[11] 杜学元，郭明蓉，彭雪明. 晏阳初年谱长编［M］. 上海：上海交通大学出版社，2016.

[12] 恩格斯. 家庭、私有制和国家的起源［M］. 北京：人民出版社，1965.

[13] 法制办公室. 中华人民共和国法规汇编（2013 年 1 月—12 月）［C］. 北京：中国法制出版社，2014.

[14] 福泽谕吉. 福泽谕吉教育论著选［M］. 王桂，译. 北京：人民教育出版社，2005.

[15] 顾明远. 教育大辞典·第 1 卷［Z］. 上海：上海教育出版社，1990.

[16] 国家卫生计生委宣传司. 健康中国 2030 热点问题专家谈［M］. 北京：中国人口出版社，2016.

[17] 国务院法制办公室. 中华人民共和国教育法典［M］. 北京：中国法制出版社，2012.

[18] 国务院法制办公室. 中华人民共和国教育法典［M］. 北京：中国法制出版社，2013.

［19］韩传信. 教师职业道德［M］. 合肥：安徽大学出版社，2013.

［20］韩树彦. 高校政治理论课学习指导［M］. 长春：辽宁大学出版社，2009.

［21］建设部办公厅，吕广江，冯光达. 中华人民共和国建设部文件汇编（1985—1988）［C］. 北京：测绘出版社，1989.

［22］卢梭. 爱弥儿［M］. 李平沤，译. 北京：商务印书馆，1978.

［23］《凉山彝族自治州概况》编写组，《凉山彝族自治州概况》修订本编写组. 四川凉山彝族自治州概况［M］. 北京：民族出版社，2009.

［24］何东昌. 中华人民共和国重要教育文献（1976—1990）［M］. 海口：海南出版社，1998.

［25］黄人颂. 学前教育学［M］. 北京：人民教育出版社，1989.

［26］江净帆，袁丹. 走向综合：小学全科教师培养的现状和未来［M］. 重庆：重庆出版社，2015.

［27］蒋彬，罗曲，米吾作. 民主改革与四川彝族地区社会文化变迁研究［M］. 北京：民族出版社，2008.

［28］教师专业标准研究课题组. 小学教师专业标准：要点·行动·示例［M］. 北京：北京师范大学出版社，2013.

［29］景天魁，等. 社会公正理论与政策［M］. 北京：社会科学文献出版社，2004.

［30］李瑞华. 贫困与反贫困的经济学研究以内蒙古为例［M］. 北京：中央编译出版社，2014.

［31］李少元. 教育经济学纵横谈［M］. 南京：江苏教育出版社，1987.

［32］李维武. 中国人文精神之阐扬：徐复观新儒学论著辑要［M］. 北京：中国广播电视出版社，1996.

［33］联合国教科文组织国际教育发展委员会. 学会生存：教育世界的今天和明天［M］. 华东师范大学比较教育研究所，译. 北京：教育科学出版社，1996.

［34］联合国教科文组织. 教育：财富蕴藏其中［M］. 联合国教科文组织总部中文科，译. 北京：教育科学出版社，1996.

［35］廖其发. 中国农村教育问题研究［M］. 成都：四川教育出版社，2005.

［36］林文勋. 民国时期云南边疆开发方案汇编［C］. 昆明：云南人民出版社，2013.

［37］林志斌. 性别与发展教程［M］. 北京：中国农业大学出版社，2001.

［38］龙晓燕，陈斌. 中国西南民族关系史纲要［M］. 昆明：云南大学出版社，2013.

［39］马大正. 民国边政史料汇编［M］. 北京：国家图书馆出版社，2009.

［40］马克思，恩格斯. 马克思恩格斯全集［M］. 中共中央马克思恩格斯列宁斯大林著作编译局，译. 北京：人民出版社，1972.

［41］木村久一. 早期教育和天才［M］. 河北大学日本研究所，译. 石家庄：河北人民出版社，1983.

［42］宁夏百科全书编纂委员会. 宁夏百科全书［M］. 银川：宁夏人民出版社，1998.

［43］潘建. 小学教师培养模式：问题与抉择［M］. 南京：南京师范大学出版社，2011.

［44］潘允康，柳明. 当代中国家庭大变动［M］. 广州：广东人民出版社，1994.

［45］裴长洪. 世界问题报告：经济发展与社会变革［M］. 北京：中国社会科学院外事局，1999.

［46］钱宁，中国社会工作教育协会组. 工业社会工作［M］. 北京：高等教育出版社，2009.

［47］全国学生营养办. 学生营养改善计划通俗读本［M］. 北京：人民教育出版社，2014.

［48］时蓉华. 社会心理学［M］. 上海：上海人民出版社，1986.

［49］舒尔茨. 改造传统农业［M］. 梁小民，译. 北京：商务印书馆，1987.

［50］宋恩荣. 晏阳初全集（第一卷）［C］. 天津：天津教育出版社，2013.

［51］宋恩荣. 晏阳初全集（第二卷）［C］. 天津：天津教育出版社，2013.

［52］宋恩荣. 晏阳初全集（第三卷）［C］. 天津：天津教育出版社，2013.

［53］宋恩荣. 晏阳初全集（第四卷）［C］. 天津：天津教育出版社，2013.

［54］宋恩荣. 晏阳初画传［M］. 成都：四川教育出版社，2012.

［55］汤啸天. 学生健康权的实现研究［M］. 上海：上海人民出版社，2011.

［56］唐纳德·邦迪，玛格丽特·格罗什，马修·朱克斯. 儿童发展和教育［M］. 北京：人民出版社，2010.

［57］陶行知. 陶行知全集（第二卷）［M］. 成都：四川教育出版社，2005.

［58］陶行知. 陶行知文集［M］. 南京：江苏教育出版社，2008.

［59］童芍素. 角色的困惑与女人的出路：众学者谈当代职业妇女角色冲突与妇女发展［M］. 杭州：浙江人民出版社，1995.

［60］王东华. 发现母亲［M］. 成都：四川人民出版社，2014.

［61］王菊. 比较文学视野下的彝族文学研究［M］. 北京：民族出版社，2013.

［62］王梦奎. 为了国家的未来：改善贫困地区儿童营养状况试点报告［M］. 北京：中国发展出版社，2009.

［63］王绪池，吕亚非. 学校食堂管理教程［M］. 重庆：重庆大学出版社，2010.

［64］王治国. 新编四川概览［M］. 成都：四川科学技术出版社，1999.

［65］维恩·维瑟，德克·马特恩，曼弗雷德·波尔，等. 企业社会责任手

册［M］. 钟宏武，等译. 北京：经济管理出版社，2014.

［66］魏丕植，曲清荣，向万成. 爱国主义教育实用大典［M］. 成都：电子科技大学出版社，1997.

［67］邬志辉. 中国教育现代化新视野［M］. 哈尔滨：东北师范大学出版社，2000.

［68］吴国珍. 综合课程革新与教师专业成长［M］. 北京：北京师范大学出版社，2013.

［69］吴奇程，袁元. 家庭教育学［M］. 广州：广东高等教育出版社，2009.

［70］西奥多·W. 舒尔茨. 论人力资本投资［M］. 吴珠华，等译. 北京：北京经济学院出版社，1990.

［71］奚从清，俞国良. 角色理论研究［M］. 杭州：杭州大学出版社，1991.

［72］奚从清. 角色论：个人与社会的互动［M］. 杭州：浙江大学出版社，2010.

［73］肖甦. 比较教师教育［M］. 南京：江苏教育出版社，2010.

［74］肖天进. 三星堆研究［M］. 北京：文物出版社，2007.

［75］小原国芳. 小原国芳教育论著选［M］. 刘剑乔，由其民，吴光威，译. 北京：人民教育出版社，1993.

［76］秀诚钧，李顺根，王国民. 家庭教育学［M］. 海口：南方出版社，1998.

［77］徐杰舜. 中国民族史新编［M］. 南宁：广西教育出版社，1989.

［78］晏阳初. 晏阳初全集（第一卷）（1919—1937 年）［C］. 长沙：湖南教育出版社，1989.

［79］晏阳初. 晏阳初全集（第二卷）（1938—1949 年）［C］. 长沙：湖南教育出版社，1992.

［80］叶敬忠，詹姆斯·莫瑞. 关注留守儿童——中国中西部农村地区劳动力外出务工对留守儿童的影响［M］. 北京：社会科学出版社，2005.

［81］云南省社会科学院历史研究所. 中国西南文化研究 2［M］. 昆明：云南民族出版社，1997.

［82］詹一之. 晏阳初文集［C］. 成都：四川教育出版社，1990.

［83］张承隆. 天府之国四川 2［M］. 北京：中国旅游出版社，2015.

［84］张海鹰. 社会保障辞典［M］. 北京：经济管理出版社，1993.

［85］赵国柱，陈旭光. 师德新说：中小学教师职业道德经典读本［M］. 北京：开明出版社，2009.

［86］赵家骥. 三环论：构建农村教育新体系［M］. 成都：四川教育出版社，1994.

［87］赵家骥. 新世纪教育研究：赵家骥文集（2000—2010）［M］. 成都：四川人民出版社，2015.

［88］郑皓瑜. 拉美国家扶贫政策研究有条件先进转移支付计划［M］. 北

京：对外经济贸易大学出版社，2013.

［89］中国人才研究会. 微观人才学概论［M］. 北京：党建读物出版社，2013.

［90］郑新蓉. 性别与教育［M］. 北京：教育科学出版社，2005.

［91］中国大百科全书总编辑委员会. 中国大百科全书·教育［M］. 北京：中国大百科全书出版社，1985.

［92］中国大百科全书总编辑委员会. 中国大百科全书·政治学［M］. 北京：中国大百科全书出版社，2002.

［93］中国法制出版社. 教育规划纲要实习手册［M］. 北京：中国法制出版社，2010.

［94］中国建筑业年鉴编委会. 2012 年中国建筑业年鉴［Z］. 北京：中国建筑业年鉴杂志有限公司，2013.

［95］中国社会科学院文献情报中心. 社会科学新辞典［Z］. 重庆：重庆出版社，1988.

［96］中华女子学院社《妇女工作概要》编写组. 妇女工作概要［M］. 北京：中国妇女出版社，1997.

［97］朱建刚. 中国公益慈善发展报告 2013［M］. 北京：北京大学出版社，2014.

［98］朱有瓛. 中国近代学制史料（第三辑上册）［M］. 上海：华东师范大学出版社，1990.

［99］邹志方. 陆游诗词选［M］. 北京：中华书局，2005.

（二）论文类

1. 期刊论文

［1］王东明. 以精准扶贫为手段坚决打赢扶贫攻坚战［J］. 领导决策信息，2015（28）：7.

［2］安虎森. 贫困落后地区积累贫困的经济运行机制分析［J］. 南开学报，2001（4）：77-82.

［3］白芸. 浅析贫困地区的教育现代化［J］. 现代中小学教育，2001（4）：1-3.

［4］毕丽君. 当代职业妇女角色紧张的原因及对策［J］. 中国人民大学学报，1995（3）：115-118.

［5］蔡其勇. 卢梦丽. 小学全科教师培养课程设计［J］. 课程·教材·教法，2017（9）：108-114.

［6］曹文泽. 打造教育扶贫服务社会新名片［J］. 中国高等教育，2007（21）：49-50.

［7］曾陈萍，石伟. 少数民族地区基础教育信息化建设的思考［J］. 教学与管理，2010（30）：47-48.

［8］陈大柔，谢艳. 高校教育扶贫的问题及对策［J］. 教育科学，2004

（3）：58-61.

　　［9］陈端春，杨冬. 我国农村义务教育阶段学生营养餐问题研究 ［J］. 轻工科技·经济与管理，2015（5）：110-111.

　　［10］陈欢. 对传统农村家庭教育功能变迁的思考 ［J］. 教育发展研究，2007（5）：15-17，22.

　　［11］陈力，滕秀芳，张纯. 职业学校教师培训剖析与探究 ［J］. 教育现代化，2015（3）：120-121.

　　［12］陈雅芳. 幼儿教师"专业化"对幼师生"自主教育"的挑战 ［J］. 学前教育研究，2005（7）：76-77.

　　［13］楚丽霞. 当代女性母亲角色的变迁 ［J］. 贵州社会科学，2005（2）：45-48，44.

　　［14］崔东植，邬志辉. 韩国农村小规模学校合并政策评析 ［J］. 教育发展研究，2010（10）：58-63.

　　［15］邓达. 舒农村教育情怀　谱富民惠民春秋：记我国现代农村教育家赵家骥 ［J］. 中国农村教育，2009（C2）：9-11.

　　［16］邓泽军. 我国幼儿教师专业化问题与建议 ［J］. 学前教育研究，2007（11）：51-52.

　　［17］丁万和. 关于做好农村义务教育学生营养改善计划工作的思考 ［J］. 学周刊，2015（32）：200.

　　［18］杜芳芳. 我国卓越小学教师人才培养改革的创新实践 ［J］. 教育科学研究，2015（12）：10-13.

　　［19］杜立群. 面向农村，培养全格的小学教师：谈中师深化改革中的职业导向功能 ［J］. 雁北师院学报，1994（1）：76-77.

　　［20］杜喜荣. 论做好贫困大学生的思想政治工作 ［J］. 中国成人教育，2006（7）：80-81.

　　［21］范先佐，郭清扬，赵丹. 义务教育均衡发展与农村教学点的建设 ［J］. 教育研究，2011（9）：34-40.

　　［22］方瑞，管婷婷. 安徽省农村义务教育学生营养改善计划实施现状及思考 ［J］. 教师教育论坛，2016（10）：71-74.

　　［23］方晓东，王艳燕. 中国教育史研究的趋势与展望 ［J］. 教育史研究，2010（3）：1-9，15.

　　［24］冯晖，王奇. 试析教育评估专业化 ［J］. 教育发展研究，2015（11）：5-9.

　　［25］冯增俊. 试论我国教育现代化的基本任务及主要特征 ［J］. 中国教育学刊，1995（4）：5-8.

　　［26］符智荣，李雪峰. "三位一体，订单式"协同培养卓越农村小学教师机制初探 ［J］. 湖南第一师范学院学报，2015（4）：30-32.

　　［27］顾明远. 关于教育现代化的几个问题 ［J］. 中国教育学刊，1997（3）：10-15.

［28］郭翠菊. 小学全科教师培养的现状分析与路径设计［J］. 安阳师范学院学报，2017（6）：116-121.

［29］郭剑夫. 凉山脱贫考题［J］. 新城乡，2016（7）：20-23.

［30］郭栭懿. 美国学生营养餐［J］. 中国食物与营养，1998（1）：29-32.

［31］国家教育部. 四川省出台《大小凉山教育振兴行动计划（2014—2018年）》［J］. 中国民族教育，2014（9）：18.

［32］韩晴. 美国学校午餐计划对我国实施学校供餐的启示［J］. 理论探讨，2010（5）：183-184.

［33］韩烨. 日本乡村教师队伍建设的经验与启示［J］. 中小学校长，2016（5）：68-71.

［34］韩长赋. 大力实施乡村振兴战略［J］. 中国农技推广，2017（12）：69-71.

［35］何芬，赵燕霞. 美、日促进集中连片特困地区减贫的经验借鉴［J］. 世界地理研究，2015（4）：20-29.

［36］何宗焕. 用"通才"的眼光看教师［J］. 湖南教育（教育综合版），2007（16）：6-10.

［37］胡碧霞. 幼儿教师专业成长内涵的诠释［J］. 连云港师范高等专科学校学报，2005（3）：31-34.

［38］胡承康，许敏，俞之梁. 试论我国学生营养餐政府与社会联袂推进策略［J］. 中国学校卫生，2003（2）：193-195.

［39］胡秀锦. 职业教育发展经费保障机制研究［J］. 职业技术教育，2010（22）：15-21.

［40］黄白. 农村教师专业发展：中国教师教育研究新动向［J］. 教育理论与实践，2008（1）：40-44.

［41］黄俊官. 论农村小学全科教师的培养［J］. 教育评论，2014（7）：60-62.

［42］黄青禾. 印尼、泰国、马来西亚扶贫政策动态［J］. 改革与战略，1995（6）：68-72.

［43］黄清云. 农村义务教育学生营养改善计划实施管理［J］. 好家长，2018（57）：145.

［44］黄荣华，冯彦敏，路遥. 国内外扶贫理论研究综述［J］. 黑河学刊，2014（10）：135-137.

［45］黄炜，胡文俊，黄军志，等. 构建"五位一体、共融分治"的乡村治理结构：张家港市南丰镇永联村的实践与探索［J］. 唯实（现代管理），2014（7）：40-42.

［46］黄云峰. 小学全科教师内涵意蕴、价值意义及培养路径［J］. 中小学教师培训，2017（1）：75-78.

［47］纪严. 教育扶贫模式研究：以吉林省基础教育为例［J］. 现代教育科

学普教研究，2014（5）：77-78.

[48] 江净帆. 小学全科教师的价值诉求与能力特征［J］. 中国教育学刊，2016（4）：80-84.

[49] 江涛，杨兆山. 我国农村教师发展的"教师阻力"问题及其破解［J］. 现代教育管理，2015（6）：98-102.

[50] 蒋辉，蒋和平. 国外对欠发达地区农业发展的扶持：日本经验与启示［J］. 世界农业，2013（12）：17-21，39.

[51] 蒋建平. 国外学生供餐现状与典型管理经验（二）［J］. 中国食品，2004（3）：34-35.

[52] 蒋美华，李晓芳. 农村80后外出务工女性的角色变迁研究［J］. 山东女子学院学报，2011（3）：10-13，81.

[53] 焦炜，李慧丽. 近十年来我国小学全科教师研究的回顾与展望［J］. 当代教育科学，2018（10），37-42.

[54] 教育部. 农村义务教育学生营养改善计划实施细则［J］. 中国农村教育，2012（7）：5-11.

[55] 教育部. 推行中等职业教育学生资助和免学费政策［J］. 西北职教，2011（2）：5.

[56] 金李花. 幼儿教师专业化的困境及出路［J］. 现代教育科学，2009（10）：35-36.

[57] 鞠勤. 做好学生营养餐工作的几点思考［J］. 甘肃教育，2014（14）：21.

[58] 巨会. 学生营养餐供应应体现"五性"［J］. 学周刊（下旬），2014（10）：116.

[59] 雷万鹏. 家庭教育需求的差异化与学校布局调整政策转型［J］. 华中师范大学学报（人文社会科学版），2012（6）：147-152.

[60] 黎启标. 试论农村学校依法治校［J］. 知识力量·教育理论与教学研究，2011（4）.

[61] 黎琼锋，吴清丽. 农村小学特岗教师生存与发展状况调查［J］. 教学与管理（理论版），2016（2）：24-26.

[62] 李丰娟，贾巴木甲，马锦卫，等. 凉山彝族自治州彝汉双语教学实效性探析［J］. 民族教育研究，2011（3）：101-106.

[63] 李宏斌. 论西部贫困文化［J］. 云南社会科学，2004（4）：124-128.

[64] 李岚. 现代女性母亲角色的变化［J］. 湖北广播电视大学学报，2009（4）：61-62.

[65] 李群. 城市母亲教育的现状与思考［J］. 继续教育研究，2010（6）：134.

[66] 李文，汪三贵，王姮. 贫困地区寄宿制学生营养餐项目效果评估［J］. 农业技术经济，2011（6）：22-28.

［67］李霞. 幼儿园教师专业化发展现状调查与策略研究［J］. 甘肃教育，2011（5）：23-24.

［68］李晓伟. 论我国社会转型期农村家庭教育的困境与突破［J］. 教育学报，2012（6）：96-102.

［69］李新国. 基于供给侧改革的农村小学全科教师培养研究［J］. 昌吉学院学报，2017（5）：91-97.

［70］李亚东，田凌晖. 关于教育现代化教育学思考［J］. 教育现代化，2001（8）：4.

［71］李玉峰. 澳大利亚迪肯大学小学教育专业课程设置对全科教师培养的启示［J］. 教师教育论坛，2015（1）：39-44.

［72］李云淑. 关于构建我国幼儿园教师专业标准的思考［J］. 教育探究，2008（4）：11-14.

［73］凉山州发展和改革委员会. 凉山州积极推进经济体制改革［J］. 四川改革，2006（3）：30-32.

［74］凉山州西昌农场. 抓好脱毒马铃薯良种繁育工作发挥国有农场示范带头作用［J］. 四川农场，2013（1）：28-30.

［75］梁志斌. 论小学教师全科综合培养模式及建构［J］. 当代教师教育，2013（4）：26-30.

［76］廖光萍. 凉山州面临的生态环境问题、原因分析及对策研究［J］. 甘肃科技纵横，2014（6）：27-29.

［77］廖庆生. 农村地区本科层次小学全科教师培养模式探究［J］. 湖南第一师范学院学报，2016（1）：12-14，82.

［78］廖文科. 日本学校营养午餐的沿革与现状［J］. 中国学校卫生，2001（1）：5-6.

［79］林乘东. 教育扶贫论［J］. 民族研究，1997（3）：43-52.

［80］林闻凯. 论师范院校的教育扶贫［J］. 高教探索，2014（5）：58-61.

［81］刘爱玲，薛二勇. 乡村振兴视域下涉农人才培养的体制机制分析［J］. 教育理论与实践，2018（33）：3-5.

［82］刘光利. 封建时代的一次朝野平等对话［J］. 文史杂志，2012（3）：27-29.

［83］刘桂影. 小学全科教师的培养价值及其实现路径［J］. 教师教育论坛理论研究，2018（3）：26-29.

［84］刘慧. 我国扶贫政策演变及其实施效果［J］. 地理科学发展，1998（4）：81-89.

［85］刘善槐，史宁中，张源源. 教师资源分布特征及其形成：基于我国中部某省小学阶段教师的调查分析［J］. 教育发展研究，2011（Z2）：1-5.

［86］刘树仁. 培养小学全科教师的必要性与策略［J］. 现代教育科学，2018（11）：111-115.

［87］刘玉川. 对做好中小学学生食堂管理工作的思考［J］. 贵州教育，2012（10）：4-6.

［88］刘育红. 农村幼儿教师专业化发展的存在问题及其对策［J］. 江苏教育研究，2010（22）：56-58.

［89］卢琦. 关于全科型小学教师培养及农村小学教师现状的思考［J］. 湖南第一师范学院学报，2009（6）：14-16.

［90］鲁扬，马冠生，胡小琪. 我国五城市学生营养午餐企业卫生状况［J］. 中国食品卫生杂志，2003（4）：318-320.

［91］鲁志英. 探究农村小学教育改革现状与对策［J］. 祖国（教育版），2014（7）：77.

［92］陆铭宇. 凉山地质地貌过程形迹旅游资源的开发研究［J］. 旅游纵览（行业版），2013（11）：170-171.

［93］罗秀芳. 农村义务教育学生营养改善计划资金的管理［J］. 当代经济，2015（6）：82-83.

［94］罗哲. 西部民族地区新农村建设中的特色经济与特色人力资源开发研究［J］. 城市发展研究，2006（6）：133-136.

［95］罗忠勇. 深化实施农村义务教育学生营养改善计划对策研究：以贵州为例［J］. 贵州教育，2014（2）：5-9.

［96］马思军. 对凉山水能资源开发的建议［J］. 地方电力管理，2004（5）：17-18.

［97］马文起. 农村义务教育营养改善计划实施效果评析：基于河南省F县的实证调查［J］. 中国农村教育，2015（9）：21-22.

［98］苗培周，宗健梅. 农村小学教师专业发展现状调查研究［J］. 教育理论与实践，2017（5）：35-38.

［99］莫运佳. 广西农村小学全科教师定向培养的策略研究［J］. 广西师范学院学报（哲学社会科学版），2013（3）：105-108.

［100］宁立标. 学校营养餐计划的人权价值及其法律保障［J］. 人口·社会·法制研究，2012（1）：274-283.

［101］潘超，徐建华. 农村小学全科教师培养的双元途径［J］. 教育探索，2016（4）：110-112.

［102］潘华. 浅析少数民族地区师德师风现状［J］. 读写算（教育教学研究），2011（6）：42-43.

［103］彭徐. 西部大开发与凉山教育扶贫战略研究［J］. 西昌师范高等专科学校学报，2003（2）：51-54.

［104］钱大同，谢广田. 中等师范开设选修课的思考与实践［J］. 课程·教材·教法，1992（2）：42-45.

［105］秦瑞芳，闫翅鲲. "共生"视角下的农村教育扶贫路径探讨［J］. 教学与管理，2011（24）：16-17.

［106］邱芳婷. 农村小学全科教师的素质结构探析［J］. 当代教育与文化，2017（5）：61-65.

［107］沙强. 凉山州中小学教师信息技术应用能力现状及应对策略［J］. 魅力中国，2014（6）：138.

［108］《上海学生营养工作立法前期准备》课题组. 国内外学生营养工作立法情况综述［J］. 教育发展研究，2007（1B）：49-55.

［109］沈辉香，戚务念. 农村留守儿童的成长迫切需要父母的关心［J］. 当代教育论坛，2005（10）：18-20.

［110］沈建华. 浅析凉山州布拖县寄宿制学校火灾隐患及防范措施［J］. 中国西部科技，2008（24）：78-79.

［111］盛文龙，李丽，李佳孝. 我国民族地区教师培训研究述评［J］. 文史博览（理论版），2013（8）：85-87.

［112］石颜露，张波. 浅析精准扶贫背景下农村人力资源开发［J］. 中国商论，2016（23）：140-142.

［113］时正新. 综合、多元、城乡并重：对我国宏观扶贫政策的几点思考及建议［J］. 中国贫困地区，1996（1）：16-18.

［114］史爱芬. 浅论家庭教育中母亲的教育职能［J］. 河南教育学院学报（哲学社会科学版），2006（1）：135-136.

［115］帅传敏，梁尚昆，刘松. 国家扶贫开发重点县投入绩效的实证分析［J］. 经济问题，2008（6）：84-86.

［116］宋乃庆，邵忠祥. 义务教育学生营养改善计划实施的问题与对策［J］. 中国教育学刊，2014（10）：1-4.

［117］宋清华，杨云，张明星. "9+2" 教育扶贫模式的探索与实践［J］. 职业时空，2009（3）：157-158.

［118］孙刚成，宋紫月. 百年中师教育的办学经验和启示［J］. 黑龙江高教研究，2016（10）：15-19.

［119］孙文中. 创新中国农村扶贫模式的路径选择：基于新发展主义的视角［J］. 广东社会科学，2013（6）：207-213.

［120］孙跃芳. 河南孟津县平乐镇平乐村：打好特色产业牌 建设美丽新农村［J］. 党建，2014（1）：48.

［121］檀庆双. 扶贫顶岗实习支教与教育观念更新［J］. 忻州师范学院学报，2007（6）：8-10.

［122］陶青，卢俊勇. 免费定向农村小学全科教师培养的必要性分析［J］. 教师教育研究，2014（6）：11-15，21.

［123］田禾. 东亚发展中国家的教育贫困问题［J］. 当代亚太，1995（1）：62-65.

［124］田钰. 精准扶贫与社会组织协同参与的研究［J］. 农村经济与科技，2016（6）：150-151.

［125］王春雷，李清薇. 国内外义务教育均衡发展的基本举措及启示［J］. 课程教材教学研究（教育研究版），2016（C4）：29-31.

［126］王冬妮. 对西部农村地区落实"两免一补"政策的思考［J］. 山东农业大学学报（社会科学版），2006（3）：64-68.

［127］王国玲. 青海贫困地区教育扶贫问题探析［J］. 青海经济与社会发展研究，1998（4）：77-80，89.

［128］王虹，毛羽. "免费午餐"项目的发展研究［J］. 中国社会组织，2013（5）：44-46.

［129］王建东. 小学生营养餐的管理策略研究［J］. 学周刊，2017（1）：233-234.

［130］王建国，王丽，邵雪辉，等. 全科教师培养的历史经验与启示研究：基于中师教育的视角［J］. 张家口职业技术学院学报，2017（2）：33-35.

［131］王建平. 20世纪80、90年代中师教育的成功要素［J］. 湖南第一师范学院学报，2013（1）：32-35.

［132］王鉴，徐立波. 实然与应然：农村教师生存状态研究［J］. 当代教师教育，2008（2）：15-20.

［133］王金玲. 女性的价值定位与双重角色冲突［J］. 中华女子学院学报，1994（4）：36-38，31.

［134］王立文. 在活动反思中促进农村幼儿教师的专业化发展［J］. 当代教育论坛（管理研究），2010（6）：49-50.

［135］王莉，郑国珍. 论本科层次小学全科教师的培养［J］. 当代教育科学，2016（11）：40-44.

［136］王荣党. 论农村贫困衡量指标体系的构建［J］. 经济问题探索，2006（3）：82-86.

［137］王珊珊. 江西省上饶市婺源县江湾镇特色小镇建设纪实：山水人文魅力古镇［J］. 小城镇建设，2016（11）：79-82.

［138］王小华，田庆刚，王定祥. 东南亚国家农村扶贫信贷制度的比较与启示［J］. 上海金融学院学报，2011（2）：93-102.

［139］王晓丽. 农村扶贫开发存在的问题及成因分析［J］. 吉林工商学院学报，2008（3）：27-30.

［140］王艳辉. 河南省培养农村小学全科教师的必要性及路径探析［J］. 西北成人教育学院学报，2017（4）：45-48.

［141］魏玉乐. 中师特色教育研究报告［J］. 山东教育科研，1997（5）：48-50.

［142］邬志辉. 破解乡村教育发展症结的良药［J］. 中国农村教育，2015（C2）：6-7.

［143］吴敏. 菲律宾扶贫工作的几个特点及其引起的思考和建议［J］. 中国贫困地区，2000（5）：52-54.

［144］吴爽. 3+1 模式下重庆农村小学全科教师培养体系探究［J］. 科教导刊（上旬刊），2014（8）：67，92.

［145］谢尔初. 四川省双语教育现状和发展对策［J］. 中国民族教育，2016（9）：64-65.

［146］谢菲. 美国中小学营养午餐计划对我国的启示［J］. 管理工程师，2012（2）：58-60.

［147］谢慧盈. "全科型"优秀小学本科教师培养思考［J］. 海南师范大学学报（社会科学版），2012（5）：107-115.

［148］谢君君. 教育扶贫研究评述［J］. 复旦教育论坛，2012（3）：66-71.

［149］谢霄男，王让新. 关于农村教育扶贫问题的思考和对策建议［J］. 中国教育学刊，2015（A2）：3-4.

［150］谢振华. 广西今年实施农村小学全科教师定向培养计划［J］. 江西教育，2013（26）：23.

［151］邢建华. 教育扶贫，政府与政策唱主角［J］. 老区建设，2004（10）：48.

［152］熊文渊. 高校教育扶贫：问题与路径［J］. 当代教育科学，2014（23）：43-46.

［153］旭东. 广泛发动 主动作为 量力而行 四川省注税行业积极开展"统一战线教育扶贫凉山行动"［J］. 四川统一战线，2016（7）：33.

［154］杨国华，杨麟婷，俞群俊. 农村义务教育学生营养改善计划的研究分析［J］. 辽宁医学院学报（社会科学版），2015（2）：79-83.

［155］杨君丽. "母亲教育工程"研究与实践：以克拉玛依市为例［J］. 克拉玛依学刊，2011（3）：66-71.

［156］杨明芳. 我国社会底层人群向上流动困难问题研究：纳科斯"贫困的恶性循环理论"的启示［J］. 岳阳职业技术学院学报，2011（5）：101-104.

［157］杨铭铎，华庆. 中国学生营养餐现状分析及对未来发展的思考［J］. 食品与发酵工业，2004（5）：106-110.

［158］杨小微. 探寻区域义务教育优质均衡发展的新机制：以集团化办学为例［J］. 教育发展研究，2014（24）：1-9.

［159］杨晓江. 教育评估的科学性与科学的教育评估［J］. 教育研究，2000（8）：33-37.

［160］杨学军. 精准扶贫"回头看"看到了什么？［J］. 四川党的建设（农村版），2016（2）：52-53.

［161］姚培娟. 教育贫困与教育扶贫［J］. 山东省农业管理干部学院学报，2012（4）：98-99，105.

［162］叶青，张明，刘伟，等. 百亿财政资金配套营养餐：如何监管？［J］. 财政监督，2013（21）：30-38.

［163］易冷云. 美国优秀幼儿教师专业标准及其启示［J］. 学前教育研究，

2008（10）：42-46.

[164]易莉.毕摩文化对凉山彝族地区社会基础的影响[J].中华文化论坛，2012（5）：90-93.

[165]于伟，张力跃，李伯玲.我国欠发达地区农村教师队伍建设中的结构性困境与破解[J].教育研究，2007（3）：30-36.

[166]余小红.以全科教师培养突破农村小规模学校"超编缺岗"困境[J].教育发展研究，2017（24）：72-78.

[167]余滢.凉山彝族地区职业技术教育现状研究[J].当代教育实践与教学研究，2015（2）：114.

[168]余中根.外国教育现代化研究之述评[J].教育现代化，2001（12）：26.

[169]袁伟平，冯文全.关于母亲素质教育的几点思考[J].时代人物，2008（5）：209-211.

[170]张艾力.民族教育优惠政策与民族地区的"扶贫增收"[J].湖北民族学院学报（哲学社会科学版），2012（4）：43-46.

[171]张帆，张倩，徐海泉，等.全国农村义务教育学生营养改善计划供餐和运作模式[J].中国学校卫生，2014（3）：418-420.

[172]张虹.全科小学教师培养的地方经验及其反思[J].教育发展研究，2016（10）：46-52，68.

[173]张莲.农村全科型小学教师培养模式探究[J].教学与管理，2014（5）：8-10.

[174]张书梅.对云南省大关县农村义务教育阶段学生营养改善计划工作的思考[J].中国校外教育，2013（5）：23.

[175]张文宇，张钰川.农村中小学营养餐管理存在问题及对策[J].新课程（下），2018（12）：305.

[176]张雯雯，耿琰杰.简述余家菊乡村教育思想[J].现代企业教育，2014（16）：289.

[177]张衔.民族地区扶贫绩效分析：以四川省为例[J].西南民族学院学报，2000（3）：18-24，126.

[178]张永杰.对改善农村义务教育学生营养状况的思考[J].合作经济与科技，2014（7）：123-124.

[179]张瑜.幼儿教师专业化发展途径的探究[J].科教文汇，2008（26）：28.

[180]张元.试析幼儿教师专业化的特征及其实现途径[J].山东教育，2002（36）：8-10.

[181]赵姝.对农村义务教育学生营养改善计划资金使用情况的调研[J].山西财税，2016（8）：48-51.

[182]赵沿，李益众，倪秀.为大小凉山播种希望：四川凉山州开展教育扶

贫纪实［J］. 中国民族教育，2016（5）：31-33.

［183］郑岚. 互联网养殖平台"乐农之家"的发展战略［J］. 当代经济，2017（36）：116-117.

［184］郑长德. 凉山彝族自治州少数民族人口变化研究［J］. 西北人口，2008（4）：49-54，58.

［185］周采. 印度高等教育发展及其启示［J］. 南京师范大学学报（社会科学版），2008（2）：81-86.

［186］周川. 教育现代化过程简析［J］. 教育评论，1998（6）：7-9.

［187］周代华. 凉山州森林火险与气候条件相关性的研究［J］. 四川林业科技，1997（4）：51-53.

［188］周德义，李纪武，邓士煌，等. 关于全科型小学教师培养的思考［J］. 当代教育论坛，2007（18）：55.

［189］周瑞超，邝雨. 行政村综合性扶贫效果评价：以世界银行扶贫广西项目为例［J］. 改革与战略，2005（5）：108-110.

［190］周绍森，罗序斌. 加强和改进扶贫项目的检测与评估：基于泰国村庄基金的思考［J］. 江西农业大学学报，2007（3）：64-66.

［191］周晓光. 实施乡村振兴战略的人才瓶颈及对策建议［J］. 世界农业，2019（4）：32-37.

［192］周学桃. 谈少数民族贫困地区教育扶贫与教师队伍建设［J］. 民族教育研究，2002（3）：65-68.

［193］朱朝霞. 农村全科型小学教师本土化定向培养模式探究：以江西省九江地区为例［J］. 南昌师范学院学报（社会科学），2014（4）：50-53.

［194］朱春红，杜学元. 母亲教育：现状成因分析及其对策研究［J］. 青海社会科学，2008（1）：197-201.

［195］朱德全. 西部贫困地区农村"双证式"教育扶贫模式探索［J］. 教育研究，2004（2）：80-84.

［196］朱圣钟. 论历史时期凉山地区水稻的种植及其影响因素［J］. 三门峡职业技术学院学报，2008（3）：76-80.

［197］朱旭东，蒋贞蕾. 国家发展与教育发展模式探讨：教育现代化视角［J］. 比较教育研究，2001（1）：13-19.

2. 学位论文

［1］昂根伊国. 凉山彝族地区农村基础教育研究：以马拖下偶尔为例［D］. 成都：西南民族大学，2013.

［2］曹彦杰. 师范为何下乡：民国时期乡村师范教育的兴起［D］. 长春：东北师范大学，2018.

［3］慈玲玲. 民国时期乡村基础教育政策研究［D］. 长春：东北师范大学，2016.

［4］戴玥琳. 凉山彝族土司文化探究：以甘洛县田坝地区为例［D］. 北京：

中央民族大学，2015.

〔5〕冯晓玲. 幼儿教师专业化问题探讨〔D〕. 兰州：西北师范大学，2005.

〔6〕郭军英. 基于需求导向的农村小学全科教师培养问题研究〔D〕. 烟台：鲁东大学，2018.

〔7〕郭秀秀. 我国小学包班制的现状、问题及对策研究〔D〕. 烟台：鲁东大学，2016.

〔8〕华晓妮. 全科型小学教师专业发展的调查与研究：以青岛市李沧区为例〔D〕. 青岛：青岛大学，2017.

〔9〕李婧玮. 小学全科教师素质研究〔D〕. 武汉：华中师范大学，2017.

〔10〕李岩红. 法国小学全科教师培养制度及其对我国的启示〔D〕. 烟台：鲁东大学，2017.

〔11〕刘宁. 凉山彝族地区历史人口研究〔D〕. 成都：西南民族大学，2012.

〔12〕刘文艳. 农村义务教育学生营养改善计划研究：以江西省为例〔D〕. 南昌：江西农业大学，2016.

〔13〕罗约坡子. 凉山彝族自治州民族教育政策研究：以四川省民族地区教育发展十年行动计划为例〔D〕. 北京：北京林业大学，2012.

〔14〕年丹丹. 学生营养改善计划的财政支持政策的探究〔D〕. 蚌埠：安徽财经大学，2014.

〔15〕邱贵友. 当代凉山彝族毕摩文化发展研究〔D〕. 兰州：西北民族大学，2013.

〔16〕任燕. 当前农村学生营养餐供餐模式研究〔D〕. 武汉：华中师范大学，2014.

〔17〕施照晖. 乡村教师"全科化"的定位与保障策略研究〔D〕. 重庆：西南大学，2018.

〔18〕汪慧敏. 日本现代小学教师培养经验及其借鉴〔D〕. 长沙：湖南师范大学，2008.

〔19〕王欢. 凉山州农村信息化水平评价及发展对策研究〔D〕. 成都：四川农业大学，2012.

〔20〕王莹. 西北地区农村学校"学生营养改善计划"实施情况调查研究〔D〕. 兰州：西北师范大学，2013.

〔21〕向罩. 云南省农村小学全科教师"U-G-S"协同培养模式理论构建研究〔D〕. 昆明：云南师范大学，2018.

〔22〕谢招兰. 陶行知乡村师范教育思想研究〔D〕. 南昌：江西师范大学，2007.

〔23〕邢喧子. 农村小学全科教师生存与发展的调查研究：以湖北省为例〔D〕. 黄石：湖北师范大学，2018.

〔24〕亚瑞华. 农村信用社小额信用贷款绩效分析：以安阳市为例〔D〕. 北京：中国农业大学，2007.

［25］杨勤. 凉山民族地区扶贫机制研究［D］. 成都：西南交通大学，2013.

［26］尹飞霄. 人力资本与农村贫困研究：理论与实证［D］. 南昌：江西财经大学，2013.

［27］尹小平. 中国改革进程中的农民利益问题研究［D］. 北京：中共中央党校，2001.

［28］余小红. 农村小学全科教师职前培养研究［D］. 上海：华东师范大学，2018.

［29］张道祥. 农村小学教师生存状况与对策研究［D］. 济南：山东师范大学，2008.

［30］张咏梅. 重庆市农村小学全科教师"3＋1"培养模式实施现状研究［D］. 重庆：重庆师范大学，2015.

［31］赵彦嘉. 金融发展与减贫：基于门槛回归模型的研究［D］. 西安：西北大学，2013.

［32］赵玉磊. 黑龙江省农村反贫困问题研究［D］. 长春：吉林大学，2011.

［33］郑泱. 我国农村义务教育学生营养餐供给机制研究［D］. 武汉：华中师范大学，2016.

［34］郑永红. 长汀县农村义务教育学生营养改善计划实施效果评价［D］. 福州：福建农林大学，2017.

［35］郑忠平. 幼儿教师专业化问题研究［D］. 桂林：广西师范大学，2004.

［36］周闪闪. 我国农村义务教育学生营养餐政策研究［D］. 天津：天津财经大学，2017.

［37］周忻. 幼儿教师专业发展：问题与对策［D］. 无锡：江南大学，2009.

［38］朱炜. 基于科教扶贫的凉山地区农村反贫困研究［D］. 成都：西南交通大学，2010.

3. 报纸论文

［1］柴威. 农村义务教育学生营养改善计划启动五年惠及 3 352 万学生［N］. 中国教育报，2016-04-26.

［2］何万敏. 凉山教育：知识浇灌之花竞放［N］. 凉山日报，2008-12-17（A01）.

［3］胡文敏，张崇宁. 精准扶贫的"凉山样本［N］. 凉山日报，2015-07-16（A02）.

［4］李淼. 我省将积极实施精准扶贫"十项工程"［N］. 四川日报，2015-02-10（12）.

［5］李铁映. 社会主义现代化建设的奠基工程：认真学习、宣传和实施《中国教育改革和发展纲要》［N］. 人民日报，1993-03-03.

［6］凉山日报编辑. 免费职业教育圆了彝家孩子求学梦［N］. 凉山日报，2016-08-09（A05）.

［7］凉山日报评论员. 铸就历史的丰碑［N］. 凉山日报，2009-10-30

（A01）.

［8］梁教轩. 我州着力推进义务教育均衡发展［N］. 凉山日报，2014-03-23（A01）.

［9］龙雪琴，马海伊生，周霞. 再打一场教育提升攻坚战［N］. 凉山日报，2014-06-17（A05）.

［10］马海伊生. 强化教育扶贫攻坚推动教育事业发展［N］. 凉山日报，2015-09-22（A05）.

［11］蒲涛. 凉山州投资上亿元缓解学前教育"入园难"［N］. 凉山日报，2013-02-26（A06）.

［12］谭蔚. 促职教发展为就业奠基［N］. 凉山日报，2014-09-10（A12）.

［13］唐潇. 我州"一村一幼"建设效果初现［N］. 凉山日报，2016-05-26（A01）.

［14］王浩. 张家口"蛋奶工程"普惠11万义教寄宿生［N］. 张家口日报，2011-11-30.

［15］王莉，龙雪琴. 德昌：推进义务教育均衡发展［N］. 凉山日报，2016-1-26（A06）.

［16］西部时报编辑. 国家八七扶贫攻坚计划［N］. 西部时报，2009-08-28.

［17］营口日报编辑. 乡村教师支持计划（2015—2020）［N］. 营口日报，2015-06-9（A03）.

［18］张宏平. 聚焦："两不愁三保障"和"四个好"目标全面完成今年脱贫攻坚任务［N］. 四川日报，2016-08-6（A01）.

［19］中共中央，国务院. 中共中央国务院关于尽快解决农村贫困人口温饱问题的决定［N］. 人民日报，1997-01-08.

［20］钟美兰. "一市一县结对提升彝区幼教质量"［N］. 四川日报，2016-01-11（A02）.

［21］钟美兰. 2016年起四川民族自治州、县将实施十五年免费教育［N］. 四川科技报，2015-09-16（A06）.

［22］周燕. 四川省启动实施农村义务教育学生营养改善计划［N］. 凉山日报，2012-04-15（A01）.

4. 网络文献

［1］邬志辉.《中国农村教育发展报告2017》发布［N/OL］.［2019-09-30］. http：//www. jyb. cn/zcg/xwy/wzxw/201712/t20171223_ 900288.html.

［2］中华人民共和国教育部. 关于实施卓越教师培养计划的意见.［EB/OL］.［2019-09-30］. http：//www. gov. cn/xinwen/2014-09/18/content_ 2752077.html.

［3］国务院办公厅. 乡村教师支持计划（2015—2020年）［EB/OL］.（2015-06-08）［2019-09-30］. http：//www. gov. cn/.

［4］罗之勇，邓琴. 探索农村小学全科教师培养新路.［N/OL］.［2019-09-

30］. http：//www. jyb. cn/zgjsb/201805/t20180529_ 1091466. html

［5］李柯.《中国农村教育发展报告 2016》在京发布［N/OL］.［2019－09－30］. http：//www. jyb. cn/china/gnxw/201612/t20161226_ 691183. html.

［6］廖雯雯. 黄湾小镇将成峨眉旅游新名片［EB/OL］.［2019－09－30］. http：//www. leshan. cn/html/index_ m. html（2016－09－09）.

［7］中华人民共和国教育部. 关于大力推进农村义务教育教师队伍建设的意见［EB/OL］.［2019－09－30］. http：//info. jyb. cn/jyzck/201212/t20121214_ 521459. html.

［8］中华人民共和国教育部. 关于深化教师教育改革的意见［EB/OL］.［2019－09－30］. http：//www. gov. cn/zwgk/2012－12/13/content_ 2289684. htm

［9］四川省人民政府. 泸州为贫困县定向培养 900 名村小教师［EB/OL］.［2019－09－30］. http：//www. sc. gov. cn/10462/10778/10876/2016/3/22/10373581. shtml

［10］斯坦福教授花 37 年死磕中国农村，揭贫苦教育的"残酷真相"［N/OL］.（2017－11－21）［2019－04－06］. http：//news. ifeng. com/a/20171111/53167548_ 0. shtml

［11］白宇洁，陈岩鹏. 2018 年度《中国留守儿童心灵状况白皮书》发布根治留守问题可先从"治标"做起［N/OL］.［2019－09－30］. http：//www. chinatimes. net. cn/article/80791. html

［12］"读书无用论"为何在农村流行？［N/OL］.［2019－09－30］. https：//xw. qq. com/cul/20160731008191/CUL2016073100819100

［13］何可人. 邓飞用社会赋予的权利做慈善［N/OL］.（2014－08－21）［2019－09－30］. http：//book. ifeng. com/yeneizixun/detail_ 2014 08/21/38442339_ 0. shtm.

［14］刘利民. 在全国农村义务教育学生营养改善计划 2014 年春季视频调度会上的讲话［EB/OL］.（2014－04－16）［2014－07－30］. http：//www. moe. gov. cn/publicfiles/bus-mess / html－files/moe/moe 176/201404/167079. html.

［15］全国农村义务教育学生营养改善计划［EB/OL］.［2019－09－30］. http：//www. moe. edu. cn/publicfiles/business/htmlfiles/moe/s6329/list. html.

［16］王梁明. 我国学生营养餐政策实施情况［EB/OL］.［2019－09－30］. http：//www. moe. edu. cn/publicfiles/business/htmlfiles/moe/s6329/list. html.

［17］中华人民共和国国务院办公厅. 关于实施农村义务教育学生营养改善计划的意见［Z/OL］.（2011－11－23）［2019－09－30］. www. moe. gov. cn/srcsite/A11/moe_ 1817/moe_ 766/201705/t20170516_ 304741. html.

［18］2018 年中国农村人口、贫困人口、城乡居民人均可支配收入、城乡居民人均消费支出情况分析及城镇化发展水平预测［EB/OL］.［2019－09－30］. http：//www. chyxx. com/industry/201807/659510. html.

5. 其他

［1］西昌市地名领导小组. 四川省凉山彝族自治州西昌市县地名录［Z］. 西昌人民印刷厂 1987 年印本.

［2］郑少成，杨肇基. 西昌县志［Z］. 民国 31 年刻本.

［3］部分专家学者给赵家骥的信件.

二、外文文献

［1］ABUYA B A，CIERA J，KIMANI－MURAGE E. Effect of Mother´s Education on Child's Nutritional Status in the Slums of Nairobi［J］. BMC Pediatr，2012（12）：80.

［2］BJURSELL C，BäCKVALL L. Family Business Women in Media Discourse：the Business Role and the Mother Role［J］. Journal of Family Business Management，2011（2）：154－173.

［3］BUOR D. Mothers Education and Childhood Mortality in Ghana［J］. Health Policy，2003（3）：297－309.

［4］SIDANER E，BALABAN D，BURLANDY L. The Brazilian School Feeding Programme：An Example of an Integrated Programme in Support of Food and Nutrition Security［J］. Public Health Nutrition，2013，16（6）：1－6.

［5］ISMAIL S，IMMINK M，MAZAR I，et al. Community －based Food and Nutrition Programmes What Makes Them Successful. A Review and Analysis of Experience［M］. Rome：Food and Agriculture Organization of the United Nations，2003.

［6］Alexander K，Haggag M A，Geser W，et al. Depressive Symptoms in Mothers：The Role of Employment and Role Quality［J］. Journal of Workplace Behavioral Health，2011（4）：313－333.

［7］GURUNG G. Investing in Mother´s Education for Better Maternal and Child Health Outcomes［J］. Rural Remote Health，2010（1）：1352.

［8］MONESH，PATIL N H. Women in Medical Profession：A Study on Role Conflict［J］. Indian Streams Research Journal，2012（10）.

［9］HIRSCHMAN J，CHRIQUI J F. School Food and Nutrition Policy，Monitoring and Evaluation in the USA［J］. Public Health Nutrition，2013，16（6）：982.

［10］STANG J. Position of the American Dietetic Association：Child and Adolescent Nutrition Assistance Programs［J］. Journal of the American Dietetic Assocation，2010，110（5）：791－799.

［11］INAYAMA T，KASHIWAZAKI H，SAKAMOTO M. Role of School Lunch in Primary School Education：A Trial Analysis of School Teachers' Views an Open Ended Questionnaire［J］. Ni－Hon Koshu Eisei Zasshi，1998，45（12）.

［12］SUWANABOL S. Thai Student Milk Program. Compilation of the Third International Student Milk Congress，2005.

附　录

专题一　附录

（一）教育现代化背景下农村幼儿教师专业化研究的调查问卷

尊敬的老师：

您好！为了进一步深入了解教育现代化进程中农村幼儿教师的专业化发展水平及其现状，对郊区农村的幼儿教师进行问卷调查。请您根据实际情况如实填写问卷，您的答案很重要，请不要漏答。本问卷仅为此课题研究统计之用，我们将对您的回答严格保密。

非常感谢您抽出宝贵时间参与本次问卷调查！

一、个人基本信息（请在您做出选择之前认真阅读题干及相关说明，在最符合自己实际情况选项前的□上打"√"即可）

1. 您的性别：　□A. 男　□B. 女

2. 您的年龄：　□A. 25 岁以下　□B. 26～35 岁　□C. 36～45 岁　□D. 45 岁以上

3. 您的职称：□A. 无职称　□B. 有职称（如小教二级等）

4. 您的教龄：　□A. 一年以内　□B. 2～5 年　□C. 6～10 年　□D. 11 年以上

5. 最后学历：□A. 硕士　□B. 本科　□C. 大专　□D. 中专　□E. 高中　□F. 初中及以下

6. 所学专业：□A. 学前教育　□B. 音乐、舞蹈、美术、体育等教育　□C. 其他

7. 是否具有教师资格证：□A. 有　□B. 无

二、选择题（一般为单选，多选有备注）

1. 您的身体情况（　　　）

 A. 很健康　　　　　　　　　　B. 亚健康

 C. 有慢性疾病　　　　　　　　D. 较差

2. 您是否经常锻炼身体（　　　）

 A. 一直　　　　　　　　　　　B. 经常

 C. 偶尔　　　　　　　　　　　D. 从来没有

3. 您是否存在心理焦虑问题（　　　）

A. 经常发生　　　　　　　　　　B. 偶尔有几次

C. 几乎没有

4. 您出现心理焦虑问题时，是否能及时调节？是否影响到幼儿的保教活动？
（　　　）

A. 能很快做出调节，一般不会影响到幼儿的情绪和保教活动

B. 需要一点时间进行调节，有时会影响到儿童或者课堂、游戏活动

C. 需要较长的时间进行调节，经常会影响到儿童或者课堂、游戏活动

5. 您对幼儿保教工作的感受（　　　）

A. 有幸福感　　　　　　　　　　B. 有无助感

C. 有倦怠感　　　　　　　　　　D. 无所谓

6. 您选择幼师职业的动机（　　　）

A. 热心幼教　　　　　　　　　　B. 受人尊敬

C. 收入稳定，生活所需　　　　　D. 其他原因

7. 您工作中对幼儿的态度（　　　）

A. 平等对待每一个幼儿，尊重幼儿，经常与幼儿进行沟通交流，总之以幼为本

B. 幼儿就需要完全依照教师设定和安排的课程和游戏活动，教师是主导，儿童年龄小，应该以管教为主

C. 只喜欢乖巧听话的幼儿，其他的孩子保证其人身安全就好

8. 您对国家提出的教育现代化战略目标的了解（　　　）

A. 十分了解　　　　　　　　　　B. 有所了解

C. 知之甚少　　　　　　　　　　D. 完全不了解

9. 您对自己幼教观念更新速度的认识（　　　）

A. 与时俱进　　　　　　　　　　B. 比较快

C. 一般　　　　　　　　　　　　D. 比较慢，几乎没变

10. 在实际幼儿保教工作中，您认为一名合格的幼师应该具备什么知识？
（　　　）您自身欠缺的知识是什么？（　　　）（可多选）

A. 专业的学科知识（如舞蹈、绘画、音乐、数学、语言、社会、体育等
学科知识）

B. 关于幼儿保教的教育理论（幼儿教育学、幼儿心理学、幼儿卫生学
等）

C. 通识性知识（基础的普通文化知识）

D. 实践性知识（幼儿保教实践中实际运用的知识）

11. 儿童提出的各种问题，您有没有答不出来的时候？（　　　）

A. 经常会有　　　　　　　　　　B. 偶尔会有

C. 基本没有

12. 您对幼儿保教的教育相关理论的掌握如何？（　　　）

A. 还可以，够用　　　　　　　　B. 有点欠缺

C. 远远不够

13. 您觉得自己的舞蹈、绘画、音乐、数学、语言、社会、体育等知识能称得上专业吗？（　　　）

    A. 还可以　　　　　　　　　　　　B. 不够专业

    C. 谈不上专业

14. 面对保教活动中的突发状况，您能机智、妥善处理吗？（　　　）

    A. 总能有效处理　　　　　　　　　B. 有时候能

    C. 觉得比较困难　　　　　　　　　D. 完全不能

15. 在日常幼儿保教工作中，您认为幼师应该具备哪些能力？（　　　）您认为自己哪方面的能力还有待完善？（　　　）（可多选）

    A. 观察和了解儿童的能力

    B. 创设幼儿教育活动的能力（包括课堂教学、游戏活动的设计能力，课程、游戏资源的开发和利用能力等）

    C. 组织管理和评价沟通能力（包括组织协调幼儿日常学习、游戏活动的能力，有效与儿童沟通交流的能力，科学合理评价幼儿的能力）

    D. 掌握和运用信息的能力（包括与时俱进、更新知识的能力，掌握和应用现代教育技术的能力等）

    E. 反思创新能力（包括对幼儿保教活动的反思能力，对幼儿保教课程、游戏活动的改革创新能力）

    F. 幼儿教育科研能力（包括调查研究能力，撰写学术论文能力等）

16. 您在日常的保教实践中是否留心观察过幼儿情绪、言语、兴趣爱好等的变化？（　　　）

    A. 仔细观察幼儿已经是日常保教活动的一部分

    B. 观察过一段时间，没有一直坚持

    C. 没有进行过细致的观察

17. 您在自己日常的幼儿教学、游戏活动组织过程中（　　　）

    A. 经常根据幼儿园的具体情况，结合幼儿的实际发展水平重新调整和创造新的课程、游戏活动内容和方法

    B. 为了教学评估和教师考核，偶尔会对课程、游戏活动和教学方法进行调整和改革

    C. 严格按照幼儿课程活动的教材安排儿童学习和游戏活动，没有进行过调整和创新

18. 您是否根据季节的变化，因地制宜，开发利用自然界中贴近幼儿生活的"活教材"和课程、游戏资源进行情景式教学？（　　　）

    A. 经常会根据当地的实际情况，充分开发利用农村的自然环境中课程、游戏活动资源

    B. 偶尔会开发利用农村的自然环境中课程、游戏活动资源

    C. 只是简单地利用农村的自然环境中课程、游戏活动资源，谈不上开发

D. 从来没有过

19. 您是否能够科学、合理、适量地安排管理幼儿一日的所有活动?(　　　)

    A. 很熟练   B. 有点力不从心,需要提高

    C. 不能独立完成

20. 您与幼儿及学生家长的有效交流沟通多吗?(　　　)

    A. 经常交流   B. 偶尔交流

    C. 一般不交流

21. 您用何种方式与学生家长交流?(　　　)(可多选)

    A. 家长会   B. 电子邮件或 QQ

    C. 电话   D. 其他

22. 您是否认为智力是多元的,不能用统一的标准来评价幼儿成长中的优缺点?(　　　)

    A. 同意   B. 不同意

23. 您是否经常通过多种途径学习,更新自己的专业知识?(　　　)

    A. 经常   B. 有时候

    C. 几乎不

24. 您对计算机、多媒体、教学软件等信息技术的应用程度如何?(　　　)

    A. 非常熟练,经常用   B. 有点生疏,偶尔会用

    C. 基本不会,从未用过

25. 您觉得利用现代信息技术在进行保教的过程中对您的哪一方面影响最大?(　　　)(可多选)

    A. 观察和了解儿童的能力   B. 创设幼儿教育活动的能力

    C. 组织管理和评价沟通能力   D. 掌握和运用信息的能力

    E. 反思创新能力   F. 幼儿教育科研能力

26. 您在幼儿保教实践中如何利用信息技术?(　　　)(可多选)

    A. 电子备课   B. 课堂、游戏演示

    C. 为儿童创设信息环境   D. 幼儿教育科研

    E. 课程游戏、资源开发

27. 您认为信息技术在教育现代化背景下的作用如何?(　　　)(可多选)

    A. 能够增强教学效果,提高升学率

    B. 能够激发教师的学习兴趣和课堂教学能力

    C. 能够培养学生的信息意识和提高学生的基本技能

    D. 没有发挥作用

28. 您是否经常主动进行保教实践反思?(　　　)

    A. 经常反思,总结经验与不足   B. 偶尔会反思

    C. 几乎没有反思过

29. 您是否会在工作中不断学习,进行改革创新?(　　　)

    A. 经常充满创造的激情   B. 刚开始从事工作时有

C. 相对保守，比较机械　　　　　　D. 从来没有

30. 您认为强调幼儿教师的科研技能有必要吗？（　　）

A. 很有必要，有利于成为专家型幼儿教师

B. 没有必要，只要管好孩子就好

C. 无所谓

31. 您觉得自己需要进行幼儿保教专业技能培训吗？（　　）

A. 非常需要　　　　　　　　　　B. 无所谓，可有可无

C. 一点不需要

32. 您在教育现代化与幼儿课程整合过程中遇到的最大问题是（　　）（可多选）

A. 缺乏幼儿园的支持　　　　　　B. 缺乏应用的环境

C. 缺乏设备技术的支持　　　　　D. 过多地占用时间

33. 您对自己专业现状的满意程度为（　　）

A. 满意　　　　　　　　　　　　B. 基本满意

C. 不太清楚　　　　　　　　　　D. 不太满意

（二）访谈提纲

1. 您怎样看待这份幼教工作的？（只是谋生的工作、自己的事业等）幼儿教师的工作专业性强吗？是否具有挑战性？用一句话形容您现在的工作。

2. 从事幼教工作几年了？觉得自己能胜任这份工作吗？形容一下您认为有效的教学。

3. 您认为优秀的幼儿教师应具备哪些素质？您在哪些方面存在不足？

4. 您认为制约您专业知识和技能提高的主要因素有哪些？

5. 您是否经常参加幼儿保教知识学习、保教技能培训？您对此有何看法？

专题二　附录

（一）小学教育专业认知调查问卷

亲爱的同学：

您好！欢迎参加"小学教育专业认知"的调查研究，本研究所有问题的选项无对错、好坏之分，旨在为我们开展农村小学全科教师培养提供依据。我们采用匿名方式，并且承诺绝对保密。请您根据自己的实际情况填写，这很重要！衷心感谢您的支持和合作！

填写要求：回答方式除特殊说明外，均为单项选择，请相应的选项或方框上打"√"。

基本情况：

您的性别：

□男　□女

2. 您是否签约

□是　□否

3. 您属于

□城镇考生　□农村考生

4. 您的户籍所在地：

□古蔺　□叙永　□合江　□其他

调查问卷：

1. 进入该专业以前，您对该专业的了解程度如何？

　　A. 很了解　　　　　　　　　　B. 比较了解

　　C. 不了解　　　　　　　　　　D. 很不了解

2. 您现在喜欢自己的专业吗？

　　A. 很喜欢　　　　　　　　　　B. 比较喜欢

　　C. 不喜欢　　　　　　　　　　D. 非常不喜欢

3. 选择报考该专业的原因是什么？

　　A. 有志从事教育事业

　　B. 家长的决定

　　C. 老师的极力推荐，读了这个专业就业有保障

　　D. 家庭经济困难，"免费制"可以减轻家庭经济负担

　　E. 先拿到编制，以后再做打算

　　F. 毕业后回到家乡，可以减轻生活压力

4. 您对农村小学全科教师职业了解多少？

　　A. 完全不了解　　　　　　　　B. 不太了解

　　C. 有一些了解　　　　　　　　D. 完全了解

5. 您入学前已经具备哪些方面的特长？（可多选）

　　A. 朗诵　　　　　　　　　　　B. 乐器

　　C. 唱歌　　　　　　　　　　　D. 舞蹈

　　E. 手工　　　　　　　　　　　F. 书法

　　G. 绘画　　　　　　　　　　　H. 计算机应用

　　I. 体育　　　　　　　　　　　J. 其他

6. 您为自己三年学习设定学习计划吗？

　　A. 有，而且很详细　　　　　　B. 有，但是比较模糊

　　C. 没有，想过但没做　　　　　D. 没有，没想过

7. 通过三年的学习，您认为自己可以胜任以下哪些科目的教学工作？（可多选）

　　A. 语文　　　　　　　　　　　B. 数学

　　C. 英语　　　　　　　　　　　D. 体育

　　E. 音乐　　　　　　　　　　　F. 美术

　　G. 其他　　　　　　　　　　　H. 全都能胜任

8. 毕业时，您会选择考取哪一门教师资格证？

A. 语文 B. 数学

C. 英语 D. 体育

E. 音乐 F. 美术

G. 社会 H. 科学

I. 小学全科

9. 毕业后，如果政策上不强制回到签约县任教，您将会选择（非签约生不选）

A. 留在城市，做小学教师 B. 留在城市，做其他

C. 回到家乡，做小学教师 D. 回到家乡，做其他

E. 没有考虑过这个问题

感谢您的支持，谢谢！

（二）农村小学全科教师状况调查问卷

亲爱的老师：

您好！欢迎参加我们关于"农村小学全科教师状况"的调查研究。本研究所有问题的选项无对错、好坏之分，仅做科学研究之用。我们采用匿名方式，并且承诺绝对保密。请您根据自己的实际情况填写，这很重要！衷心感谢您的支持和合作！

填写要求：回答方式除特殊说明外，均为单项选择，请在相应的选项或方框上打"√"，或是在"—"上作答。

基本情况：

1. 您的性别：

□男 □女

2. 您的年龄：

□25 岁以下 □25～34 岁 □35～44 岁 □45～55 岁 □55 以上

3. 您的教龄：

□0～1 年 □2～5 年 □6～10 年 □11～15 年 □15 年以上

4. 您的学历：

□中师 □大专 □本科 □硕士及以上

5. 您的职称：

□无 □初级 □中级 □高级

调查问卷：

1. 您在村小的工作情况是？（可多选）

A. 全部学科教学

B. 除音体美以外其他学科的教学

C. 语文和数学外加音、体、美其中一科的教学

D. 分科专职教师

E. 班级管理工作

2. 您认为农村小学需要全科教师吗？

A. 非常需要 　　　　　　　　　　B. 比较需要

C. 不太需要 　　　　　　　　　　D. 完全不需要

3. 您愿意成为一名小学全科教师吗？

    A. 非常愿意 　　　　　　　　　　B. 比较愿意

    C. 不太愿意 　　　　　　　　　　D. 完全不愿意

4. 您认为自己能胜任小学全科教学工作吗？

    A. 完全胜任 　　　　　　　　　　B. 比较胜任

    C. 不太能胜任 　　　　　　　　　D. 完全不能胜任

5. 您认为制约农村教师全科教学能力的因素有？（可多选）

    A. 没有接受过全科教学的相关教育与培训

    B. 自己的知识储备不足

    C. 自己知识更新速度跟不上课改要求

    D. 自己基础差

    E. 主观上不想开展全科教学

    F. 农村学生基础差，自己各科都抓不现实

6. 您认为影响全科教师专业发展的主要因素是什么？

    A. 工作负担过重，难有自我发展时间与精力

    B. 缺乏自我专业知识和能力提高的机会

    C. 工作缺乏成就感，缺乏学习改进的动力

    D. 农村小学缺乏专业发展的环境

7. 遇到专业上的问题，你主要向谁寻求解答？

    A. 借助手机进行网络搜索 　　　　B. 发布在同学、同行群

    C. 与身边同事交流 　　　　　　　D. 与亲人、朋友交流

    E. 不寻求解答

8. 对比全科教师与分科教师的专业发展前景，您认为？（若选 A，请作答第9 题；若选 B，请作答第 10 题）

    A. 全科教师比分科教师的专业发展前景好

    B. 分科教师比全科教师的专业发展前景好

9. 全科教师比分科教师的专业发展前景好的理由是（可多选）

    A. 优生率高 　　　　　　　　　　B. 教师素质更全面

    C. 符合社会需求 　　　　　　　　D. 更多学习培训的机会

    E. 晋升空间更大 　　　　　　　　F. 考调机会更大

    H. 更有利于学生的全面发展

10. 分科教师比全科教师的专业发展前景好的理由是（可多选）

    A. 优生率高 　　　　　　　　　　B. 教师素质更全面

    C. 符合社会需求 　　　　　　　　D. 更多学习培训的机会

    E. 晋升空间更大 　　　　　　　　F. 考调机会更大

    H. 更有利于学生的全面发展

11. 您外出参加培训的机会是

    A. 平均每一年   B. 平均每三到五年

    C. 平均五年以上

12. 如果有机会调离现有小学，到镇中心校或者县城工作，你愿意吗？

    A. 非常愿意

    B. 比较愿意，有机会就努力争取

    C. 不愿意

    D. 没考虑过这个问题

13. 其他补充说明

再次感谢您的支持，祝您工作愉快，生活幸福、安康！

（三）访谈提纲

1. 对单位负责人的访谈提纲

尊敬的领导：

    您好！我来自××院校，由于本人在单位具体负责农村小学全科教师培养的一些主要工作，所以想在这方面做一些更为深入地研究。本次访谈的目的，主要是想了解贵单位在农村小学教师培养方面的具体情况，以及所采取的一些较为有效的措施。答案无所谓对错，根据您或您所了解的实际情况作答即可。本调研收集的资料仅供研究之用，您的个人信息不会以任何形式公开，敬请放心。非常感谢您的合作！

    1. 为什么会想到要为农村小学定向培养全科教师？您的初衷是什么？哪些因素促成这件事？教育行政部门在这方面做了一些怎样的努力？有没有做过调研或数据统计？这一政策行为是怎样贯彻的？实施以后的反响怎么样？

    2. 您对农村小学全科教师的要求是怎样的？在具体培养上，有什么要求？能否为我们提供一些培养建议？在农村小学全科教师的定向培养方面，您认为怎样才能真正实现地方院校、地方政府和当地农村小学协同培养？

    3. 这些定向生毕业去什么类型的学校？主要承担哪些教学科目？我们应该在哪些方面的课程设置上加强？

    4. 这些定向毕业生去农村小学工作后可能会遇到一些什么问题？我们在培养中需要在哪方面做更多的准备？

2. 对农村小学教师的访谈提纲

尊敬的老师：

    您好！我来自××院校，本次访谈的目的在于了解农村小学的基本状况，以及农村小学教师的生存状态。请您认真回答以下内容，答案无所谓对错，根据您或您所了解的实际情况作答即可。本调研收集的资料仅供研究之用，您的个人信息不会以任何形式公开，敬请放心。非常感谢您的合作！

    1. 您进入乡镇中心校及以下农村小学任教后多长时间才适应？面临的主要困难是什么？

    2. 在乡镇中心校及以下农村小学任教是否要承担多学科教学？一般要承担

多少科？从事农村小学全科教学的适应情况如何？

3. 和县城、镇中心校教师比起来，农村小学全科教师待遇上是否有差距？能具体谈谈吗？

4. 您认为全科教师与分科教师相比较，有哪些优势？存在哪些不足？

5. 您认为作为一名农村小学全科教师，最重要的是什么？

6. 您认为目前我们小学教育专业人才培养方案中课程设置是否合理？若要调整，哪些可以弱化，哪些应该加强？

7. 针对目前我们正在开展的农村小学全科教师定向培养，存在哪些不足？请您提出一些宝贵意见。

3. 对小教全科师范生的访谈提纲

尊敬的同学：您好！

我是×××，具体负责我们专业的人才培养工作，所以想在这方面做一些更为深入地研究。请您认真回答以下内容，答案无所谓对错，根据您或您所了解的实际情况作答即可。本调研收集的资料仅供研究之用，您的个人信息不会以任何形式公开，敬请放心。非常感谢您的合作！

1. 能否说说您为什么要报考农村小学全科教师吗？您的家庭所在地为：农村、乡镇、城市？您对毕业之后的职业有怎样的规划或设想？对照农村小学全科教师，您觉得自身在哪些方面还比较欠缺、需要进一步加强？

2. 您了解农村小学全科教师的培养目标吗？能否具体说说这一培养目标？你觉得在哪些方面完全体现了这一培养目标？

3. 您了解农村小学全科教师吗？通过什么渠道？您怎么看农村小学全科教师？

4. 您认为作为一名农村小学全科教师，最重要的是什么？您认为自己要在哪些方面加强和努力，才能成为一名合格的农村小学全科教师？

5. 您是否愿意毕业后到农村做一名农村小学全科教师？会长期坚守在农村小学吗？有什么其他打算？

专题三　附录

（一）农村妇女母亲角色调查问卷

尊敬的家长：

您好！我是西华师范大学 2011 级的学生，我们正在进行有关母亲角色的一项调查。为了解您关于母亲角色与其他角色的关系及对孩子的家庭教育情况，我设计了这份问卷。该问卷以不记名形式发放，调查结果仅供学术研究使用，对于您的回答，我承诺绝对保密，感谢您的支持与合作，并祝您工作顺利、全家幸福！

1. 个人信息：

年龄__，是否单亲 是，否（打钩），家庭人口__人，子女数__儿__女

2. 您家中外出打工情况？

    A. 一个人   B. 和丈夫一起

3. 您外出打工原因？

    A. 土地被征用（失地）   B. 改善家中经济条件

    C. 同村其他外出打工妇女的影响   D. 其他

4. 外出期间，孩子主要由谁照顾？

    A. 爷爷奶奶   B. 姥姥姥爷

    B. 丈夫   C. 同辈亲戚

    D. 丈夫   E. 孩子自己

    F. 其他

5. 您多久回一次家？

    A. 每天   B. 一周左右

    C. 一个月   D. 1 年

    E. 一年以上

6. 你与孩子一般怎样联系？

    A. 写信   B. 打电话

    C. 孩子来看望   D. 没联系

    E. 其他

7. 你与孩子多久联系一次？

    A. 没联系   B. 每天

    C. 一星期   D. 一个月以上

    E. 半年以上

8. 如果你们电话联系，一般通话时间为多长？

    A. 不到一分钟   B. 十分钟以内

    C. 半小时左右   D. 一小时以上

9. 您与孩子聊天的主要内容？

    A. 关于学习方面的   B. 关于日常生活方面的

    C. 听监护人的话   D. 听老师的话

10. 孩子学习成绩如何？

    A. 上等   B. 中上等

    C. 中等   D. 中下等

    E. 下等

11. 你的文化程度？

    A. 文盲   B. 小学

    C. 初中   D. 高中或中专

    E. 大专及以上

12. 您最关注孩子的哪些方面？
    A. 学习成绩   B. 身体健康状况
    C. 性格及个性的培养   D. 能力的培养
    E. 孩子的心情

13. 在教育孩子时，常使用什么方法？
    A. 与爸爸商量   B. 与老师商量
    C. 参考别的家长意见   D. 参考书籍等
    E. 按照自己想法   F. 其他

14. 您是否会时常跟老师或监护人联系来了解孩子的学习生活情况？
    A. 经常   B. 偶尔
    C. 一般不联系   D. 从未联系过

15. 您觉得孩子跟自己的关系有没有因为外出而产生变化？
    A. 和以前一样   B. 变得生疏
    C. 孩子更粘自己   D. 没有注意

16. 您是否对做母亲觉得力不从心？
    A. 工作太忙，无暇顾及孩子   B. 孩子和工作可以兼顾
    C. 同打工之前没变化

17. 您在教育子女时遇到哪些困惑？
    A. 没时间教孩子   B. 想教但不知道怎么教

18. 如果有关于教育母亲的培训班，您是否会参加？
    A. 会   B. 不会

再次感谢您的支持与合作，并祝您工作顺利、全家幸福！

(二) 访谈提纲

访谈员自我介绍：

您好，我是西华师范大学 2011 级的学生，我们正在进行有关母亲角色的一项调查。希望通过这次调查了解农村女性做母亲的实际情况，为此我们需要您的帮助和参与，以共同完成调查，使研究具有现实和实践价值。向您承诺，今天访谈涉及的内容和您阐述的观点，只作为我们的研究参考，您声明不宜公开的资料和观点，我们将严格为您保密，非常感谢您的帮助。

访谈提纲所包含的主要内容：

访谈对象：农村外出打工母亲

基本资料：年龄，文化水平，家庭结构，子女情况

主要问题：

1. 了解她们外出打工原因。

2. 了解她们孩子的情况，询问她们将子女托付给谁照顾。

3. 了解她们与孩子的联系状况及联系的内容。

4. 了解她们现在更关注孩子的哪些方面，是生活学习还是孩子品格养成等。

5. 了解她们对孩子的管教情况，她们认为教育孩子是否只是学校的事情。

6. 了解她们是否会同监护人及老师联系，了解自己孩子的动态。

7. 了解她们对母亲角色的理解，她们认为如何才是一个好母亲。

8. 了解她们是否会时常和孩子进行谈心及谈话内容。

9. 了解她们对于回去工作的态度。

专题四　附录

（一）农村义务教育学生营养改善计划实施情况调查表（教师卷）

学校名字：　　　　　　　　　　　　　在校学生人数：

1. 学校有没有组织营养餐计划领导小组？

①有　②无

2. 学校有没有推出专门的营养餐方案？

①有　②无

3. 学校有没有专门的人负责营养餐计划的监管工作？

①有　②无

4. 你们这里有没有专款专用，用的每一笔钱都在账本记录吗？

①无　②有

5. 如果出现食品安全事故，教育局在核查学校时，学校能拿出当初签的食品安全文书吗？

①能　②不能

6. 你所在学校的食堂的资金使用合理吗？一些工作人员有没有灰色收入？

①有　②无

7. 学校提供给学生的中餐食物主要种类有哪些？

①米饭　②面条　③馒头　④蔬菜

⑤鸡蛋　⑥猪肉　⑦大豆制品　⑧其他

8. 学生吃完营养餐以后，对营养餐味道的评价如何？

①能吃饱　②还可以　③不好　④很差

9. 你所在工作单位的招标食堂，有没有正规的餐饮服务许可证？

①有　②无

10. 供餐企业在招聘员工时，工作人员有没有健康证？

①有　②无

11. 食堂有没有给刚入职员工做相关的入职培训，定期培训一些食品安全的知识，食堂经营的法律法规，并将培训员工的名字记录在案？

①有　②无

12. 你们食堂建设的时候有没有考虑过实用性的问题？

①有　②无

13. 学生在吃饭的时候，有没有老师陪伴、监督？

①有 ②无

（二）农村义务教育学生营养改善计划实施情况调查表（学生卷）

学校：_____ 年级：_____

1. 你们在学校吃的营养餐是什么样的供餐方式？

①早饭 ②午饭 ③课间加餐

2. 你是怎么评价你们学校营养餐的味道的？

①好吃 ②比较好吃 ③不是很好吃 ④不好吃 ⑤很难吃

3. 在食堂吃营养餐，你觉得它能够满足你对食物量的追求吗？

①很多，吃不 ②刚刚能吃饱 ③有时吃饱，有时吃不饱 ④太少，不够吃

4. 你们吃的食物，你感觉它的温度能否符合你的要求，温度合适吗？

①是，都是热的 ②不是，有时冷有时热 ③不是，一般都是凉的

5. 你们在学校吃饭时，有老师陪餐吗？

①陪餐 ②不陪餐

6. 上级会定期检查你们学校的营养餐情况，询问你们意见吗？

①有 ②没有 ③不知道

7. 你们觉得你们吃的食物能为你们的成长提供营养吗？

①有营养 ②一般 ③没有营养 ④我不清楚

8. 学校安排你们在哪些场所用餐？

①食堂 ②教室 ③宿舍 ④操场 ⑤没有固定的地方

9. 你认为你们吃饭的地方，卫生打扫得干净吗？

①十分差 ②比较差 ③一般 ④比较好 ⑤十分好

10. 在学校吃营养午餐时，食堂会为你们做几个配菜？

①3 个以下 ②3 个 ③4 个 ④5 个 ⑤5 个以上

11. 你们吃完饭以后，老师会让你们把自己的名字签到对应的本子上吗？

①是，但不是每天 ②每天都签 ③否，不签名

12. 你认为在最近一段时间里，你身体更好了，这是营养餐的作用吗？

①能，作用明显 ②能，作用不大 ③不能 ④不清楚

13. 以前你没有在学校吃营养餐的时候，你在上课听讲时，会不会有饥饿的感觉？

①常常会 ②偶尔会 ③不会

14. 如今你在学校吃了免费的营养餐，你在上课时还会感到很饿吗？

①经常会 ②偶尔会 ③不会

15. 你是否收到过学校发的营养餐费？

①是 ②否

16. 学校老师在你们吃饭时陪餐，你觉得他们做得好吗？

①非常好 ②比较好 ③比较差 ④非常差

17. 你评价一下你们吃饭的地方，具体的优点、缺点、建议。（可多选）

①餐厅卫生不好 ②餐厅房间太小，让人感觉很挤

③其他地方用餐，环境不佳　④餐厅地板很滑　⑤餐具不干净

⑥其他的问题：＿＿＿＿＿＿＿＿＿＿＿＿＿＿＿＿＿＿

18. 评价一下你们学校在吃完饭之后让你们签名的问题。

①好　②差　③非常好

19. 评价一下你们学校餐厅的工作人员在食品留样方面工作。

①非常好　②比较好　③比较差　④非常差

20. 如果学校给你的营养餐你吃不完，你会将它带回家送给其他人吃吗？

①经常会　②偶尔会　③很少会　④从不会

21. 写出你对你们学校营养餐的看法和建议。

（三）农村义务教育学生营养改善计划实施情况（校长访谈提纲）

访谈地点：

访谈时间：

访谈学校：

1. 你们这里是从什么时候开始为学生提供营养午餐的？

2. 你们学校的食堂是由学校经营的还是有供餐企业经营的？

3. 如果是学校经营营养餐，学校的营养餐经费是哪里来的？

4. 如果是企业经营的营养餐，那么企业是通过什么途径获得你们的信息的？

5. 学校食堂所需要的食材都是从哪里购买的？

6. 学生在吃饭时，会有专门的老师在旁边监督、陪餐吗？

7. 学校成立了营养餐监管小组吗？这些监管人员由哪些人员组成？

8. 供餐企业是否会将学生的营养食谱张贴在布告栏，你们了解他们的资金使用情况吗？合理吗？

9. 您认为学生吃了营养餐以后，给学生和学校带来了哪些好处？

10. 您认为国家实施营养餐计划对学生有哪些教育意义？

11. 您认为你们学校的营养改善计划有哪些不足？请您说出一些自己的建议。

（四）农村义务教育学生营养改善计划实施情况（家长访谈提纲）

访谈地点：

访谈时间：

1. 有关于农村义务教育营养改善计划的内容和国家相关政策您了解多少？

2. 平时在孩子吃饭问题上，讲究科学膳食营养搭配吗？

3. 您家孩子存在挑食、厌食，各种吃饭上的问题吗？如果有，您是怎么解决的？

4. 您孩子所在的学校有实施营养餐计划吗？是怎么样的方式？

5. 您知道您家孩子在学校都是吃什么样的营养餐吗？孩子喜欢吃吗？您觉得这样的食物对孩子有营养吗？您支持学校的这种供餐方式吗？

6. 您家孩子会将学校发的营养餐吃不完的部分带回家吗？您会怎么处理这些食物？

7. 您支持学校实施营养改善计划吗？如果需要您出资金支持这项政策的实施，您愿意吗？

8. 怎么评价营养改善计划？有哪些优点和缺点？提出哪些建议？

（五）农村义务教育学生营养改善计划实施情况（食堂工作人员访谈提纲）

1. 咱们食堂的工作人员都来自哪里？

2. 食堂的工作人员是由谁招聘来的、工资是谁发的，归哪个部门管？

3. 食堂的工作人员在入职之前有没有体检，有没有办健康证？

4. 食堂工作人员在正式上岗之前有没有进行相关岗位前的培训？

5. 平时的工作中，食堂会给大家进行食品安全教育吗？都会学习哪方面的知识？

6. 学生营养餐的食材都是从哪里购买的？有没有专人负责？

7. 你怎么看待你们学校的食物留样制度，平时都是怎么做的？

8. 学校食堂会给学生提供什么样的食物？有专门的食谱吗？您觉得这些食物有营养吗？学生爱吃吗？有没有食物不够吃或者是浪费食物的现象发生？

9. 学校食堂的经费使用是否合理？相关物品和食品有没有出入库记录？学校资金的使用透明吗？存在挪用、滥用资金的情况吗？

10. 对本校食堂方面的工作您有什么建议？您对营养餐的评价是什么？

专题五　附录

四川省大凉山地区农村教育扶贫访谈提纲

1. 大凉山地区教育扶贫工作取得了哪些成就？

（1）请简要介绍教育扶贫工程、政策的落实情况。

（2）义务教育阶段的教育扶贫工作的进展情况如何？（包括教育经费投入、学校的基础设施建设、学生的入学率、升学率、师资队伍建设、教学质量等）

（3）职业教育扶贫工作的进展情况如何？

2. 凉山州内各级政府对教育扶贫工作做了哪些宣传？

3. 大凉山地区有哪些类型的扶贫模式？

4. 大凉山地区教育扶贫工作还有哪些地方有待完善？

5. 对未来大凉山地区的教育事业有哪些设想和规划？

后 记

《当代农村教育问题专题研究》一书就要与读者见面了，回想起我们确定研究选题已过去六个年头，但我们一直没有放弃对农村教育研究的初衷。尤其是2015年我领衔的"四川农村教育的历史发展与当代改革研究团队"被四川省社科联批准为四川省社会科学高水平研究团队后，我们便投入了更多精力加强农村教育的研究，该书即是团队研究的又一成果。

本书是集体智慧的结晶，其具体分工为：专题一"教育现代化背景下的农村幼儿教师专业化研究"由教育学硕士、郑州财经技师学院赵异卉老师撰写；专题二"农村全科教师培养研究"由教育学硕士、泸州职业技术学院付先全副教授撰写；专题三"农村家庭教育中母亲角色缺失研究"由教育学硕士、杭州市余杭区天长世纪小学一级教师王娟撰写；专题四"农村义务教育学生营养改善计划实施评估研究——以河南省S县为例"由教育学硕士、上海尚孔教育有限公司刘玲玲老师撰写；专题五"农村教育扶贫问题研究——以大凉山地区为例"由教育学硕士、威远县严陵镇河东街小学杨媛老师撰写；专题六"晏阳初的乡村建设人才素质观及其当代价值"由乐山师范学院杜学元教授撰写；专题七"赵家骥农村教育思想研究"由教育学硕士、泸州职业技术学院人文学院李阳老师撰写。除专题二和专题六外，均为本人在西华师范大学指导的教育学硕士学位论文基础上修改而成。本人对全书进行了谋篇布局和选题筛选，并对全书最后做了统稿工作，并编写了主要参考文献，撰写了序及后记。教育学硕士、开封文化艺术职业学院学前教育学院石丽君老师和乐山师范学院牛雪梅老师参与了统稿工作。在此向各位的精诚团结表示衷心的感谢！

在研究过程中，得到了西华师范大学、河南省郑州市中原区、二七区、惠济区、管城区、金水区市郊及附近的乡镇幼儿园教师，华东地区H市进城务工的农村母亲，河南省S县三个乡镇的初中、小学，凉山彝族自治州的西昌市、德昌县、会东县、普格县、冕宁县的教育行政部门和部分学校，乐山市教育局赵家骥先生等的鼎力支持和帮助，使我们获得了大量真实的调查资料，为本书的编撰奠定了良好的基础。在此，向给予我们帮助和支持的单位和个人表示衷心的感谢！

在编撰本书的过程中，我们参考了大量的文献资料，吸收了前人的研究成果，能注明的尽量注明，但也可能有遗漏者，在此对书中提到的和可能未能提到的文献资料的作者及出版者表示衷心的感谢！

由于我们的学识与水平有限，书中定有不妥甚至错缪之处，恳望方家学者和读者批评指正。如果本书能对我国当今农村教育的发展提供点帮助，那便是我们最大的奢望。

杜学元

2019 年 5 月于

乐山师范学院淑勤斋